U0407203

Springer

大夏书系·『核心素养与21世纪技能』译丛

协作问题解决能力的测评

Assessment and Teaching of 21st Century Skills:

Methods and Approach

丛书主编 杨向东

[澳]

帕特里克·格里芬

Patrick Griffin

埃斯特·凯尔

Esther Care

主编

杨向东

主译

华东师范大学出版社

ECNUP

全国百佳图书出版单位

Translation from the English language edition:
Assessment and Teaching of 21st Century Skills
Methods and Approach
edited by Patrick Griffin and Esther Care

上海市版权局著作权合同登记　图字：09-2017-646 号

华东师范大学“幸福之花”基金先导项目（人文社会科学）“复杂学习情境下核心素养测评范式及其培养机制研究”（2019ECNUXFZH015）的成果。

“核心素养与21世纪技能”译丛译者序

1997年，世界经济合作与发展组织（OECD）启动了“素养的界定和选择”（Definition and Selection of Competencies，DeSeCo）项目（OECD，2005）。该项目旨在研究面向21世纪的个体应该具备的核心素养，提供界定和选择这些核心素养的理论依据，以回应日益复杂的时代变化和加速度的科技革新给个人生活与社会发展所提出的种种挑战。

自DeSeCo项目发起之后，核心素养迅速成为世界各个国家、地区和国际组织界定和思考21世纪学校教育与学生学习质量的基本概念。培养学生具有适应21世纪社会需求、促进终身学习和发展的核心素养，成为基础教育改革和发展的国际最新趋势。根据全球化和信息化时代生存和发展的要求，许多发达国家和国际组织纷纷提出了各自的核心素养框架，其中比较有影响力的包括欧盟提出的终身学习核心素养共同框架（European Commission，2006，2012），美国21世纪技能联盟提出的21世纪学生学习结果及其支持系统（US partnership for 21st century skills，2014），以及思科（Cisco）、英特尔（Intel）和微软（Microsoft）三大信息技术公司发起的21世纪技能教学和测评项目（Griffin et al.，2012）。

这些框架无一例外都关注创新、批判性思维、沟通交流和团队合作能力，强调个体的核心素养需要在数字化和信息化环境下展开，重视在全球化条件下和多元异质社会中培养主动参与和积极贡献的意识、能力和责任感。这种相似性并非偶然，集中反映了全球化和数字化时代对公民素养的共同要求。自上世纪60年代以来，数字化技术的迅猛发展导致全球经济模式、产业结构和社会生活持续发生根本性的变化。新的世纪进入人工智能时代，经济模式以创新为主要驱动力。越来越多的工作类型要求参与者适应充斥着高新技术的工作环境，能够对复杂陌生的问题做出灵活反应，能够有效沟通和使用各种资源、技术和工具，能够在团队中创新，持续生成新信息、知识或产品。现代社会变化加速，工作和生活流动性增加，需要人们能够学会学习和终身学习，尽快适应新的环境和不断变化的生活节奏及性质。

显然，滥觞于本世纪初的这场运动从一开始就带有浓浓的社会适应的味道，虽然这种适应不可避免地带有促进个体发展的意蕴。所谓的核心素养，就是个体适应日益复杂多变的21世纪社会需求所需要的关键性和根本性的品质。在这个意义上，核心素养与21世纪技能在内涵上是互通的，指向新世纪个体的可持续发展与社会的良好运作。按照OECD的说法，21世纪的核心素养需要满足三个条件：（1）要产生对社会和个体有价值的结果；（2）帮助个体在多样化情境中满足重要需要；（3）不仅对具体领域的专家而言是重要的，对所有人都是重要的（OECD，2005）。在内涵上，核心素养超越了对具体（学科）领域知识或技能的理解与掌握，更强调整合性、现实性和可迁移性。按照OECD的说法，素养“不仅仅是知识与技能。它包括在特定情境中个体调动和利用种种心理社会资源，以满足复杂需要的能力”。所调动和利用的心理社会资源“包含各种知识、技能、态度和价值观（OECD，2005，P.4）”。它是个体整合上述资源，应对或解决各种复杂陌生的现实问题的综合性品质。

这对既有的教育理念和方式提出了巨大的挑战，也产生了深远的影响。以21世纪的核心素养为育人目标，让教育者更加关注如何搭建学校教育、儿童生活与未来社会的桥梁，而不仅仅将视野局限在学科内容、教学要求和考试大纲等方面。利用核心素养模型来阐述教育总体目标，不仅使育人形象更为清晰，也对学校教育提出了超越学科知识和技能的育人要求，强调对高阶、整合和可迁移的综合品质的培养。素养导向的学校教育指向更为广义的课程观，蕴含了一种以人为本的泛在育人环境的构建。以学生的核心素养发展为主轴，通过各种整合性的现实情境和真实性任务，实现各教育阶段的螺旋上升和各学科课程之间的统整。在学习方式上，通过问题式或项目式学习，让学生解决体验复杂的、不确定性的真实性问题，模仿或参与各种真实性社会实践，发展批判性和创造性思维，学会沟通交流和团队协作，在经历对知识和理解的社会性建构过程中实现自我成长与社会适应的统一。毋庸置疑，这样一种教育模式对学校的教学管理、资源配置、考试评估及教师专业发展等方面都提出了诸多挑战和要求。学校需要从素养培养的现实需求出发进行资源配置，按照新型学习方式开展日常教学管理，构建以核心素养为实质内涵的质量话语体系和评价机制，赋予教师更加充分的专业自主权和灵活性。这一过程显然是长期而艰巨的。正如那句英语谚语所说的，“It takes a village to raise a child”（养孩子需要全村协力），没有整个教育系统的转型，素养导向的教育变革难以真正实现。

与国际教育改革和发展的趋势相一致，我国以普通高中课程标准的修订为契机，开启了以核心素养为纲的基础教育课程改革。2018年1月，历时四年修订的普通高中课程标准正式颁布。以核心素养的培养为主线，新修订的课程标准在教育目标、课程育人价值、课程结构、内容组织、学业质量标准、学习和教学方式、考试评价等一系列领域均取得了重要突破，为我国基础教育课程改革的进一步深化提供了理论基础和政策前提。如何在此基础上，系统反思我国原有教育教学观念和体系的弊端与不足，结合我国教育实际，开展系统深入的素养教育理论和实践研究，开发促进学生核心素养发展的课程体系、学习方式和评价机制，实现学校育人模式和管理机制的转型，是摆在我国教育理论工作者和实践人员面前的迫切任务。

出于以上思考，我们选编、翻译和出版了这套“核心素养与21世纪技能”译丛。考虑到国内推进基础教育课程改革的现实需求，本套丛书聚焦于以核心素养或21世纪技能为指向的理论、研究和实践的整合，关注当前基础教育的重大议题。所选书目在主题和内容上包括：（1）基于国情构建核心素养体系的探索；（2）21世纪学习机制和理论框架的研究；（3）核心素养理念指导下课程与教学改革的可行路径；（4） 21世纪技能测评的方法与技术；（5）促进学生核心素养发展的学校和社区教育环境的建设等。对相关主题的阐述既有理论的视角，也有便于参考和借鉴的思维框架、研究或实施路径，以及源于教育现实的真实案例或课堂实录。本套书适合致力于推进我国基于核心素养的课程、教学、评价以及学校管理的广大教育研究人员和实践工作者阅读和使用。我们希望通过这套丛书为大家提供有用的资源，改善大家对核心素养的理解，促进课程、教学和评价等领域转型，为推进我国基础教育课程改革提供富有价值的支持。

本套译丛是集体合作的成果。参与译丛翻译工作的大都是从事我国基础教育研究工作的中青年学者，具有良好的教育背景和科研素养。为了统一不同书中的专业术语，保障译丛翻译稿件质量，每本书的译者先对附录中的专业词汇进行了翻译，然后在整套译丛层面上进行了汇总，并在讨论基础上尽可能进行了统一处理。翻译是一项既有很强专业性，又富有艺术性的工作。翻译过程既细致而又漫长。在此向参与译丛翻译的各位译者的辛勤付出表示衷心的感谢。译丛中不同原著已然风格不一，不同译者又有着自己的理解和语言风格，希望读者能够理解并给以谅解。华东师范大学出版社的龚海燕副社长对本套译丛非常关心，在译丛版权方面做了大量富有成效的工作，在此一并表示衷心的感谢。

杨向东

参考文献

European Commission. (2006). *Key Competences for Lifelong Learning*, *OJ L* 394, 30. 12. 2006[online]. Available: *Http://europa. eu/legislation_summaries/education_training_youth/lifelong_learning/c11090_en. htm.*

European Commission. (2012). *Developing Key Competences at School in Europe: Challenges and Opportunities for Policy* [online]. Available: *http://eacea. ec. europa. eu/education/eurydice/documents/thematic_reports/145EN. pdf.*

Griffin, P., McGaw, B., & Care, E. (2012). *Assessment and teaching of 21st century skills*. Dordrecht, NE: Springer.

Organization for Economic Cooperation and Development (2005). *The definition and selection of key competencies, Executive summary*. Paris, France: OECD.

Partnership for 21st Century Skills (2014). *Framework for 21st Century Learning* [online]. Available: *http://www.p21.org/about-us/p21-framework*.

前　言

本书是关于21世纪技能的界定、发展、测量和教学系列丛书的第二卷。卷一是一本白皮书合集，为21世纪技能的评估与教学（ATC21S）项目构建了一个概念基础。本卷探讨了项目开发和实施工作背后的方法论。项目团队庞大，成员来自六个国家。卷三将会是一本论文报告集，报告有关21世纪技能评估的信度、效度和应用的实证研究。

这本书的目的是厘清21世纪技能的评估与教学的程序和方法、思想和策略、数据和分析，以便读者可以理解并实际应用这个项目的理论。我们也鼓励其他研究人员和测量专家对我们的方法论提出挑战和建议，但最重要的是，希望这些研究人员和专家帮助教师改进学生对这些重要的21世纪技能的学习。

形成性评价的概念一直以来都是ATC21S项目的核心，目的是提供给教师充足的教学信息和资源，以确保帮助学生建立和发展21世纪技能。形成性评价是为教师提供信息的评价。我们有时使用“资料性评估”这一术语，是为了确保评估所生成的数据可以为教师所用，以此来确定学生是否做好了学习的准备。更重要的是，我们希望教师使用数据来改变自己的教学方式，促进学生的成长和发展。这一点使得该项目有别于其他绝大多数关注21世纪技能的大型项目。

ATC21S项目（www. atc21s. org）的首要目标是界定21世纪技能，将其视为在本世纪接受教育和适应工作必不可少的技能。这些技能的一个主要特点是涉及对信息的需要、操作和使用。项目主张所确定的技能不必都是新的，而是必须渗透在当今世界的教育和就业中，以使个体能够作为学生、工作者和公民有效发挥价值。由于全球技术快速变化，所以这些 21 世纪技能中的一些特定技能是新的，而其他的一些传统的技能可以在实施时做一些调整。宾克利等人（2012）以四个方面为主题描述了知识经济最近发生的变化：思维方式、工作方式、工作工具和在世生活。协作式问题解决集中体现了 ATC21S 项目框架中的批判性思维、问题解决、沟通和协作（Griffin et al. 2012）。第二个要开发的领域，数字网络化学习（LDN-ICT），将在第 3 章中介绍，并将在后续出版的书中详细阐述。

尽管这些主题是过程导向的，在 ATC21S 项目中，通过强调学科知识和理解，这些过程所涉及的实质内容也得到认可和重视。活动过程是在实际应用中展现的：虽然人们通常能认识到批判性思维和问题解决等技能的重要性，但是这些技能往往不在教学内容中。因此教育项目需要把技能的发展融入到学习内容之中。我们用“发展”这个词，是因为我们通过一种发展的方式，即素养不断提升的阶段，来描述学生的进步过程。 21 世纪技能的界定、描述、评估和教学实践对我们的教学模式提出了新的挑战。语言素养和数学素养被视为语言和数学教学的要求， ICT 技能和问题解决能力也同样应被视为学生必须具备的技能。在 ATC21S 项目中，评估任务的开发基于这样一个观点：虽然技能可能是通用的，但它们的效用需要通过学生在课程研究中形成和使用来实现。

在这个项目中， 21 世纪技能被定义为这样的活动：小组执行一系列步骤，将当前状态转变为期望的目标状态，或是在一系列认知状态中转换，从分析信息到检验假设。在给协作式问题解决下定义时，海塞、凯尔、布德尔、萨森贝格和格里芬（2015，本书中）分别从社交和认知两个方面进行了描述。解决一个问题可能需要各种各样的内容知识，以及不同的策略、资源或技能，并不是所有方面都为一个人所具备。当任务达到这种复杂水平时，认清问题或目标本身可能就存在诸多挑战，不管是小组处理问题的方式，还是个体在解决问题时对不同过程的选择。 2015 年，经济合作与发展组织（OECD）选择使用人类和计算机之间的互动（人机互动，或 H2A）作为教育测量的一种手段，而 ATC21S 的项目成员格里芬和凯尔（2015）则选择在一种技术媒介中使用人与人之间的互动（人人互动，或 H2H）。这些方法的效果与效度仍需验证。本卷不参与关于评估任务呈现媒介的争论，关注的是 ATC21S 项目的方法论。在卷三中，我们会进一步讨论 ATC21S 任务呈现的媒介和各种代理或脚本在一个协作环境中的角色。

本书和书中研究项目的设置来自我们对教育正在发生的变化的认识。教育需要培养学生应对就业和学习方式快速变化的能力。教师需要帮助学生为未来的工作做好准备，未来还会有如今尚未发明的技术和尚未出现的生活、思考和学习方式，这些都需要学生带着更符合数字信息时代的技能、态度和价值观从学校毕业。现在的教育要培养学生新的思维方式，包括：创造性、批判分析、问题解决和决策。还要培养学生需要沟通与协作技能的新的工作方式。他们还需要熟练使用新工具，包括识别和发展新技术的潜力。除此之外，他们还需要学习作为积极且负责任的世界公民如何在这多元的新世界中生活。

学生可能进入的职业会越来越需要批判性和专家型思维技能以及复杂的沟通形式。对大多数国家来说，根据这种新型的劳动力需求来培养毕业生是一个很大的经济问题。那些希望在未来的劳动力市场中获得高回报的人要善于通过和其他人交流来获取信息，理解信息的含义并说服别人应用于行动中。但这并不意味着计算和读写基础技能就变得无关紧要了。尽管计算和读写的新形式终要出现，但一个人和数据打交道以及从一堆资源中获取、解释和使用信息的能力将永远是重要的。在一个技术资源丰富的环境中，解决问题的能力会变得越来越重要，沟通、协作和创造能力也是如此。随着全球化的世界变得愈加复杂，以及出现了越来越多的跨国合作，个人需要跨越这些国界，在共享信息和新兴知识上进行协作。世界变得越复杂，就会有越多的人需要这些技能。人们可以搜索和访问的内容越多，筛选和解释的能力就越重要——他们需要通过识别问题的组成部分，并用对自己和他人都有意义的方式把各部分联系起来，以构建问题的解决方案。到了 21 世纪，追求稳定工作 30 年或 40 年的想法已经消失，学生离开中学或大学之后，更有可能在自己的职业生涯中拥有 10 ~15 个不同的工作。

为了成功地进入新的劳动力市场，他们需要有新的理解广度和深度，需要有学习和再学习的能力。在他们的职业生涯中，他们不会成为某一个领域的大师，而会拥有许多领域的学习和适应能力。

出于以上原因，ATC21S 项目的重要性再怎么强调也不为过。我们希望本书能够帮助学者、政策制定者、教师、家长和实业家，使其雇员、学生、朋友和同事更成功地适应在新的数字世界中的工作和生活。

本书分为五个部分，共 15 章。第一部分是项目的概述，包含第 1 章，概述了项目的方法论和性质。这一章详细描述了项目所使用的方法，聚焦协作式问题解决任务的开发和标定。方法非常重要，为了使其他人能够重复我们所做的工作并加以改进，这个项目中所做的一切都是公开透明的。

第二部分是项目的概念性质和衍生的测评指标，包含第 2 章和第 3 章。在这一部分我们定义了选择开发的 21 世纪技能的基本概念。第 2 章提出了协作式问题解决的概念框架，第 3 章描述了通过概念和实证数据建构的数字网络化学习。

第三部分涉及开发协作式问题解决评估任务的技术问题，包含了一系列章节，描述了项目所运用的施测和解释机制。第 5 章将介绍项目需要开发的平台，以使协作能够在互联网上进行。第 6 章阐述了对日志流数据的自动编码和解释，这是项目的一个创新点。通过这样的编码和分析得到的数据，可以用项目反应理论来处理数据，可做更复杂的工作。第 7 章解释并记录了这些在每个任务中是怎样操作的。

第四部分为任务开发过程的田野研究。这部分的章节讨论了六个参与国所实施的工作。第 8 章关于澳大利亚，第 9 章关于新加坡，第 10 章关于芬兰，第 11 章关于美国，第 12 章关于哥斯达黎加，第 13 章关于荷兰。每个国家所采用的方法略有不同，放在一起比较，就反映出同样的核心过程也是随着不同国家的不同需求和当务之急而有所不同。

第五部分阐述了项目对课堂和系统层面出现的教育问题的启示。第 14 章就项目的工作可以如何在课堂上使用提出了建议，第 15 章描述了可以帮助司法和教育系统扩大这一项目规模的程序。

这本书的目标读者主要有以下人群。首先，是测量人员：希望我们在这个项目中所介绍和遵循的测量程序，能够让其他人对我们所使用的程序和分析做出改善、精简和批判。我们的程序紧随威尔逊等人在卷一中所撰写的章节。第 6 章中描述的评分程序包含非常复杂的过程，我们希望有人能有办法简化这个过程。本卷的作者是墨尔本大学团队的成员，他们也会在不久的将来开始为提供模板以及简化编码与评分程序而努力。我们希望这些在卷三中能够有所体现。

其次，包括政策制定者、教育部长、常务秘书、课堂教师和研究生等。最后，本书是关于记录程序和数据的，事关这些方面的公开透明。自项目启动以来，争议一直存在，事关 21 世纪技能，比如协作式问题解决如何以测评的形式呈现给学生，这些争议未在本书中提及。本卷作者在以下观点上是一致的：协作是人与人的互动，人与计算机的互动不算协作。

该项目有几个创新点，本卷将详细说明。

1. 大部分关于团队合作的研究，关注的是整个团队的结果。他们对个人的评估一般是独立于协作任务，从外部进行的。这种方法无法根据个人在任务中的表现来评估他们的相应技能——缺少分析协作中的互动机会或过程。本书试图解决这一问题，展示如何测量个体在协作中的努力。

2. 在 21 世纪测评中使用教育技术，导致计算机能够提供捕捉协作者的活动，获取带有时间戳的详细数据。这些活动的日志提供了日志流和聊天流的数据，用于对学生活动进行建模分析和评价。

3. 研究聚焦于用不同寻常和很少实施过的方式来进行评估，因此，ATC21S 项目开创了 H2H 评估途径。

4. 研究关注在归纳–演绎的范式中问题解决的发展。本卷探讨了协作的环境是如何支持这种层级，以及在两个不同的课程领域中对假设–演绎推理技能的教学启示。

5. 本卷所呈现的大量工作既包括实用性的，也包括概念性的。有关混合能力组协作、角色分配等的效果的讨论，以及对这些问题进行实证调查的呼吁，为这个项目奠定了重要基础。我们希望这些挑战能够得到解决，希望如今处于最前沿的 21 世纪评估会在未来走得更远。

帕特里克 · 格里芬写于澳大利亚的帕克维尔

参考文献

Griffin, P., McGaw, B., & Care, E., (Eds.) (2012). *Assessment and teaching of 21st century skills*. Dordrecht: Springer.

Griffin, P., & Care, E. (2015). The ATC21S method. In P. Griffin & E. Care (Eds.), *Assessment and teaching of 21st century skills: Methods and approaches* (pp. 3–33). Dordrecht: Springer.

Part 1
项目的方法与概述

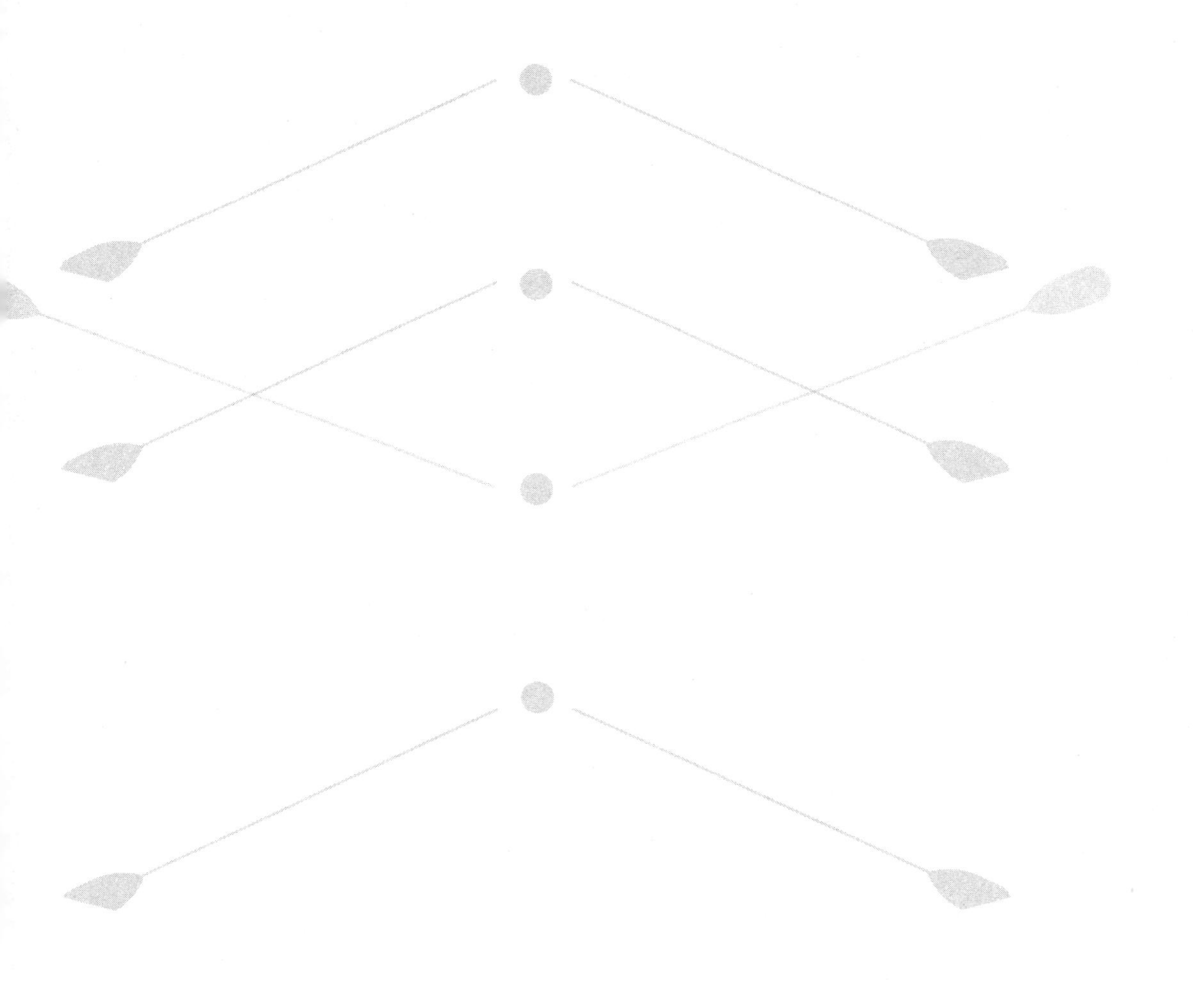

在第一部分中，格里芬和凯尔（第1章）解释了项目的总规划。这一部分展示了项目如何借鉴一般用于大规模调查的测验编制方法。我们在开发复杂的评估任务时，必须先提出每个测量建构的概念框架。于是我们成立了一个专家组来专门做这件事，每个专家组内至少有一名测量学专家，以确保建构具有必要的测量属性，如等级、方向和数量，并保证建构是可教可学的。基于这些考量，项目组绘制了评估框架的蓝图，描述了学生在完成协作式问题解决和数字网络学习任务时所需要的技能。项目组委托了三个组织初步设计了与这些假设的建构相匹配的评估任务。受委托的组织分别是英国的世界数学测试（World Class Arena）、加州大学（伯克利）和墨尔本大学。我们随后实施了一系列迭代的程序以及核查与监测的步骤，从而确保这些任务达到了项目指挥部的标准。这些初设的任务一旦准备完成，第1章里描述的一系列小组就会对其进行审核。第一组由教师和国家项目管理员组成。他们核查任务要吸引学生参与，核查是否可以用它们来实现评估和教学的目的；要能区分水平高低不同的学生，并产生足以满足评分和报告要求的数据点。再之后，这些初设的任务就要经过认知实验室这一程序，其中国家项目管理员和其他工作人员将在学生解决任务时进行观察，鼓励学生“出声思维（think aloud）”，以使研究团队能够了解学生在解决任务时的思维过程。这些程序帮助项目组制定出了任务的评分标准。评估任务随后会被加载到可以实现协作的平台上。我们根据评估研究中心之前的工作，制定了报告模块，并介绍了一系列专业发展的模块。

Griffin, P., & Care, E. (2015). The ATC21S method. In P. Griffin & E. Care (Eds.), *Assessment and teaching of 21st century skills: Methods and approach* (pp. 3-33). Dordrecht: Springer.

ATC21S 的方法

帕特里克·格里芬，埃斯特·凯尔

【摘要】

ATC21S™ 项目的研发计划分为五个阶段：概念化、形成假设、开发、标定和推广（ATC21S™ 这一缩写已获得全球注册商标，为行文简洁，以下简称 ATC21S）。在概念化阶段，项目关注 21 世纪技能的定义。本章概述了评估技能的选择与概念化，并描述了这件事是如何促成了学习进阶（learning progression）假设的开发。学习进阶是指某种技能从低水平到高水平的一个可能的变化过程。评估任务的开发工作我们交由商业机构和大学合作完成。所开发的任务要经过概念核查、认知实验室、预研究和标定试验这四个过程的检验。推广是项目的最后一个阶段，包括 ATC21S 系统中评分、报告和教学的开发。

○ 背景

2008 年，三家技术公司巨头——思科、英特尔和微软，开始关注中学和大学毕业生所拥有的技能。结果，他们震惊地发现，这些毕业生在入职时所具备的技能并没有为他们在数字时代的就业做好准备。如格里芬等人（2012a）所言，市场对劳动力的需求已经发生了变化。他们因此确定了关注 21 世纪技能的需要。他们在“呼吁行动”的倡议中提出，如今将招聘和解聘员工的标准改为是否具备 21 世纪技能的需求已经出现，很多发达国家的结构性失业问题似乎也支持对这一改变的呼吁。呼吁是为了确定相关的 21 世纪技能及开发相应的评估与教学方法。这些技能需与 21 世纪相关，但也不全然如此，因为有些 20 世纪的技能在 21 世纪依然是重要的。

罗伯特·柯兹玛博士继而被认命，为该行动呼吁（详见 Kozma 2009）。接下来，做了一些调研，寻找一位项目负责人，引领项目，以攻克 21 世纪技能评估和教学的难题。拜瑞·米高教授被认为是合适的人选，于是他来负责项目，直到 2009 年年底交由帕特里克·格里芬教授接任。该项目由三家企业和六个参加项目的国家政府（澳大利亚、新加坡、美国、哥斯达黎加、荷兰和芬兰）联合赞助。到 2012 年 7 月，这一项目结束之前，项目共交付了 11 个人际（H2H）协作式问题解决任务和 2 个协作式信息与通信技术（ICT）素养任务。在这一过程中，所有任务都是在 Flash 中编写的。这些材料后来都可以从项目网站（ATC21S. org）中获得。除了这些任务及任务说明，项目还准备了一系列的教师专业发展模块和学生、学校报告模块。项目的这些附加部分和任务的重新编程，都是在项目停止后进行的，由墨尔本大学及其评估研究中心（ARC）资助。项目开发的那几年（2009—2012 年）离不开企业的资助，但 2012 年 7 月以后，就转由评估研究中心负责资助所有的后续工作。在经历了外部公司重新编程及任务上传至云端失败后，ARC 用 HTML5 重新编写了所有的任务和程序，为全球研究共同体的成员提供了一个可移动的系统。这一过程花费了超过两年的时间。

该项目有三大目标：

1. 为数字时代所需要的 21 世纪技能的评估与教学建立基准和方法；

2. 影响课程和资源的开发，使教育走进数字时代；

3. 利用企业赞助者的大量设施和资源，通过在教育课程中寻求适合用数字资源进行评估、教学和学习的新方法，激发各个国家和学术界的兴趣与参与。

有人认为，许多 21 世纪技能并不适合用传统的评估形式来测量，尤其是那些非认知的技能，于是总项目就有了一个清晰明确的目标：开发适合用以评估 21 世纪技能的新方式，并就如何使用评估数据来帮助学生发展高阶技能，向教育系统、学校和教师提出建议。

与该目标一致，在圣地亚哥举办的美国教育研究协会 2009 年年会最后，举办了一场大型的学术报告研讨会。250 多名学者和行业代表参加了这场会议，并成立了多个专家小组来探讨以下五个问题：

1. 21 世纪技能是什么？学校可以培养毕业生什么样的能力？

2. 什么样的评估和测量方法论适用于 21 世纪技能的评估？

3. 什么样的技术可以为学校所用以达到这个目的？哪些技术正在教育课程中出现？学校是如何利用这些技术的？

4. 在课堂里，哪些新的教学方法与信息共享、知识生成和网络化体系能够促进21世纪技能的学习？

5. 扩大教育课程改变的规模，需要考虑哪些因素？这会对教育系统的政策产生怎样的影响？

随后，共成立了五个专家小组来撰写与这些问题相关的“白皮书”。关于究竟应该称它们为技能还是素养，我们有过一番讨论。这里，我们将技能视为能做的事，将素养视为把这件事做好的衡量标准。有素养的人能根据环境对技能的需求来调整技能的表现。没人能够一直做到最好，但可以做到被期待的程度。虽然我们不知道典型的表现是怎样的，但我们要评估一个人以确定他的素养的最高水平，这样我们才能知道他可能的表现会是怎样的。以下为五个小组的分工及其组长：

- 21世纪技能的界定，组长森塔·雷曾。
- 方法论问题，组长加州大学（伯克利）马克·威尔逊。
- 技术问题，组长匈牙利塞格德大学贝诺·卡萨珀。
- 课堂和形成性评价以及知识生成，组长华盛顿大学约翰·布兰思福特和多伦多大学马琳·斯卡达玛丽亚。
- 政策框架和新的评估，组长斯坦福大学琳达·达林-哈蒙德。

白皮书的具体内容详见卷一（Griffin et al. 2012b），同时包括了探讨工作场所的角色变化及其与教育的关系的综述文件。

在从学术的角度来探讨和记录这些问题的同时，企业和参与国成立了执行委员会，以辅助开发21世纪技能评估与教学的新技术。其成员有：

- 拜瑞·米高，墨尔本大学（到2010年1月）。
- 帕特里克·格里芬，墨尔本大学，ATC21S执行总监（从2010年1月开始）。
- 迈克尔·史蒂文森，思科副总裁（全球教育），ATC21S董事会主席（2009—2010年）。
- 安东尼·萨尔西托，微软副总裁（教育），ATC21S董事会主席（2010—2011年）。
- 谢莉·艾斯莉，英特尔副总裁（法律与企业事务），ATC21S董事会主席（2011—2012年）。
- 埃斯特·凯尔，墨尔本大学，ATC21S国际研究协调员（从2010年3

月开始）。

- 参与国的教育部长或他们的代表。

还成立了咨询委员会，成员包括：

- 帕特里克·格里芬，墨尔本大学，ATC21S 执行总监（主席）。
- 安德烈亚斯·施莱歇尔，经济合作与发展组织（OECD）。
- 谢莫斯·赫加蒂，国际教育成就评估协会（IEA）。
- 伊琳娜·博科娃（联合国教科文组织总干事）。
- 雷·亚当斯，PISA 2003—2012 年技术总监。
- 马克·杜朗多，欧洲学校网。
- 埃斯特·凯尔，墨尔本大学，ATC21S 国际研究协调员。
- 司徒·艾略特，国家科学院。
- 大卫·福斯特，国际测试委员会。
- 罗宾·霍恩，世界银行。
- 欧亨尼奥·爱德华多·塞韦林，美洲开发银行。

每个参与国委派了一名国家项目管理员。这些国家的管理员同时也是咨询委员会的成员。由此，项目工作组得以建立，由执行总监、国际研究协调员以及三家企业的三名执行人员组成。

执行委员会就研究策略的资金、时限、途径和批准做出决定。咨询委员会支持并协助联系影响力较大的从事教育评估与教学的大型组织。工作组帮助执行总监处理项目发展和交流的日常事务。

该项目采取了三大策略。第一个策略是说服世界各地的教育部长和教育机构实行课程改革，以为人们在数字时代开展工作做好准备。第二个策略是说服其他大型企业雇主改变招聘毕业生的要求，要着重关注 21 世纪技能，而不是 19 世纪和 20 世纪教育的成果。第三个策略是影响主要的教育监测和评价组织，就像经济合作与发展组织通过 PISA 测试，国际教育成就评估协会通过其在跨国研究中的影响力那样，来对教育监测和评价组织产生影响。

○ 框架

关注 21 世纪技能界定的小组认为，21 世纪技能由一套知识（knowledge）、技能（skills）、态度（attitudes）、价值观（values）和伦理（ethics）所支撑。21

世纪技能的这一概念，我们称为 KSAVE 模型。KSAVE 模型作为总体框架，五个“白皮书”小组在其中考虑了 21 世纪的技能和开发要求。雷曾团队关注了以下四大类技能（详见 Binkley et al 2012）。

- 思维方式：创造力、批判性思维、问题解决、决策、学习和创新。
- 工作方式：交流和协作。
- 工作工具：信息和通信技术（ICT）以及信息素养。
- 在世生活：公民、生活与职业，以及个人和社会责任。

该团队提到的这套技能并未直接涉及态度、价值观或伦理，而是最先关注技能，并决心以后再探索 KSAVE 框架的其他方面。

○ 技能的选择

2010 年 1 月，项目组长和总监们在伦敦会面，确定了三大技能，作为 21 世纪技能进行评估。他们也探讨了教授和学习这三大技能的可能性。他们认为，批判性思维、问题解决、决策及协作可以合并为一组复合任务或技能，名为“协作式问题解决”。他们进一步推理得出，信息素养、信息与通信技术素养以及个人和社会责任可以合并为一种方式，即学生以这种方式通过社交网络和社交媒体进行学习。这组技能随后被命名为“数字网络化学习”。这样做涵盖了由雷曾团队界定的一半以上的 21 世纪技能。

○ 专家小组

在与国家项目管理员的合作下，我们成立了三类专家小组。

领域专家小组

最初的小组里有对应领域或相关领域的专家或研究人员，还有一位测量咨询人员。他们的任务是确保假设的建构理论坚实，确保证据能够与发展进程对应，确保所开发的框架能够成为评估任务和教学策略的概念基础。为了更全面地定义这些技能，专家小组开发了相应的概念框架。威尔逊和斯卡里塞（第 3 章）列出了团队成员，概述了数字网络化学习的概念框架。由弗里德里希·海塞领导的团队探索并定义了协作式问题解决的组成要素。每一个专家小组的组长都有其特定的角色。

组长们的角色和责任分别是：

1. 出席为期三天的联合组会。

2. 召集和协调小组工作。

3. 熟悉所有白皮书，使任务情境化。

4. 为发展性学习进阶的层级内容提供理论依据。

5. 核对有关提出学习进阶假设的资料。

6. 起草的发展性学习进阶假设至少要包含三个等级。

7. 指导和领导符合发展进阶的任务库的搜索和任务选择。

8. 确定现有评估材料的差距。

9. 联络国际研究协调员。

10. 材料统稿，提交给2010年于丹佛举行的AERA会议。

11. 向项目总监推荐可能的任务开发机构。

12. 2010年夏天之前提交一份报告，指出关于21世纪技能评估有待解决的问题。

小组成员们的角色分别是：

1. 参加为期三天的专家小组会议。

2. 参与以下活动：

（1）起草发展性学习进阶假设。

（2）从相关的任务库中确定任务。

（3）为开发额外的任务提出领域空间（domain space）。

（4）为准备小组报告做贡献。

数字网络化学习

下文描述了数字网络化学习的概念框架，并从四个维度突出了它的发展性（Wilson and Scalise 2015）：

1. 作为网络的消费者，包括获得、管理和使用来自专家和共享的数字资源的信息与知识，以使个人生活和职业生活从中受益。

2. 作为网络的生产者，包括生产、发展、组织和再组织信息与知识，以为共享数字资源做出贡献。

3. 参与网络中社会资本的开发，包括使用、开发、调节、引领和促成社交小组内部和小组之间的联结，以便在共同体、社会乃至全球范围内组织协作行动、建立共同体、保持机会意识，以及整合不同的视角。

4. 参与网络中智力资本（集体智力），包括理解工具、媒介和社交网络是如何运作的，以及使用合适的技术对资源进行操作，凝聚集体智力，将新的观点融入个人的理解。

这些维度可概念化为相互联系的发展，可以随着假设的进阶图和技能或素养的层级扩展开来。威尔逊和斯卡里塞针对低、中、高水平的用户，为每一个维度都提供了具体的技能和素养层级水平的说明。该结构假定，表现出高水平素养的人（具有高 ICT 素养）在相同的维度上也会有低水平素养的表现（新手或初学者）。需要注意的是，各个维度并不对应同一个固定的水平。因此，可能某个技能水平在某个维度上是必不可少的，但未必会对另一个维度上的技能发展有所贡献。

协作式问题解决

海塞及其团队（第 2 章）概述了协作式问题解决的两个领域——认知和社会性。认知领域包含任务调节和知识建构技能。社会性领域可以通过人的参与、观点采择和社会调节来探索。格里芬（2014）定义了问题解决技能的层级。

问题解决

除了协作式问题解决和数字网络化学习之外，伦敦的项目组还将非协作的或个体问题解决视为第三个研究领域。这一领域的研究以皮亚杰的发展性成长和问题解决的方法开始，后来由于时间和预算的限制，于 2010 年年中停止了。但其实，在墨尔本大学建构协作式问题解决任务期间，也广泛使用了问题解决研究中一系列归纳和演绎推理的任务（Griffin et al. 2013）。

表 1.1 为三个领域专家小组的成员名单。

表 1.1 专家小组

问题解决		
贝诺 · 卡萨珀	赛格德大学	组长：问题解决
菲利普 · 阿迪	国王学院	问题解决

续表

问题解决		
亚尔科·哈特马可	赫尔辛基大学	问题解决
特雷吉尼亚·努内斯	牛津大学	问题解决
帕特里克·格里芬	墨尔本大学	测量
协作式问题解决		
弗里德里希·海塞	图宾根大学知识媒体研究中心（KMRC）	组长：协作式问题解决
埃克哈德·克莱米	德国国际教育研究所	协作式问题解决
马琳·斯卡达玛丽亚	多伦多大学	协作式问题解决
库尔特·凡乐	亚利桑那州立大学	协作式问题解决
埃斯特·凯尔	墨尔本大学	测量
数字网络化学习		
约翰·安利	澳大利亚教育研究委员会	组长：ICT 素养
凯思琳·斯卡利塞	俄勒冈大学	ICT 素养
彼特·皮罗利	Palo Alto 研究中心	ICT 素养
珍-保罗·瑞福	德国国际教育研究所	ICT 素养
马克·威尔逊	伯克利大学	测量

一旦定义了一组技能，并根据假设的发展进阶和可能的评估策略对这组技能进行操作化界定，项目执行工作组和咨询委员会就会开始游说政府、企业和评价机构。他们请求 PISA 管理委员会在 PISA 2012 年的测试中，考虑将协作式问题解决作为一个选项供参与的国家选择。但 PISA 2012 年的规划早已开始，即便只是将协作式问题解决作为一个选项，也无法将其包含在 PISA 2012 年的研究内了。最后，ATC21S 项目的执行委员会成员和经济合作与发展组织讨论决定将协作式问题解决作为一个核心技能在 PISA 2015 年中进行评估。由于国际教育成就评价协会（IEA）的规划无法一下子更新，因此，更复杂的 ICT 素养的定义还不能在他们 2013 年的研究中介绍。不过，该协会完全支持 ATC21S 项目研究 ICT 素养的这一新方向。

我们假设的问题解决、协作式问题解决和数字网络化学习的技能之间的关系，如图 1.1 所示，从中可以看出 21 世纪技能及其组成要素之间预期的关系。

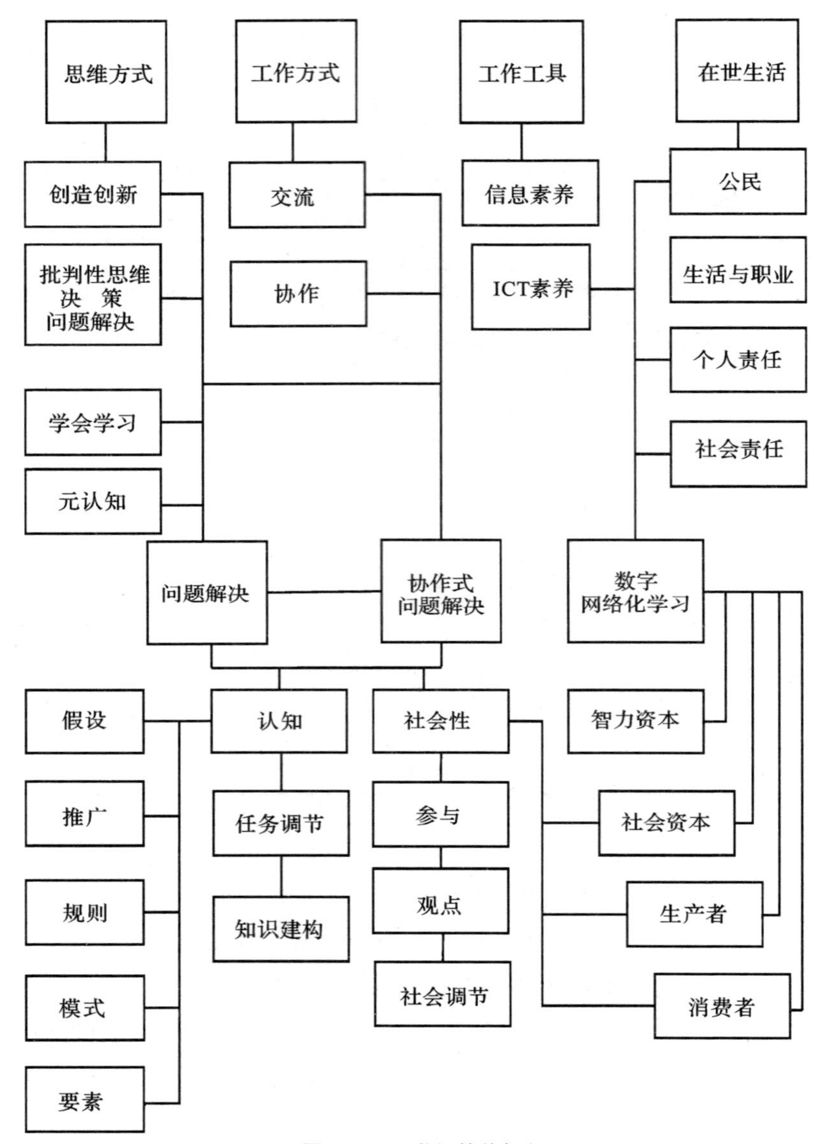

图 1.1　21 世纪技能框架

这些关系会在项目的研究阶段被检验，最终结果会在施普林格（Springer）出版的 ATC21S 卷三中发表。这些 21 世纪技能之间的关系，以及它们用来描述个人的方式，如图 1.2 所示。

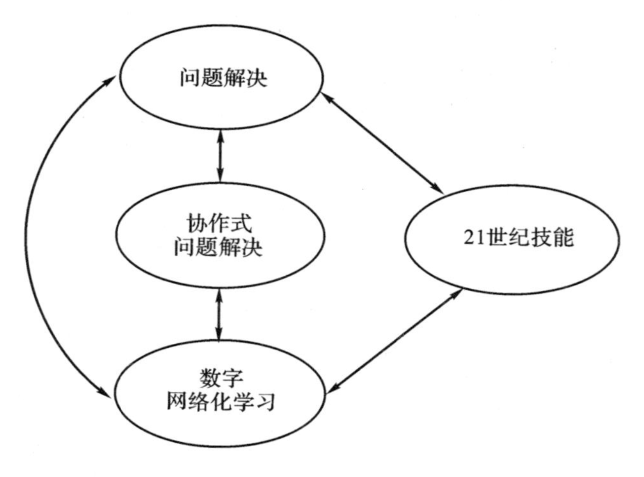

图 1.2　评估的方法论要求

心理测量小组

第二组的工作由心理测量专家来做。他们的任务是对评估任务及由这些任务所产生的数据质量进行审查。最终的目标是评估这些数据对测量和实证分析的适宜性。这一角色在任务试验阶段十分重要。心理测量小组成员有执行总监帕特里克·格里芬、国际研究协调员埃斯特·凯尔、雷·亚当斯（墨尔本大学）和马克·威尔逊（加州大学，伯克利）。

教师小组

教师小组由各个参与国的项目管理员组成。他们的任务是审查起草的材料，监督认知实验室和实施测评任务预研究，以提供关于基础设施和行政管理方面的反馈信息。教师们对从活动中抽取的评估任务和定性数据（qualitative data）进行审查，表达他们对每个任务可教可学的可能性的看法。他们将反馈提供给自己国家的项目管理员，然后各国的国家项目管理员将反馈汇总并转交给国际研究协调员，以为任务开发提供帮助。

○ 教育背景

总的来说，这些任务的开发是按照良好教育的测量要求进行的。这意味着任务需与定义良好的建构相关联，需有一种发展进阶的感觉。反过来，发展进阶也是建立在研究和理论基础之上的。我们假设的发展进阶得到了预研究和试验研究实证结果的支持，也包括认知实验室的结果。像哈蒂（2011）一样，我们需要能使学生思维过程可视化的证据。难的是要用过程性数据而不是产品、解决方案或结果来更多地了解技能的发展进阶。学生经历的过程至少与问题解决方案一样重要。任务开发人员应将任务背景和所要测的认知建构区分开来。这对于一般能力尤其重要，因为这些能力通常是师生熟悉的课程内容的一部分。我们需要想出一些方法，以辅助教师利用这些评估数据，以一种形成性的模式，来改善教师的教与学生的学。考虑到项目的名称是“21 世纪技能的评估与教学”，那么形成性评价的理念就应该是项目的本质。

技术问题困扰着项目执行委员会、任务开发人员和国家项目管理员等成员。我们有必要去找一种能提高准确率和效率的数据收集方法，以实施大规模的评估，为师生和教育系统提供反馈，从而服务于教育政策的制定。我们需要想出新的数据收集形式，并对那些新形式数据的分析方法进行确定和检验。

还有一些大问题也需要检验，比如从基于课堂的学生互动和教师活动到基于技术的评估环境的迁移。在许多情况下，我们应首先了解当前的技术能力，然后再尽可能地让项目组发挥它的最大价值。从另一个角度看，这一过程始于评估需求，然后从技术上去找解决方案。举一个典型的例子，比如我们要对课堂的协作情况进行测评，全班 30 名学生一起完成任务，讨论问题，我们就需要通过观察或测量他们的任务参与度来评估他们的协作情况。在任务管理的背景下，所有这些协作和参与的活动最终都会以数字的形式呈现出来。

如果要在高风险的环境中进行测试，安全问题则会成为最主要的问题。在 ATC21S 项目中，如何确保测试和数据安全，以及数据使用的伦理和测试使用者的分数与隐私保护，成了访问任务与支持材料的门户设计功能方面的管理问题。项目组需要开发一个模型和一个解释程序，不仅要能将学生的问题解决与协作过程进行记录和建模，还要能对任务程序和解决方案进行编码。所以说数据的访问和控制仍然是一个严重的问题。

课堂环境在 21 世纪协作学习的评估方法中起着重要的作用。学校被公认为是一个知识建构的组织，特别是在数字网络化学习评估的开发上。项目组承认学生的确能够自己发展自身的技能和建构知识，但挑战是要确定和记录哪些过程，以使我们用有利于教与学的方式来对它们编码和解释。与格里芬等人

（2012a，b）的21世纪教育观相一致，21世纪的教育应以知识为中心，学生能够表现出深度的知识和理解，这是专长发展的关键；以学习者为中心，学生能够积极地参与；以共同体为中心，知识建构的过程就具有协作性；以评估为中心，就能够看到进步。项目组很清楚，进步依赖于发展进阶中路径的可用性。所以我们在最初分配工作时，就指示领域专家小组："发展进阶至少要有三个等级，以保证测量有等级、数量和方向。"一旦获取和标定了这些实证数据（Griffin et al. 2015；第7章），这些测量就会有第四种属性（Wright and Masters 1982）——可重复的测量单位。

项目组要求任务开发人员充分利用互联网的发展，用Web 2.0来实现参与者之间的生产与互动，并预期Web 3.0的升级变化，到那时，互联网将能够采集参与者的相关信息，并随之调整互动过程。

○ 政策与期望

我们有必要了解新兴的政策框架（Darling-Hammond 2012）。前人已经开发了许多新的评估方法，其中也不乏失败的案例。尤其是在评估领域，想要采用新的方法，并将其推广到国际层面，通常是很困难的。ATC21S项目的目标之一就是确保我们的评估可以推广。任务开发人员和项目组都有必要去了解一些政策框架，利用政策来促使我们的评估能够被大范围地采用和推广。项目组委托亚当森和达林-哈蒙德（第15章）寻找有助于整合学校评估和大规模评估的各种策略，并考虑如何将其应用到国家或国际层面。

我们预期该项目能引领基于技术的评估方法。我们期望未来能着重于社会性和其他非认知技能的发展，期望在发展的过程中能进行国家之间的协作。此外，我们还预期，工业、政府和教育系统之间的公私伙伴关系会成为未来类似发展的典范。

从一开始，项目的赞助商就明确表示，项目不以经济收益为目标。他们不想将项目的最终产品商业化，并为了让教育共同体安心，反复向其保证产业化不是他们的目标。在项目中开发的所有材料和程序都将在知识共享署名许可协议下，向公共领域开放。在2009—2011年间，白皮书（Griffin et al. 2012b）对这些技能进行了定义，对前人的工作做了综述，并确定了待研发的问题。该综述促进新形式评估策略的产生，其有效性有可能在预研究和试验研究中得到验证，但并不指向某些具体的传统评估形式的开发。参与国的预研究和试验研究也是在那段时间内展开的。

项目在 2011—2012 年的目标是将 ATC21S 与 PISA 的数据收集联系起来，以影响国家的评估，至少影响参与国的评估，并与其他跨国研究相联系。

2012—2014 年，项目试图通过改革评估实践来影响课堂的教与学，并在几个国家进行了试验和研究。在编写本卷时，2014 年在澳大利亚、美国、新加坡、哥斯达黎加和芬兰的试验计划就已经准备就绪。韩国、中国、日本、印度、俄罗斯以及瑞典等政府或学术研究组织也表现出了对参与此项试验研究的兴趣。

○ 研究和开发

研究与开发计划已经开始着手建构对批判性思维、问题解决和在数字环境下协作的评估了。ATC21S 项目也必须创造出评估数字素养的新方法，以及人们通过数字网络进行学习的新途径。这些评估任务适用于 11 ~ 15 岁的学生，初中和高中的学生都有所覆盖。评估任务需要学生既用到个人的技能，也用到协作的技能。这就需要在动态的任务中加入模拟的部分，使问题会随着学生完成任务的进度而发生变化。这些任务及其解决方法均需要以技术为基础。当学生学着去发展这些技能时，他们需要在课堂上有面对面进行协作的机会。为此，我们还需要有作为评估计划副产品的课堂教学支持材料。

形成关于进阶的假设

威尔逊（2009）认为，评估开发的第一步是假设所测建构的发展进阶，领域专家小组根据三条指示展开工作。

1. 描述所研究的建构。明确子维度以及这些子维度中对技能发展有影响的背景因素。形成假设的发展进阶，任务和评估专家可以使用假设的进阶来确定适合评估目的的材料。

2. 至少描述三个等级水平的表现，以区分建构水平高和建构水平低的被试。（这是为了确保每一个假设和进阶都有顺序、方向和数量。）

3. 草拟可以展示这些技能的方式。也就是说，描述能够引发所假设的发展进阶中各种行为类型的任务和活动。

其中重点是评估数据的形成性使用，以改善 21 世纪技能领域中的教与学。

最重要的结果可能还是要将评估信息与直接的、明确的教学和干预活动相联系。从 2014 年开始进行的许多研究都将会阐述这些问题。

委任的任务开发人员

项目组一直强调，项目的目标是介绍创新的、互动的和丰富的评估形式。评估需要能够监督学生个人的成长与发展，也就是在卷一（Griffin et al. 2012b）里定义的那些 21 世纪技能中，从低阶技能到高阶技能的发展。我们预期，评估任务背后的技能是可教授的，可测量的，而且能够应用于大规模的试验，并且学习和技能的证据能够从课堂任务中抽离出来。所开发的任务应具有模糊的要素，包含多种资源的使用，并确保让学生用互相依靠的方式才能成功解决。

评估应当允许教师可以根据情境调整任务，并同时仍能测量 21 世纪技能的发展水平；应当允许教师可以在学生完成任务的时候与他们互动或进行教学。提供机会，让教师可以在学生解决任务的时候进行教学或促进学生学习，这是和许多高风险、高压力测评形式的重要差异。因此，对任务开发人员很重要的一点指示是，任务开发应关注可教授和可学习的技能，而不是个人的品质特征。任务建构很重要的一个方面是，由任务所产生的评估数据应当能够供教师做出形成性的决定，以改进教和学。因此，任务开发人员需要开发原型任务，从学生个人或课堂内的协作小组到学校或教育系统，供他们各自为实现不同的目的和功能来使用。这些任务要能根据发展进阶所定义的水平来追踪学生的进步。这就需要一个对所有任务进行自动评分的过程。ATC21S 不允许教师进行直接的评估观察和为学生的参与程度打分。任务开发人员需要明白，背景性的学生活动数据是需要监测的，以便它能不受教师主观因素的影响，独立地被编码、计分、标定和解释。教师的主要工作是管理课堂评估安排，依据最适合学生的教学指导和干预措施来解读报告。为了进行形成性干预，向学生和教师提供的这种前景反馈将包括各种任务类型和一系列数据（不是一个分数、一个百分位数或一个等级），并以学生要准备学习的技能的形式向教师提供。

因此，开发人员需要遵循为概念确定证据的步骤，为项目组提供草拟的材料副本，以分发至各小组。然后让各个国家的项目管理员根据当地的课程环境，对 ATC21S 项目的材料进行探讨和评价。国家项目管理员会向国际研究协调员转达相关建议，以确保任务在每个参与国的应用都足够稳健。这也有助于确保新的评估原型任务有机会成为未来评估程序的模型，以及与地方和国家的现行课程相联系。此外，任务有没有使教师在学生完成任务时的干预促进和加强了学生的理解？收集这方面的证据也是非常重要的。

国家项目管理员（NPM）角色

国家项目管理员收集教师对任务概念的反馈、学生在认知实验室中产生的数据、学生在试点研究或预研究阶段的质性任务的反应数据，以及关于进阶的教师的迭代反馈。他们还需要与学校建立并维持联系；与教师保持工作关系；使自己和教师熟悉与21世纪技能相关的多种教学方法；学习认知加工模型（cognitive processing models）的工作知识；监督认知实验室、预研究和试验阶段课堂数据的收集；理解学习和评估的发展性途径。项目在很大程度上取决于国家项目管理员对程序的实施与协调，以实现所要求的结果。为了规范参与国的项目的程序，国家项目管理员还要在自己国家或其他地区参加一些研讨会。他们的主要任务是与国际研究协调员保持联络，以促进各个国家项目程序与实践的标准化。国家项目管理员的工作内容如表1.2所示。

表1.2　国家项目管理员的工作内容

任务概念
估计的任务概念数量：每个年龄/年级水平6名（共四个年龄水平，下同）
估计的教师数量：每个年龄/年级水平3名
联系学校/教师参与
给教师开项目介绍会
给教师开年级会
记录和整合数据并返回给老师确认
综合数据并发送到指挥部
认知实验室
估计的任务数量：每个年龄/年级水平的每个技能领域4个任务（每个水平12个）
估计的学生数量：每个年龄/年级水平6名
联系参与学校/教师
给教师开年级/任务类型培训会
观察选定的认知实验室
从教师那里收集数据并记录
综合数据并发送到指挥部

续表

对打包的任务进行预研究
估计的任务数量：每个水平 12 个
估计的班级数量：每个水平 1 个
联系参与学校/教师
给教师开任务管理培训会
观察选定的班级
收集并记录数据
检查并发送数据到指挥部
对任务集进行试验研究
估计的任务数量：每个水平 12 个
估计的班级数量：每个水平 1 个
估计的学校数量： 20 所
联系参与学校/教师
给校内教师开任务管理培训会
观察选定的班级
收集、记录、清理数据
检查并发送数据到指挥部

开发过程

图 1.3 说明了开发过程的复杂性。三个组织被委派了任务开发的工作。加州大学伯克利分校的教育评估研究中心（BEAR）被委派开发数字网络化学习的任务。英国的世界数学测试被委派开发基于数学和科学课程主题的协作式问题解决任务。墨尔本大学的评估研究中心被委派开发基于归纳和演绎推理，且独立于课程内容的协作式问题解决任务。

项目组给任务开发人员提供了每个技能领域的理论框架。他们的首要任务是提出一个情境，为进阶假设中的技能组提供样例。在与专家小组合作时，他们要去确定具体的子技能。这使得他们能够明确与完成任务相关的背景性要素，这样就能产生根据发展进阶连续体来解释学生表现的数据。

与大多数测验的开发一样，我们必须确定每个复杂任务的目标学生群体，以便对合适的目标群体和非目标群体实施适当的任务试验。

项目指挥部一拿到任务原型，便开始了21世纪技能测量的研发工作。

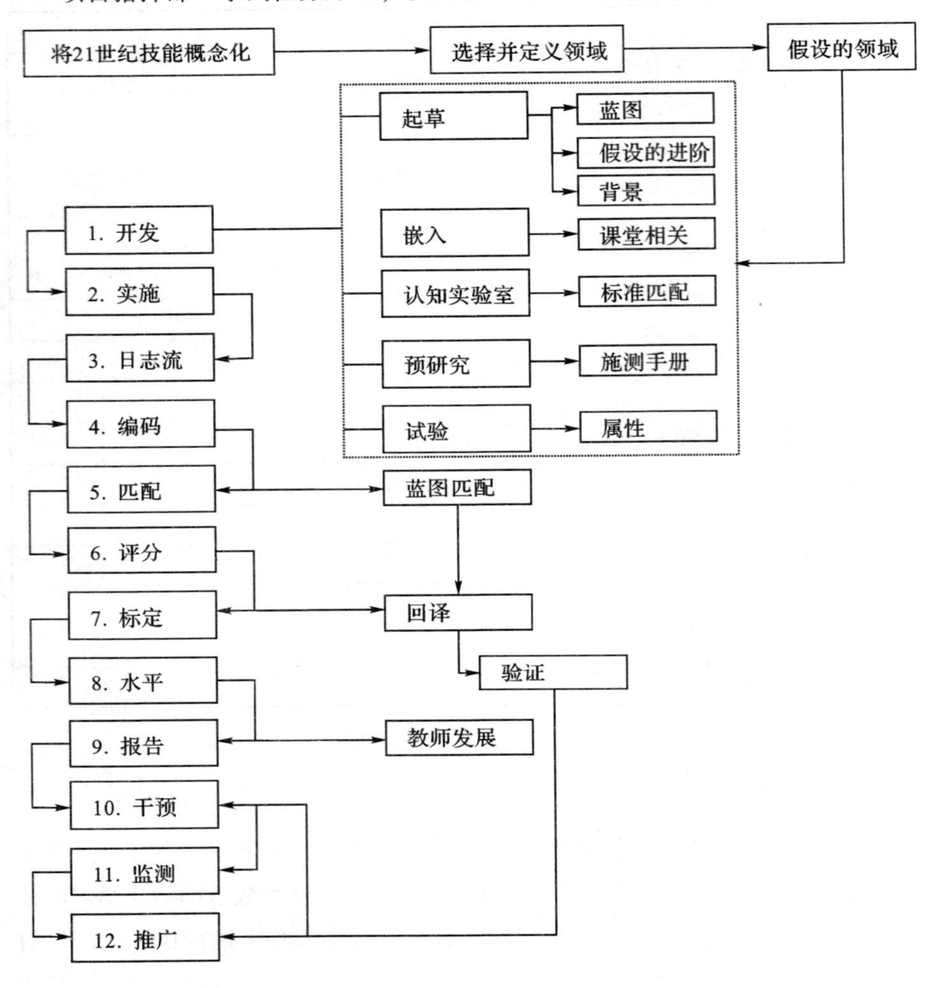

图 1.3 ATC21S 过程

起草

考虑到给开发人员的指示，确保21世纪技能的学习进阶嵌入学习环境和评估任务中是十分必要的。任务本身要允许教师能在学生的学习过程中提供支架，还要能识别可用来解释学生表现的标志性行为。教师需要用这些数据来解释学生的表现和技能的提高。不过，同样重要的是，教师应识别提高21世纪技能教与学所需要的策略类型和干预资源的能力。因此，ATC21S 中的评估与教学策略需要有一些系统，以能够支持学生和教师对自身的技能发展进行定位和分析，包括分析他们所做事情中的关键成分（如问题解决的情节、收集的证据等）。还有一点很重要的是，我们的问卷和量表会对教师开放，以帮助教师对该环境内的工作进行独立评估，而且教师还可以将自己的评估结果与计算机生成的报告进行比较。

嵌入

嵌入包含三个层次。第一，对教师课程内容知识的使用，以表明任务是否可行，技能是否可学、可教，以及任务是否能够区分高能力与低能力的学生。换言之，目标就是发现这些任务能否区分出在ICT或问题解决领域中能协作和不能协作的学生。第二，教师需要给出一些关于课堂材料的教学启示与应用的建议。第三，教师需要提供有关发展进阶表面效度的证据，利用课堂证据来阐明或修改对进阶的描述。

依赖技术材料的大规模评估需要有关课堂管理的建议。重要的是，项目促进了实践者和研究者之间的互动。项目会介绍一些新的评估形式，而且重要的是，教师对这些新的评估形式感到很适应而不是威胁，同时这些评估也被认为与他们的课堂环境相关。国家项目管理员要亲自去学校观察课堂，研究师生互动模式，以明确知识发展的指标。这一过程为国家项目管理员和田野工作者提供了检查多种资料（文字、图片、录像、有具体内容的背景性材料）的机会。他们要寻找的是关于如何通过直接观察或技术辅助来提高学生参与度并记录其指标的建议。教师要就形成性的反馈该如何向学习进阶的发展提供参考，提出建议。最终的结果是这些收集到的数据能反馈给任务开发人员，为教师和学生的解读和使用，创建一个适宜的界面，以提升发展性学习。

认知实验室

“认知实验室”这一术语用来描述观察个体完成任务的过程，并在这个过程中提供元认知的数据。为了实现这一过程，国家项目管理员或候选人（任务管理员/观察员）要对任务的认知过程有清晰的认识，并拥有与被试进行适当互动的交流技巧。设计认知实验室这一过程是为了收集学生任务参与方式的信息，并确定任务调整过程中需要处理的功能性问题和教学启示。这也可以使观察者能够监测学生的认知活动类型，然后这些记录就可以和数字评估系统自动捕捉的日志流数据进行匹配，以达到解释的目的。我们分别从在班级学习成绩排在前三分之一，中间三分之一和后三分之一的学生里挑一些来参与认知实验室，确保能获得所要求范围的元认知信息。学生的分类由班主任老师负责。

提供给任务开发人员的认知实验室数据，可以使他们注意编码的类型，或许可以用来记录学生的行动和反应，然后最终为学生的表现进行评分。为国家项目管理员们组建的工作坊用以确保程序按照标准正常执行，并经国际研究协调员，向项目组汇报数据小结。开发人员根据数据和项目组的建议，调整、放弃或修订任务和编码协议（protocols）。

预研究

设计预研究阶段是为了确保任务可以有效、高效地执行。这一阶段给学生呈现的是倒数第二版的任务，与最后会在试验阶段实施的任务形式差不多。这一阶段的任务管理是半自动化的，国家项目管理员（或候选人）负责确保教师能够观察这个过程的效率和难易程度，并提供反馈意见。理想的状态是，每个年级都会有一整个班（最多30名学生）参与这个过程。预研究的关注焦点是课堂管理的程序、所需的技术基础设施、预期的任务完成时间以及观察到的任务对学生的相对难度。预研究的结果可能是产生一个文件，其实就是评估任务管理使用手册的本质内容。

试验

设计试验阶段是为了能够获得充足的数据，以建立基于实证的尺度，然后在这一发展连续体上能够显示出学生的位置和进步。试验阶段的任务管理也是半自动化的，允许但不要求教师履行除了监督之外的责任。国家项目管理员负责招募试验学校，并确保学校的基础设施能够支持试验。

试验的主要目的是确定任务的心理测量属性。这使我们可以根据学生在发展连续体上的位置对其表现进行解释。此外，这还能为师生生成报告（下文会对这些进行讨论）。为了试验的实施，我们还需要建立传输平台，平台的结构要有能让学生通过互联网进行协作互动的功能。考虑到任务的本质，让游戏服务器成为平台的一部分也是很有必要的。有关平台的更多内容详见阿瓦尔等人的文章（2015；第5章）。

数据捕捉系统

这个系统的结构可以使学生成对（两人）接触任务，问题解决和数字网络任务都可以。教师可以在一个适当的时间登录，并查看学生、班级和学校的报告。教师的请求会引发一个实时评分和标定的过程。在学生完成任务的同时，一个日志流文件也在记录事件的相关信息，包括学生及其同伴的身份、性别、国家，以及任务确定和任务中的特定页面。每个学生都有自己的行动和聊天记录。也就是说，无论这个学生是这对学生中的角色 A 还是角色 B，系统记录的是他们每个人的行动、行动开始和结束的时间、聊天及任务进程，以及对行动或聊天的描述。在 ATC21S 中，聊天本身没有什么可解读的，我们要找的是其中的一些文本和数字，以及从行动和聊天序列中得到的推断过程。为实现监测，学生的活动也都带有时间戳。在开发阶段，这些日志数据分析随后被编码并映射到任务蓝图上，以根据概念框架解释每个学生的活动。

映射与蓝图进行匹配

海塞等人（2015；第 2 章）描述了协作式问题解决任务的详细蓝图。图 1.4 是任务蓝图中的一部分，展示了蓝图的组织——用指示性（指标）的术语对 21 个要素的描述，随后是简短的陈述，描述了每个要素从低复杂度到高复杂度的可能顺序。开发者用这些陈述来创设两人一组的学生在解决任务时有可能经历的过程或采取的行动，进而生成行动记录，这些记录会根据蓝图来进行编码。

要素	指标	低 0	中 1	高 2
任务调节				
组织（问题析）	用熟悉的语言分析和描述问题	陈述问题呈现的样子	把问题分解成几个子任务	确定子任务的必要顺序
设定目标	为任务设定清晰的目标	设定大体目标，如完成任务	为子任务设定目标	设定能够弄清子任务之间关系的目标

图 1.4　协作式问题解决蓝图摘选

编码

亚当斯等人在本卷（2015；第 6 章）中详细描述了日志流数据的编码方法。行动的顺序和直接的行动都被推断为特定技能的表征。比如，在采取行动之前聊过天，可被推断为社会性行为的构成要素。在“搞笑小丑（Laughing Clowns）”任务中（Care et al.，第4章），两个学生要用12个小球来检测两个小丑功能的相似程度。在这一任务中，前面所列举的这一行为被编码为U2L001（表1.3），其中，U2表示任务，L表示任务中的局部或具体行为，001是指标编号。在确定了这是哪个学生的行为后，就在编码的最后加上字母（A或B）。比如代表认知行为要素的一个直接行动的编码为U2L004A，这表示这一行动同样来自小丑任务（U2），是一个局部指标（L），指标编号为004，是学生A的行为。该指标编码的是，当学生A至少用了12个球中的3个球时，他测试了将球放到小丑嘴里所采取的路径中的所有位置。这一行为暗示着探索问题时采用了相对系统的方法。

表1.3　日志流中已编码数据的评分规则示例

指标ID	要素	规则	描述	评分	编码
U2G26A（或B）	15	问搭档问题	有出现“什么”“怎么”“谁”“哪里”“为什么”“什么时候”或者“？”	有/无	1=1，否则0
U2L001A（或B）	2	在行动之前交流	在任何移动/行动之前有聊天	有/无	1=1，否则0
U2L004A（或B）	13	开展活动（理解隐含的指令，不管搭档的角色）	所有位置都覆盖到了（假设玩家至少有3个球）	有/无	3个位置覆盖=1，否则为0，如果投入轨道的次数<3，算缺失
U2L006A（或B）	13	系统的行为（尝试所有资源的组合，有顺序）	对球的位置进行排列组合（6种组合：LMR-LMR，RMLRML，LMR-RML，RMLLMR，LLM-MRR，RRMMLL）	有/无	1=1，否则0

转换和评分

一旦编码分配完成，这些数据就可以转换为分数文件，以供数据分析和任务标定使用。为此，我们开发了评分算法（scoring algorithms），要既能分开，也能合在一起地对每一个行动和聊天进行评分。被编码的指标就变成了数据中分配给每个学生的变量或题目。每个指标的记录要么为“有”，要么为“无”。这样，指标出现的频率就可以近似地作为指标难度的测量。最后，将这些与蓝图中的难度水平联系起来，同时考虑到分部得分分析法（partial credit analyses），就可以对结果做出进一步的解释。表 1.3 举例说明了这评分规则是如何在“搞笑小丑”任务中应用的。更多内容详见亚当斯等人的文章（2015；第 6 章）。

标定

评分完了以后就要标定，标定可以使每个学生的能力和每个指标的相对难度得到估计。实现了标定后，就可以只根据所选择的一个 CPS 任务中的一组子指标来对学生的能力做出估计，而不需要学生去完成所有的任务（详见 Adams et al. 2015）。对协作式问题解决任务的标定是为了研究该建构的五个维度。图 1.5 呈现了题目或指标的难度，以及小丑任务与拉希模型（Rasch model）的拟合程度（Griffin et al. 2015；第 7 章）。很明显，该任务与模型拟合得很好（表 1.4）。

表 1.4　小丑任务的题目难度与拉希模型拟合程度

变量				未加权拟合值				加权拟合值			
题目[①]		估计	误差	MNSQ	置信区间		T	MNSQ	置信区间		T
1	1	3.106	0.046	1.13	0.91	1.09	2.8	1.02	0.75	1.25	0.2
2	2	−0.686	0.04	0.97	0.91	1.09	−0.5	0.98	0.95	1.05	−0.7
3	3	1.01	0.04	1	0.91	1.09	−0.1	1	0.94	1.06	0
4	4	0.454	0.039	1	0.91	1.09	−0.1	1	0.97	1.03	−0.2
5	5	−0.435	0.039	1	0.91	1.09	0	1	0.96	1.04	−0.1
6	6	−1.409	0.042	0.98	0.91	1.09	−0.5	0.99	0.9	1.1	−0.2
7	7	−0.218	0.039	1.01	0.91	1.09	0.3	1.01	0.97	1.03	0.9

每个任务分开标定，学生个人的变量图详见格里芬等人的文章（第 7 章）。在图 1.5 中，左边呈现的是小丑任务的变量图，右边是所有任务的变量图。将其在此呈现是为了说明每个任务可以代表建构的程度是不同的。一些任务设计出来是为了测量跨要素的较高水平的技能，而其他的任务则更加关注某一特定的

① 原书此处就分两列。

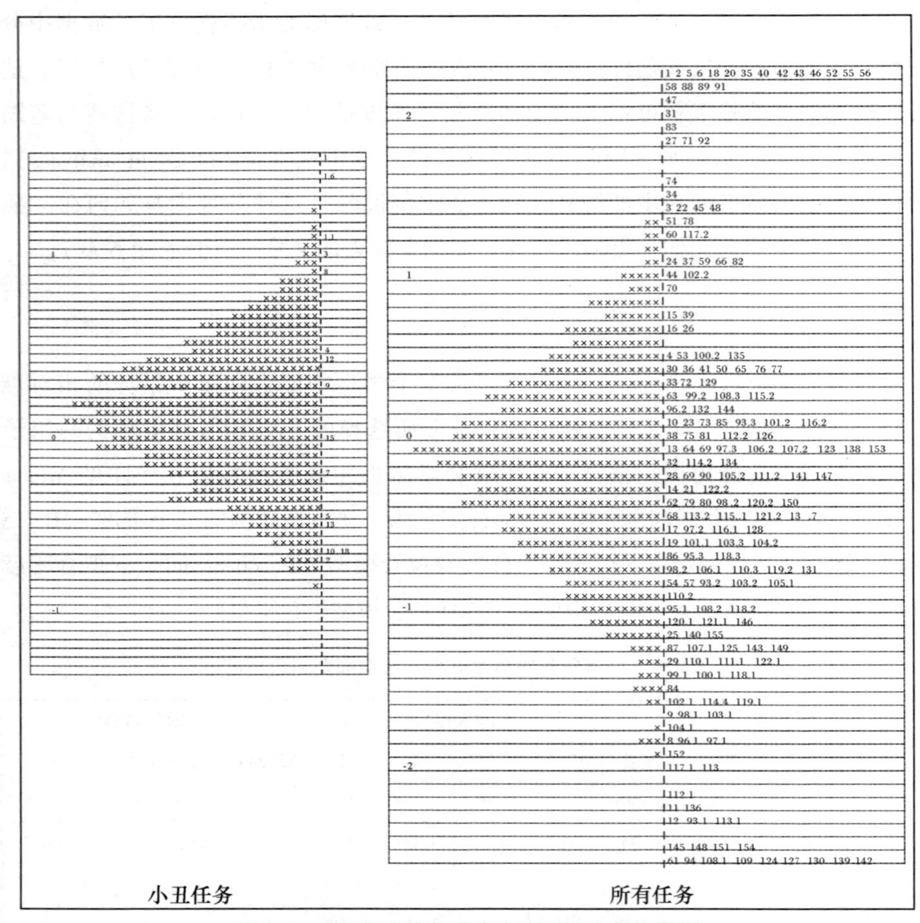

图 1.5　小丑任务和所有任务同时标定的变量图

要素。这种设计方式便于为学生将任务进行组合或“捆绑”，这能使对他们技能的测量更加稳健。变量图的左侧显示学生的能力分布，右侧的数字代表题目编号。从图 1.5 可以看出，小丑任务的题目只对上了一部分的能力范围。当像这样的一个任务与其他题目进行组合或“捆绑”时，测量的稳健度就会得到加强。在每个任务都标定完成后，所有任务要放在一起再同时进行标定，以检验它们所对应的是否是同一个潜在的建构。最后还要利用同时等值（concurrent equating）来确保无论实施哪种任务组合，标定都是没有差异的。图 1.5 的右边就是同时标定的变量图。

以上这些例子都是以 ATC21S 试验阶段的数据为基础的。而这些数据是来自参与国的方便取样（convenience samples），因此这些样本对这些国家来说没有代表性。

在三个层次上实现同时等值——整合的建构，社会性和认知成分，以及五个维度（参与，视角和社会性调节，任务调节和知识建构）。图 1.6 反映出建构的复杂性，图右侧的指标集解释了潜在的维度。

```
-------------------------------------------------------------------------------------
              |          |          |          |          |                              |
  4           |          |          |          |          |46                            |
              |          |          |          |          |                              |
              |          |          |          |          |52                            |
              |          |          |          |          |2                             |
              |          |          |          |          |                              |
              |          |          |          |          |88                            |
              |          |          |          |          |                              |
  3           |         X|          |          |          |1 5 20                        |
              |         X|          |          |          |6 55                          |
              |         X|          |          |          |18 58                         |
              |         X|          |          |          |89                            |
              |        XX|          |          |          |                              |
              |       XXX|          |          |          |                              |
              |      XXXX|          |          |          |56 71 91                      |
  2           |      XXXX|          |          |          |42 43 74 83 135               |
              |    XXXXXX|          |          |          |40 129                        |
             X|    XXXXXX|          |          |          |35 92 132 144                 |
             X|  XXXXXXXX|         X|          |          |126 153                       |
            XX|   XXXXXXX|         X|          |          |15 34 47 123 138              |
           XXX|   XXXXXXX|         X|          |          |141 147                       |
  1      XXXXX|     XXXXX|       XXX|         X|          |31 51 68 80 150               |
        XXXXXX|   XXXXXXX|      XXXX|         X|          |27 63                         |
      XXXXXXXX|    XXXXXX|     XXXXX|        XX|         X|48 77 85                      |
    XXXXXXXXXX|      XXXX|   XXXXXXX|       XXX|         X|3 22 45 49 60 73 78           |
     XXXXXXXXX|       XXX|   XXXXXXX|       XXX|         X|7 16 39 44 59 66 82           |
      XXXXXXXX|       XXX|  XXXXXXXX|     XXXXX|        XX|21 67 70 90                   |
      XXXXXXXX|        XX|  XXXXXXXX|     XXXXX|       XXX|4 24 50 53 79                 |
  0   XXXXXXXX|         X|  XXXXXXXX|    XXXXXX|       XXX|19 37 101 102                 |
       XXXXXXX|        XX|  XXXXXXXX|    XXXXXX|       XXX|57 62 86 106                  |
          XXXX|         X|    XXXXXX|   XXXXXXX|       XXX|26 54 65 76 99 100 105 134    |
           XXX|         X|     XXXXX| XXXXXXXXX|      XXXX|72 107 110 111 115 116 133    |
            XX|          |      XXXX|   XXXXXXX|     XXXXX|25 30 33 36 41 95 96 97 108   |
            XX|          |       XXX|    XXXXXX|     XXXXX|29 64 75 81 87 93 98 117      |
             X|          |        XX|     XXXXX|    XXXXXX|10 17 23 69 84 103 104 128    |
 -1           |          |         X|     XXXXX|    XXXXXX|13 38 136                     |
              |          |         X|      XXXX|    XXXXXX|28 32 114 121 122 131 154     |
              |          |         X|      XXXX|    XXXXXX|14 112                        |
              |          |         X|        XX|     XXXXX|118 119 140 146 155           |
              |          |          |        XX|     XXXXX|8 125 142 143 145 149         |
              |          |          |         X|     XXXXX|113 120 127 130               |
 -2           |          |          |         X|      XXXX|11 139                        |
              |          |          |         X|       XXX|61 151                        |
              |          |          |         X|        XX|124 148                       |
              |          |          |          |        XX|152                           |
              |          |          |          |        XX|                              |
              |          |          |          |        XX|9                             |
              |          |          |          |         X|                              |
 -3           |          |          |          |         X|                              |
              |          |          |          |          |                              |
              |          |          |          |          |94                            |
              |          |          |          |          |12                            |
              |          |          |          |          |109                           |
              |          |          |          |          |                              |
 -4           |          |          |          |          |                              |
              |          |          |          |          |                              |
              |          |          |          |          |                              |
              |          |          |          |          |                              |
              |          |          |          |          |                              |
=====================================================================================
```

图 1.6　协作式问题解决建构的五维度图（每个"X"代表 45.8 个样本）

协作式问题解决的这五个维度是互相关联的，但每一个都贡献了独一无二的变异（variance）（表1.5）。它们的相关程度为技能从一个维度到另一个维度的可能转化提供了重要信息。同样地，一旦学生能够被匹配到这五个维度的发展进阶上，教师就可以用单独的维度描述来计划教学和干预措施。

表1.5　五个维度之间学生能力估计值的相关

维度	1	2	3	4	5
维度1					
维度2	0.565				
维度3	0.850	0.332			
维度4	0.781	0.549	0.748		
维度5	0.703	0.683	0.482	0.693	

每个任务对应的蓝图中的要素和难度水平都是不一样的。此外，学生可以采取不同的方式和路径去解决问题。比如，表1.6中的最大值表示在任何特定任务或任务集合中能够展示的相关指标数的最大值。由于不同学生处理任务的方法不同，因此每个人相应的指标数量也不同。所以能力的估计是基于学生自己展示出来的指标，P=给定学生所选择的任务组合及其角色（学生A或B）的最大可能指标数。表1.6给出了学生在社会性和认知维度的原始分数以及学生能力的拉希模型估计值。显然，不同学生拥有的最大可能指标数不同，实际展示出的指标数也不同。

表1.6　学生的原始分数和参数估计（详见Griffin et al. 第7章）

个人ID	原始分（社会性）	可能的最大值	原始分（认知）	可能的最大值	$\theta_{社会性}$	$\theta_{认知}$
1	41	47	32	57	1.028342	−0.26011
2	33	47	38	58	0.039957	0.097414
3	35	53	40	60	0.088804	0.19713
4	26	46	27	57	−0.54873	−0.62936
5	35	46	39	58	0.267853	0.262837
6	33	47	32	58	0.039961	−0.38134

学生能力参数的估计和水平的决定

在指标对应到要素，并完成了对其相对难度的估计后，我们就可以用难度参数来评估学生的能力了。我们使用以下公式来实现这一点。

$$\theta_n^{(t+1)} = \theta_n^{(t)} + \frac{r_n - \sum_{i \in \Omega_n} e_{ni}^{(t)}}{\sum_{i \in \Omega_n} v_{ni}^{(t)}}$$

当 $|\theta_n^{(t+1)} - \theta_n^{(t)}| < 0.001$ 时停止计算。

在获得了学生能力估计值后，我们就有可能将每个学生都放到发展进阶的某一个水平上（Griffin et al. 2015；第 7 章）。以协作式问题解决中认知领域的知识建构维度为例。表 1.7 展示了从不同任务中抽取的一些题目，它们的难度估计值是用拉希模型标定的，并和每个任务的原始分联系起来。表 1.7 中提供了题目对应的要素、指标编号与描述，以及把分数分配给指标的评分规则。表格中的“锯齿”线标出了两个相邻表现水平之间的阈值。有了这些信息，我们就可以将通过标定算法获得的学生能力估计值与阈值进行比较，把学生放到“知识建构”发展进阶上的相应位置上了。该维度的实际阈值为-1.6，0.2，1.1 和 3.0，分别对应水平 0~1，1~2，2~3，3~4 和 4~5。关于这一解释与这些分数线（cut score）的理论基础，详见格里芬（2007）的文章。

表 1.7　基于样题解释学生在知识建构维度上的表现

（注：如参数估计值所示，题目选自不同难度）

δ_i	要素	指标编码	指标描述	评分规则	评分
4.734	21	612A	解决了问题 ［正确，中间，子任务，能独立回答］	回答正确	有或无
4.028	21	714A	解决了问题 ［正确，最后，子任务，能独立回答］	回答正确	有或无
2.051	21	310B	正确 ［独自解决问题］	正确	有或无
1.638	21	425B	解决了问题 ［正确，子任务，最后］	回答正确	有或无
0.802	18	815A	解决了问题 ［正确，最后，部分子任务，能独立回答］	水平单元格规则的正确性	有或无
0.49	21	310A	正确 ［独自解决问题］	正确	有或无
0.147	21	010B	解决了问题 ［正确］	回答正确	有或无
-0.918	19	Q15-自己	当我们拥有的信息不一样时，我问了搭档他的信息		

将标定的反应概率（response probability）设为 0.5，这些分数线和指标集就

能用来解释变量和发展进阶的定义，也能确定学生接下去要学习的技能是什么(Griffin 2007)。由此得到的对知识建构的解释如表1.8所示。表1.8中的要素标识指的是协作式问题解决框架中的要素编号，紧随其后的是该要素的表现标准(1—3表示技能从低到高的复杂程度)。例如，11.3表示协作式问题解决框架中的要素11"收集信息"，其最高表现标准的编码为3。从表1.8中可以看出，各个要素的整体难度并不相同，一个要素最低的技能水平可能与另一个要素最高的技能水平难度相当。

表1.8　知识建构的发展进阶水平

水平	要素标识	知识建构
水平6	11.3 13.3 19.3 21.2	学生对这个问题理解得很好，并且能够重构或重组问题，尝试找到一个新的解决路径过程。
水平5	10.3 12.3 14.3 15.2 19.2	学生能够识别因果关系，使用合适的策略为简单和复杂的任务找到正确的解决路径。学生能够根据新的信息对他们的初始假设做出修改和调整，检验备择假设，并调整他们的思考过程。
水平4	10.2 13.2 14.2 17.3 18.3 21.1	学生能够识别多个信息片段之间的联结和模式。学生能够成功地完成子任务和较容易的任务。
水平3	11.2 15.1 18.2	学生开始将信息片段联结起来。
水平2	10.1 11.1 12.2 14.1 17.2 19.1	学生根据他们所拥有的信息去检验假设。他们识别由行动带来的可能的因果关系，并反复尝试以获得有关行动结果的更多信息。

续表

水平	要素标识	知识建构
水平 1	12. 1	学生不断用同样的方法去尝试这个任务，但是他们几乎不理解采取这些行动的结果是什么。学生专注于每个单一信息片段，只遵循提供给他们的具体指示。
	13. 1	
	17. 1	
	18. 1	

○ 报告

本阶段的研究促使了报告模块的形成。项目决定，报告中不汇报分数，而是要向学生和教师说明学生接下去最好学些什么（Griffin 2007）。每个水平的摘要都已输入了报告模块。如果学生能力估计值是如上所述导出的，一系列的报告就可以生成。

只要输入了数据，报告模块就可由教师启动，然后就可以生成一系列的报告。对“学习准备报告”“班级报告”和“学生档案报告”的说明和解释，详见伍兹等人的文章（第 14 章）。报告（图 1. 7）提供个人和团体的信息，均关注技能的位置和进步情况。在每种情况下，教师都可以访问学生当前的能力信息，以及学生接下去最有可能发展的技能。教师可以利用这些信息来计划促进学生学习的教学方式和内容。

○ 21 世纪技能的教学

有了这样一个系统，教师就可以在学生完成任务之后，直接登录网站下载学生的报告，如图 1. 7 所示。一旦教师拿到了生成的报告，ATC21S 最重要的工作——21 世纪技能的教与学，就开始了。在一系列的专业发展模块中，有对学生技能和教学干预发展的概述。专业发展模块对教师在线开放，涵盖以下几方面的内容：

1. 对 21 世纪技能的定义与评估。
2. 发展性模型的使用。
3. ATC21S 评估：入门指南。
4. 解读报告。

5.21 世纪技能的教与学。

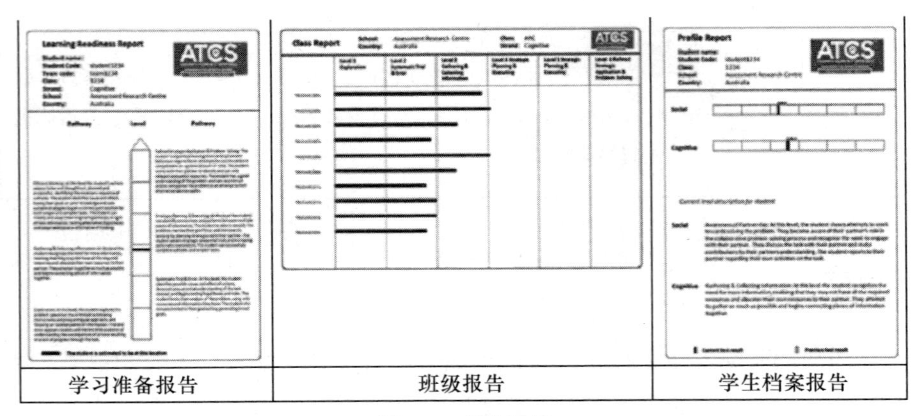

图 1.7　报告示例

○ 结论

ATC21S 项目的研究和开发过程遵循了一个典型的测验开发路径。我们对所关心的建构做出了定义和描述，对学生在不同技能水平上的可能表现做出了假设，并设计了对这些表现进行采样的任务。人们关注的是 21 世纪工作场所中的建构，所以我们要关注 21 世纪的课堂。潜在的理念是，评估的作用在于激发改变。这意味着建构在每一个人的身上都是可以发生变化的，也应该发生改变。教师可以通过观察学生在线上和课堂任务中的表现，以及对观察结果的分析，来了解学生的 21 世纪技能可以如何变化。我们假设学生表现的变化是由教学引起的。我们已经概述了创建 21 世纪技能评估任务背后发展的全过程，下一步的研发任务就是要确定教师要如何教授这些技能。

参考文献

Adams, R., Vista, A., Scoular, C., Awwal, N., Griffin, P., & Care, E. (2015). Automatic coding procedures for collaborative problem solving. In P. Griffin & E. Care (Eds.), *Assessment and teaching of 21st century skills: Methods and approach* (pp. 115-132). Dordrecht: Springer.

Adamson, F., & Darling-Hammond, L. (2015). Policy pathways for twenty-first century skills. In P. Griffin & E. Care (Eds.), *Assessment and teaching of 21st century skills: Methods and approach* (pp. 293-310). Dordrecht: Springer.

Awwal, N., Griffin, P., & Scalise, S. (2015). Platforms for delivery of collaborative tasks. In P. Griffin & E. Care (Eds.), *Assessment and teaching of 21st century skills: Methods and approach* (pp. 105–113). Dordrecht: Springer.

Binkley, M., Erstad, O., Herman, J., Raizen, S., Ripley, M., Miller-Ricci, M., & Rumble, M. (2012). In P. Griffin & E. Care (Eds.), *Assessment and teaching of 21st century skills*. Dordrecht: Springer.

Care, E., Griffin, P., Scoular, C., Awwal, N., & Zoanetti, N. (2015). Collaborative problem solving tasks. In P. Griffin & E. Care (Eds.), *Assessment and teaching of 21st century skills: Methods and approach* (pp. 85–104). Dordrecht: Springer.

Darling-Hammond, L. (2012). Policy frameworks for new assessments. *In Assessment and teaching of 21st century skills*. Dordrecht: Springer.

Griffin, P. (2007). The comfort of competence and the uncertainty of assessment. *Studies in Educational Evaluation*, 33, 87–99.

Griffin, P. (2014). Performance assessment of higher order thinking. *Journal of Applied Measurement*, 15(1), 1–16.

Griffin, P., Care, E., & McGaw, B. (2012a). The changing role of education and schools. In P. Griffin, B. McGaw, & E. Care (Eds.), *Assessment and teaching of 21st century skills* (pp. 1–15). Dordrecht: Springer.

Griffin, P., McGaw, B., & Care, E. (Eds.). (2012b). *Assessment and teaching of 21st century skills*. Dordrecht: Springer.

Griffin, P., Care, E., Bui, M., & Zoanetti, N. (2013). Development of the assessment design and delivery of collaborative problem solving in the assessment and teaching of 21st century skills project. In E. McKay (Ed.), *ePedagogy in online learning*. Hershey: IGI Global.

Griffin, P., Care, E., & Harding, S. (2015). Task characteristics and calibration. In P. Griffin & E. Care (Eds.), *Assessment and teaching of 21st century skills: Methods and approach* (pp. 113–178). Dordrecht: Springer.

Hattie, J. (2011). *Visible learning for teachers: Maximising impact on learning*. New York: Routledge.

Hesse, F., Care, E., Buder, J., Sassenberg, K., & Griffin, P. (2015). A framework for teachable collaborative problem solving skills. In P. Griffin & E. Care (Eds.), *Assessment and teaching of 21st century skills: Methods and approach* (pp. 37–56). Dordrecht: Springer.

Kozma, R. (2009). Assessing and teaching 21st century skills: A call to action. In F. Schueremann& J. Bjornson (Eds.), *The transition to computer-based assessment: New approaches to skills assessment and implications for large scale assessment* (pp. 13–23). Brussels: European Communities.

Wilson, M. (2009). Measuring progressions: Assessment structures underlying a learning progression. *Journal of Research in Science Teaching*, 46(6), 716–730.

Wilson, M., & Scalise, K. (2015). Assessment of learning in digital networks. In P. Griffin & E. Care (Eds.), *Assessment and teaching of 21st century skills: Methods and approach* (pp. 57–81). Dordrecht: Springer.

Woods, K., Mountain, R., & Griffin, P. (2015). Linking developmental progressions to teaching. In P. Griffin & E. Care (Eds.), *Assessment and teaching of 21st century skills: Methods and approach* (pp. 267–292). Dordrecht: Springer.

Wright, B. D., & Master, G. N. (1982). *Rating scale analysis*. Chicago: NESA.

Part 2
基于网络的协作式评估任务的概念框架

海塞、凯尔、布德尔、萨森贝格和格里芬（第2章）以及威尔逊和斯卡利塞（第3章）介绍了协作式问题解决和数字网络化学习的概念框架。这些框架阐释了在网络中学生之间的互动，如解决问题，或者形成并验证假设以及通过网络进行学习。数字网络化学习一章（第3章）举例说明了个体如何通过社交媒体进行操作和学习，也展示了人们通过合作，可以从个体的信息消费者和生产者，转变为公众社会资本和智力资本发展的共同促进者。协作式问题解决的定义向我们提供了问题解决和协作文献与概念全面综述。“数字网络化学习”和“协作式问题解决”都表现出多面性、多维度和复杂性，包括了描述社会和认知技能发展的维度。

Hesse, F., Care, E., Buder, J., Sassenberg, K., & Griffin, P. (2015). A framework for teachable collaborative problem solving skills. In P. Griffin & E. Care (Eds.), *Assessment and teaching of 21st century skills: Methods and approach* (pp. 37–56). Dordrecht: Springer.

Wilson, M. & Scalise, K. (2015). Assessment of learning in digital networks. In P. Griffin & E. Care (Eds.), *Assessment and teaching of 21st century skills: Methods and approach* (pp. 57–81). Dordrecht: Springer.

第2章

一个可教的协作式问题解决技能框架

弗里德里希·海塞，埃斯特·凯尔，于尔根·布德尔，
凯·萨森贝格，帕特里克·格里芬

【摘要】

在《荒野中的认知》（*Cognition in the Wild*）这本书中，哈钦斯（1995）请读者审视一下自己身边的环境，看看有哪些物件不是靠多人协作生产出来的。他评论道，在他的个人环境中唯一满足这个标准的，只有他书桌上的一枚小鹅卵石。事实上，你会吃惊地发现，我们的日常生活是如何由协作形成的。无论是在学校、工作场所，还是闲暇时间，我们始终生活在这样一个需要运用社会技能来与他人进行协作的环境里。协作在日常生活中是这样普遍，而社会和协作技能的发展却在很大程度上被看作是一件自然而然、不需要进一步学习的事情，这多少有些令人吃惊。事实上，群体往往未能充分发挥出他们作为一个群体的潜力（Schulz-Hardt, Brodbeck, Group performance and leadership. In: Hewstone M, Stroebe W, Jonas K(eds) Introduction to social psychology: a European perspective, 4th edn, pp 264-289. Blackwell, Oxford, 2008），而且人与人之间协作的有效性也存在程度上的差异。于是，人们逐渐认识到协作技能是需要专门教授的（Schoenfeld, Looking toward the 21st century: challenges of educational theory and practice. Edu Res 28: 4-14, 1999）。我们发现协作式问题解决是一种很有前景的任务，需要动用多种社会技能和认知技能，不仅可测，而且可教，还能在课堂环境中进行分析。

本章提供了一个协作式问题解决的概念框架，以多个领域的研究成果为支撑，如认知科学、教育学、社会心理学以及心理语言学。

○ 协作式问题解决

在定义协作式问题解决之前，先定义该术语的不同成分或许更有助于理解，我们先定义“协作”，再定义“问题解决”。

我们将协作定义为一起工作实现共同目标的活动。该定义包含了许多要素。第一个要素是沟通，即通过交换知识或意见来使接受者更好地理解。沟通是协作式问题解决的必要非充分条件，它要求沟通超越简单的交换意见。第二个要素是合作，主要是达成一致的分工。协作式问题解决的合作包括在计划和问题分析中各种微妙的、回应性的贡献（responsive contributions）。另外有一种观点将合作简单视为协作的低阶版本而不是其中的一部分。我们不采纳这种观点，理由详见下文。第三个要素是回应（responsiveness），指的是积极的、有见地的参与。

从这个定义出发，协作式问题解决就是指通过合作和沟通来回应性地解决问题。协作是一个有用的工具，尤其是在需要（而且可获得）特定的专业知识时。协作的发生也取决于一些因素，如参与的意愿、相互理解以及处理人际冲突的能力。在处理复杂问题时，协作式问题解决的方法特别有用。

在 20 世纪 90 年代，学习科学领域出现了从“合作式学习（cooperative learning）”到“协作式学习（collaborative learning）”的重大转变。尽管许多作者在使用这两个术语时并不加以区别，但狄隆伯格和他的同事（1996）却认为它们存在一个关键区别。根据他们的区分，合作只是通过分工来完成任务的活动。换言之，虽然合作式学习者的某些活动可能是协作的，但通常他们的工作是相互独立的。许多学者已经注意到，合作式学习既没有充分发挥出一个群体的潜力，也不需要人们在一起工作时所依赖的一整套社会性技能（如 Cohen 1994）。这就引发了学界对协作式学习的关注。

在协作式学习中，学习者为完成一个特定的任务或问题协调、组织他们的活动。他们的活动交织在一起，他们的贡献相互依存，某个学习者的行动可能会因另一个学习者而开始或结束。只有当任务要求协作的时候，社会性技能才开始发挥作用。于是，像协作式问题解决这样的任务就成了评估 21 世纪技能的关键测试载体。

问题解决是一种活动，在这种活动中，学习者感知到当前状态和目标状态之间的差距，并意识到这个差距是没有显而易见或常规的解决方案的，继而试图在现有的状态下努力，以达到目标状态。问题解决伴随着许多心理和行为的过程，它们的发生未必有什么顺序，是可以各自同时进行的。在 PISA 的测试框架中，“问题解决”被概念化为：首先，识别一个问题，即当前状态和目标状态之间的差距；其次，学习者对问题状态以及使问题状态发生变化的步骤（通常称为“问题空间”）进行心理表征；第三，学习者计划接近目标状态的步骤；第四，实施计划；第五，监控问题解决方案的进展。

另一种程序性方法暗示对解决方案的关注以及对问题本质和目标状态的意识。格里芬（2014）认为，可以将问题解决看成是从归纳到演绎思维的有层级的一系列步骤。问题解决者首先检查问题空间，确定空间内的要素；接着，他们确定这些要素之间的模式和关系，并将这些模式和关系转成规则；然后将这些规则进行推广，推广至其他结果中的检验称为假设检验。这一方法将在本章后文中阐明。

基于这些定义和方法，协作式问题解决可以被定义为一种联合活动，在活动中，两人或多人一组执行一些步骤，以将当前状态转化为目标状态。个体问题解决和协作式问题解决的不同在于，在协作式问题解决中，每个步骤都是能直接观察到的。参与者需要交流和分享，在形成解决方案时他们是如何确定问题的各个部分的、解释各个部分之间的关系、解释行动和效果之间的关系（规则）及如何将其推广的。参与者可以通过使用可观察的言语和非言语信号来协调解决方案的步骤。表现的外显化有一个受人欢迎的意外效果——能让问题解决活动可视化，容易评估。

个体问题解决所经历的阶段也适用于协作式问题解决——尽管协作式问题解决有些不同而且更复杂。下文将讨论在协作的环境中，多个问题解决者介入问题解决过程意味着什么。

○ 协作式问题解决的过程

对协作式问题解决的一个理想的描绘可以遵循类似 PISA 框架的顺序。协作式问题解决要求协作方确定一个问题，并确定问题空间中的哪些要素是他们每一方能单独控制或监测的。通常，每个小组成员确定一个问题空间和这一空间中的要素，并告知其他协作者当前和所期望的问题状态之间的差距（Larson and

Christensen 1993）。

成功的协作式问题解决活动假定参与者之间共享某种表征。对所谓的“共同心理模型（shared mental models）”研究显示，当个人的问题表征（个体对问题的心理模型）与小组成员相似时，整个团队在问题解决上会有更好的表现（Klimoski and Mohammed 1994）。相似的表征可以通过沟通来实现。相比共同心理模型只关注个体表征间的相似性，罗歇尔和提斯利（1995）提出了“联合问题空间（joint problem space）”的概念。他们认为是协作者之间不断的合作和沟通，创造并维护了这一问题空间。它是协作行动的基础。

协作者们对如何达到目标状态应该有一个共同的计划。计划中需要包括对资源的管理。对交互式记忆系统（transactive memory systems）的研究（Wegner 1986）显示，如果成员们清楚小组中谁知道什么，或者谁辨识出了问题空间中的特定要素，则整个小组将受益。如果成员们有着不同的、与问题相关的知识（如符合协作问题的必要特征），理想的资源管理需要考虑到小组成员共享所有可用的信息。事实上，信息共享远远没有保障：社会心理学研究表明，小组成员虽倾向于提到共享的信息，却也容易忽略各成员所独有的未被共享的信息（Stasser and Titus 1985）。能分配的资源不限于知识，还应包括对执行加工和监控进程能力的识别。

计划必须以组为单位来实施。在一些协作式问题解决的情境中，这就需要多名成员并行做协同努力。不过协作行动有一个缺陷，小组通常会遭到过程损失（process losses）（Steiner 1972），比如，以成员各自具有的能力和资源而言，小组的表现要比他们理论上能达到的表现差。过程损失由以下三种原因导致：成员的任务动机降低（social loafing；Karau and Williams 1993）；群体情境产生了额外的社会性目标，消耗了任务中的资源（Wittenbaum et al. 2004）；由社会性情境导致的认知能力下降（Diehl and Stroebe 1987）。

协作者必须对行动的进展和进程做出评估，必要时，计划也必须重新制订，以决定如何向前推进。这就再一次面临过程损失的风险。可以通过研究小组内隐和外显的决策方式来分析他们的监控活动。比如，通过某小组内隐的群体决策方案，如“真理赢（truth wins）”“多数派赢（majority wins）”，或“多的赢（plurality wins）”来描述他们的监控活动（Laughlin and Ellis 1986）。小组的决策方案还可以由明晰的决策顺序来区分。如有的小组是一开始就做出决策，然后再寻找支持这样决策的证据。而有的小组则表现出一种深思熟虑，他们从寻找证据开始，然后再做出一个决策（Hastie and Pennington 1991）。一般来说，资源的成功分配需要小组清楚他们在所面对的问题上的进展和团队中可用的资源，对目标状态的共同理解也有促进作用（Peterson and Behfar 2005）。

在该过程的逻辑顺序中，参与者将各自的问题解决过程外显化，并将各自的贡献协调成一个连贯的活动顺序。我们还不清楚这一理想的顺序在多大程度上会在实际情况中出现。但在任何一种情况下，它的发生都不仅仅取决于小组的动态互动，还取决于问题空间的特征。

协作式问题解决没有一个统一的过程，它是在两人或多人间进行的复杂的、需要协调的活动。因此，有效的问题解决不依赖于某个统一的技能，而是依赖于一组根据情境需要灵活运用的不同子技能。尽管前面提到的五个过程（问题识别，问题表征，计划，实施，监控）可以用来描述协作式问题解决，但这并不意味着我们就能将协作式问题解决技能简单地对应到这五个不同的阶段。相反，许多技能都跨越了多个问题解决的阶段。

○ 协作式问题解决技能

在多个研究领域文献的基础上，ATC21S 项目设计了一个由技能层级组成的框架，这些技能在协作式问题解决中发挥着关键作用。框架中的技能必须满足以下三个标准：（1）在大规模评估中是可测的；（2）能够提取行为指标，这些行为指标是（经过一些培训后的）教师可以在课堂环境里进行评估的；（3）可教的。只有满足了这三个条件，协作式问题解决技能才能成为日常课堂活动和大规模评估研究（如 PISA）中学习诊断内容的一部分（OECD 1999）。

这里所提出的协作式问题解决技能的框架以区分两类非常大的技能类别为基础：社会技能和认知技能。社会技能构成了“协作式问题解决”的“协作”部分，在协作式问题解决中发挥着重要作用，也是许多其他协作任务的特征。认知技能构成了“协作式问题解决”的“问题解决”部分。这些技能用以涉及问题解决的典型认知方面，与个体问题解决的经典方法有更多共同之处。为了进一步澄清这一区别，我们可以这样说，社会技能是关于管理参与者（包括自己）的，而认知技能是关于管理手头任务的。下文将对这两类技能做更为细致的描述和讨论。

社会性过程技能

为了取得协作式问题解决的成功，个人需要一些社会性技能来帮助自己协调行动以和其他参与者同步。在社会性技能的一般框架下，我们将其具体分为三类指标：参与、观点采择、社会性调节（表 2.1）。

参与技能描述了协作互动的最低要求。它指的是个人想将信息和想法外显化并共享，以及参与问题解决各个阶段的意愿和准备（Stasser and Vaughan 1996）。观点采择技能是指个体站在协作者的角度来看问题的能力（Higgins 1981）。它能使协作者之间的协调更为顺畅，因此是极有用的。此外，对特定类型的任务而言，观点采择技能是必不可少的，因为在这些任务里，除非成员有能力理解他们的协作者所处的具体情况，否则小组将无法得到一个解决方案（例如，Trotschel et al. 2011）。最后，社会性调节技能侧重的是协作式问题解决中的策略性方面（Peterson and Behfar 2005）。理想的情况是，协作者会通过他们对所有成员的优势与不足的认识来协调和解决彼此在观点、兴趣和策略上的潜在差异。

参考文献

学习科学中的许多论述都强调参与的重要性，尽管它们的关注点略有不同。根据社会建构主义的认识论，参与指的是成为实践共同体一员的长期过程（Lave and Wenger 1991）。开始时，学习者在共同体中扮演着外围的角色（正当的外围参与），然而一旦他们作为共同体成员有了更多的经验，就要承担起更多的责任。根据认知和语言取向的认识论，参与指的是加入对话的可观察的行为。在该研究的传统中，科恩（1994）建议将学习者参与协作活动的程度作为个人学习结果的最佳预测指标，其前提是任务是协作性的（比如，仅通过分工是无法完成的），而且问题是相对结构不良的。无论偏向哪种认知论，参与都被视为学习科学中的一个至关重要的概念，它形成了或至少导致了学习活动的发生。

我们的框架进一步将参与技能分为三个方面：行动、互动、任务完成。“行动”指个体参与的一般水平，不考虑它是否以某种方式与其他成员的努力相协调。虽然大多数古典心理学家会争论说，行动只是个体内部认知过程的行为结果，但许多学习科学家却将行动看作是认知的基本“载体”（Hutchins 1995；

Nardi 1996）。一个小组内的成员的行动水平是有差异的。虽然有些成员会对任务一点反应也没有，但有些成员只要被提供了有力的支架（如给出明确的任务指令），他们就会变得积极起来。最后，那些即使没有教学支架也能有所行动的人展示出了小组中最高的行动水平。

“互动”是指个体表现出与他人互动和回应的行为。例如，一些学习者非常积极地参与协作式问题解决，但他们不回应其他协作者或不与之协调。较高水平的互动表现是问题解决者回应互动的线索，如回答来自其他协作者的询问。如果学习者主动发起协调，或鼓励他们的协作者做出回应，那么这就是互动技能最高水平的表现。问题解决者间的互动是成功协调的最低要求（Crowston et al. 2006），可以通过言语和非言语的手段来实现（Clark 1996）。

表 2.1　协作式问题解决中的社会性技能

要素	指标	低	中	高
参与				
行动	在环境中的活动	没有或很少活动	在熟悉的情境中活动	在熟悉和不熟悉的情境中活动
互动	与他人的贡献进行互动，鼓励和回应	直接或间接地接受沟通	回应沟通中的线索	发起并鼓励互动或活动
任务完成/坚持性	独自承担和完成一个任务或任务的一部分	只是保持在场	确定并尝试解决任务	反复尝试或使用多种策略，体现出完成任务的坚持性
观点采择				
适应性回应	忽视、接受或调整他人的贡献	考虑他人的贡献或提示	适应并融合他人的贡献或提示	将别人的贡献或提示用以建议可能的解决途径
受众意识（相互模式）	对怎样调整自身行为以更加适宜他人的意识	不为参与者调整贡献	根据详细的反馈，为使接受者理解而调整贡献	根据接受者对理解的解释，调整对接受者的贡献
社会性调节				
协商	得到一个解决方案或达成和解	评论差异	尝试达成共同的理解	得出差异的解决方案

续表

要素	指标	低	中	高
社会性调节				
自我评估（元记忆）	识别自身的优势和不足	注意自身的表现	从适合性或充分性方面评论自身表现	基于自身表现推断能力水平
交互记忆	识别他人的优势和不足	注意他人的表现	从适合性或充分性方面评论他人表现	根据历史表现评论可用专长
主动担责	为确保小组能够完成任务的各部分承担责任	基本独立于他人进行活动	完成活动并报告他人	使用第一人称复数表示承担小组责任

“任务完成”技能指的是参与的动机以及任务的坚持性。协作式问题解决者投入程度是有差异的，因此，他们可能会进入到问题解决空间，但不充分投入也不积极参与，或是相反，坚持参与，表现为多次尝试任务，采取不同策略。

观点采择技能

虽然参与的数量是协作式问题解决表现的一个重要的预测指标，但观点采择技能却更多反映出互动的质量。理论上，观点采择与多个学科领域的建构有关，如情绪心理学、社会心理学和心理语言学，因此观点采择包含了情感、社会性发展和语言学方面的内容。观点采择是一个多维的建构。在情感层面，观点采择可与共情的概念，对他人情绪的理解，以及对他人的认同有关。而对当前更重要的是，在认知层面上，观点采择与“心理理论（theory of mind）”有关，它描述了从不同的空间或心理角度来理解事态的能力。如果没有这种能力，人们就会产生以自我为中心的偏见，例如他们会期望其他人与自己是高度相似的（Zuckerman et al. 1983）。观点采择常被视为一种核心的沟通能力。最后，观点采择的语言学方面指的是通过背景信息将同伴的话语情境化的能力，也包括根据同伴的需要和心智能力来调整自身话语的能力。这种能力通常被贴上“受众设计（audience design）”的标签（Clark and Murphy 1982）。应该注意的是，尽管学者们普遍认为受众设计有助于协调互动，但实证证据表明参与者有时缺乏去适应其沟通伙伴的能力或意愿（如 Horton and Keysar 1996）。

协作式问题解决技能框架区分了观点采择技能的两个方面：回应技能和受众意识技能。当问题解决者设法将协作者的贡献整合进自己的想法和行动中时，他的回应技能就显现出来了。例如，能根据其他协作者报告的证据来重新思考问题表征的问题，这样的解决者就表现出了高水平的回应技能。相反，忽略他人的贡献便是回应技能水平低的一个例子。

受众意识技能即根据他人（需要）调整自己贡献的能力（Dehler et al. 2011）。取决于问题解决者自我中心偏见的程度，他们多少都有能力来使他们的话语适应别人的观点，或使他们的行动对其协作者可见和可理解。例如，想象有两位面对面坐在一块透明屏幕两侧的问题解决者，假定有个特定物体出现在其中一位问题解决者屏幕的左边，那么一个受众意识低的人就会说“在左边”。相反，一个受众意识高的人则会对对方说“在右边”，甚至是“在你的右边”。

为了阐明回应技能和受众意识技能之间的区别，我们可以说，前者涉及个体将信息内化的适应能力（类似于皮亚杰提出的同化概念；Piaget and Inhelder 1962），而后者指向外化。因此当前框架中所解释的观点采择的这两个方面，可以分别概括为接受性和表达性。

社会性调节技能

小组协作的一个主要好处是成员为互动带来的潜在多样性。不同的成员有着不同的知识、专长、意见和策略。分析群体表现的各个学科的研究已经发现了多样性的证据。比如在组织心理学中，团队成员之间的信息多样性就被确认为是团队表现的关键要素（De Wit and Greer 2008）。当小组任务要求创造性和精细化时，多样性的影响尤其重要（van Knippenberg and Schippers 2007）。在教育中，小组成员之间的多样性会刺激产生有用的认知冲突（Doise and Mugny 1984）、概念上的变化（Roschelle 1992）或多元视角（Salomon 1993）。然而，多样性本身并没有什么价值，只有当参与者知道该如何处理讨论中所产生的各种观点、概念和策略时，多样性在协作中的价值才能够体现（van Knippenberg et al. 2004）。换言之，协作式问题解决者需要一些策略性技能来驾驭成员的多样性，并且他们必须运用社会性调节和协商机制（Thompson et al. 2010）来恰当地处理小组的多样性。然而群体却有一种不充分利用多样性全部潜力的倾向（Hinsz et al. 1997）。其中，个体常常忽视异见信息（确认偏差，confirmation bias；Jonas et al. 2001），共享的信息比未共享的信息更受青睐（Stasser and Titus 1985），少数人的观点不及多数人的观点影响力大（Wood et al. 1994）。如果小组成员有能力克服组内有偏差的信息且能够调节冲突，他们就能充分利用由协作者们带入的联合问题解决的多样性的好处了。

协作式问题解决技能框架区分了与社会性调节有关的四个方面：元记忆，交互记忆，协商和主动（initiative）。前两个方面指识别小组多样性的能力，可分为对自身的认识（元记忆；Flavell 1976）和对其协作者的知识储备、优势及不足的认识（交互记忆；Wegner 1986）。如果使用了这两种技能，协作式问题解决小组就为发挥群体多样性的力量奠定了基础。

当小组成员之间发生冲突时，协商技能的存在与否就会变得十分明显。冲突的内容可能包括问题表征、潜在的问题解决步骤、对小组所得证据的解释或小组目标。无论是哪种情况，问题解决者们都必须协商步骤和措施，调节个体之间的差异，比如制定折中的方案或在可选的解决步骤中确定等级顺序。

最后，主动技能指的是问题解决者对小组进展所承担的责任。如果问题解决者的集体责任感（Scardamalia 2002）太低，那么就可能会出现潜伏或脱离任务的状况，协作任务就可能无法完成。相反，较高的责任感可有助于更好地解决问题。虽然一些问题解决者会通过专注于尝试他们个人的办法来避免发生对抗或互动，也有其他问题解决者会负责形成共享的问题表征，制定解决方案的策略，以及有规律地监控有关小组的活动进展。

要是这些不同的社会性调节技能可以在小组中突显，协作式问题解决活动的协调工作就会变得更加容易，而小组成员间潜在的多样性也会以非常有益的方式被利用起来。

认知技能

协作式问题解决的效果和效率不仅依赖于社会性技能，还依赖于认知技能。协作式问题解决的认知技能与有助于个体问题解决的技能非常相近，这些技能包括问题解决者在处理手头任务时所用的方法及推理技能。协作式问题解决技能框架将认知技能再分为计划、执行和监控、灵活性以及学习四个类别。计划技能指一个人基于合理的问题解决步骤来制定策略的能力（Miller et al. 1960）。在协作式问题解决中，“计划”是提出一个共享的问题表征，为精心组织、良好协调的问题解决方案打好基础（Weldon and Weingart 1993）。计划是前瞻性的行动，如建立假设，而执行和监控更具回溯的性质。问题解决者必须解释证据，必须反思所计划和执行的解决步骤是否合适（Peterson and Behfar 2005）。监控在这里被认为是一个个体水平的技能，因为让个体先监控后外化小组的进展，要比由学习者们一起反思更为有效（Gurtner et al. 2007）。这为计划的持续调整提供了基础，从而形成了循环的问题解决行为。灵活性的技能不仅体现在问题解决者在面对解决方案中特别有挑战性的部分时所表现出的创造性（Star and Rittle-Johnson,2008），还包括其对模糊情境的反应方式。当问题是结构不良且需要某种归纳式思维时，这些技能就显得尤为重要。最后，学习的技能体现在小组互动中学习的能力，或是作为小组互动的结果。这四种认知技能的分类将在表 2.2 中详细阐释。

表 2.2　协作式问题解决中的认知技能

要素	指标	低 0	中 1	高 2
任务调节				
组织（问题分析）	用熟悉的语言分析和描述问题	像呈现的那样陈述问题	把问题分解成子任务	确认子任务的必要顺序
设定目标	设定一个清晰的任务目标	设定一般目标，如完成任务	为子任务设定目标	设定能认识到子任务之间关系的目标
资源管理	管理资源或人力来完成任务	不经商讨就使用/确定资源（或指挥别人）	将人员和资源分配至任务	向人员和资源的使用提出建议
灵活性和模糊性	接受模糊的情境	在模糊情境中不行动	注意到模糊性，并给出选择建议	探索选项
收集信息的要素	探索和理解任务的要素	识别当前活动有关信息的需要	识别当前活动所需信息的性质	识别与当前、备选和未来活动有关的信息的需要
系统性	实施可能的问题解决方案并监控进展	试错的行动	有目的的行动顺序	系统梳理尽可能的解决方案
学习和知识建构				
关系（表征和构造）	确认知识要素之间的关系和模式	关注孤立的信息碎片	将信息的各要素联系起来	在多条信息之间构建模式

续表

要素	指标	低 0	中 1	高 2
学习和知识建构				
“如果……那么”规则	运用对因果关系的理解来制订计划	在对操作结果有极少或没有认识的情况下就进行操作	确定因果关系的简短序列	运用对因果关系的理解来计划或实施一系列操作 基于对因果关系的普遍理解制定一个策略
“如果……会怎样”假设（反思和监控）	当信息或条件改变时调整推理或做法以重新适应	坚持一条路走到底	根据新的信息或停滞不前的现状而去尝试其他选项	在寻找新的解决方案的过程中重建和重组对问题的理解

任务调节技能

“计划”是问题解决的核心活动之一（Gunzelmann and Anderson 2003）。以（联合）问题空间为基础，计划包括形成关于如何达到目标以及如何选择推进解决进程步骤的假设。计划是一项重要的元认知活动，因为它需要问题解决者反思自己（和他人）的认知过程（Hayes-Roth and Hayes-Roth 1979）。我们区分了计划的四个方面：问题分析、目标设定、资源管理、复杂性。计划从问题分析开始，通过对个体或联合问题表征的检查，任务被分割为具有后续子目标的多个子任务。子任务和子目标不仅可以使问题解决过程变得更易于处理，还可以是评估个人进展（如监控）的重要标准。一个好的问题解决者能够制定具体的目标（“下一步，我们必须将这块积木向左移一步”），而低水平的表现就是没有目标或目标非常模糊（“我们必须尽最大努力改变这些积木”）。关于团队合作的研究表明，目标具体能提高一个小组的表现水平（Weldon and Weingart 1993）。问题解决者越倾向于制定具体的目标，这些目标就越容易评估和实现。许多协作式问题解决任务只有在可用资源分布合理的情况下才能完成。资源管理反映了个体对怎么将协作者们的资源、知识或专长带入问题解决过程的计划能力。如果问题解决者仅使用他自己可用的资源来进行规划，那他的资源管理水平便明显较低。较高级的做法是建议协作者们利用特定的资源。而当问题解决者明确决定向成员或任务的各个部分分配资源时，他就展示出了最高水平的资源管理技能。因此，计划的一个重要方面便是对自己及协作者的可用资源的管理（Brown 1987）。最后，不同的计划可以在复杂性或成熟度方面有所不同。这一点用象棋比赛来描述最好不过了。如果棋手在走一步棋之前没有经过反思，那么他计划的复杂性就比较低。而如果他对接下来的几步都做了计划，还考虑了对方可能的对抗走法而且也有与之对应的另一套计划，那么他计划技能的复杂性就显得相当高了。为解释这些概念，协作式问题解决技能框架引入了流动性问题的技能，它分为两个方面：模糊容忍和广度。模糊容忍的不同水平导致问题解决的不同行为——一些问题解决者仅在清楚明确的情境中表现积极，而另一些则会通过探索问题空间来应对模糊，还有模糊容忍水平更高的问题解决者可能会以某种方式对模糊的情境做出解释以助其决策下一步的解决方案。至于广度，若只遵循单一的探究方法则反映出问题解决者较低的技能水平。灵活性的中等水平要求问题解决者在走不通或通过监控获得新证据时应尝试多种办法。如果在问题空间部分的进展受阻，广度水平高的问题解决者会重新组织问题表征或计划活动。

问题解决是一项需要参与者处理各种障碍的活动。比如，大多数问题本质上是模糊的，因为可能解决问题的最佳步骤并不总是容易被识别。此外，选定的解决问题步骤可能会导致陷入僵局，这意味着按原定计划会以失败告终。当问题解决者在解决问题的过程中遇到了障碍，半途而废的现象并不罕见。这可以在所有类型的问题中发生，但它对定义不良的问题尤为重要，顾名思义，这些问题界定模糊。模糊容忍（Norton 1975）是问题解决者的一个特征，它有助于克服问题解决活动中的障碍。此外，善于解决问题的人善于灵活地更改计划。

有关人类和机器问题解决的研究已经确定了一些被反复使用的策略，即解决问题的不同手段。例如，有一种被称作“向前搜索”的策略（Newell and Simon 1972），其特征是就眼下的一个问题状态，识别出最有希望的走法，由此向着目标状态前进。向前搜索的变式包括广度优先搜索（依次检查可能的下一步）和深度优先搜索（遵循最有希望的走法直到僵局）。问题空间的“向后搜索”与“向前搜索”相对，以一个最有可能或希望达到的目标状态的前一个状态为暂时的目标状态，然后在问题空间中倒着走。纽厄尔和西蒙（1972）将向后搜索和向前搜索结合在一起，提出了手段—目的分析法，基本想法是，选择某些行动，让当前状态和目标状态之间差异最小化。该分析法有效地结合了向前搜索和向后搜索。然而，虽然它与类似的技术有助于在形式上描述定义良好的问题，但还不能充分捕捉到定义不良问题的复杂性。例如，现实世界的许多问题都是“恶劣的”，因为问题解决者缺乏必要的信息（Van Gundy 1987）。意识到一些关键信息的缺失，并制定如何获取这些信息的策略，是十分重要的监控活动。在协作式问题解决中，这种类型的监控是必不可少的，因为不同的问题解决者往往获得的是不同类型的信息，或是通过不同的途径来获取所需的信息（Larson and Christensen 1993）。

因此，协作式问题解决技能框架还区分了“执行和监控”的两个过程：信息收集和系统性。信息收集技能是指确定什么信息是需要的以及如何能够获取这些信息的能力。一些问题解决者缺乏识别所需信息类型的技能。其他一些人或能认识到所需信息的性质，但也只是针对当前活动或问题的状态。最后，这些技能的高水平需要能够评估针对当前的、备选的和未来的问题状态的信息需求。系统性是指问题解决者采取的策略展现出的复杂程度。系统性最基本的水平是将问题解决作为一个试错的过程。中等水平表现为使用向前搜索的方法；而高水平的系统性则表现为通过手段-目的分析法或类似技术，将向前和向后搜索结合起来，继而进行高度反思的监控活动。

学习和知识建构技能

布罗德贝克和格雷特米尔（2000）将学习描述为协作式问题解决的副产品。随着协作式问题解决任务的向前推进，参与者可以学到一个内容领域或一些策略和技能；他们还可以学习如何处理僵局或如何与他人进行协调、协作和协商。学习有不同的概念化方法，其中两种方法所对应的认识论被描述为参与和习得的隐喻（Sfard 1998）。经典的习得隐喻认为，学习是个体心理表征的累积或重组，是在任务完成后留下的一些可测量的东西。在这种情况下，学习的量可以通过知识测验来衡量。而相比之下，参与隐喻则受到情境认知（Greeno 1998）和社会文化主义（Vygotsky 1978）的深刻影响，将学习视为一种活动而不是结果。在这里，心理表征的作用被淡化了，并且根据该认识论，知识是在环境（任务、对话、人为创造）而非学习者的头脑中发现的。参与隐喻包含了一种特殊的学习观，即知识建构（Scardamalia 2002）。该学习观认为学习是一个弥散性的过程，协作者在彼此意见的基础上建立起一个观点网络。知识建构的认识论是在协作式问题解决的过程中寻求学习，而习得隐喻却是通过技能或理解的迁移来评估学习。

协作式问题解决技能框架涉及了上述两个方面，并将其描述为知识建构和学习两种技能。知识建构指从协作者那里获取想法以改进问题的表征、计划和监控活动的能力。知识建构的最高水平表现为问题解决者能够整合和综合其协作者的输入（Scardamalia 2002）对给定问题进行描述与解释。学习则是指识别并表征关系、理解因果关系，以及基于推论建立假设的能力。如果问题解决者从问题解决活动中提取出来的知识全都是来自教学中直接提供的信息，那么其学习技能水平就显得很低了。

格里芬（2014）提出了导致知识建构的问题解决步骤的层级。在初始水平上（高于随机猜测），学生依赖于识别信息的孤立元素。而在信息分布不均匀且不同步的协作环境中，这些元素是需要共享的。问题解决者一般会描述信息（数据）元素之间的关系或联结，并通过观察来形成模式、赋予问题空间意义。在下一级水平的问题分析中，参与者通过对因果关系的系统观察来构造和讨论潜在的任务调节或协作方式的规则。在更复杂的水平上，规则被用于完成问题解决方案的各步骤或各部分。对于最困难的子任务，更有能力的学生会通过使用“如果……会怎样？”的方式来建立和检验假设，以将规则推广至各种不同的情境。协作的伙伴们可以建立一个有序的进程，即从模式、规则和推广到假设，也可以提议和检验其他的备选方案。

很明显，任务调节（包括规划、执行和监控，以及理解的复杂性）的一般性技能领域的认知过程与知识建构和学习之间存在重叠。这两个一般领域之间的本质区别在于，在任务调节过程中，我们探索问题空间和收集信息，而在知识建构和学习的过程中，我们则将这种信息用于推论。对协作式问题解决技能框架中的所有要素而言，可教性和可学习性一直是它们概念化的核心。表 2. 2 中的量规表现了可教性和可学习性的中心地位，并由此可见建构的理论基础对评估框架的实践意义。

所提框架很大程度上借鉴了波利亚（1973）、迈耶（1983）以及 PISA 的问题解决框架的工作。在高阶思维可教性的漫长历史中，问题解决的过程观和认知能力观之间的潜在矛盾是显而易见的。考虑到 ATC21S 的评估和教学工作，ATC21S 项目的定位是，评估的主要作用是为有效的教学提供数据。因此，符合项目主要目标的是协作式问题解决的过程观。然而，能在多大程度上教会个人协作解决问题仍然未知。但可以明确的是，框架中所列出的不同类别的子技能是可教的。而不那么明确的是，能否教会学生适当地应用这些子技能。正是过程观和认知观在这一点上的区别导致了两者之间的矛盾，这也会是未来研究的焦点。

协作式问题解决技能的评估

为了在教育环境中评估问题解决技能，我们必须考虑使用上述各类技能能够完成的任务。任务的选择要在现实性和可测性之间权衡。就现实性而言，协作式问题解决的任务可以在日常活动中找到：与同事坐在一起试图将软件格式化；共同制定一项关于学生餐厅使用的规定，要考虑到各种利益相关者的利益；找到一部与一群朋友品位相投的电影——所有这些例子中都要求群体确定一个并不明显的解决方案，然后协作者分享各自的理解并进行协商。这些任务常常有一个共同点，即定义不良。例如，不能清楚地描述所期望的目标状态（如就什么是好的餐厅管理政策达成共识，找到合适的电影）。此外，问题定义不良还有可能源于个人和群体没有完全认识到能引导他们从当前状态走向目标状态的所有行动。

虽然现实生活中的许多问题都是需要协作且定义不良的，但绝大多数关于问题解决的研究都是向个体呈现定义良好的问题。一个典型的例子是经过精心研究的“河内塔”问题，它要求个体根据一定的规则来移动圆盘，将圆盘从原始状态转变成定义良好的目标状态。从纽厄尔和西蒙（1972）的开创性工作开始，累积的研究证据已经开始显示，运用简单规则和启发式思维，可以如何理解个体的问题解决行为，如何对其进行计算建模。这些定义良好的任务的优点是，表征和计算的动态很好理解。于是，学术界就有了测量问题解决的有效性的约定标准。

现实世界的问题和心理学所研究的问题之间的区别使我们产生这样的疑问——协作式问题解决究竟是用定义良好的任务还是定义不良的任务比较好？定义良好的任务能使不同任务之间、不同问题解决者之间的比较更容易一些，从而也为建立问题解决的标准提供了基础。使用定义良好的任务应该也能提高协作式问题解决的可教性，因为它的问题解决步骤容易演示、理解，在备选途径的寻求中采用，或者反思。于是 ATC21S 项目采取了一种符合协作式问题解决任务设计期望的方法，即以个体问题解决任务开始，随后逐步将其转化为协作式任务。例如，一个创建协作（而非合作）情境的典型方法是引入资源相互依赖（Johnson et al. 1998）。可以通过这种方式对任务进行修改以确保任务无法被某个人单独完成。但这种方法的缺点是，它可能无法教会学生处理真正定义不良的问题，因为任务的限制如此，它提供了所有的资源，但却不那么显而易见。

○ 结论

由于在现实生活中的广泛应用，协作式问题解决——将当前的问题状态转化为所期望的目标状态的联合共享活动——可视为21世纪的关键技能之一。本章提出了一个框架，把协作式问题解决技能分成了多种要素。其中最重要的是将协作的社会性技能从问题解决的认知技能中区分了出来。而且在这两组技能中又确定了某些特定的子技能。该框架吸收了来自多个领域的研究，并为更深入地分析协作式问题解决打下了基础。该框架的主要目的之一是给协作式问题解决任务的设计提供信息，以使任务包含尽可能多的已确定了的技能组合。一旦得到了来自这些任务的结果，我们就能对该框架背后的理论假设进行检验、验证或完善框架，从而使我们对协作式问题解决的理解更为深入。

参考文献

Brodbeck, F. C., & Greitemeyer, T. (2000). Effects of individual versus mixed individual and group experience in rule induction on group member learning and group performance. *Journal of Experimental Social Psychology*, 36(6), 621-648.

Brown, A. (1987). Metacognition, executive control, self-regulation, and other more mysterious mechanisms. In F. Reiner & R. Kluwe (Eds.), *Metacognition, motivation, and understanding* (pp. 65-116). Hillsdale: Erlbaum.

Clark, H. H. (1996). *Using language.* Cambridge, MA: Cambridge University Press.

Clark, H. H., & Murphy, G. L. (1982). Audience design in meaning and reference. *Advances in Psychology*, 9, 287-299.

Cohen, E. G. (1994). Restructuring the classroom: Conditions for productive small groups. *Review of Educational Research*, 64, 1-35.

Crowston, K., Rubleske, J., & Howison, J. (2006). Coordination theory: A ten-year retrospective. In P. Zhang & D. Galletta (Eds.), *Human-computer interaction in management information systems* (pp. 120-138). Armonk: M. E. Sharpe.

De Wit, F. R. C., & Greer, L. L. (2008). The black-box deciphered: A meta-analysis of team diversity, conflict, and team performance. In *Academy of Management best paper proceedings*, Anaheim.

Dehler, J., Bodemer, D., Buder, J., & Hesse, F. W. (2011). Guiding knowledge communication in CSCL via group knowledge awareness. *Computers in Human Behavior*, 27(3), 1068-1078.

Diehl, M., & Stroebe, W. (1987). Productivity loss in brainstorming groups: Toward the solution of a riddle. *Journal of Personality and Social Psychology*, 53(3), 497-509.

Dillenbourg, P., Baker, M., Blaye, A., & O' Malley, C. (1996). The evolution of research on collaborative learning. In E. Spada & P. Reiman (Eds.), *Learning in humans and machines: Towards an interdisciplinary learning science* (pp. 189-211). Oxford: Elsevier.

Doise, W., & Mugny, G. (1984). *The social development of the intellect*. Oxford: Pergamon Press.

Flavell, J. H. (1976). Metacognitive aspects of problem solving. In L. B. Resnick (Ed.), *The nature of intelligence* (pp. 231-236). Hillsdale: Erlbaum.

Greeno, J. G. (1998). The situativity of knowing, learning, and research. *American Psychologist*, 53(1), 5-26.

Griffin, P. (2014). Performance assessment of higher order thinking. *Journal of Applied Measurement*, 15(1), 1-16.

Gunzelmann, G., & Anderson, J. R. (2003). Problem solving: Increased planning with practice. *Cognitive Systems Research*, 4, 57-76.

Gurtner, A., Tschan, F., Semmer, N. K., & N? gele, C. (2007). Getting groups to develop good strategies: Effects of reflexivity interventions on team process, team performance, and shared mental models. *Organisational Behavior and Human Decision Processes*, 102(2), 127-142.

Hastie, R., & Pennington, N. (1991). Cognitive and social processes in decision making. In L. B. Resnick, J. M. Levine, & D. Teasley (Eds.), *Perspectives on socially shared cognition* (pp. 308-327). Washington, DC: American Psychological Association.

Hayes-Roth, B., & Hayes-Roth, F. (1979). A cognitive model of planning. *Cognitive Science*, 3, 275-310.

Higgins, E. T. (1981). Role taking and social judgment: Alternative developmental perspectives and processes. In J. H. Flavell & L. Ross (Eds.), *Social cognitive development: Frontiers and possible futures* (pp. 119-153). Cambridge, UK: Cambridge University Press.

Hinsz, V. B., Tindale, R. S., & Vollrath, D. A. (1997). The emerging conception of groups as information processors. *Psychological Bulletin*, 121, 43–64.

Horton, W. S., & Keysar, B. (1996). When do speakers take into account common ground? *Cognition*, 59, 91–117.

Hutchins, E. (1995). *Cognition in the wild*. Cambridge, MA: MIT Press.

Johnson, D., Johnson, R., & Holubec, E. (1998). *Cooperation in the classroom.* Boston: Allyn and Bacon.

Jonas, E., Schulz–Hardt, S., Frey, D., & Thelen, N. (2001). Confirmation bias in sequential information search after preliminary decisions: An expansion of dissonance theoretical research on selective exposure to information. *Journal of Personality and Social Psychology*, 80(4), 557–571.

Karau, S. J., & Williams, K. D. (1993). Social loafing: A meta–analytic review and theoretical integration. *Journal of Personality and Social Psychology*, 65(4), 681–706.

Klimoski, R., & Mohammed, S. (1994). Team mental model: Construct or metaphor? *Journal of Management*, 20, 403–437.

Larson, J. R., Jr., & Christensen, C. (1993). Groups as problem–solving units: Toward a new meaning of social cognition. *British Journal of Social Psychology*, 32, 5–30.

Laughlin, P. R., & Ellis, A. L. (1986). Demonstrability and social combination processes on mathematical intellective tasks. *Journal of Experimental Social Psychology*, 22, 177–189.

Lave, J., & Wenger, E. (1991). *Situated learning: Legitimate peripheral participation.* New York: Cambridge University Press.

Mayer, R. (1983). *Thinking, problem solving, cognition.* New York: W. H. Freeman and Company.

Miller, G. A., Galanter, E., & Pribram, K. H. (1960). *Plans and the structure of behaviour*. New York: Holt, Rinehart & Winston.

Nardi, B. A. (1996). *Context and consciousness: Activity theory and human–computer interaction*. Cambridge, MA: MIT Press.

Newell, A., & Simon, H. A. (1972). *Human problem solving.* Englewood Cliffs: Prentice–Hall.

Norton, R. (1975). Measurement of ambiguity tolerance. *Journal of Personality Assessment*, 39(6), 607–619.

OECD. (1999). *Measuring student knowledge and skills: A new framework for assessment.* Paris: OECD.

Peterson, R. S., & Behfar, K. J. (2005). Leadership as group regulation. In D. M. Messick & R. M. Kramer (Eds.), *The psychology of leadership: New perspectives and research* (pp. 143–162). Mahwah: Erlbaum.

Piaget, J., & Inhelder, B. (1962). *The psychology of the child.* New York: Basic

Books.

Polya, G. (1973). *How to solve it*. Princeton: Princeton University Press.

Roschelle, J. (1992). Learning by collaborating: Convergent conceptual change. *The Journal of the Learning Sciences*, 2(3), 235-276.

Roschelle, J., & Teasley, S. (1995). The construction of shared knowledge in collaborative problem solving. In C. E. O' Malley (Ed.), *Computer supported collaborative learning* (pp. 69-97). Heidelberg: Springer.

Salomon, G. (Ed.). (1993). *Distributed cognitions*. Cambridge: Cambridge University Press.

Scardamalia, M. (2002). Collective cognitive responsibility for the advancement of knowledge. In B. Smith (Ed.), *Liberal education in a knowledge society* (pp. 67-98). Chicago: Open Court.

Schoenfeld, A. H. (1999). Looking toward the 21st century: Challenges of educational theory and practice. *Educational Researcher*, 28, 4-14.

Schulz-Hardt, S., & Brodbeck, C. F. (2008). Group performance and leadership. In M. Hewstone, W. Stroebe, & K. Jonas (Eds.), *Introduction to social psychology: A European perspective* (4th ed., pp. 264-289). Oxford: Blackwell.

Sfard, A. (1998). On two metaphors for learning and the dangers of choosing just one. *Educational Researcher*, 27(2), 4-13.

Star, J. R., & Rittle-Johnson, B. (2008). Flexibility in problem solving: The case of equation solving. *Learning and Instruction*, 18(6), 565-579.

Stasser, G., & Titus, W. (1985). Pooling of unshared information in group decision making: Biased information sampling during discussion. *Journal of Personality and Social Psychology*, 48(6), 1467-1478.

Stasser, G., & Vaughan, S. I. (1996). Models of participation during face-to-face unstructured discussion. In E. H. Witte & J. H. Davis (Eds.), *Understanding group behavior: Consensual action by small groups* (Vol. 1, pp. 165-192). Mahwah: Erlbaum.

Steiner, I. D. (1972). *Group processes and productivity*. New York: Academic.

Thompson, L. L., Wang, J., & Gunia, B. C. (2010). Negotiation. *Annual Review of Psychology*, 61, 491-515.

Trötschel, R., Hüffmeier, J., Loschelder, D. D., Schwartz, K., & Gollwitzer, P. M. (2011). Perspective taking as a means to overcome motivational barriers in negotiations: When putting oneself into the opponent's shoes helps to walk toward agreements. *Journal of Personality and Social Psychology*, 101(4), 771.

Van Gundy, A. B. (1987). *Creative problem solving: A guide for trainers and management*. Westport: Greenwood Press.

Van Knippenberg, D., & Schippers, M. C. (2007). Work group diversity. *Annual*

Review of Psychology, 58, 515–541.

Van Knippenberg, D., De Dreu, C. K. W., & Homan, A. C. (2004). Work group diversity and group performance: An integrative model and research agenda. *Journal of Applied Psychology*, 89, 1008–1022.

Vygotsky, L. S. (1978). *Mind in society: The development of higher psychological processes*. Cambridge, MA: Harvard University Press.

Wegner, D. M. (1986). Transactive memory: A contemporary analysis of the group mind. In B. Mullen & G. R. Goethals (Eds.), *Theories of group behavior* (pp. 185–205). New York: Springer.

Weinstein, E. A. (1969). The development of interpersonal competence. In D. A. Goslin (Ed.), *Handbook of socialization theory and research* (pp. 753–775). Chicago: Rand McNally & Company.

Weldon, E., & Weingart, L. R. (1993). Group goals and group performance. *British Journal of Social Psychology*, 32(4), 307–334.

Wittenbaum, G. W., Hollingshead, A. B., & Betero, I. C. (2004). From cooperative to motivated information sharing in groups: Moving beyond the hidden profile paradigm. *Communication Monographs*, 71, 286–310.

Wood, W., Lundgren, S., Ouellette, J., Busceme, S., & Blackstone, T. (1994). Minority influence: A meta–analytic review of social influence processes. *Psychological Bulletin*, 115, 323–345.

Zuckerman, M., Kernis, M. H., Guarnera, S. M., Murphy, J. F., & Rappoport, L. (1983). The egocentric bias: Seeing oneself as cause and target of others' behavior. *Journal of Personality*, 51(4), 621–630.

第3章

数字网络化学习的评估

马克·威尔逊，凯思琳·斯卡里塞

【摘要】

本章提供了数字网络化学习-信息与通信技术（LDN-ICT）技能组的概念与实证信息。研究数据来自ATC21S项目研发过程中的预研究阶段，该阶段为2011年8月到11月，收集了来自澳大利亚、芬兰、新加坡和美国的数据。文章结尾讨论了这一建构后继发展进程的报告和使用的一些想法。

如何评估数字化学习

ATC21S的评估观基于这样一种信念：相对于全球工作环境而言，目前的学校教学过时了。例如，思科、英特尔以及微软（2008）三大公司就将学生标准化评估的典型情境与校外的工作情境进行了对比。首先，在学校，学生单独接受测验，但在校外，人们既单独工作，也与他人合作，技能互相补充，实现共同目标。学校教学与现实工作环境的第二个差异来自这些测验科目的性质本身：当今学校的科目是根据学科边界来划分的，然而在工作环境中，学科知识的应用在解决真实问题时却是跨学科的。而且，这些问题不是通过简单的回忆事实或运用简单的程序就可以解决的，是复杂和结构不良的，有着特定的具体情境。其次，传统的“闭卷”测验情境不同于人们可以获得大量信息与技术工具的情境，在后面这种情境中，面临的挑战是如何有策略地组织解决方案（CIM 2008）。

ATC21S项目通过一系列白皮书来帮助实施这项工作（已出版，Griffin et al. 2012）。对本章来说，其中最重要的是“技能篇”（Binkley et al. 2012）和

“方法论篇”（Wilson et al. 2012）。白皮书的第一篇提出了一个框架，指导和理解这些“新”技能的本质，以及它们与传统学校科目的联系。该框架被称为“KSAVE”，即知识、技能与态度、价值观与伦理。以该框架为基础，两个特别的21世纪技能被选入ATC21S评估项目——协作式问题解决与数字网络化学习—信息与通信技术（LDN-ICT）。后者是本章的关注焦点，下文会对此详细阐述。白皮书第二篇基于美国国家研究委员会一个开创性报告中的观点，提出了开发新评估工具的方法。该方法被称为BEAR评估系统（BAS：Wilson 2005，2009a；Wilson and Sloane 2000）。本章不会细述该系统，仅列出该系统的如下四项原则：

原则1：评估必须以发展的眼光来看待学生的学习；基本成分（building block）是一个进步变量的建构地图（construct map），能将学生的发展以及我们对学生在项目反应中表现出来的可能变化的思考进行可视化。

原则2：教学和评估必须保持一致；基本成分是项目设计。项目设计描述了项目类型最重要的特征——其核心议题是项目设计所引发的反应如何与建构地图的水平联系起来。

原则3：教师必须是该系统的管理者，能有效使用该系统的工具；基本成分是结果空间，即学生回答的分类集，能让老师理解。

原则4：利用证据表明质量，如信度、效度研究和公平性；基本成分是测量模型，用于处理多维项目反应，建立包括组内和组间纵向数据跨时间的联结。

（Wilson 2009b）

下文将举例说明这些原则是如何渗透在评估开发的过程与结果中的。

○ 网络化学习：建构地图

“LDN-ICT”这一术语包含广泛的子主题，如网络化学习、信息素养、数字素养、技术意识等，所有这些，通过形成可用技能，都有助于发展学会学习。在当前的全球经济背景下，数字网络化学习和使用数字媒体，无论是对个人生活、学习还是专业生活而言，都变得越来越重要。我们预期这方面的学习在未来会变得十分重要。我们认为不管是在个人、地方或地区、还是在国际层面皆是如此。

对 ATC21S 项目来说，LDN-ICT 的重点是数字网络化学习由四个维度构成：

- 在网络中作为消费者；
- 在网络中作为生产者；
- 通过网络参与社会资本的开发；
- 通过网络参与智力资本（如集体智慧）的开发。

在我们看来，LDN-ICT 包含了跨平台与跨硬件实施的思维，也包括超出计算机本身，扩展至其他设备与技术使用的思维。

四个维度

上面提到的四个维度在网络学习活动中是相互作用的。这四个维度被认为是平行发展的，其实彼此关联，并组成了 LDN-ICT 中与网络化学习有关的部分。

第一个维度，网络中的消费者（CiN），包括获取、管理和利用来自共享的数字资源与专家的知识信息，以使个人与职业生活受益。它包含以下问题：

- 在没有明确指令的情况下，用户能否确定如何执行某项任务（如探索界面）？
- 若用移动设备，有经验的用户一般需要多长时间才能找到问题的答案？
- 怎样展示信息才能产生更有效的视觉搜索？
- 用户在一个网站上搜索信息会有多困难？

第二个维度，网络中的生产者（PiN），包括创造、开发、组织和重组信息/知识，贡献共享数字资源。

第三个维度，通过网络开发和维持社会资本（SCN），包括使用、开发、调节、引领和促成个体与社会团体内部及之间的联系，组织集体行动，建立共同体，保持对机会的敏锐度并在共同体、社会及全球层面整合多元视角。

第四个维度，通过网络开发和维持智力资本（ICN），包括理解工具、媒体和社交网络是如何运作的，以及通过使用适当的技术利用好这些资源，形成集体智慧，并将新的见解融入个人的理解。

表 3.1、3.2、3.3 和 3.4 描述了假设的建构地图四个维度的不同水平，展示了每个维度中技能或素养发展的顺序。每一个技能的最低水平是一个新手或初学者预期的表现。每一张表格的顶端是富有经验者的预期表现，即那种具有非

常高的 LDN-ICT 素养的人。这些建构地图是层级化的，也就是说，如果一个人在正常情况下能表现出素养的高阶水平，那他应该也具备该素养的较低水平的表现。这些图也是概率性的，它们代表的是某个给定的素养表现在特定情境中出现的不同概率，而不是说这些素养表现就一定会出现。

表 3.1 网络中的消费者（CiN）

等级	网络中的消费者
	有辨别力的消费者
CiN3	有效判断资源/他人的可信度
	将信息整合到一致的知识框架内
	进行适合个人情况的搜索
	过滤、评价、管理、组织和重组信息/他人
	有极低或没有可信度的概念
	为任务/主题选择最佳工具
	有意识的消费者
CiN2	选择合适的工具和策略（策略素养）
	形成有针对性的搜索
	系统地编译信息
	知道可信度是一个问题（网页、他人、网络）
	刚上路的消费者
CiN1	执行基本任务
	对可信度没有概念
	使用常见的搜索引擎搜索信息片段（如电影指南）
	知道建立网络的工具（如脸谱网）

表 3.2 网络中的生产者（PiN）

等级	网络中的生产者
	有创造性的生产者
PiN3	在过程中具有团队所处的情境意识
	优化对产品的分布式贡献的组配
	扩展高级模式（如商业模式）
	使用多种技术/工具生产有吸引力的数字产品
	在生产数字产品的技术方案中选择

续表

等级	网络中的生产者
	功能性的生产者
PiN2	建立并管理网络和社区
	具有规划建设有吸引力的网站、博客、游戏的意识
	在社交网络中组织交流
	开发基于既定知识的模型
	开发具有创意和表现力内容的产品
	具有安全和涉及安全问题的意识（伦理和法律方面）
	使用网络工具和网络风格进行人与人之间的交流
	刚上路的生产者
PiN1	从模板中生成简单的展示
	创建一个网络身份
	使用某个计算机界面
	贴出产品

表 3.3　通过网络开发社会资本（SCN）

等级	社会资本的开发者
	有远见的联络者
SCN4	在构建社会活动中发挥具有凝聚力的领导作用
	对社会资本开发经验进行反思
	精通的联络者
SCN3	通过网络发起开发社会资本的机会（如对开发的支持）
	在网络中鼓励多视角和多元化（社交中介技能）
	功能性的联络者
SCN2	鼓励对社会活动的参与和贡献
	在社交网络中拥有多视角的意识
	对通过网络建立社会资本有贡献
	刚上路的联络者
SCN1	参与一项社会活动
	是一项社会活动的观察员或被动成员
	了解社交网络

表 3.4　通过网络开发智力资本（ICN）

等级	参与智力资本（集体智慧）
	有远见的建设者
ICN4	质疑现有的社交媒体的体系架构，并开发新的体系架构
	在体系架构的界面上发挥作用以引发对话
	精通的建设者
ICN3	理解并使用社交媒体的体系结构，如标签、投票、角色扮演以及空间建模以连接某一领域的专家知识
	识别信息中的信号与噪音
	探询数据的意义
	选择获取集体智慧的最佳工具
	分享和重构心理模型（可塑性）
	功能性的建设者
ICN2	承认多视角的重要性
	使用精心组织的标签
	理解收集和整理数据的技巧
	知道什么时候该利用集体智慧
	分享表征
	刚上路的建设者
ICN1	具备调查工具的知识
	能制作标签
	发帖提问

这些水平可能会“交错”，因为它们尚未标定到每个维度的同一尺度上。我们认为这些水平都属于同一个更宽泛的建构——LDN-ICT——某一维度上的低水平可能相当于其他维度上的中等甚至更高水平。这一概念如图 3.1 所示。还应指出的是，这些建构地图的开发包含了每个维度上的所有素养，而不仅仅是中学生预期表现的素养。如何将评估与学生能做到的相匹配，是一个经验性的问题，需要咨询教师和学生认知实验室，以及预研究和田野研究的结果才能确定。

CiN

水平	学生知道什么
3	有辨别力的消费者
2	有意识的消费者
1	刚上路的消费者

PiN

水平	学生知道什么
3	有创造性的生产者
2	功能性的生产者
1	刚上路的生产者

SCN

水平	学生知道什么
4	有远见的联络者
3	精通的联络者
2	功能性的联络者
1	刚上路的联络者

ICN

水平	学生知道什么
4	有远见的建设者
3	精通的建设者
2	功能性的建设者
1	刚上路的建设者

图 3.1　LDN-ICT 的四个维度，表示为由四部分构成的学习进阶

○ 通过网络学习：三个情境

加州大学（伯克利）的伯克利评价与评估研究（BEAR）中心开发了三个情境，用来设置作为测验项目的任务和问题，以确定一个学生在这四个维度上的可能位置。每一个情境都包括不止一个维度上的内容，不过各个情境所表征的维度各有侧重。在可能的情况下，我们利用现有的教学开发的网络工具，这些将在下文中简述。

极地之旅

在 LDN-ICT 学习网络中评估学生能力的一个潜在机制是，通过一套示范性的课堂资源来构建评估实践。已经开发的模块是基于明尼苏达大学运营的“一路向北/北极沙鼠”信息网站（www. polarhusky. com，见图 3.2）。“一路向北”网站是一个围绕北极环境考察的在线探险学习项目。该网站是一个学习平台，拥有大量信息，多样化的机制，向学生、教师和专家提供网络支持。为该模块开发的 LDN-ICT 资源主要集中于“作为网络消费者”这一维度上。这个通过网站进行“旅游”的 ATC21S 情境被设计成了一个“协作式竞赛”，或虚拟的寻宝活动。北极旅行情境将 LDN-ICT 的社交网络视为一个集各种工具、资源和人的集合，目的是一起在感兴趣的领域建立共同体。在这个任务中，组成小组的学生通过在“一路向北”网站上探索各种工具和方法，解码真实科学家在科学与数学考察历程中的各种线索。该任务有助于教师模仿如何整合来自不同学科的技术。这也显示出“一路向北”网站是如何注重利用空间来呈现，以及如何将其与短信、聊天和对话工具等 LDN-ICT 形式相结合的。

图 3.2　“一路向北”网站的两张屏幕截图

启发网（Webspiration）

第二个展示任务，属于诗歌教学单元的一部分，要求 11～15 岁的学生阅读和赏析一些著名的诗歌。在典型的学校场景里，我们可以想象，老师注意到了学生在阐述诗歌的感情色彩和意义时存在困难——传统的语文教学以教师为中心，学生一般是被动的。通常，教师会发现学生对诗歌的反应并不是自发的，而是喜欢等着听老师是怎么说的，然后表示赞同。为了帮助学生形成自己对诗歌的看法，我们通过“启发网”上的协作式图形组织者这一工具在线进行诗歌教学。教师指导学生，利用“启发网”来创建一个想法地图——协作使用图形组织者来分析每一首他们要读的诗。学生可以提交他们的想法，也可以在全班的想法上形成自己的想法。图 3.3 展示了该计算机模块的屏幕样例。

图 3.3 “启发网”情境网页示例

第二语言聊天

该情境创设了一个基于同伴的第二语言学习环境，让学生在学习中可以互动。提高第二语言（包括母语）的熟练度需要大量读写听说的机会。该评估情境要求学生建立一个基于技术/网络的聊天室，使用两种语言来邀请参与者，发起聊天。它还包括评估聊天，以及运用虚拟评级系统和在线工具，如利用电子表格。该情境的欢迎界面如图 3.4 所示。近些年，类似该情境的“会话伙伴”语言项目在全球范围内兴起。他们将那些希望和说母语的人练习某种语言的学生聚在一起，让他们和分布在全球各地的母语者进行交流。由此开展的文化和语言交流表明，学校如何可以打破高墙和教室的物理壁垒。他们还通过 LDN-ICT 的交流网络，开发丰富的新学习空间。该任务还表明他们如何能提供评估数字素养的大量机会。

北极之旅的任务举例

北极之旅的欢迎界面如图 3.5 所示。学生的目标是找出 6 个问题的答案，

图 3.4　双语聊天情境的欢迎界面

并且每个学生都必须加入一个团队来完成这项任务（见图 3.6）。团队组建完成后，就要给每位成员分配角色（图 3.7 和图 3.8）。还有一个团队记事本，可以用来记录任何发现（图 3.9）。然后整个团队就会看到与比赛相关的内容（图 3.10）。首先会有一个练习的机会——成员必须使用在页面右边列出的网站资源来回答问题（图 3.11）。如果学生回答不出，他可以请求提示（而且可以重复请求提示），提示会出现在屏幕的底部（图 3.12）。如果提示还不够（最终提示会告诉学生该怎么做），那么学生可以通过点击屏幕右下角的“T”按钮来请求教师辅助。不过这样的话，教师就必须填一个信息框（图 3.13）。图 3.14 是一个真实的任务（部分）——学生在一个在线展示平台上做搜寻任务。此处学生要检查一张显示北极熊位置的地图，并且必须描述该地图所给的信息。

图 3.5 北极之旅的欢迎界面

图 3.15 和图 3.16 是两个学生团队记事本的样例。第一张图，记事本 A（来自 15 岁组），显示出清晰的角色选择、对线索的回答以及对反应选项的解释。第二张图，记事本 B（来自 11 岁组），显示出了一组非常不一样的团队反应——他们主要在为角色分配的事争吵。该团队在这种情况下没有回答问题。图 3.17 和图 3.18 是两个团队数据编码的样例。在图 3.17 的上半部分，数据编码显示 1 号团队（a）成功提取了团队编号，并且（b）成功访问了共享记事本。数据编码也显示出（c）团队成功分配了成员角色，并且在成员间达成了对角色的共识。在图 3.17 的下半部分，数据编码显示出团队 1 号（d）给出了颜色数量的正确答案、（e）正确列出了这些颜色，并且注意到了缺失数据的问题。编码还显示出（f）他们没有使用提示或教师辅助，以及（g）他们对彼此之间的协作自评为“良好”。如数据编码中所显示的，2 号团队的记录，则非常不一样。在图 3.18 的顶部，数据编码显示 2 号团队（a）没有收到团队编号，但是也（b）成功地访问了共享记事本。编码也显示出（c）团队没有成功地进行角色分配，并且在组员之间没有对那些角色达成共识。在图 3.18 的下半部分，数据编码显示 2 号团队（d）给出了颜色数量的正确答案并且（e）他们还比较了回答，然

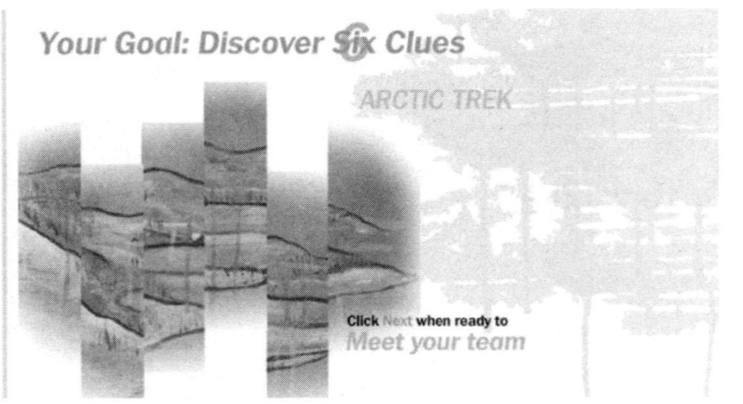

图 3.6　认识你的团队

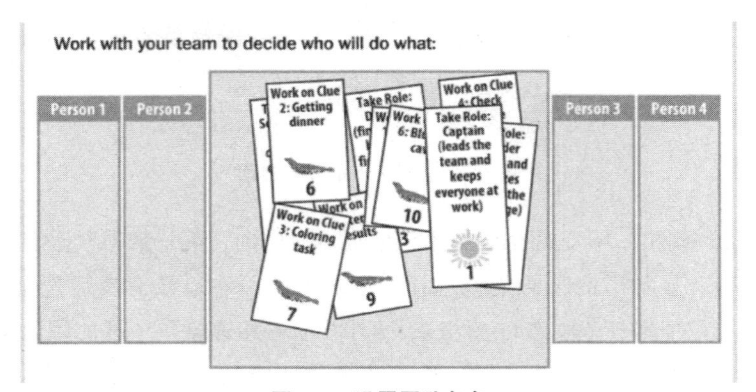

图 3.7　设置团队角色

图 3.8　成员 1 被分配为“记录员”

图 3.9　设置团队共享记事本

北极旅行

协作竞赛
在此协作赛中，你和你的团队协作，使用线索去发现6个问题的答案。

提示：
线索应该这样使用。线索的第一部分指引你选择右侧列出的某个网站，其他的线索指导你搜索该网页，发现答案。

这是一个计时竞赛，率先找出6个答案的团队获胜。祝你好运！狩猎愉快！

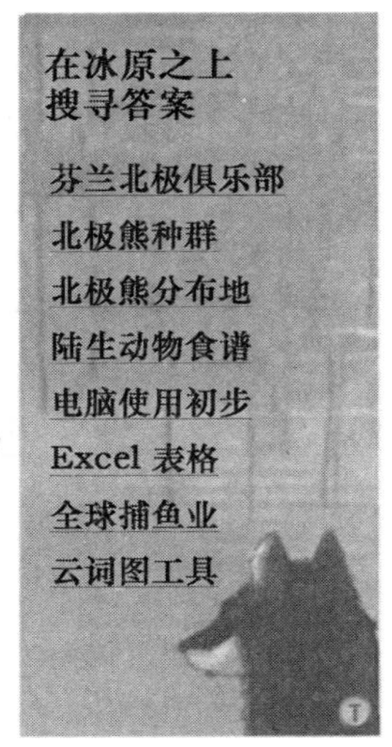

图 3.10　协作式竞赛

而没有注意到缺失数据的问题。它还显示出（f）他们没有使用提示或教师辅助，并且（g）他们对彼此之间的协作自评为“优异”，因为“我组内的所有成员都同意”。

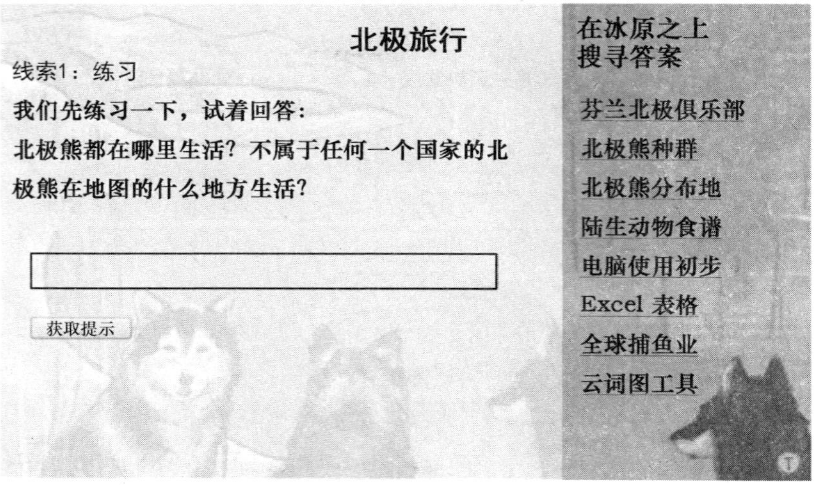

北极旅行

线索1：练习

我们先练习一下，试着回答：

北极熊都在哪里生活？不属于任何一个国家的北极熊在地图的什么地方生活？

获取提示

在冰原之上搜寻答案

芬兰北极俱乐部
北极熊种群
北极熊分布地
陆生动物食谱
电脑使用初步
Excel 表格
全球捕鱼业
云词图工具

图 3.11　一次练习机会

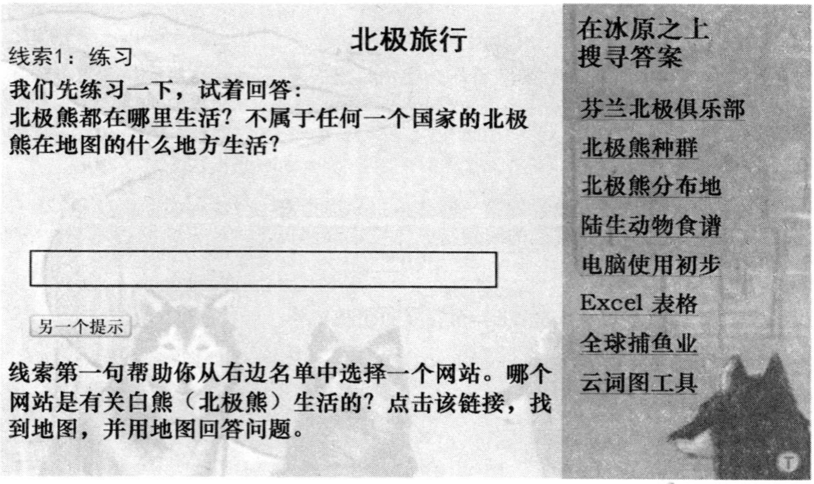

北极旅行

线索1：练习

我们先练习一下，试着回答：
北极熊都在哪里生活？不属于任何一个国家的北极熊在地图的什么地方生活？

另一个提示

线索第一句帮助你从右边名单中选择一个网站。哪个网站是有关白熊（北极熊）生活的？点击该链接，找到地图，并用地图回答问题。

在冰原之上搜寻答案

芬兰北极俱乐部
北极熊种群
北极熊分布地
陆生动物食谱
电脑使用初步
Excel 表格
全球捕鱼业
云词图工具

图 3.12　一个提示

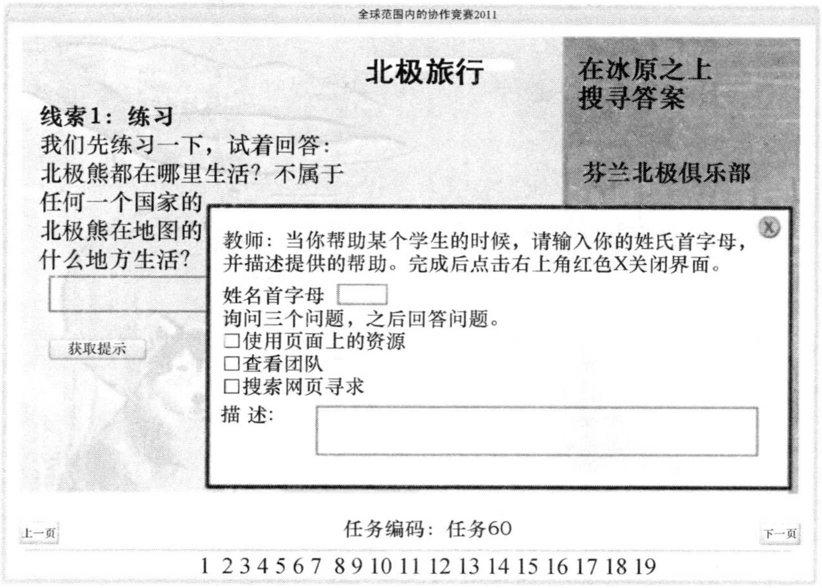

全球范围内的协作竞赛2011

北极旅行

线索1：练习

我们先练习一下，试着回答：
北极熊都在哪里生活？不属于
任何一个国家的
北极熊在地图的
什么地方生活？

获取提示

在冰原之上
搜寻答案

芬兰北极俱乐部

教师：当你帮助某个学生的时候，请输入你的姓氏首字母，并描述提供的帮助。完成后点击右上角红色X关闭界面。

姓名首字母

询问三个问题，之后回答问题。

□使用页面上的资源

□查看团队

□搜索网页寻求

描 述：

上一页　　任务编码：任务60　　下一页

1 2 3 4 5 6 7 8 9 10 11 12 13 14 15 16 17 18 19

图 3.13　教师辅助框

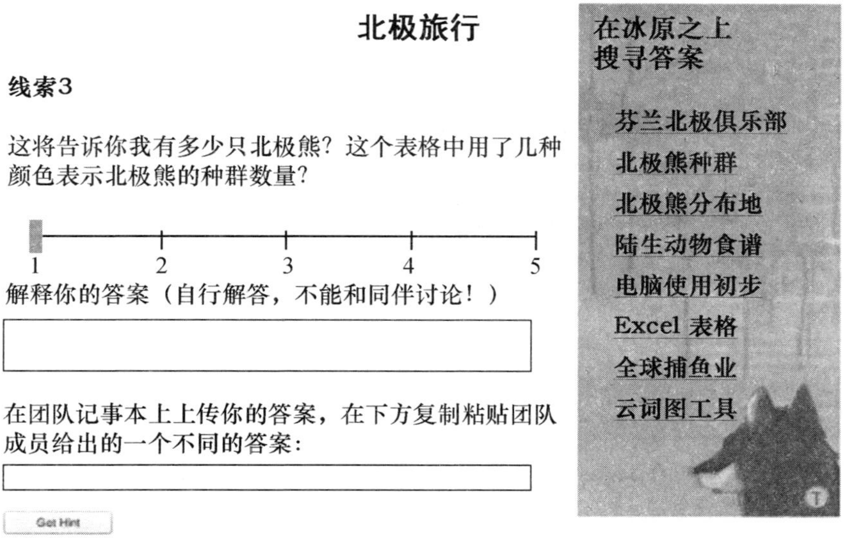

北极旅行

线索3

这将告诉你我有多少只北极熊？这个表格中用了几种颜色表示北极熊的种群数量？

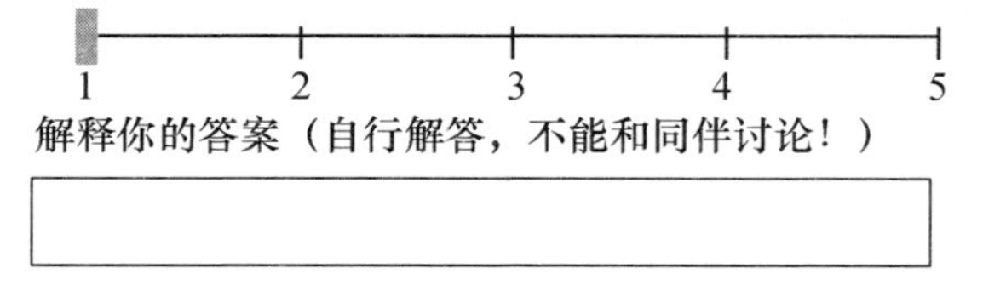

在团队记事本上上传你的答案，在下方复制粘贴团队成员给出的一个不同的答案：

Get Hint

在冰原之上
搜寻答案

芬兰北极俱乐部
北极熊种群
北极熊分布地
陆生动物食谱
电脑使用初步
Excel 表格
全球捕鱼业
云词图工具

图 3.14　第三个线索

角色

（1）大卫：队长，解释员。

（2）斯蒂芬妮：探索第1、2、3条线索。

（3）心怡：探索第4、5、6条线索。

（4）阿曼达：侦查员、记录员。

线索1：

北极熊都在哪里生活？

不属于任何一个国家的北极熊在地图的什么地方生活？

北极熊生活在北极。

线索2：

北极狐

线索3：

每个人的回答：

（1）有红、橙、浅绿、深绿和黄色5种颜色，另外，白色表示数据缺失。

（2）5。

（3）5。

（4）5。

图 3.15　记事本 A 的样例

问题一很挑战

我可以做解释员？ 表中用了两种颜色。

第15页非常难！！！！！！！！！！！！

你的团队密码是：XF9。

我不知道。我认为我应该做队长，你们同意不同意？

我要做 jas hmmmaggggggg! 好，我们找个解决办法，我们投票吧！

我觉得我可以做队长。

好的我知道。

你想怎么办？谁当队长？

好的。

我能做什么？

张娜森应该做侦查员。

谁应该做解释员？

我还没事情做呢。

唔

谁来做队长？每个人想做什么？谁是队长？也许2个（队长）表里有两种颜色。

我来做队长！

那我来做队长！

图 3.16　记事本 B 的样例

	Sc02 screen5v2-Wave Intro Differ T		
a	ArcticB2	N/A	SJ3
	ArcticB2_PageLinks	N/A	Team 11 Notebook
	ArcticB2_taid_initials	0/0	
	ArcticB2_taid_comment	0/0	
	ArcticB2_taid_page	0/1	unchecked
	ArcticB2_taid_team	0/1	unchecked
	ArcticB2_taid_web	0/1	unchecked
	Sc02 assignRole		
	WebE1	1/1	Person 1
	WebE2	1/1	Person 4
	WebE3	0/1	Person 1
c	WebE4	0/1	Person 4
	WebE5	0/1	Person 2
	WebE6	0/1	Person 2
	WebE7	0/1	Person 2
	WebE8	0/1	Person 3
	WebE9	0/1	Person 3
	WebE10	0/1	Person 3
	WebE_Links	N/A	
	WebE_tald_initinls	0/0	
	WebE_tald_comment	0/0	
	WebE_tald_page	0/1	unchecked
	WebE_tald_team	0/1	unchecked
	WebE_tald_web	0/1	unchecked

d	Sc02_Screen14		
	ArcticC5	0/1	5
	ArcticC6	N/A	There are main 5 colours: red, orange, light green, dark green and yellow with one extra colour white to represent data deficient
e	ArcticC7	N/A	it should be 5, because the colours used are meant to describe the population of polar bears. White, is used to represent insufficient data
	ArcticC7_Hints	0/0	0
	ArcticC_Links	0/1	
	ArcticC_tald_initials	0/0	
	ArcticC_tald_comment	0/0	
	ArcticC_tald_paga	1/1	unchecked
	ArcticC_tald_team	1/1	unchecked
	ArcticC_tald_web	1/1	unchecked
	Sc02_Screenf15		
g	ArcticC8	1/1	Good
	ArcticC9	0/1	5
	ArcticC10	N/A	Because the number line limits the number of clolrs to 5 and we have to ignore the extra colour white.
	ArcticC_Links	N/A	
	ArcticC_tald_initials	0/0	
	ArcticC_tald_commant	0/0	
	ArcticC_tald_paga	0/1	unchecked
	ArcticC_tald_team	0/1	unchecked
	ArcticC_tald_web	0/1	unchecked

图 3.17　1 号团队协作的样例

三个情境的结果空间

每个项目的设计都对应了四个维度中的一个或多个，同时也指出了由项目反应所表征的预期水平范围。如果回答是从一组固定选项中挑选出来的(如多项选择题)，这种对应就能提前设计。而如果是开放题，如何对应就需要进行实证研究。如表 3.5 所示，前三个水平覆盖得比较好，但是水平 4 只出现了一次，因为在这个学生群体中很少能看到这样的表现。

Sc02 screen5v2-wave Intro DifferT		
ArctIcB2	N/A	
ArctIcB2_pageLinks	N/A	Team 11 Notebook
ArctIcB2_taid_initials	0/0	
ArctIcB2_taid_comment	0/0	
ArctIcB2_taid_page	0/1	unchecked
ArctIcB2_taid_team	0/1	unchecked
ArctIcB2_taid_web	0/1	unchecked
Sc02 assignRole		
WebE1	1/1	Person 1
WebE2	0/1	Person 2
WebE3	0/1	Not sorted
WebE4	0/1	Person 4
WebE5	0/1	Person 3
WebE6	0Z/1	Not sorted
WebE7	0/1	Not sorted
WebE8	0/1	Not sorted
WebE9	0/1	Not sorted
WebE10	0/1	Not sorted
WebE_linKs	N/A	
WebE_tald_initinls	0/0	
WebE_tald_comment	0/0	
WebE_tald_paga	0/1	unchecked
WebE_tald_team	0/1	unchecked
WebE_tald_web	0/1	unchecked

Sc02_Screen14		
ArctcC5	0/1	5
ArctcC6	N/A	there are 5 because are five different colors even though there shades are
ArctcC7	N/A	alike everyone said 5
ArctcC7_Hints	0/0	0I
ArctcC_links	1/1	Land Animal Food Basic Computer Use.Polar Bear Population
ArctcC_tald_intas	0/0	
ArctcC_tald_commant	0/0	
ArctcC_tald_page	0/1	unchecked
ArctcC_tald_team	0/1	unchecked
ArctcC_tald_web	0/1	unchecked
Sc02_Screen15		
ArctcC8	1/1	Great
ArctcC9	0/1	5
ArctcC10	N/A	because everyone in my group agreed
ArctcC_links	N/A	
ArctcC_tald_initials	0/0	
ArctcC_tald_comment	0/0	
ArctcC_tald_page	0/1	unchecked
ArctcC_tald_team	0/1	unchecked
ArctcC_tald_web	0/1	unchecked
Sc02-Sceen17		

图 3.18　2 号团队协作的样例（注意文本中“a”到“g”的位置和图 3.17 是相同的）

表 3.5　每个情境的数据量及其在每个维度不同水平上的预期分配

水平[a]（进程）	ICT 素养-数字网络化学习				
	建构/学习结果				
	消费者	生产者	社会资本	智力资本	总计
水平 4	N/A	N/A	启发网 0	启发网 0	启发网 0
			北极之旅 1	北极之旅 0	北极之旅 1
			第二语言 0	第二语言 0	第二语言 0
水平 3	启发网 0	启发网 0	启发网 0	启发网 10	启发网 10
	北极之旅 2	北极之旅 2	北极之旅 6	北极之旅 2	北极之旅 12
	第二语言 0	第二语言 0	第二语言 1	第二语言 1	第二语言 2

续表

水平[a]（进程）	ICT素养-数字网络化学习				
	建构/学习结果				
	消费者	生产者	社会资本	智力资本	总计
水平2	启发网 8	启发网 4	启发网 7	启发网 6	启发网 25
	北极之旅 6	北极之旅 16	北极之旅 0	北极之旅 7	北极之旅 29
	第二语言 0	第二语言 8	第二语言 6	第二语言 0	第二语言 14
水平1	启发网 2	启发网 4	启发网 1	启发网 2	启发网 9
	北极之旅 2	北极之旅 0	北极之旅 0	北极之旅 2	北极之旅 4
	第二语言 2	第二语言 6	第二语言 6	第二语言 0	第二语言 14
总计	启发网 10	启发网 8	启发网 8	启发网 18	启发网 44
	北极之旅 10	北极之旅 18	北极之旅 7	北极之旅 11	北极之旅 46
	第二语言 2	第二语言 14	第二语言 13	第二语言 1	第二语言 30

[a]表中给出的某些开放题（学生给出而不是选择答案）所对应的水平即是该题目所能测量的最高水平（列出的水平是最高分）。

我们请澳大利亚、芬兰、新加坡和美国的部分教师对LDN-ICT任务初稿提供反馈。教师通过教师界面访问，并且每一组任务他们都需要一组问题。这些问题包括以下几个方面。

关于启发网

你认为这些任务是要测试哪些技能或能力？

考虑你学生的能力，对于特定年龄的学生（11岁、13岁和15岁）而言，该情境中是否有需要删除的问题或活动。

关于北极之旅

从指向特定年龄学生的任务中，分别找到并写下需要保留和剔除的两个提示。

关于语言聊天

你认为说母语的人几岁能够学习和使用评级系统？

说母语的人几岁能够引发一个聊天话题？

推荐一个聊天话题，让特定年龄阶段的语言学习者有可能进行对话。

三个任务样例在四个国家都进行了认知实验分析（Cognitive Laboratories），让一小部分学生尝试解决任务，回答相关问题。来自这两个方面的信息有助于对任务进行最后的编排，以及对表 3.5 中的信息进行调整。

○ 预研究的结果

在预研究中，从三个情境中选择了两个，做了进一步的学生研究：科学/数学北极之旅协作式竞赛以及启发网的共享文学分析任务。综合几方面因素，参与国认为这两个情境在这一时期最值得进行预研究。这两个任务与这些国家传统的学校系统更为一致。传统的学校系统中虽然很少会在教室里使用跨国聊天工具，但也会时常有数学模拟（程序）和在线科学文献，以及图形与画图工具供学生使用。相形之下，参与的国家、教师和学校认为第三个任务——第二语言聊天——虽然是个先进且有趣的情境，但就学校目前的技术来看，采纳起来有困难。

因为预研究样本量太小，没法对实际得分进行合理标定，所以，在这个数据中，没有对两个情境中的项目进行全部预期的自动评分和数据分析。这将在获得更大的数据后方可完成。这两个情境都有三个分测验，分别对应 11 岁、13 岁和 15 岁的学生，同时这三个分测验包含了部分相同的项目。由于预研究数据设计的性质，这两种情境的结果将分开报告。使用分部得分项目反应模型（Partial Credit Item Response Model）进行数据分析（Masters 1982），所使用的参数估计软件是 ConQuest 2.0（Wu et al. 2007）。

收集了在启发网情境中，来自澳大利亚、芬兰、新加坡和美国的 176 个案例。大约 90%的项目是自动评分的，10%是手动评分的（由受过培训的评分者使用共同的评分手册完成）。三个分测验共计 61 个项目（item），其中 16 个项目是共有的。约 10%的项目与模型显著不拟合——这些项目将保留在实际测试中对它们做进一步检验。用 EAP 法（Wu et al. 2007）估计出的测验信度为 0.93。图 3.19 是一张怀特图（Wright Map），显示出在网络化学习这一复合潜变量上项目与学生的匹配情况。

请注意，由于此时可用的样本量非常小，四个维度都被匹配到同一个复合变量。随着样本逐渐增多，就应使用一个多维模型来分析。怀特图显示，学生能力和项目难度匹配良好。将项目反应的实际位置与建构地图四个维度进行匹配，我们发现可将变量划分为五个水平，与事先所设想的水平很好地对应起来。

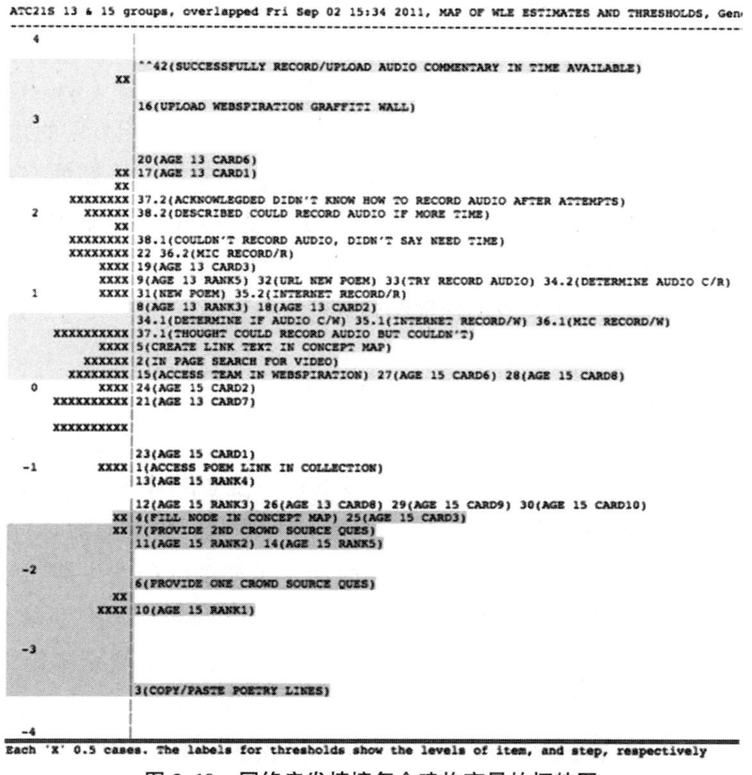

图 3.19　网络启发情境复合建构变量的怀特图

图 3.19 中，五个水平用灰白交替的色带表示。最底下的两条色带对应着建构地图中的水平 1。在最底下的那条色带（第一条）中，学生需要会移动信息（例如剪切/粘贴、拖/放、发送短信），提问简单的问题，以及开始使用等级来整理群发的信息。在第二条色带中，学生需要正确访问团队和个人页面并开始区分提供的群发信息。第三条色带对应着建构地图的水平 2：学生搜索目标信息，创建链接至展示的想法，以及利用语境来区分群发信息。第四条色带也对应着建构地图的水平 2：学生访问环境所提供的数字工具与资源，以及选择/分享标记了的观点。最顶上的色带对应着建构地图的水平 3：学生在新媒体中创建解释，且在新的界面使用工具与他人分享产品。正如预期的那样，到目前为止，最高水平的表现在该任务评估的学生群体中几乎看不到。

在北极之情境中，从澳大利亚、芬兰和美国收集了 135 个学生的数据。大约

84%的测验项目是自动评分的，16%的项目是手动评分的（同样是由受过培训的评分者使用共同的评分手册完成）。三个分测验共计 25 个项目，其中 20 个项目在三个分测验中都是相同的。约 8%的测验项目与模型显著不拟合——这些项目仍然保留，将在实例测试时对它们做进一步检验。用 EAP 法（Wu et al. 2007）估计出的测验信度为 0.88。由北极之旅数据生成的怀特图与启发网的结果类似。

总的来说，这些初步的结果表明，在网络化学习这样一个新的变量上收集数据，以及使用包含网络资源的新颖项目类型，是可行的。观察到的信度系数相当高，即便北极之旅中的项目数量不是很多。预期的反应水平与实证数据结果之间的良好匹配反映出良好的内部结构效度。

○ 结论与展望

正如这里所描述的，协作式数字素养的测量能够帮助我们理解现在的学生与数十年前的学生在思维与工作方式上有何不同。数字化地访问、使用，以及创造信息和知识会用到许多重要的技能，是如今的职业生涯与升学准备所需要的。本章介绍了一个领域建模的过程，即通过 BEAR 评估系统来评估这些技能，同时也给出了一些任务开发的例子，以及在四个国家实施的预研究结果。

然而，该领域建模过程对这组建构而言还不完整。图 3.1 中的假设还未进行合理的检验（这得等我们从实际施测中得到一个更大的数据才行），事实上，该结构假设的最终形式也是不完整的。缺少对学习进阶的进一步阐述，其特征是在不同建构水平之间建立假设的关系。我们尚未完成建立这些假设所需的大量的实证研究结果，但完整的框图大致应该就像是图 3.20 所显示的那样。这个学习进阶来自另一个独立的项目——评估数据建模项目（Lehrer et al. 2014）。该项目中有 7 个建构，此处显示为垂直的方块集（每一个方块代表建构的一种水平）。某些建构的一些水平之间由箭头联结，表示那些水平之间所假设的层级关系。学生在目标水平（即箭头指向的水平）上的表现被观察到的预期概率是非常低的，除非他们已经显示出了达到了源水平（即在箭头的另一端）的证据。该呈现允许加入有趣的教育信息，学生如何在学习进阶所定义的技能和知识上取得进步。目前，正在开发评估网络化学习的学习进阶统计模型（Wilson 2012），当实际测试数据收集完成后，这些模型就可以使用了。

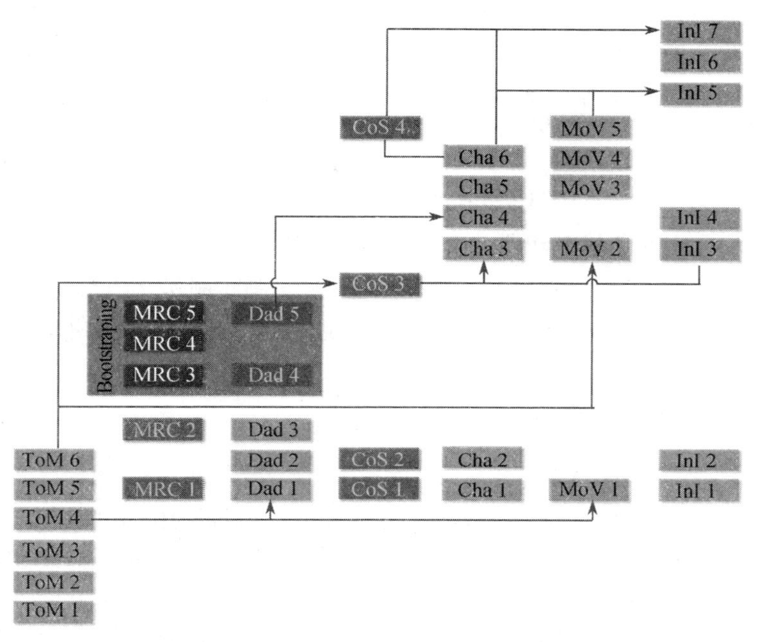

图 3.20 ADM 项目中的学习进阶图（示例）

通过参与项目第一阶段研究，ATC21S 参与国帮助我们说明了他们的教师以及学校系统是如何支持学生发展 21 世纪技能的。预研究的结论表明，11～15 岁年龄组的学生在这些领域所表现出的知识和技能存在很大差异。有一些人刚开始在数字素养上迈出尝试性的第一步，然而其他人却已展示出相当惊人的熟练水平，例如，他们能完美无瑕地协作，片刻间创造精辟的音频评论并将其分享出去。学生能力之间的差异以及正式教授和学习这些技能的机会的缺失，指向了重要的 LDN-ICT 技能与学校所提供的教学之间正迅速扩大的鸿沟。ATC21S 结果显示，这种情况的确存在，尤其当协作、创造和问题解决包括在内时。这里描述的初步测量结果表明了这一点。

ATC21S 下一步的工作包括大规模的田野试验，试验任务是从在澳大利亚、芬兰、新加坡和美国实施的协作式问题解决领域中抽取出来的一个部分。协助国哥斯达黎加和荷兰也会加入进来，帮助检验语言和文化会如何影响 21 世纪技能的教学与评估。这里所描述的数字素养领域的任务也会被用来探索语言和文化的本土化过程。

项目的最后阶段会将 ATC21S 的资源公开共享，允许政府的政策制定者、教师、学校系统还有评估机构下载、修改以及延伸和扩展现有的研究和材料。这样或许有助于将这里描述的21世纪技能领域广泛推广到全球的课堂里去。当然，一个重要的贡献是鼓励更多的对话，探讨信息时代的潮流如何能够不止步于校门。

致谢：我们感谢ATC21S项目及其投资者对本文所报告的工作的支持。我们同样感谢ATC21S中LDN-ICT的专家组成员：约翰·安利（主席），朱利安·弗雷伦，彼特·皮罗利，珍-保罗·瑞福，凯思琳·斯卡利塞及马克·威尔逊。感谢他们专业的见解与创意。当然，本文的观点和意见纯属作者个人的观点和意见。

参考文献

Binkley, M., Erstad, O., Herman, J., Raizen, S., Ripley, M., Miller-Ricci, M., & Rumble, M. (2012). Defining twenty-first century skills. In P. Griffin, B. McGaw, & E. Care(Eds.), *Assessment and teaching of 21st century skills*. Dordrecht: Springer.

Cisco, Intel, Microsoft (CIM). (2008). *Transforming Education: Assessing and Teaching 21st Century Skills*. Authors. Downloaded from: http://atc21s.org/wp-content/uploads/2011/04/Cisco-Intel-Microsoft-Assessment-Call-to-Action.pdf

Griffin, P., McGaw, B., & Care, E. (Eds.). (2012). *Assessment and teaching of 21st century skills*. Dordrecht: Springer.

Lehrer, R., Kim, M.-J., Ayers, E., & Wilson, M. (2014). Toward establishing a learning progression to support the development of statistical reasoning. In J. Confrey & A. Maloney(Eds.), *Learning over time: Learning trajectories in mathematics education*. Charlotte, NC: Information Age Publishers.

Masters, G. (1982). A Rasch model for partial credit scoring. *Psychometrika*, 47(2), 149-174.

National Research Council(NRC). (2001). In Committee on the Foundations of Assessment, J. Pellegrino, N. Chudowsky, & R. Glaser(Eds.), *Knowing what students know: The science and design of educational assessment*. Washington, DC: National Academy Press.

Wilson, M. (2005). *Constructing measures: An item response modeling approach*. Mahwah: Erlbaum.

Wilson, M. (2009a, December). *Assessment for learning* and *for accountability*. Paper presented at the exploratory seminar: Measurement challenges within the race to the top agenda, at ETS, Princeton, NJ.

Wilson, M. (2009b, December). *Assessment for learning* and *for accountability*. Policy brief from the exploratory seminar: Measurement challenges within the race to the top agenda, at ETS, Princeton, NJ.

Wilson, M. (2012). Responding to a challenge that learning progressions pose to measurement practice: Hypothesized links between dimensions of the outcome progression. In A. C. Alonzo & A. W. Gotwals (Eds.), *Learning progressions in science*. Rotterdam: Sense Publishers.

Wilson, M., & Sloane, K. (2000). From principles to practice: An embedded assessment system. *Applied Measurement in Education*, 13(2), 181-208. Download from: http://www.informaworld.com/smpp/content~content=a783685281~db=all

Wilson, M., Bejar, I., Scalise, K., Templin, J., Wiliam, D., & Torres-Irribarra, D. (2012). Perspectives on methodological issues. In P. Griffin, B. McGaw, & E. Care (Eds.), *Assessment and teaching of 21st century skills*. Dordrecht: Springer.

Wu, M., Adams, R., Wilson, M., & Haldane, S. (2007). *ConQuest: Generalised item response modelling software (Version 2.0)*. Camberwell: ACER Press.

Part 3
协作式任务的施测、评分、标定和解释

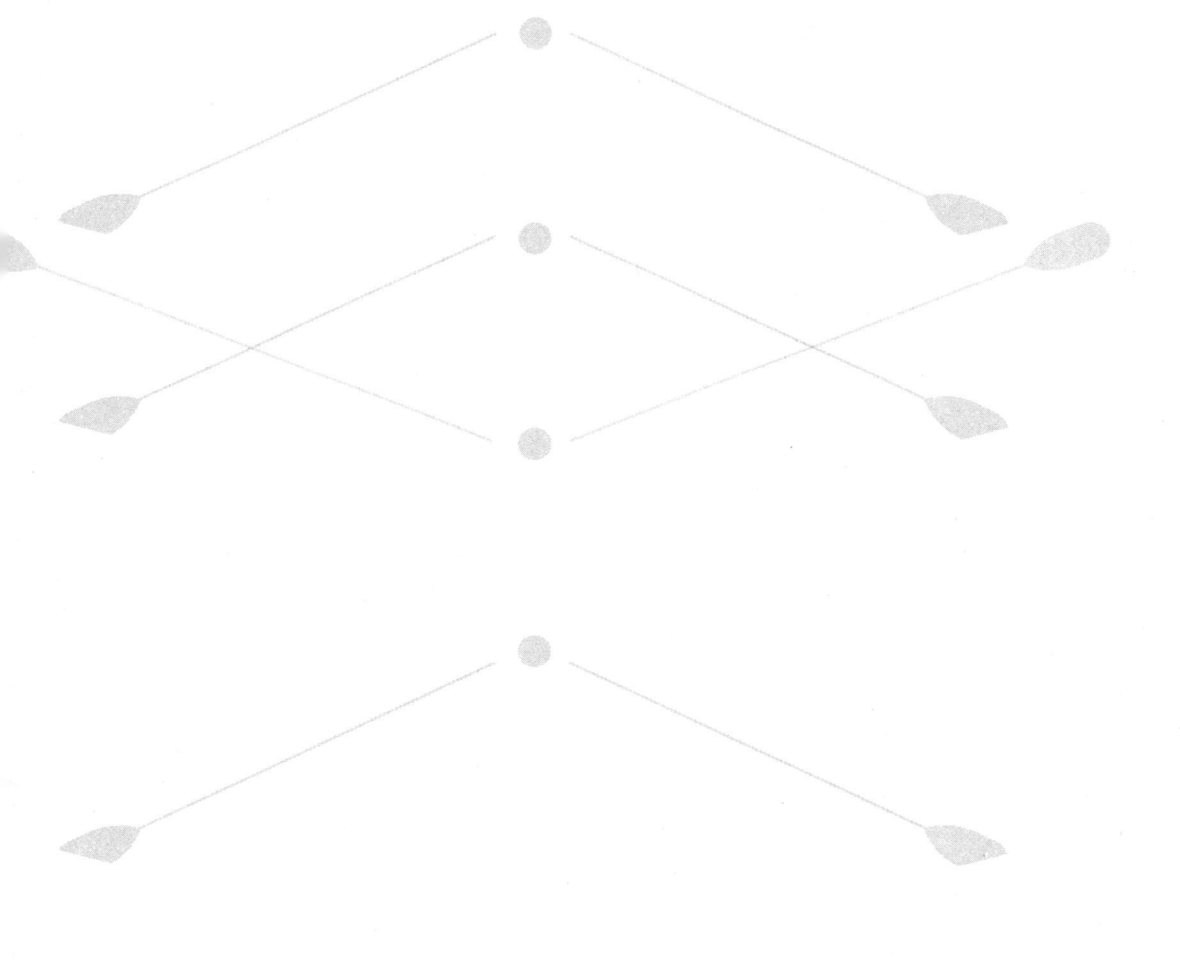

在第4章中，凯尔，格里芬，斯库拉，阿瓦尔和佐内提（2015）描述了协作式问题解决的原型任务，学生通过这些游戏式的任务来协作地解决问题或学习。这些任务可以分为两种类型：课程内容无关任务和课程内容相关任务。还有一种分法，即对称和不对称的任务。有些任务可以在一个网页呈现，有些则需要多个网页，所需网页越多，任务就越困难和复杂。在第5章中，阿瓦尔，格里芬和斯卡里塞介绍了容纳任务和控制访问、安全及数据收集的施测平台。任务库和协作分配之间的关系使学生个体的贡献得以确定。在第6章中，亚当斯，维斯塔，斯库拉，阿瓦尔，格里芬和凯尔描述了数据收集的过程，以及该平台是如何应用编码和评分的算法，来为教师生成学生表现报告的。格里芬，凯尔和哈丁（第7章）论证了用项目反应模型来解释数据和标定分数的方法，并呈现了这些领域的维度。（这一章提供了建构效度的证据，指标跨越不同教育系统、课程、语言，具有稳定性，证明了所测量的建构在以上不同的环境下是不变的。）这一部分从结构性、对称性、复杂性，以及互联网上人人互动的增长趋势等方面，展示了任务的细节部分。

Care, E., Griffin, P., Scoular, C., Awwal, N., & Zoanetti, N. (2015). Collaborative problem solving tasks. In P. Griffin & E. Care (Eds.), *Assessment and teaching of 21st century skills: Methods and approach* (pp. 85–104). Dordrecht: Springer.

Awwal, N., Griffin, P., & Scalise, S. (2015). Platforms for delivery of collaborative tasks. In P. Griffin & E. Care (Eds.), *Assessment and teaching of 21st century skills: Methods and approach* (pp. 105–113). Dordrecht: Springer.

Adams, R., Vista, A., Scoular, C., Awwal, N., Griffin, P., & Care, E. (2015). Automatic coding procedures for collaborative problem solving. In P. Griffin & E. Care (Eds.), *Assessment and teaching of 21st century skills: Methods and approach* (pp. 115–132). Dordrecht: Springer.

Griffin, P., Care, E., & Harding, S. (2015). Task characteristics and calibration. In P. Griffin & E. Care (Eds.), *Assessment and teaching of 21st century skills: Methods and approach* (pp. 113–178). Dordrecht: Springer.

第4章 协作式问题解决任务

埃斯特·凯尔，帕特里克·格里芬，克莱尔·斯库拉，
纳菲莎·阿瓦尔，南森·佐内提

【摘要】

本章概述了两种不同类型的协作式问题解决任务——内容无关的和内容相关的——两种都允许学生应用不同的策略去协作地解决问题。内容无关任务强调归纳式与演绎式思维技能。内容相关任务可以促使学生调动在传统学习领域或科目课程中所获得的知识来解决问题。协作式问题解决的框架强调交流，为实现信息收集、确定可获得与所需要的信息、识别和分析数据的模式、制订应急预案或规则、推广规则以及检验假设等目的。我们通过项目样例报告阐明了适合于激发协作式问题解决过程的任务特征。

○ 引言

本章显示了海塞等人（第2章）所概述的协作式问题解决（CPS）框架如何应用于对任务的选择，以及反过来，每个任务又是如何强调框架中所概述的技能的。这里提出两种不同的任务类型：内容无关的和内容相关的。内容无关任务不需要任何先备知识，比如那些在传统学校科目中所教的内容，而是要依赖于对推理的运用。内容相关任务则要利用从课程中获得的技能与知识。正如在海塞等人的文章中所讨论的，CPS框架中社会技能包括三个维度的指标，反映问题解决的协作方面——参与、观点采择、社会性调节。参与是与他人协作完成任务的基础，可以从人们在完成任务时的行动或互动方式上体现出来。观点采择技能强调学生之间互动的质量，反映了学生所具备的对于其他协作者知识和资源的认知水平，以及他们回应技能的水平。社会性调节指的是学生在协作时所使用的策略，比如协商、掌握主动权、自我评价、承担责任。认知技能在这个框架中同等重要，类似于那些在独立问题解决任务中运用的技能。这类技能的指标可以有这样两个类目：任务调节和知识建构。任务调节技能指的是学生设定目标、管理资源、分析和组织问题空间、系统地探索问题、汇总信息和容忍模糊性的能力。知识建构技能指的是学生理解问题和检验假设的能力，具体包括规划与执行、反思与监控的技能。

在使学生成为更好的问题解决者的教学中，传统测验设计的一个常见局限是，能否获得答案成为判断学生问题解决能力的唯一标准。尽管有段时间人们认为问题解决的程序也很重要，但依据答案的做法仍旧发生（Polya 1945,1957; Garofalo and Lester 1985;Schoenfeld 1985）。在 ATC21S 项目中，更为关注学生是怎样（以及多好地）解决了问题，而不是简单地看他们是否解决了问题。问题解决的阶段或步骤是有一定顺序的，比如理解、计划、解决和检查，这些步骤普遍适用于各种任务和情境。这些信息与学生协作的相关信息结合，可以为教育工作者在决定学生个体教学需求时提供更好的支持（Zoanetii 2010）。尽管目标达成很重要，但是它不应该是唯一的标准。教育工作者在决定提高学生问题解决能力的最佳方式时，对过程质量的推断可以使他们一直获益。

○ 问题与任务特征

现实生活问题与心理学研究的问题之间的差异引发了一个问题，即用定义良好的问题作为协作式问题解决的评估是否有用？定义良好的问题是指设问及最后的目标都是已知的，并且解决问题的要素或“产品（artefacts）”也是已知和存在的，获得答案所需的过程也是明了的。这些问题是可以测量的，因为它们有特定的已知步骤，并且有最终正确的解决方案。正因为定义良好的问题解决的一系列步骤都很清晰，人们就可以用这类问题进行教学。这类问题在科学和数学课程中是非常常见的。定义不良的问题具有模糊性，它们可能与日常问题相关，不属于具体领域，需要用到许多不同类型的知识。它们的许多特征与所谓的“恶劣”问题类似。这些才是真正意义上的问题——解决方案不知道、问题要素或组成部分不确定、相关的有用过程没有被验证过。因此，定义不良的任务可以有多种解决方案，适用程度各不相同，解决路径或策略也各不一样，还有一种可能，问题并没有提供或呈现所有所需的信息。定义不良的任务也可能没有明确的前进方向，也无法清楚地确定一个解决方案的正确性。

由定义良好与定义不良问题之间的差异所引发的一个问题是，如果我们给学生使用的问题都是定义良好的问题，那么我们据此对学生问题解决能力做出的推断，在多大程度上是有效的呢？传授问题解决技能的长远目标，就是要让学生具备在面对定义不良的问题时，能够从一系列策略中选择合适策略的能力，而实际上正是定义不良的问题构成了现实世界。

海塞等人描述了可能需要协作活动的问题的本质。它突出的特征就是资源不会被所有问题解决者平等地获取，所以就需要有多个解决者。可获得性既指直接从记忆中提取，也指人类对所需求的东西——无论是物品、知识，还是过程的理解与操控能力。

总之，是否只有定义良好的问题才能有效测量学生的问题解决能力，需要协作活动的问题本质是什么。对这两个问题关注的结合使得 ATC21S 项目有意地在定义良好和定义不良问题的连续体上进行任务设计。评估任务要能够反映需要协作解决的问题特征，这些特征具体指模糊性、不对称性，以及资源获取途径的独特性（这种资源就使得学习者之间必须相互依赖）。有了这样的任务，我们就可以对建构的定义模型、发展性学习进阶、素养增长指标，以及任务的开发与实施进行检验。所设计的问题解决任务至少要使学生对“协作”感到有必要。比如在课堂里，教师可以给同一小组内的不同学生以不同信息，而不是给他们完全相同的信息。那么为了解决问题，学生就需要通过协作来获取所需资源，即信息。这种方式就是现实生活中协作式问题解决情境的真实写照。在这样的情境中，信息得从不同的途径获取，而非提前共享。由于能够通过不同途径获取不一样的信息，学生之间的依赖关系就能够激发起更真实的协作活动，而不仅仅是由教师给学生下达指令：“你们合作完成吧。”合作的价值可能体现在其社会性方面，但可能不是必需的，甚至还可能被学生视为是有悖于他们最大利益的——尤其是当他们身处竞争性的课堂环境时。

ATC21S 项目中的任务有很多相似的特征。每个任务中学生都只需用鼠标点击、拖放对象即可，无须使用键盘。任务是为两个学生设计的，有一个“聊天窗口”用于协作者之间进行交流，旨在帮助学生通过在线交流来完成任务。每个任务会先呈现一个指导语，然后是长度 1 到 8 页不等的任务。我们使任务具有迷惑性，并加入图形来吸引和维持学生的参与。有些任务给两个学生提供完全相同的图像、视角、说明和资源，这些被称为对称任务。同时也有许多任务提供不对称的视角，给每个学生提供不同的信息和资源，从而提高他们对协作的需求。任务鼓励学生讨论问题，以便鉴别资源，分享资源。任务难度水平不同，有些需要较少的协作，但是在认知上更困难；而另一些虽在认知上更简单，但却需要有效的协作来解决。芬克（1991）认为，可以通过调整任务参数来改变任务难度，比如问题状态的数量、题干或任务中操纵对象的限制数量、搜索所需的推理或计划的复杂性，以及任务内的对象和对称性的配置。

对称性问题对教育中学习者平等获取（资源）的假设提出了挑战。虽然国家与国家之间、同一国家各地区之间在教育供给上可能存在巨大的差异，但是人们却假设所有的学生都能平等地获取资源。此处，资源是指工具、文本、教师以及课堂环境，所有这些都支持和促进着学生的学习。这种供给假设延伸到了评估情境中的平等获取，认为所有学生也都应该获得相同的资源。在过去的10年里，由于一些学习环境强调小组学习，这种认为学生应平等获取信息的假设就受到了挑战。在这种情况下，资源的平等性无法保证，因为不同的小组会呈现出不同的人员配置，个人行动的能力不仅取决于他们获取的资源和自身的能力，还取决于其他人的能力。这一现实在ATC21S评估环境中得以体现。在此环境中学生获取资源的途径不同——要么是在评估环境中建构的资源，要么是由学生同伴发挥不同能力所获得的资源。正是获取资源的差异和由此产生的学生之间的依赖性，使评估任务活动产生了不对称的特征。

不对称性在评估领域以及对师生应对教学活动的方式上提出了有趣的挑战。在本章中，我们将展示如何在评估环境中体现对称性和不对称性。对这种评分结果的讨论详见亚当斯等人（第6章）的文章。

○ 内容无关的协作式问题解决任务

本节概述了两个任务，它们关注的是在线协作式问题解决情境中学生的假设-演绎推理技能。将这些步骤转化成一个可以推广并称为“协作式问题解决”的过程，可以使教师能够评估和发展他们学生假设-演绎思维的能力，因为这些能力能够在协作式问题解决行为中体现出来。假设-演绎的思维始于一个因果问题。然后，学生根据观察和收集到的数据生成假设。在虚拟世界中，这种行为可以通过分析聊天和行动的事件来监测。这些事件遵循了格里芬（2014）所建议的模型，即问题解决可以被理解为从归纳到演绎思维的一系列有层级的步骤。问题解决者首先检查问题空间，识别其中的要素，接下来他们识别要素之间的模式与关系，并将他们形成规则，然后将规则概括为普遍原理。当用这个普遍原理对可能的结果进行检验时，我们称之为假设检验。归纳推理的重点是先建立一个需要检验的可能解释，而演绎推理则是检验这个解释是否有效。演绎法试图通过消除所有与已有信息不符的结果来“演绎”事实。协作式问题解决要求形成伙伴关系，就所检验的假设本质和检验方式达成一致。

这里描述的两个“内容无关”的任务与个体问题解决的途径相容，因为每个任务都有一个有限的解决方案，并且问题解决方案所需的所有信息都已包含在了问题空间中。从这些任务到协作式问题解决任务的过渡在于问题空间的重构，协作中的两个学生没有任何一个获得了所有需要的信息。第一个任务名为“搞笑小丑”，它是对称结构的——两个学生都可以获取所有的资源；而第二个任务“橄榄油”，是非对称结构的——每个学生能获取的资源不同。这里，“问题空间”这一术语指的是，虚拟环境提供了识别问题存在所需的所有刺激与资源。刺激包括文本说明和一些关于该问题的解释，以及静态和动态的虚拟产物，包括屏幕上的图形对象和诸如鼠标光标的移动指示符。

任务依托虚拟平台，允许由两个学生在一对一的计算环境中操作的实时活动。学生可以在任何有互联网接入且装有最新浏览器的计算机上完成任务。阿瓦尔等人对技术要求做了概述（2015；第 5 章）。每个任务都是根据问题解决的目标和学生可以进行的活动或过程以及可以使用的物品来描述的。紧接着便是对从这些任务中抽取出来并评估的概念框架中的子技能进行分析。

搞笑小丑任务

该任务需要学生寻找模式、分享资源、形成规则并得出结论。任务向两个学生分别呈现一个小丑机器和 12 个可以共享的小球。学生的目标是确定他们的小丑机器是否以相同的方式工作。为了做到这一点，两个学生需要分享信息和讨论规则，以及对他们每个人应该使用多少个球进行协商。学生必须在小丑的嘴移动时把球放进里面，以确定控制小球走向的规则（入口=左、中、右；出口=位置 1、2、3）。然后每个学生都必须表明自己是否相信这两台机器是以同样的方式在工作的（见图 4.1）。学生无权访问对方的屏幕，因此他们都无法直接确定控制对方小丑机器工作的规则。

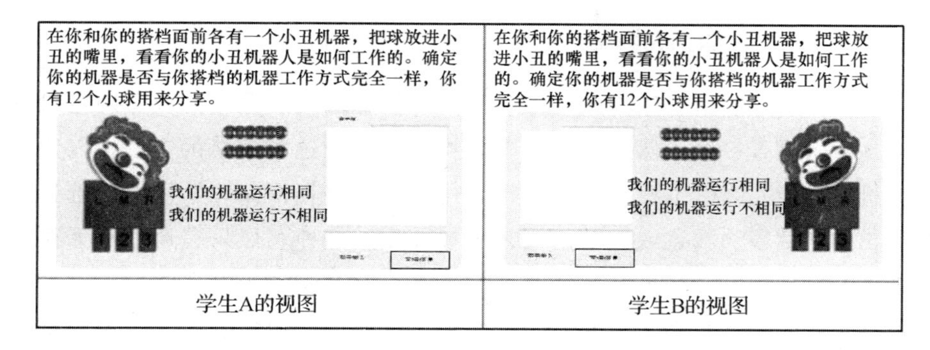

图 4.1　搞笑小丑任务

社会性技能：互动

成功完成这项任务的基本要求是搭档之间的互动。学生需要从一开始就知道他们分配到的 12 个小球是两人共享的，找到解决方案最有效的方法是给每个人都分配 6 个球，这样两个学生就有充分且平等的机会来对他们的机器进行试验并得出结论。那些不进行互动的学生在意识到小球是共享的之前就开始用小球，甚至把所有的小球都用完了还没意识到这个问题。互动水平较高的学生在开始使用小球测试他们自己的机器前，就可能已经早早地意识到了对自己和搭档的活动进行协调的必要，并积极地促进与搭档之间的互动。

社会性技能：受众意识

具有良好观点采择技能的学生会注意到搭档在任务中的角色，并理解搭档的视角的必要性。在这方面没有较强能力的学生，在完成任务的过程中，很少会考虑他们搭档的资源需求或观察结果。受众意识高的学生倾向于在小球两次落下之间与搭档进行互动，并调整自己的行为来满足搭档的需求。该技能的一个指标是，学生在停下并等待来自其搭档的移动或回应之前所做的移动的次数。在这个任务里，这样的移动越少越好。

认知技能：资源管理

管理可用资源的能力是学生任务调节能力的一部分。例如，该技能水平较低的学生会只关注检查自己的机器如何工作，从而垄断资源的使用。而那些资源管理水平较高的学生则会意识到小球需要共享，并平等地分配它们。

认知技能：关系（表征和制定）

学生必须识别出小球的入口位置和出口位置之间的关系，从而确定机器的工作方式是否一致。然后学生需要建构一种表征这一信息的方法，以便与搭档进行沟通，当然也要能理解搭档使用的其他表征形式。学生可以选择通过列出信息片段、叙述或制定规则来表征关系。每种表征只有通过聊天窗口（作为每个任务的一部分），才能够进行交流。技能熟练的学生也会质疑模式，并检验那些支撑他们观察的假设——例如，模式的一致性。最后一步包括学生对他们的表征进行比较，以做出小丑机器工作模式是否相似的决定（见表4.1）。

表 4.1　在搞笑小丑任务中观察到的技能样例

技能	行为	为评估捕捉的数据（举例）
互动	与搭档互动	在允许搭档进行移动之前有过聊天
受众意识	调整贡献以增加对搭档的理解	在停止并等待搭档移动或回应之前所尝试的小球移动次数
负责主动	对小组任务进展负责	在共享小球的一半被用完之前与搭档交流的次数
资源管理	管理资源	意识到小球是用来共享的，并且只用了可获得的小球的一半
系统性	实施可能的解决问题的方法	用一半的小球有顺序地覆盖了位置
关系	确定知识要素之间的联结与模式	两个学生就机器如何工作的意见达成一致
解决	正确的回答	在有关他们的机器如何工作的选择上，学生 A 与学生 B 的选择正确

橄榄油任务

在这个任务里，学生会获得不同的资源。为了实现任务的目标——在一个瓶子里装上 4 升橄榄油，学生必须找出有哪些资源是可用的，哪些是需要去获取的。学生 A 有一个容量为 3 升的虚拟瓶子、一个装满橄榄油的油箱、一条输送管道和一个桶。学生 B 有一个容量为 5 升的虚拟瓶子、一条输送管道和一个桶。在不知道对方有什么可用的情况下，这两个学生需要意识到，A 必须到油箱那里用瓶子去接油，然后把装了油的瓶子接到输送管道上，这样 B 才能够从他的输送管道那儿接到油。在此之前，学生 B 无法完成任何有意义的动作，只能依赖学生 A 的操作和互动。两个学生需要共同探索和操纵任务空间，直到他们能够在学生 B 的瓶子里装上 4 升油。该任务遵循了 1883 年由数学家爱德华·卢卡斯推广的河内塔问题所需的推理过程（Newell and Simon 1972；Petković 2009）。这个问题需要解决者算出移动的顺序以达成目标。这与象棋游戏中的前瞻性规划要求有一些相似之处——在落子前，想一想下一步该怎么走。这种认知任务由于资源分配和每个学生可获得的信息缺少而变得更加复杂（见图 4.2）。

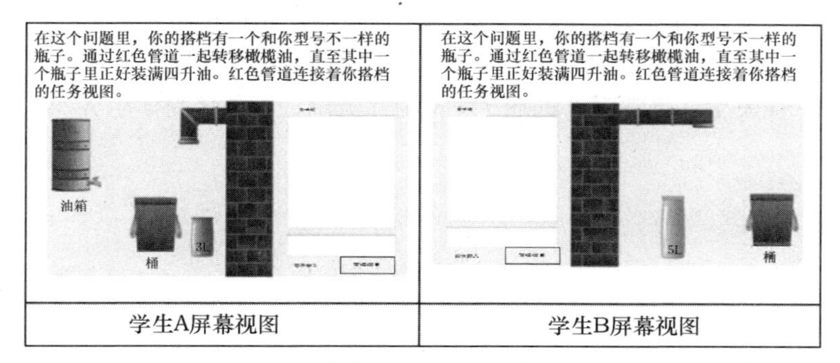

图 4.2 橄榄油任务

社会性技能：互动

虽然当前的技术无法使我们对交流的实际文本进行分析，但我们可以从聊天出现的位置来推断学生互动的质量。在这个任务中，互动技能的评估依据是，在特定问题解决阶段或“组块”出现的聊天，表明学生之间的互动水平，以及在特定过程中学生感知到的协作的重要性。沟通能力强的学生会在任务开始后就立即发起或促进互动。

认知技能：因果关系

利用对因果的理解来制订计划的能力，可以提高学生在任务中成功的概率。测量计划与执行技能的一种方式，是评估行动与行动之间的间隔时间。例如，从学生 A 发现任务开始时的瓶子是空的，到他拿瓶子去油箱处接油之间所花费的时间，能力较强的学生 A 要比能力较弱的学生 A 用时更短。学生 A 的另一个成功的计划与执行的指标是，当他的瓶子里只有 1 升油时，他把这些油转移给学生 B 所花费的时间。这需要学生思考当前状态之后的若干行动的步骤，并在采取行动前算出子任务。有些学生可能会在取得成功之前，假设过好几个因果的规则。比如学生 A 的桶，他的桶其实是多余的，但他也可能会用那个桶来清空那个 3 升瓶，直到他意识到这个动作并不能解决问题。

认知技能：问题分析

水平高的学生在组织必要步骤来解决问题之前，能够对任务进行分析。学生分析问题的一个表现是，确认他需要从搭档那里获得的信息与资源——这就涉及任务调节的要素——然后用他搭档所熟悉的交流模式来描述这个问题。它的指标是信息的交换，可以通过聊天内容中的关键数字 1 和 3 的出现来评估（这段聊天应发生在当学生 B 的瓶子里只有 1 升油，到他接受学生 A 给他的 3 升油之间）。

认知技能：解决

虽然任务完成与否对学生技能水平的评估不具主导作用，但这个因素仍要测量。在橄榄油任务中，我们通过检查两个学生最终是否使学生 B 的瓶子里装上了 4 升油，来评估他们是否找到了解决问题的正确答案。然后就可以对他们解决问题的步骤进行评估，从而确定他们使用的过程和找到答案的效率（见表 4.2）。

表 4.2　在橄榄油任务中观察到的技能举例

技能	行为	为评估捕捉的数据（举例）
互动	与搭档互动	在特定的一组行动和过程中存在聊天行为
因果关系	确定因果的顺序	当学生 A 的 3 升瓶中只有 1 升油时，A 意识到这些油必须转移给 B
反思与监控	根据信息或状况的变化调整推理或行动过程	从多余无用的活动中吸取教训，例如学生 A 把瓶子移到桶那里
关系	确定知识要素之间的联结与模式	当学生 A 或 B 意识到他们的瓶子里有且仅有 1 升油的重要性时，存在交换信息的聊天行为
解决	正确的解答	最后一个动作要使学生 B 的瓶子里正好有 4 升油
问题分析	确定子任务需要的顺序	在所需要的顺序中交换重要信息

○ 内容相关的协作式问题解决任务

内容相关任务需要用到学校课程所传授的特定技能和知识。这些任务促进了可评估的、与课程相关的问题的发展，这些问题可以通过协作解决，并与世界各地的数学和科学课程的日常教学内容相关。这一节所举的例子，只需要学科的基础知识即可。

这里概述的两个内容相关任务，最初是由世界数学测试有限公司（WCAL）设计的，作为在线的单个学生问题解决任务。根据与 WCAL 的合同，任务被重新设计为需要协作完成的任务。这涉及重新设计任务，需要协作者之间的反复迭代，而不仅仅是分工。任务被设计为复杂的、无支架和定义不良的。无支架体现在不提示学生该如何推进问题，不告诉他们可能存在多种解决路径。在最初设计的任务中，问题解决方案要简单得多。学生可以沿着理解问题、选择策略、应用策略的路径，轻松地找到问题解决方案。这种解决方案的路径是简单的，在这种情况下的协作不会提供更多额外的支持、信息、想法或者资源。要重新设计更复杂的任务，则问题解决的步骤不能那么清楚。这刺激了更加复杂的策略，要求协作者们成为积极的参与者。同时，在尝试另一个可能的解决路径之前，学生需要先尝试多种不同的策略去解决问题，彼此分享信息并进行反思。问题解决者之间的协作是一个并行的而非串行的过程。我们预计学生会用这种严谨的调查方法来更好地理解问题，并发展将知识迁移到不同情境的能力。最理想的状态是，每个协作者都充分参与到问题解决过程的每个阶段中，这样双方将共同获得解决方案，并达成一致。

在这些任务中，随着后续页面问题解决路径的变化与对知识建构的允许，任务的复杂性也随之提高。每页都需要两个学生一起参与到任务中，而且只有一起参与，才有人能进入到任务的下一页。在这方面，一个学生的进步与另一个学生是相关的。这样设计的意图是，这一层面的支架能够促使学生进行交流。一般来说，内容相关任务的最后一页是需要学生独立完成的，因此两个学生必须通过协作的方式获得足够的知识，以便最终独立地运用他们的知识来做出回答。在任务的最后一页，学生会被鼓励去交流，以加深彼此对问题的理解，因为任务的完成取决于双方的理解，而非其中一方。尽管页面越往后，任务的复杂性越大，但如果学生在前面做了充分的知识建构与任务调节，那么最终的子任务就不应该比前面已经历过的子任务难度更大。

平衡木任务

平衡木任务是一个内容相关任务的例子，它需要有一些对科学的认识才能完成，在这一任务中需要的是一些物理学的知识。学生需要通过应用和检验各种规则来使木条达到平衡状态，这样就会产生许多正确的解决方案。协作的两个学生共用一根平衡木，但是每个人只能操作平衡木的一边（见图 4.3）。初始状态是，学生 A 有四个不同的砝码，学生 B 没有砝码，也不知道还有砝码这一资源。开始时砝码必须由学生 A 传递给学生 B，并且两个人都必须将砝码放置在正确的木条刻度凹槽上，以使木条达到平衡状态。两个学生可以互相传递或拒收砝码。平衡木的两边各有四个刻度凹槽。

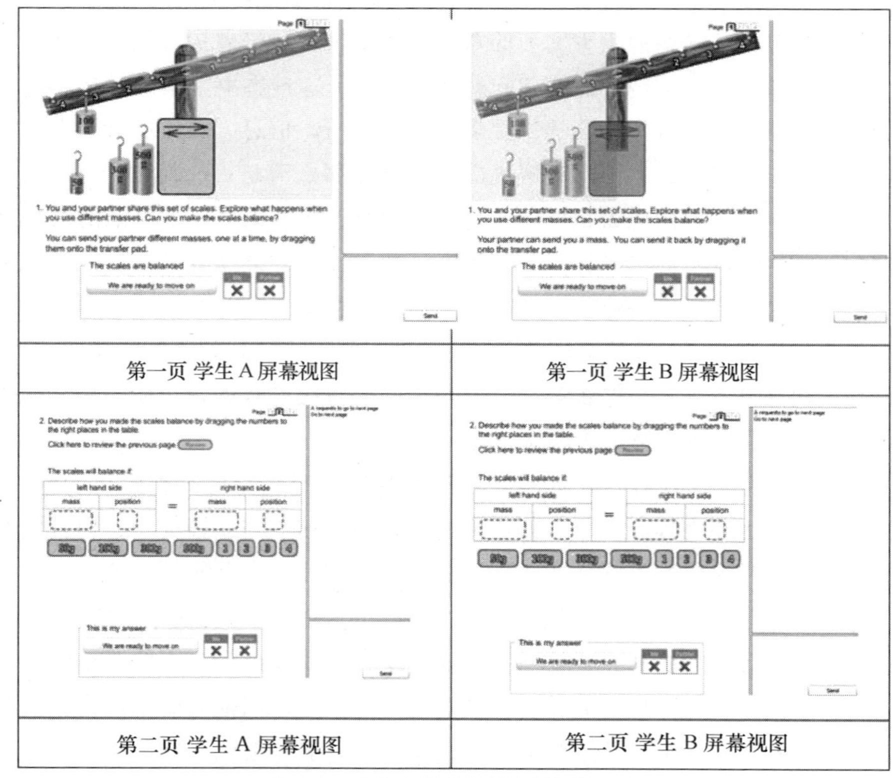

图 4.3 平衡木任务的第 1 页和第 2 页

任务的第 2 页要求学生给出一个能够很好地描述他们是如何平衡木条的公式。再往后的页面要求学生用几种不同的方式来平衡木条。附加页面是用来确保学生理解了问题的物理学原理，并减少通过精测获得成功的可能性。下面再举两个例子来说明完成该任务所需要的理论框架中支持社会性和认知过程的要素。

社会性技能：回应性

学生需要适应和吸纳另一方的贡献。评价这个方面的一种方式是看学生 A 给了学生 B 哪些砝码。如果他给的是正确的砝码，那么我们就可以推断该学生已经掌握了任务的概念。有一个具体指标是学生 A 是否给学生 B 传递了特定的砝码以及学生 B 是否立刻将它们退回。从后者可以看出，学生 B 成功地回应了他的搭档，因为他等于告诉了对方哪些资源是最有用的，从中，也能推断出该学生理解了任务的概念。

认知技能：系统性

这个任务可以用来测量学生在处理该任务时的系统性。当我们识别到了一个特定的行动顺序，就能依此判断学生是如何实施可能的方法，并能对该过程进行监测。比如，可以通过测量协作者进行平衡尝试的次数来评估他们的功能系统性技能。这个只要通过数一数每一个砝码所试过的位置就知道了。过少或过多的次数都暗示着系统性的缺乏。如果一个学生把每一个位置都试了一次并且穷尽了所有可能的组合，那么他们算是在彻底地探索该任务的空间和资源了。在该任务中，系统性差的一个表现是，当学生 B 已经拥有了所允许的最大数量的砝码时，学生 A 还试图继续给学生 B 传递砝码。根据任务的设计，这可能意味着学生没有在系统地处理该任务，或没能有效地监控他们自己的行动。他们可能没有理解这个任务的说明，或没能识别出这个任务的结构（Vollmeyer et al. 2006），也有可能是没有从错误中吸取教训。

认知技能：设定目标

目标设定是问题解决中的一项关键技能，可以通过评估任务，采用多种方法来测量。平衡木任务中的一个例子是，协作者在聊天中出现的一个代表砝码质量的数值（100 克，200 克等）。如果这一聊天是来自没有相应质量砝码的一方，那我们可以推断该学生是在向他的搭档索要那些质量的砝码，他们的目标是要用这些砝码来让木条达到平衡。此外，如果砝码质量正确（就是它们能使木条平衡），我们就能推出该生已经理解了这个任务背后的物理学原理，并且有目的地使用这些砝码去尝试解决问题。(见表 4.3)

表 4.3　在平衡木任务中观察到的技能举例

技能	行为	为评估捕捉的数据（举例）
行动	在支架环境中表现积极	学生 A 给学生 B 一个砝码
任务完成	独立承担任务的一部分	根据说明，将 100 克的砝码放在位置 4 上
回应	回应他人的贡献	意识到有些砝码不能使木条平衡。如果学生 A 再次送来 50 克或 500 克的砝码，学生 B 立即将它退回
设定目标	为任务设定目标	要求砝码质量
系统性	实施可能的解决问题的方法	试验砝码与不同位置的不同组合
解决	正确的解答	成功达到平衡的次数（最佳为 3 次）

20 分游戏任务

20 分游戏任务是要让两个学生作为一个团队去与计算机比赛，他们要在一个布满分数的棋盘上，轮流放上筹码，使覆盖的分数总和达到 20。学生需要识别出关键的分数和限制，以赢得比赛。任务内含与数学课程相关的代数方程。任务共有 6 页，其中的 5 页是子任务，学生可以选择从不同的阶段开始游戏，也就是可以选择不同的游戏难度。第 1 页允许学生从满分开始，以帮助他们理解任务概念（见图 4.4）；到了第 2 页，学生就得从初始总分 18 开始；第 3 页的初始总分为 13；第 4 页的初始总分为 6；到了第 5 页，棋盘变成了一根数轴，学生要一起在上面选出他们认为对游戏成功至关重要的分数；当学生在第 6 页上重新开始游戏时（初始总分为 0），我们将根据他们是否实现了他们所选的关键分数来对他们进行评估。

游戏是这样玩的：两个学生独立地从 0 到 4 之间选择一个分数，这样团队分数的范围就是从 1 到 5（两个人不能同时选 0，所选的分数加起来为他们团队的分数）。每个学生在选择分数时需考虑他们搭档的选择以及计算机的选择。选择

图4.4　20分游戏任务的第1页和第5页

会有好几轮，直到盘面上的总分达到20。如果哪一方（学生方或计算机方）在选择了一个分数后，使总分超过了20，那么这一方就算输。学生方的目标是，要在计算机选择之前，选择一个分数使总分正好为20。

社会性技能：回应性

20分游戏任务可以评估学生忽视、接受或适应搭档的贡献能力。我们可以观察到，回应技能较强的学生选择特定的分数时，是在他搭档给他发送了包含那个分数的聊天信息之后。从这个指标可以推断出，他搭档对他的选择有贡献，而且他接受并把这个贡献纳入到他们的游戏中。可以观察到这一技能的另一个例子是，学生在第5页时，需要通过选择数轴上的分数，来达成他们对哪些分数是游戏成功的关键分数的一致意见。不熟悉这种技能的学生会不接受或不考虑他搭档的贡献，即使他搭档的选择是正确的。这一点可以从学生取消他搭档之前在数轴上所选的分数上观察到。

社会性技能：负责主动

协作能力较强的学生往往在他们的团队中承担更多的责任，并确保任务成功所需的活动由自己或搭档完成。在20分游戏任务中的一个例子是，学生尝试活动后向他搭档报告他的行动。如果有个学生在推进游戏之前，重置了团队分数，与搭档聊天，然后在继续玩游戏之前改变了原来选择的分数，那么这就是这一指标的一个观察点。从这一活动中我们可以推断出，该学生对两个人原先选择的分数并不满意，所以选择了重置，然后把这个情况告诉了他的搭档，结果就有了其他的分数选项。

认知技能：因果关系

在这个任务中，我们可以评估学生利用对因果的理解来计划和执行的程度。对这种技能不熟练的学生可能在不清楚其行为后果的情况下就采取行动，但是熟练的学生就会利用他们对因果的理解来计划和执行策略或活动。在这个任务中表现熟练的学生的一个例子是，他在数轴上选择了特定的分数后，在随后的任务页面上会继续使用这些分数。从该动作可以推断出，该学生已经从之前的游戏中确定了成功的关键分数，并有意使用它们，以在游戏中赢得胜利。

认知技能：反思与监控（检验假设）

在这一任务中，学生有效假设的能力可以得到评估。没能有效地设定假设的学生往往会在整个任务中保持一种单一的方法，这样是不够灵活的，因此他们无法有效地监测团队过程的进展。在形成假设方面具有较高水平的学生在得到了进一步的信息后，他往往会反思团队先前的行为，监控团队的进展，重组问题并尝试多种方法。这表现在该任务中的一个例子是，学生在试过一局之后，选择重玩这一局。该任务里的每一页，学生都可以选择重玩这一页上的子任务。学生这样做，就是在反思造成他们之前失败的行动过程，并试着用另一种方法来获得不同的结果及寻找一个成功的解决方案（见表4.4）。

表4.4　在20分游戏任务中观察到的技能举例

技能	行为	为评估捕捉的数据（举例）
任务完成	承担并完成任务的一部分	在继续之前有过一次成功
回应	回应他人的贡献	对来自搭档的含有关键分数的聊天做出回应

续表

技能	行为	为评估捕捉的数据（举例）
负责主动	对小组任务的进展负责	更改计划并交换进一步计划的信息
因果关系	确定因果的顺序	充分游戏后，在数轴上选择走向成功的关键分数
反思与监控	根据信息或状况的变化调整推理或行动过程	尝试失败后重新开始任务
收集信息	收集信息	聊天中提问的呈现与数量

○ 结论

这些任务的描述将问题解决与学生在参与任务时所需要的协作式活动联系了起来。这些任务的设计提供了机会，展示了与协作式问题解决在理论假设上相关的技能。这种建构任务的方法清楚地表明出对学生的测验反应赋予意义的推断法的使用。与评估个体所拥有的有限的内容、技能或知识的程度相反，在我们所感兴趣的对技能的发展与进程的评估中，这样的推断法是必不可少的。

附录：协作式问题解决任务

在附录中，我们将本章末详细描述的协作式问题解决任务的屏幕截图呈现出来。这些任务的名称分别是：六边形（Hexagons）、热巧克力（Hot Chocolate）、植物生长（Plant Growth）、小金字塔（Small Pyramids）、共享花园（Shared Garden）、向日葵（Sunflower）、仓库（Warehouse）、灯箱（Light box）。

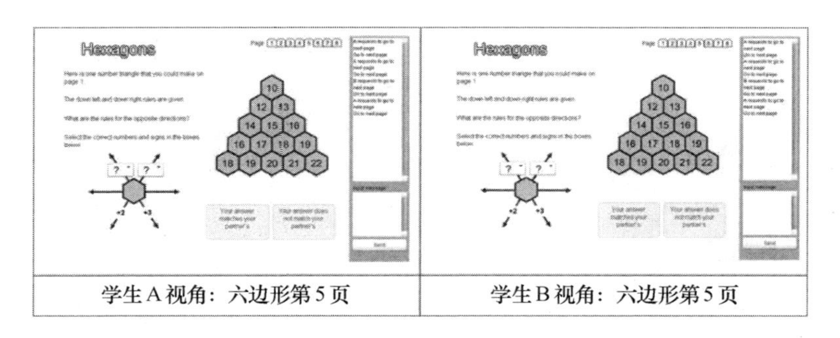

学生A视角：六边形第5页　　学生B视角：六边形第5页

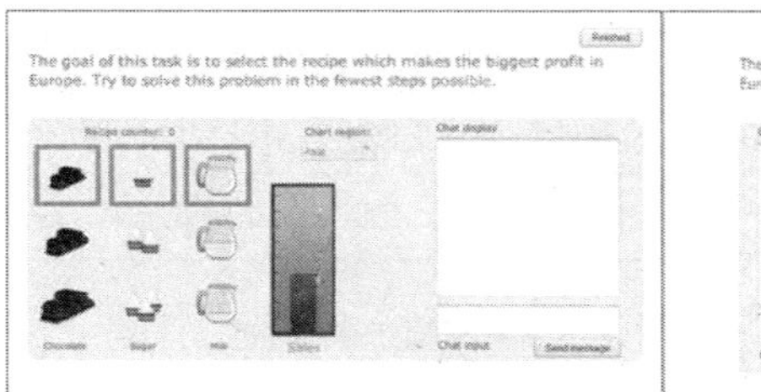

学生A视角：热巧克力第1页

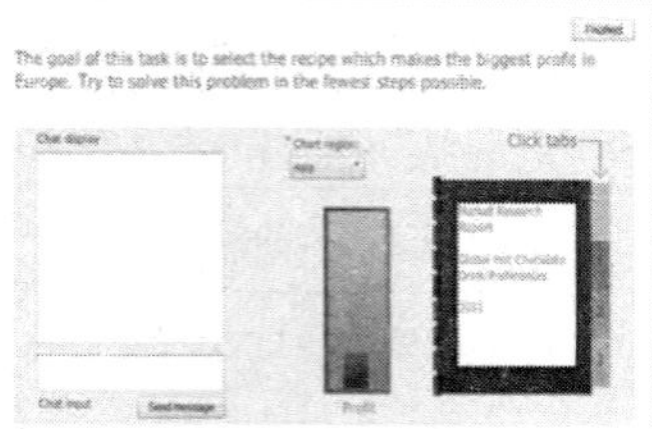

学生B视角：热巧克力第1页

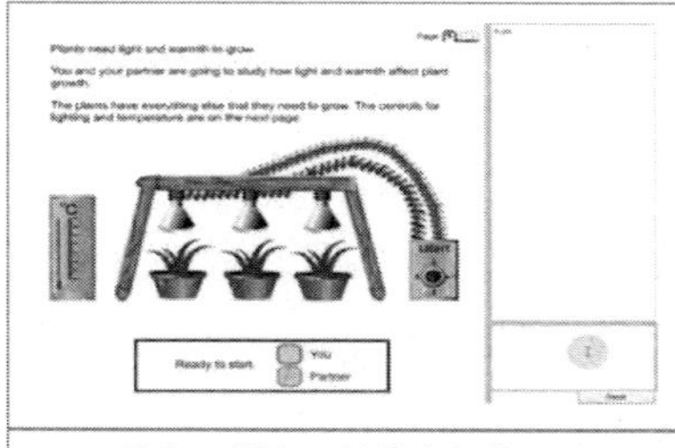

学生A视角：植物生长第1页

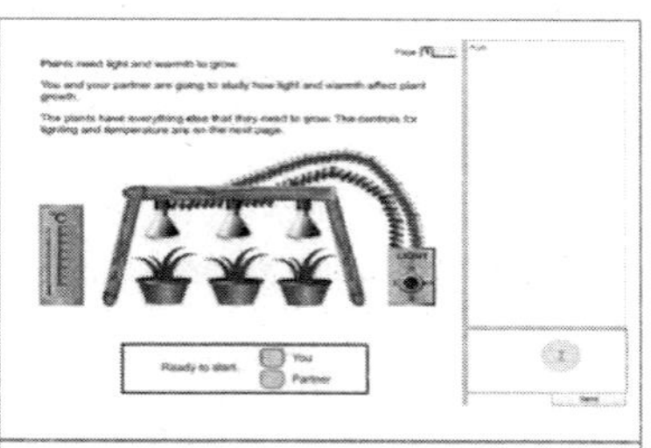

学生B视角：植物生长第1页

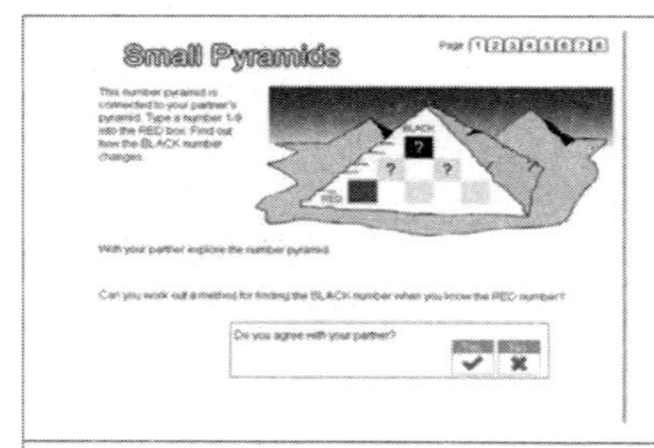

学生A视角：小金字塔第1页

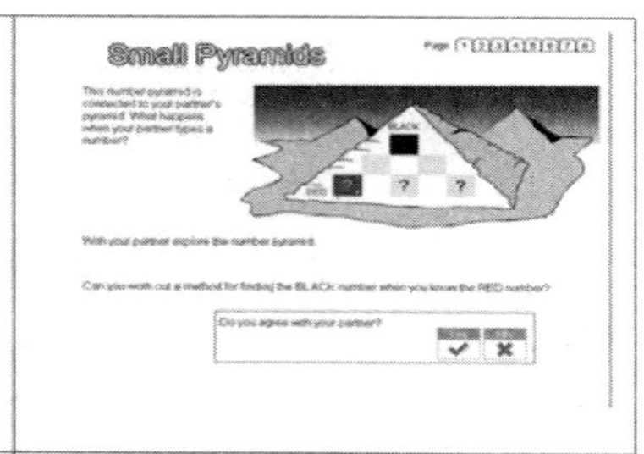

学生B视角：小金字塔第1页

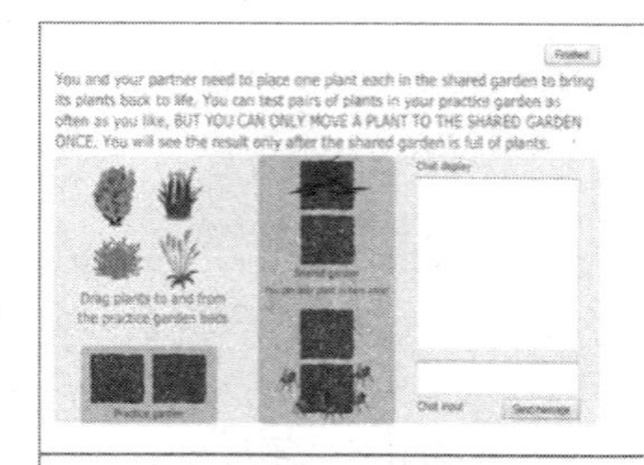

学生A视角：共享花园第1页

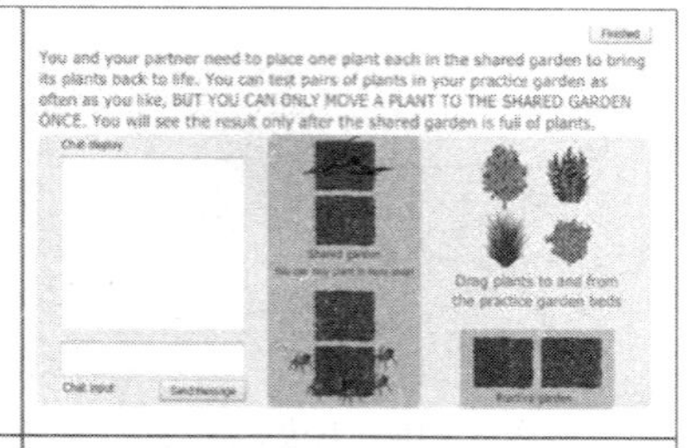

学生B视角：共享花园第1页

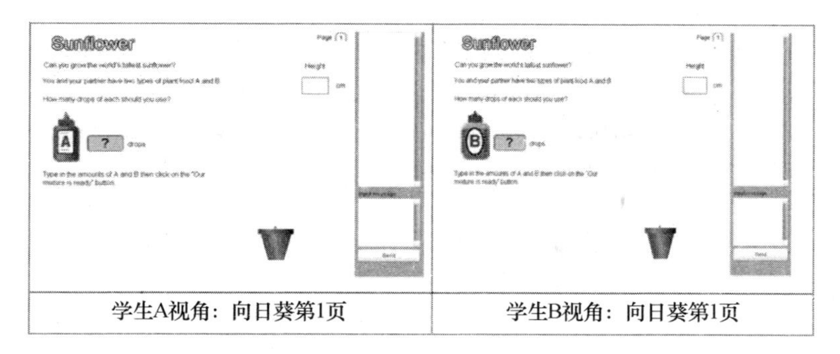

学生A视角：向日葵第1页　　学生B视角：向日葵第1页

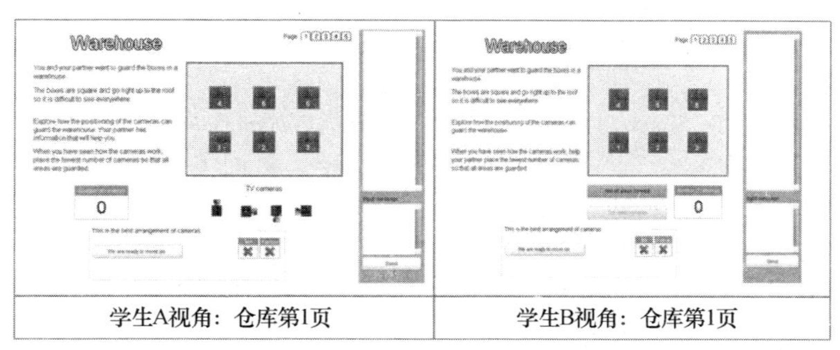

学生A视角：仓库第1页　　学生B视角：仓库第1页

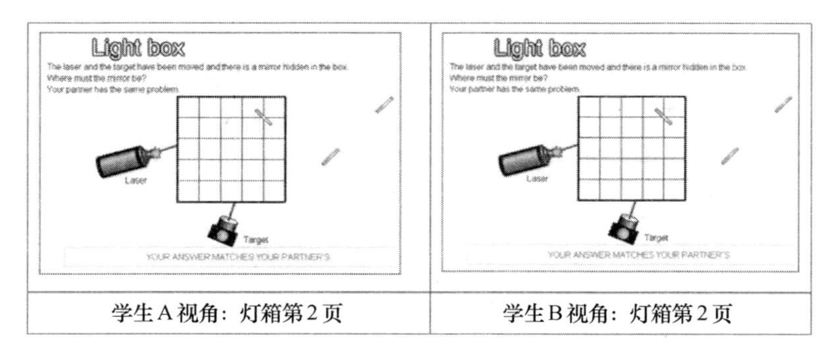

学生 A 视角：灯箱第 2 页　　学生 B 视角：灯箱第 2 页

参考文献

Adams, R., Vista, A., Scoular, C., Awwal, N., Griffin, P., & Care, E. (2015). Automatic coding procedures for collaborative problem solving. In P. Griffin & E. Care (Eds.), *Assessment and teaching of 21st century skills: Methods and approach* (pp. 115–132). Dordrecht: Springer.

Awwal, N., Griffin, P., & Scalise, S. (2015). Platforms for delivery of collaborative tasks. In P. Griffin & E. Care (Eds.), *Assessment and teaching of 21st century skills: Methods and approach* (pp. 105–113). Dordrecht: Springer.

Funke, J. (1991). Solving complex problems: Exploration and control of complex systems. In R. J. Sternberg & P. A. Frensch (Eds.), *Complex problem solving: Principles and mechanisms* (pp. 185-222). Hillsdale: Erlbaum.

Garofalo, J., & Lester, F. (1985). Metacognition, cognitive monitoring, and mathematical perfor - mance. *Journal for Research in Mathematics Education*, 16 (3), 163-176.

Griffin, P. (2014). Performance assessment of higher order thinking. *Journal of Applied Measurement*, 15(1), 1-16.

Hesse, F., Care, E., Buder, J., Sassenberg, K., & Griffin, P. (2015). A framework for teachable col- laborative problem solving skills. In P. Griffin & E. Care (Eds.), *Assessment and teaching of 21st century skills: Methods and approach* (pp. 37-56). Dordrecht: Springer.

Newell, A., & Simon, H. A. (1972). *Human problem solving*. Englewood Cliffs: Prentice-Hall. Petkovic?, M. (2009). *Famous puzzles of great mathematicians*. Providence: American Mathematical Society.

Polya, G. (1945). *How to solve it* (1st ed.). Princeton: Princeton University Press.

Polya, G. (1957). *How to solve it* (2nd ed.). Princeton: Princeton University Press.

Schoenfeld, A. H. (1985). *Mathematical problem solving*. New York: Academic.

Vollmeyer, R., Burns, B. D., & Holyoak, K. J. (2006). The impact of goal specificity on strategy use and the acquisition of problem structure. *Cognitive Science*, 20, 75-100.

Zoanetti, N. (2010). Interactive computer based assessment tasks: How problem solving process data can inform instruction. *Australasian Journal of Educational Technology*, 26(5), 585-606.

协作式任务施测平台

纳菲莎·阿瓦尔，帕特里克·格里芬，山姆·斯卡里塞

【摘要】

在ATC21S项目开始之前，没有一个平台能够施测人—人网络互动任务。考虑到项目的全球化目标，评估任务及专业发展材料是在多个平台上建构起来的，用于管理和教学干预。本章介绍了这些平台的特点、性能及优缺点。基于数学的协作式任务是在香港的一个平台上开发的，并移到了墨尔本大学评估研究中心的在线测试（ARCOTS）框架中。基于推理的任务是直接在这个平台上开发的。另有一个平台（FADS）用于开发基于LDN-ICT的任务。我们曾试图修改一个严肃游戏产品，但由于开发者（Pixelearning）对平台的要求，我们不得不放弃了这种尝试。本章详细讨论了关于登录代码自动分配、报告生成和实时同步的问题。本章突出了两种系统的区别因素，一个是测评与教学资源的局部系统的维护和管理，另一个是在全球范围内维护和管理这样一个系统需要考虑的问题。

○ 概论与设计原理

技术的进步、互联网日益增长的使用率和万维网的普及对教育产生了重大影响。如今，计算机和其他电子设备的使用在教育评估的设计、传送和授权方面发挥着重要作用。于是，使用基于网络和封闭式计算机的平台来施测评估成了常见的做法。但许多系统只限于施测传统的评估方法，如多项选择题、“填空”等。而使用实时传送媒介则具有远程接入（基于网络）、自动评分、即时反馈、数据存储方便等优点。虽然这些系统加速了对学生反应打分和分析的进程，但较之传统的纸笔测验，它们并没有什么心理测量学上的优势，因为我们没有用它们来收集能连接评估与学生认知过程或决策行为的相关数据。

虽然基于计算机的评估还处于相对起步阶段，但我们可以用它来捕捉学生表现的丰富信息。与传统的测试题不同，基于计算机的评估能够捕获、记录、存储、处理和评定数据，以揭示学生解答过程。通过这种评估得到的过程数据要比传统的数据更为丰富，因为它们能描述学生与一个任务互动的类型、顺序和数量（Bennett et al. 2003；Greiff et al. 2012）。这种形式的数据基本上是通过捕捉过程中离散的鼠标和键盘活动来收集的，亚当斯等人（2015；第6章）对这一过程有更详细的论述。对这类评估的技术要求主要是为捕捉、存储和处理带有时间戳的点击活动而设。有多种形式的客户端和服务器配置可实现这一目的。下一节将介绍ATC21S项目中用于施测协作式问题解决任务的关键技术。关于LDN-ICT任务的施测技术将在后文介绍。

○ CPS任务的施测

目前，ATC21S项目的协作式问题解决（CPS）任务建立的基础是佐内提（2010）为单用户施测开发的一组基于计算机的问题解决评估任务。把单用户任务转换为具有差异的屏幕视图和实时协作工具的双用户任务，有助于测试协作式问题解决技能的能力（详见Care et al.，第4章）。

CPS评估任务由墨尔本大学评估研究中心的在线评估系统ARCOTS（Assessment Research Centre Online Testing System）进行施测。对学生的认证过程控制了用户对任务的访问权。由于施测是线上的，所以学生可以在自己方便的时候，通过任何安装了相对新的Flash Player插件的浏览器进入任务。

基于推理的CPS任务的图形部分是用Adobe CS5设计，并用ActionScript 3进行编程的。Flash的使用限制了可用设备的范围，比如iOS系统的平板电脑就不行。选择SmartFoxServer 2X[①]的套接字服务器技术，使客户端能够共享交流与对象操作的数据。之所以选择SmartFoxServer 2X服务器而非其他，是因为它设计了免费的社区版本用以支持开发者。因此，库（libraries）里所有的包（packa-

① SmartFoxServer是用Adobe Flash/Flex/Air，HTML5，Android，Unity3D，Apple iOS，Java等软件创建多用户应用程序、社区和游戏的中间件。2X是其社区版本。

ges）都被纳入了开发环境，以便在开发这些任务时可以随时使用。为了支持任务中有些动画的设计，移动渐变工具也用上了。根据 ATC21S 项目的要求，这些任务最初以四种语言施测：英语、西班牙语、芬兰语和荷兰语。Flash IDE 的 XML 字符串面板用于在每个任务中嵌入由客户端操作系统决定的合适语言。任务会自动检测用户的网页浏览器和 IP 地址的语言设置，并且如果该语言是由系统支持的，那么所有的评估任务都会以相应的语言来显示；否则所有内容都会默认显示为一种通用语言，这里通用语言设置为“英语”。

服务器组件包括 LAMP 堆栈（Linux, Apache HTTP Server, MySQL 和 Perl/PHP/Python），它作为多用户体系结构的一部分，在远程主机服务器上运行。安装 SmartFoxServer 2X 是为了通过服务器在客户端之间提供一个开放式的连接。这种套接字应用程序的使用之所以变得至关重要，是因为虽然单用户体系结构或许可以支持回合式游戏，但对双用户交互活动的实时（或最小延迟）更新的任务设计来说，这种体系有局限性。为了使一些评估任务的逻辑更完整，并且能够处理客户端与 MySQL 数据库之间通讯的双向数据流，项目开发了许多自定义的 Java 包，并将其纳入平台。经过配置的数据库——设计为关联结构，和应用程序包能够支持各种目标语言，并且能够在客户终端输出合成的任务视图。

每个基于课程内容的 CPS 任务都是作为一个嵌入在自定义 PHP 页面的 Adobe SWF Flash 10 的对象来实施，并且从同一个基于 Linux 的虚拟主机服务器上施测。客户端浏览器中的 swf 与一个 Flash 媒体服务器连接，以实现协作用户之间共享对象的交流与同步。网页服务器还提供了一个 AMF 网关（一个用以处理服务器端调用命令的基于 PHP 的开放源码包），用以允许用户从客户端登录协作式任务。使用 ActionScript 3 编写的任务要素需要 Flash 媒体互动服务器（Flash Media Interactive Server[①]，FMIS）上的远程共享对象。FMIS 对支持协作用户之间共享对象的交流和同步是必不可少的，而且对基于 swf 的客户端而言，FMIS 被认为是连续播送媒体和实现共享对象同步的标准选择。在这种情况下，语言检测便依赖于浏览器的请求头向服务器发送的语言信息。

最初的系统最终得以扩展，包含了由第三方设计的 Flash 评估任务，使用了 FMIS 作为套接字服务器技术。于是，一个 FMIS 的实例作为服务器也连接在了

---

① Flash Media Interactive Server 来自 Adobe Media Server 系列，支持多种设备上的多用户媒体和游戏的传送，并具有广泛的部署选项。

Linux 操作系统上。该系统整合了已建立的 ARCOTS 平台，如此，认证、评分和报告模块在所有的评估环境中就都是共通的了。虽然它尚未符合 IMS QTI[①] 的标准，也因此未能最好地合作，但该平台内置了一些模块化功能，可以帮助确保容纳其他形式 1 的评估任务。聊天消息界面也嵌入了每个目标语言的合适字体。

评估任务的创建方式类似于在线的多用户游戏体系结构（见图 5.1）。协作环境也遵循了一些让用户进入任务的基本步骤。如前文所述，进入任务由认证过程控制，且仅限于参与国。因此，学生可以使用有效的凭证（唯一的学生 ID 和共享团队代码，以便在任务中分配协作者）登录系统。登录成功后，学生进入一个虚拟房间，就像游戏环境中的“大厅”，“大厅”里有一组 CPS 任务可供学生选择。学生选择好了要尝试的任务以后，就要进一步选择自己的角色，不同角色在互动时的任务视图是不同的（学生并不知道）。一旦学生点击用户图标（可移动图标）选择了他们的角色，一个动态的虚拟房间就形成了，该房间的创建是基于预定义的规则（唯一任务标识符、共享密钥和其他变体的组合）。进入房间后，学生被告知房间正在等待预先分配的搭档加入。如果学生是配对中第二个去点击用户图标的，那么该学生将进入由第一个学生创建的虚拟房间，任务内容将自动呈现给两个学生，他们具有不同的视图和资源。在任务期间，学生可以在他们自己“房间”或问题空间内进行协作或操作。完成任务后，学生就重新回到任务列表界面，或者进入自我评估或同伴评估页面。

整个过程通过共享任务实现了用户跨越，并同时收集了他们协作行为的反应信息。数据库详细记录了学生的反应，包括学生引起屏幕上任务发生改变（按钮，文本输入等）的操作和不会引发任何改变的操作（例如，点击没有用的按钮）。简而言之，无论学生某一操作的效果如何，他的任何点击或活动都会被捕捉，因为没有价值的、无效的和犹豫不决的行为可能会在后续的分析中被证明是更有价值的信息。使用 PHP 和 Java 定义了类文件，以记录学生的此类反应，并追踪他们是如何与系统进行交互的。

该系统的设计还能应对由于互联网连接故障或其他技术问题导致的意外中

---

① IMS 问题和测试交互操作性（QTI）规范定义了用于表示评估内容和结果的标准格式，支持在创作和传送系统、存储库和其他学习管理系统之间交换此材料。它允许评估材料在多个系统上交替编写和传送。因此，旨在促进系统之间的相互操作性。

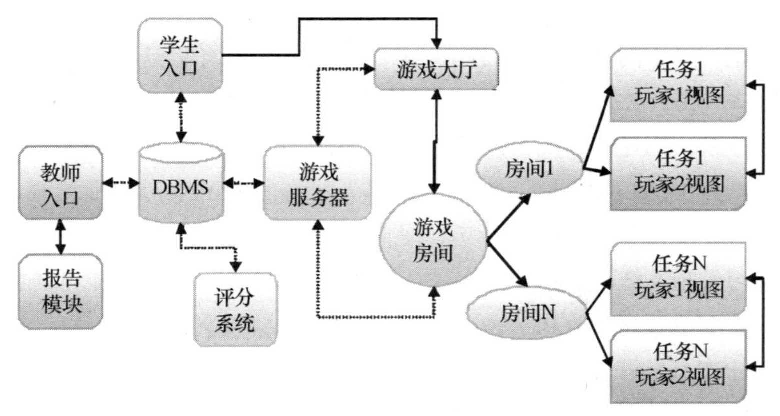

图 5.1　平台示意图

断——在这种情况下，该系统可使学生接着先前的操作重新进入任务。在一个协作任务中，如果某对学生中的一个遇到了技术问题并关闭了窗口（或在浏览器上点击了刷新/返回按钮），系统可使他们从共享的最后一个页面的初始状态重新进入该任务。返回同一个任务时，第一个返回的学生会看到角色选择页面，角色还是之前选择的角色，而且他们都会自动返回到上一次协作的页面。在任何时候，只要其中一个人的任务停止了，另一个人也无法继续新的页面：只有当两个人都确认了下一页的请求时，他们才能进入新的页面。此外，如果一方掉线，系统还会给另一方发送搭档掉线的通知。如果有人关闭或刷新了他的浏览器窗口，那么系统将会检测到此活动，并且——只要网络连接良好，系统就会通知他的搭档。因为任务是协作的，所以如果没有了对应的搭档，任务就无法继续。

考虑到 ATC21S 项目中的任务数量可能会激增，这样的话，用 ActionScript 3 和 Java，让客户端和服务器端的类文件或包可重复使用就成为重要目标，因为它们可以实现高效的扩展。这些类文件管理着现有任务中的共同过程，包括学生登录验证、实时聊天消息、数据存储至数据库、实时共享任务对象的信息以及游戏逻辑的其他方面。

○ LDN-ICT 任务的施测

加州大学（伯克利）教育评估研究中心的形成性评估施测系统（Formative

Assessment Delivery System, FADS）开发并施测了一组 LDN-ICT 任务（它与 CPS 任务的理论背景不同）。像 CPS 任务一样，LDN-ICT 任务也是在线施测的，只不过是通过 FADS 为 ATC21S 项目的参与国提供了适当的认证协议。FADS 坚持使用一种基于模型的评估系统，该系统有合理的应用程序界面（API），并且符合 SCORM[①]和 IMS QTI 的标准。SCORM 是基于网络的电子学习标准与规范集成。它定义了客户端内容与一个名为运行时间环境的主机系统之间的通信——通常由一个学习管理系统来支持。SCORM 还定义了如何将内容打包成可转换的 ZIP 文件，即“包交换格式（Package Interchange Format）”。

LDN-ICT 任务是在 ActionScript 3 中使用 Adobe Flash 进行设计和开发。所有这些在 FADS 中创建的 Flash 任务都与 Flash 的中介对象——“集成器”进行通信，该对象会将所需的请求转发到后端数据库体系结构。集成器由名为“integratorUrl”的动画参数定义。参数值包含了执行集成器的 swf 文件的 URL（例如 http://berkeley.edu/somedirectory/integrator.swf）。

所有 LDN-ICT 任务都被设置为 Adobe Flash 的 swf 对象，并有 XML 配置（可扩展标记语言）用于补偿和评分的目的。XML 需要由后端存储，并通过集成器传送给 Flash 任务。在有 FADS 集成器的情况下，这种通信是加密的，以避免答案泄漏，但这不是绝对要求。

这组 LDN-ICT 任务仅以英语和西班牙语传送，施测给使用这些语言的各国的任务在内容设计上略有不同。内容的语言不依赖于浏览器的语言检测，而只依赖于在任务中由用户自己选择的语言。这些形式的评估任务缺少聊天消息界面，但 FADS 使用了其他形式的标准 Web 应用程序来实现协作小组之间的通信与共享，如谷歌文档、启发网教室（Webspiration Classroom）、微软儿童游戏开发工具（Kodu GameLab）和其他类似的程序。此外，这些任务需要使用外部站点并嵌入所需资源。与 CPS 任务不同，这些评估任务需要在两到四名协作者之间进行。

大多数任务都设计成可以让学生重复访问，以便学生能够回顾和更改他们之前的结果。每个任务在加载的时候都会生成一个 XML 请求，检索任何先前的结果，以及用集成器定义的功能（如“接收我的结果”）来检索过

① 可分享内容对象参考模型（SCORM）是一份由美国国防部长办公室提供的高级分布式学习（ADL）计划的详细说明。

去的结果并将该请求提交到主机环境。当集成器接收到结果时，它会发出一个诸如“收到结果”的信号，然后该任务就会通过调用集成器的功能（例如：接收我之前的结果 XML）来回应，传送 XML 回应。其中有一些任务要将一个学生的结果纳入其他任务。在这些情况下，这些任务就会调用另一个集成器功能（例如：接收之前的结果）来检索该学生的相关结果。这项功能还能处理由互联网连接故障或其他技术问题引起的协作任务的意外中断。

许多 LDN-ICT 任务依赖于存储在主机中的学生的特定信息，例如学生的年龄，团队分配，或登录凭据，以更改显示的内容和外部网站访问的可用性。任务会生成一段 XML 以请求信息，并用集成器的功能如“获得人口统计学资料”来检索学生的档案和相关的人口学统计信息，并将该请求提交给主机。当集成器收到信息时，它会发出一个类似“人口统计学资料收到”的信号，然后任务就会通过调用集成器的功能，如“接收我的人口统计学资料 XML”进行回应，传送类似的包含请求信息的 XML 片段。

为了能在一个协作的环境中获得 LDN-ICT 任务的访问权，评估系统遵循了一个与 CPS 任务类似的多用户架构。同样，与 CPS 任务的情况一样，访问由于认证协议而受到限制。同一个团队的学生在其各自的浏览器中呈现的虽是并行的视图和资源，但他们可以按照自己的速度在任务空间里前进，而不会限制于与同伴的协作。学生可以根据自己的时间把任务完成，而不需要等待他们的协作伙伴。他们只有在使用共享的协作空间时，才会意识到同伴的存在。这些任务旨在捕捉任务环境和外部资源中的学生反应或操作，无论这反应和操作是不是共享的。反应或操作主要包括多种形式的用户输入（文本，图形，多媒体等），并且既通过内部，也通过外部提供的资源来检索信息。因此，任务空间内的任何此类活动都会被捕捉，并以内容传送机制定义的适合格式反馈到 FADS 数据库的后台。同样，由于使用 Flash，可用设备的范围受到限制（例如，PC 可用，但苹果 iPad 不行），而且这些任务对外部资源和应用程序的依赖性，进一步限制了那些资源的可用性。

整合的协作式评估平台的经验

本节将重点介绍早期评估平台中出现的一些问题，并就技术的设计选择提出一些建议，以供今后实施参考。如前几节所述，为施测 ATC21S 项目的各种评估，多个平台同时存在。多平台的不同技术要求，使向大量学生施测 ATC21S 评估示例（CPS 和 LDN-ICT 任务）变得困难。我们已意识到，现有的技术需与新兴的技术相结合，以引入和统一多入口、学生反应的自动评分算法和教师反馈机制；许多这样的问题在早期版本的施测平台中被忽视了。像这样一种集成系统，考虑的主要因素应包括大量用户的同时访问、协作用户和使用设备分散的位置、多语言能力内容管理系统，以及用户尝试提供实时反馈的结果。这种反馈机制的目的类似评估与学习的合作伙伴项目（Assessment and Learning Partnerships project, Griffin 2000）的一部分，它使教师能随着时间的推移监测学生的进步，并将这些进步与成功的教学策略联系起来。

虽然评估的云技术相对较新，但其他电子商务（如易趣、亚马逊等）已经将它们的开发成果转化为了商业服务。云技术可以用作交互式任务施测的替代媒介，以解决早期 Flash 任务或技术可能导致的一些问题。开放标准，特别是 W3C 标准，可以轻松地附在这些技术上，使其成为一种高性价比的部署方案。此外，这些技术提供了多种模式和实践，可以允许设计任何系统，以确保支持大量用户。由于这些协作式评估任务的交互性，这种技术可以产生的数据量要比传统在线测试题能产生的数据量多 10~40 倍，而且还是互动数据。

正如前文所讨论的，该项目的一个关键标准是开发交互式的评估任务。这些任务使用同步通信为协作过程提供支持。在创建这样的应用程序方面，HTML5 比 Flash 有更大的发展空间。与 Flash 不同，所有设备（如苹果 iPad）都支持 HTML5，并且不受使用附加服务器软件许可限制的制约。它可以容纳成千上万的用户之间的同步通信，因此达到了大多数项目要求的规模。这一选择很可能使以后在学校实施项目时更易于获得经费上的支持。

基于这些最新技术的系统，将为所有浏览器和平台的用户提供一致的体验。这些设计选择的一个缺点是，两年以上旧版本的浏览器不能完全支持 HTML5 标准。然而，虽然有些学校可能仍在使用旧版的浏览器，但免费的最新版确实有助于缓解此问题，我们希望所有学校在未来几年内都能升级到现有的 HTML5 浏览器。

○ 启示与未来

复杂的交互式评估任务的开发工作面临着逻辑和教学方面的挑战，不仅是对于开发人员，而且对潜在的技术用户也是如此。学校——这种评估使用的目标场所——通常在获得最先进技术的渠道方面受到限制，包括软件、硬件、互联网接入和带宽。现有技术与学生访问之间的差距在农村地区和其他技术不丰富的地方更为严重。由于人们已经意识到传授 21 世纪技能的重要性，因此这类评估的需求将会不断增加，而且在未来，学校可能会有更好的设备来满足学生的需求。

与设计个体问题解决任务不一样，要设计需要协作完成的、挑战性的、合理的任务很不容易。然而，随着新技术和标准的升级，我们可以期待，符合上述功能的新的协作任务将被构思和创造出来。未来的计划需要包括一系列新的协作工具的开发，这些工具要能够符合收集学生协作式问题解决过程中突出信息的特征。随着越来越多的新学校和国家开始接受 ATC21S 系统，未来可能需要整合更多的功能，再开发一些新的情境。到目前为止，许多想法与概念也在不断完善。随着研究需求和机会的迅速发展，探索和扩展该系统的更大需求有待挖掘。

参考文献

Adams, R., Vista, A., Scoular, C., Awwal, N., Griffin, P., & Care, E. (2015). Automatic coding procedures for collaborative problem solving. In P. Griffin & E. Care (Eds.), *Assessment and teaching of 21st century skills: Methods and approach* (pp. 115–132). Dordrecht: Springer.

Bennett, R. E., Jenkins, F., Persky, H., & Weiss, A. (2003). Assessing complex problem solving performances. *Assessment in Education*, 10(3), 347–359.

Care, E., Griffin, P., Scoular, C., Awwal, N., & Zoanetti, N. (2015). Collaborative problem solving tasks. In P. Griffin & E. Care (Eds.), *Assessment and teaching of 21st century skills: Methods and approach* (pp. 85–104). Dordrecht: Springer.

Greiff, S., Wustenberg, S., & Funke, J. (2012). Dynamic problem solving: A new assessment perspective. *Applied Psychological Measurement*, 36(3), 189–213.

Griffin, P. (2000). *The profiles in practice: School reporting software*. Portsmouth: Heinemann.

Zoanetti, N. (2010). Interactive computer based assessment tasks: How problem-solving process data can inform instruction. *Australasian Journal of Educational Technology* 2010, 26(5), 585–606.

第6章

协作式问题解决的自动编码程序

雷蒙德·亚当斯，阿尔文·维斯塔，克莱尔·斯库拉，
纳菲莎·阿瓦尔，帕特里克·格里芬，埃斯特·凯尔

【摘要】

本章考察了定义一个评分过程所遵循的程序，以便教师能够在课堂上使用每个学生的结果报告。该过程开始于识别与技能框架中的要素相匹配的任务特征，随后生成收集这些要素数据点的简单规则。数据点是从学生参与评估任务所产生的日志文件中提取出来的，包括每个学生的每一事件、聊天和行动的记录。本章包括各种案例，展示整体与局部（特定任务）指标的定义和生成过程，如何对指标进行编码、评分和解释。

本章描述了学生参与协作式问题解决时，数据的编码与评分。生成的数据可以在过程流数据文件中获得。这些数据的模式被编码为概念框架中的要素的指标，概念框架详见海塞等学者的文章（第2章）。指标的相对复杂性也被用于评分过程。随后，赋分数据用于对任务进行标定。标定是解释的基础，用于生成给学生和教师的报告。图6.1总结了从任务开发到生成基于发展性框架的学生能力报告的整个过程。

○ 现有的自动评分方法

目前关于协作式问题解决评分方法的研究很少，因此我们的项目关注并改进了现有的问题解决评分过程。文献表明，目前的评分过程主要使用二值的成功-失败计分系统，虽然它可以记录问题是否得到解决，但忽视了所涉及的认知

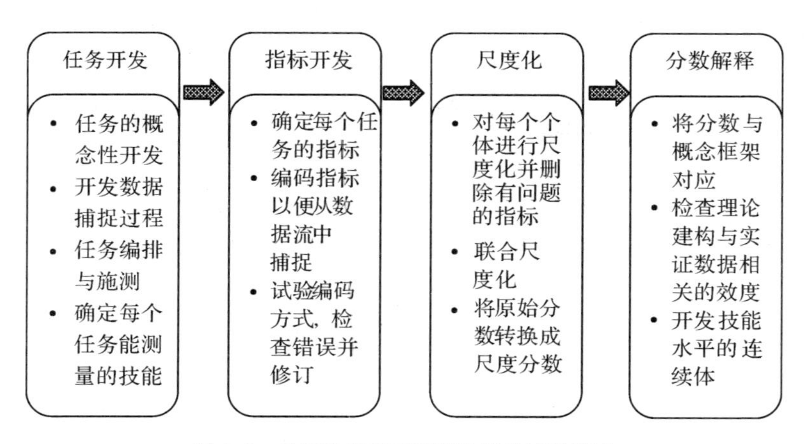

图 6.1　从开发任务到解读分数的过程概述

过程是如何进行的（Greiff et al. 2012）。这类系统易于实施，适用于旨在利用具体问题解决技能的任务。例如，对于必须使用演绎推理的任务而言，可以用二值计分来评分。这种用二值计分的例子可以在格雷夫等人（2012）的项目中看到。他们确定了表征动态问题解决（DPS）的三种测量指标：模型构建（model building），预测（forecasting）和信息提取（information retrieval）。这三种测量指标中的每一项都在 11 个 DPS 任务中被计分，根据学生在任务中是成功还是失败来给他一个表示错误（0）或正确（1）的分数。相比之下，ATC21S 项目所关注的不仅是确定学生是否成功地解决了问题，还关注学生是如何解决问题的。当传统测验设计中的假设认为解决问题是唯一的标准时，这里的关注点则在于问题解决的过程和质量。这里需要在不同的问题解决评分方法之间做出一些区分，即简单问题解决任务，用一个二值计分过程；动态问题解决，用一系列二值计分；复杂问题解决，用等级性评分标准和分部得分法计分。

人们很久以前就已经认识到问题解决（PS）过程层面的重要性了（Polya 1945，1957；Schoenfeld 1985）。ATC21S 项目所提的框架概述了社会性技能（参与、观点采择、社交调节）和认知技能（任务调节和知识建构）所代表的协作式问题解决（CPS）的五个部分，在这五个部分中，我们划分出三个能力层级和 19 个具体要素来对学生进行评估。我们开发了一组评估任务，每个任务都要用到不同的和交叠的技能，为教师在解读学生的 CPS 子技能时提供足够的信息，这样就能为每个学生生成表现档案，最终实现形成性教学的目的。为了提供这种解释性的反馈，我们需要开发一个稳健的自动评分系统，突出在 CPS 中所发生的程序性和发展性的思维过程。

○ 过程数据流（Process Data Steam）的设计——捕捉与识别数据

许多最近的基于计算机的 PS 任务已经能够评估和记录问题解决者与任务环境之间的详细互动，从而以不显眼的方式捕捉了明显的问题解决过程（Zoanetti 2010；Bennett et al. 2003）。他们所记录的输入可以与认知技能水平和学生的发展相关联，并用于评价问题解决者完成任务的过程和效率（Pelligrino et al. 2001；Williamson et al. 2006）。在现有的 CPS 框架内，我们可以对学生的行动和聊天，以及它们出现的位置进行评分。

为了记录学生可描述的、有目的的行动，CPS 评估任务的设计能捕捉两个问题解决者之间以及单个问题解决者与任务之间的详细互动。在基于评估的计算机任务背景下，有关学生-任务互动类型的自动记录所形成的文件被称为“会话日志文件”，包含名为“过程流数据”的不固定格式数据。日志文件以带文本分隔符的不固定格式文本文件的形式存储，或存储在数据库体系结构里。在这种情况下，MySQL 数据库结构被用来记录与任务环境互动的情况，从而以无干扰的方式描述了相关的解决过程（Bennett et al. 2003）。

在这些评估任务的背景下，过程流数据描述了不同的键盘和鼠标操作活动，比如打字、点击、拖动、光标移动、悬停时间、动作序列等等。在数据库中，每个离散的动作都记录了相应的时间戳。时间戳是指系统将事件记录到日志文件中并反映或接近事件本身的时间。为了确保所获取的数据可以以连贯一致的格式呈现，事件序列编号以一致的方式应用，这样就可以相对容易地比较两个不同的记录并随时间追踪进度。以这种方式，时间戳便可使我们对行动序列和不活动的情况进行详细的分析。这确保了数据的存储更加透明，以及数据处理事件的有序记录。带时间戳的数据形式有多种名称，如“日志文件数据”（Arroyo and Woolf 2005）、“离散行动过程”（Fu 2001）、“点击流数据”（Chung et al. 2002）和“过程数据”（Zoanetti 2010）。根据我们的目的，我们使用“过程流”这一术语。

每个任务都有多种可能发生的事件，它们可以分为两种类型：常见事件和特殊事件。顾名思义，“常见”区分出了过程流事件的普遍本质，并能应用于所有的协作式评估任务。这些事件的例子可以在表 6.1 中看到，包括任务开始和结束的标志、用户操作的系统确认信息、用于多页面评估任务的导航系统信息、用于与搭档通信交流的自由形式的聊天信息或其变形。

表 6.1　从过程流数据中定义的常见事件示例

事件类型	过程流数据格式	捕捉的数据说明
任务开始	学生**学生_*id*** 已经开始任务**任务_*id***	记录任务的开始，有学生和任务的独特标识
任务结束	学生**学生_*id*** 已经完成任务**任务_*id***	记录任务的结束，有学生和任务的独特标识
聊天文本	消息："聊天窗口中自由格式的消息"	捕捉学生与搭档的聊天内容
准备前进	请求移至页面：**页面_*id***	表明学生是否准备前进，并记录他们在多页面任务中的行进位置
其他点击	屏幕 x 坐标：*x*_坐标；屏幕 y 坐标：*y*_坐标	如果学生点击了问题领域外的任何位置，则捕捉任务屏幕的坐标

在评估任务中，过程流数据内的特殊事件是不常见的。它们因任务而不同，由任务所引发的行为或互动性质而决定。用事件类型对这些数据进行定义，以匹配只在特定交互式问题空间中出现的特定要求。图 6.2 展示了搞笑小丑任务，其中这类事件的例子将呈现在表 6.2 中（关于这个任务的详细解释见 Care et al. 第 4 章）。

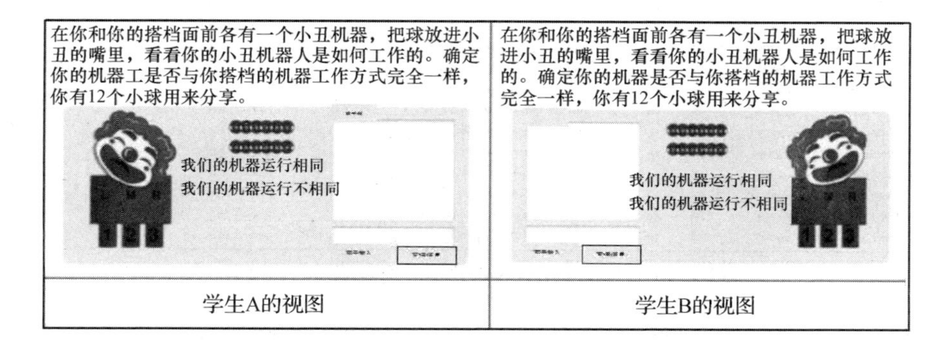

图 6.2　搞笑小丑任务的屏幕截图

表 6.2　过程流数据中搞笑小丑任务所定义的特殊事件示例

事件类型	过程流数据格式	捕捉的数据说明
开始拖动	开始拖动：小球_*id*；拖动开始时小球的 x，y 坐标	记录被学生拖动的小球标识及其坐标
停止拖动	结束拖动：小球_*id*；拖动结束时小球的 x，y 坐标	记录被学生拖动的小球标识及拖动停止时的坐标
投入轨道	投入轨道位置 ID：小球_*id*；小球投入时的 x，y 坐标	当学生投下小球时，记录小球的标识、坐标及小丑脑袋上的值
复选框	选择值：选项_值	如果学生对机器工作方式一致给出同意或不同意的选择，就捕捉数据

不同类型的过程和点击流数据的累积共同形成过程数据流。它通常累积并存储在被称为会话日志的文件中。搞笑小丑任务的会话日志摘录如图 6.3 所示，它代表了一个团队（两名学生）在进行任务时发生的事件。过程流数据的常见和特殊事件类型都能够以字符串的格式被捕捉，如表 6.1 和表 6.2 所示。过程流字符串数据以单行形式被记录在 MySQL 数据库中，并利用时间戳和适当的索引，通过相应的学生标识、任务标识、页面标识，以及协作式任务中学生的角色分配来进行标记。

record	actor_pid	team_id	task_id	page	player_id	event	data	timestamp
127988	student0951	sng0076	103	1	A	start	Task started is 103	26/09/11 16:28
127989	student0952	sng0076	103	1	B	start	Task started is 103	26/09/11 16:28
127995	student0951	sng0076	103	1	A	action	startDrag:ball1:410:35	26/09/11 16:29
127996	student0951	sng0076	103	1	A	action	stopDrag:ball1:188:129	26/09/11 16:29
127997	student0951	sng0076	103	1	A	action	dropShuteR:ball1:188:129	26/09/11 16:29
128001	student0952	sng0076	103	1	B	chat	You put where ?	26/09/11 16:29
128015	student0951	sng0076	103	1	A	chat	I put on r	26/09/11 16:29
128017	student0951	sng0076	103	1	A	chat	landed on 1	26/09/11 16:29
128019	student0952	sng0076	103	1	B	action	startDrag:ball7:410:85	26/09/11 16:29
128021	student0951	sng0076	103	1	A	action	startDrag:ball10:485:85	26/09/11 16:29
128034	student0952	sng0076	103	1	B	action	stopDrag:ball7:752:133	26/09/11 16:29
128035	student0952	sng0076	103	1	B	action	dropShuteM:ball7:752:133	26/09/11 16:29
128038	student0951	sng0076	103	1	A	action	startDrag:ball9:460:85	26/09/11 16:29
128039	student0951	sng0076	103	1	A	action	stopDrag:ball9:102:132	26/09/11 16:29
128041	student0951	sng0076	103	1	A	action	dropShuteL:ball9:102:132	26/09/11 16:29
128048	student0951	sng0076	103	1	A	chat	all of it land on 1	26/09/11 16:29
128049	student0952	sng0076	103	1	B	chat	I never see where it landed	26/09/11 16:29
128053	student0952	sng0076	103	1	B	action	startDrag:ball8:435:85	26/09/11 16:29

Events
Checkbox
startdrag
stopdrag
dropshute
chat
start/end

图 6.3　摘自搞笑小丑任务中的一个过程流日志文件

为了促进协作，我们在协作任务中设计了聊天窗口工具（详见 Care et al. 2015）作为各个协作者之间通信交流的消息界面。这能够使学生探索和了解彼此所拥有的资源，并互相分享或报告信息。聊天窗口工具能够将学生之间交流的文本以字符串数据的格式捕捉下来。所有由用户和系统生成的聊天消息都会出现在此工具中，且都带有相应的时间戳。

○ 定义指标

我们对每个任务进行了检查，以便用算法捕捉可识别的认知和社会性技能的指标行为。这些技能通过过程流中的行动、聊天或其组合来确定。在过程流数据中观察到的行为被海塞等人（2015）用作定义认知和社会性技能的指标。然后，这些指示性的行为被编码成基于规则的指标，这些指标可以通过类似佐内提（2010）所述的自动算法过程从任务过程流中提取。佐内提展示了过程数据（如行动次数）可以如何被解释为行为变量（如避免错误或从错误中学习）的指标（详见 Zoanetti 2010，表 3）。例如，在搞笑小丑任务中，“投入轨道”（把球放入小丑的嘴里）这一动作的数量可以表明学生在多大程度上能管理他们的资源（小球）。

○ 编码

编过码的指标是评分过程中数据的主要来源。指标分为两大类：仅在特定任务中发生的指标和在所有任务中都可以观察到的指标。可以在所有任务中捕捉的指标被标记为“全局指标（global）”，包括总的响应时长、对搭档问题的响应时长、行动次数和其他任何任务中可观察到的行为。具体特定任务的指标被标记为“局部指标（local）”，有两种类型：直接的和推断的。直接指标指那些可以被清楚识别的，如学生的一个特定的行为表现。推断指标与数据中的那些行动/聊天的序列有关。指标的模式被用来推断行为的存在，用于指代概念框架中的要素（详见 Hesse et al.，第 2 章）。这些指标在强度或模式上存在差异，提供了说明指标行为的相对复杂性的额外信息。

每个指标都是用唯一的 ID 代码进行编码，以 ID 代码“U2L004A”为例，其中“U2”代表搞笑小丑任务，“L”代表它是该任务特有的“局部”指标（“G”代表它是可以应用于所有任务的“全局”指标），“004”是该指标的特定数字代码（为引用提供了便利），是按照每个任务中的指标顺序排列的（在这里，004 是为任务创建的第四个指标），“A”表示该指标适用于学生 A。

为了捕捉所需要的数据，一旦指标被确定了下来，就要通过编程算法在过程流中进行定义。每个评分算法将过程流数据（由不同任务中参与者的活动产生）作为输入，并产生由对应指标所定义的输出，例如，想在任务内捕捉互动的数量，该算法就会去计算过程流中“聊天”发生的频率。该指标的输出表示聊天频率的数值，表6.3中概述了一些算法的例子。表中的第一列是指标名称，第二列是每个指标评分规则的细节，第三列和第四列分别阐述了算法及其输出。

表6.3 对应指标的算法示例

指标名称	详述	算法	输出
U2L004A	系统的方法。所有位置都覆盖了	步骤1：捕捉所有小球下落的事件，记为“投入轨道”，以及它们相应的位置，如投入点L、投入点R、投入点M。	计算值
U2L004B	评分规则：临界值	步骤2：计算记录在“投入轨道”下的所有动作发生的次数及它们在日志中的特定位置。	
	任务名称：搞笑小丑	步骤3：每出现一个或多个以投入点L、投入点R或投入点M为形式的“投入轨道”，该指标得分加1。	
		步骤4：如果日志中的特定投入轨道（投入点L、投入点R和投入点M）总数小于3，那么该指标赋值-1，意为缺失数据。	
Global001A	采取第一个行动的可接受的时间（考虑阅读的量与难度）	步骤1：找到学生加入一个协作会话的开始时间。	时间
Global001B	在第一个动作之前花费在任务上的时间（秒）（解释为阅读时间）	步骤2：找到第一个动作的上一个记录。	
	评分规则：临界时间	步骤3：找到上一个记录时间（从步骤2）。	
		步骤4：计算时间差（从步骤1到步骤3），代表第一个动作开始之前的时间。	

续表

指标名称	详述	算法	输出
Global005A	交互式聊天组块：在没有干预的情况下，计算聊天组块（A，B）的数量。来自同一玩家的连续聊天视为一个（如 A， B， A， B = 2 个聊天组块； A， B， A， B， A， B = 3 个聊天组块； AA， B， A， BB=2 个聊天组块）	步骤 1：在没有任何来自 A 或 B 的干预活动下，找到 A、 B 学生的所有连续聊天。将来自一个学生的两个或多个连续聊天视为一个聊天。	计算值
Global005B	评分规则：临界数值	步骤 2：找到一个聊天组块，该指标得分加 1。	

teamid	student1D	W8L101A	W8L102A	W8L110A	W8L313A	W8L314A	W8L315A	W8L320A	W8L213A	W8L211A
aus1141	student1281	1	0	0	1	1	0	4	1	1
aus1151	student1301	0	0	0	1	0	1	3	1	0
aus1152	student1303	1	0	0	1	1	0	31	1	0
aus1162	student1323	0	0	0	1	0	0	1	1	0
aus1288	student1575	1	0	0	1	1	0	13	1	1
aus1292	student1583	1	0	0	1	1	1	0	1	1
aus5001	student5001	1	2	0	1	1	0	4	1	1
aus5008	student5015	1	3	1	1	1	0	2	1	1
aus5092	student5183	1	2	1	1	1	0	0	1	1
aus5104	student5207	0	0	0	1	0	1	0	1	1
aus5106	student5211	0	0	0	1	0	1	0	1	1
aus5183	student5365	1	5	1	1	1	1	7	1	1
aus5189	student5377	0	0	0	1	0	1	16	1	1
aus5191	student5381	0	0	0	1	1	1	12	1	1
sug3008	sngstud3015	1	0	0	1	1	0	4	1	1
sug3012	sngstud3023	0	0	0	1	0	0	2	1	1
sug3120	sngstud3239	1	0	0	1	1	0	8	1	1
sug3122	sngstud3243	1	7	1	1	0	1	7	1	1
sug3124	sngstud3247	1	0	0	1	0	1	1	1	1
sug3127	sngstud3253	1	6	0	1	1	1	0	1	1
sug3202	sngstud3403	1	0	1	1	0	0	6	1	1
sug3203	sngstud3405	1	0	0	1	1	0	2	1	1
sug3210	sngstud3419	1	2	0	1	1	0	11	1	1
sug3307	sngstud3613	1	4	1	1	1	0	22	1	1
sug3312	sngstud3623	1	8	1	1	1	1	9	1	1
sug3313	sngstud3625	1	1	0	1	0	1	9	1	1
sug3359	sngstud3717	1	2	1	1	1	1	10	1	1
sug3365	sngstud3729	1	0	1	1	1	1	15	1	1
sug3450	sngstud3899	1	0	0	1	1	0	13	1	1
sug3452	sngstud3903	1	0	0	1	0	0	3	1	0
sug3458	sngstud3915	1	1	0	1	1	1	24	1	1
sug3468	sngstud3935	1	3	1	1	1	0	9	1	1
sug3476	sngstud3951	0	0	0	1	0	0	18	1	1
sug3480	sngstud3959	1	0	0	1	0	0	3	1	1

图 6.4　摘自数据编码文件

基于算法的每个指标的输出都保存在“编码文件”中，编码文件展示了与算法相关的输出值。例如，如果指标用于观察一个行动的次数，那么它的原始数值将出现在此文件中。在图 6.4 中用灰底突出显示的指标还是原始的计数(或频数)。这些指标之后会被转换成一个二值分数或分部得分。

○ 匹配

一个指标匹配概念框架中的一个要素（概述见 Hesse et al. 2015；第 2 章），包括五个方面——三个社会性方面和两个认知方面。此匹配过程的主要目的是识别潜在技能。为了减少匹配过程中的判断错误，将由不同的小组来进行多次匹配，这是一个迭代的过程。几个研究小组审查指标并将其匹配到概念框架上。每个任务中的每一组指标都重复这一过程，直到达成稳定的分配结果。当对要素指标分配的变化和修改降到最低时，要素匹配即被认为达到了稳定状态，解释过程进入到下一步。作为示例，指标 U2L004A 记录了学生是否用小球覆盖了所有的位置，这将通过学生 A 在过程流中是否有三次“投入轨道”的动作来评估——每一次的投入位置分别是 L（左）、M（中）、R（右）。该指标对应框架中的系统性，表明学生通过一系列具有策略性的行为来探索了任务。会话记录中有关如何捕捉这部分内容的摘录如图 6.5 所示。

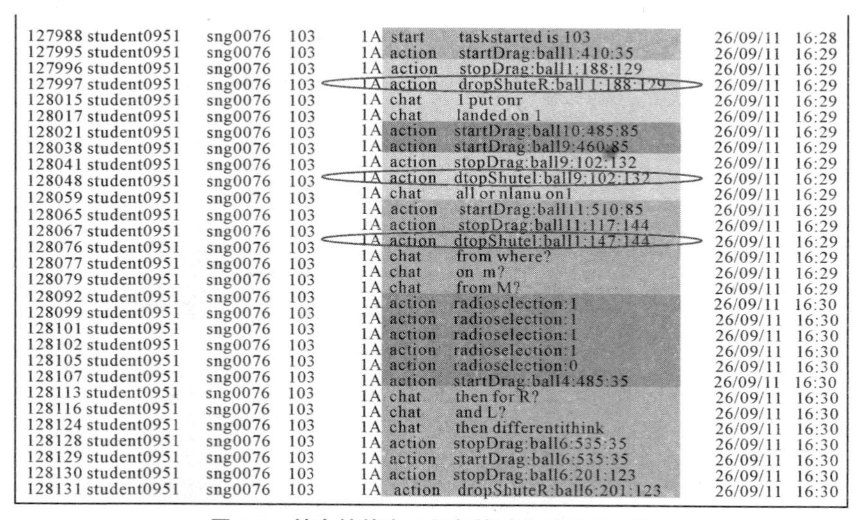

127988	student0951	sng0076	103	1A	start	taskstarted is 103	26/09/11	16:28
127995	student0951	sng0076	103	1A	action	startDrag:ball1:410:35	26/09/11	16:29
127996	student0951	sng0076	103	1A	action	stopDrag:ball1:188:129	26/09/11	16:29
127997	student0951	sng0076	103	1A	action	dropShuteR:ball 1:188:129	26/09/11	16:29
128015	student0951	sng0076	103	1A	chat	I put onr	26/09/11	16:29
128017	student0951	sng0076	103	1A	chat	landed on 1	26/09/11	16:29
128021	student0951	sng0076	103	1A	action	startDrag:ball10:485:85	26/09/11	16:29
128038	student0951	sng0076	103	1A	action	startDrag:ball9:460:85	26/09/11	16:29
128041	student0951	sng0076	103	1A	action	stopDrag:ball9:102:132	26/09/11	16:29
128048	student0951	sng0076	103	1A	action	dtopShutel:ball9:102:132	26/09/11	16:29
128059	student0951	sng0076	103	1A	chat	all or nlanu on1	26/09/11	16:29
128065	student0951	sng0076	103	1A	action	startDrag:ball11:510:85	26/09/11	16:29
128067	student0951	sng0076	103	1A	action	stopDrag:ball11:117:144	26/09/11	16:29
128076	student0951	sng0076	103	1A	action	dtopShutel:ball1:147:144	26/09/11	16:29
128077	student0951	sng0076	103	1A	chat	from where?	26/09/11	16:29
128079	student0951	sng0076	103	1A	chat	on m?	26/09/11	16:29
128092	student0951	sng0076	103	1A	chat	from M?	26/09/11	16:29
128099	student0951	sng0076	103	1A	action	radioselection:1	26/09/11	16:30
128101	student0951	sng0076	103	1A	action	radioselection:1	26/09/11	16:30
128102	student0951	sng0076	103	1A	action	radioselection:1	26/09/11	16:30
128105	student0951	sng0076	103	1A	action	radioselection:1	26/09/11	16:30
128107	student0951	sng0076	103	1A	action	radioselection:0	26/09/11	16:30
128113	student0951	sng0076	103	1A	action	startDrag:ball4:485:35	26/09/11	16:30
128116	student0951	sng0076	103	1A	chat	then for R?	26/09/11	16:30
128124	student0951	sng0076	103	1A	chat	and L?	26/09/11	16:30
128128	student0951	sng0076	103	1A	chat	then differentithink	26/09/11	16:30
128129	student0951	sng0076	103	1A	action	stopDrag:ball6:535:35	26/09/11	16:30
128130	student0951	sng0076	103	1A	action	startDrag:ball6:535:35	26/09/11	16:30
128131	student0951	sng0076	103	1A	action	stopDrag:ball6:201:123	26/09/11	16:30
				1A	action	dropShuteR:ball6:201:123	26/09/11	16:30

图 6.5　摘自搞笑小丑任务的过程流日志文件

○ 评分

指标可以被看作传统测验中的题目。为了从评分指标中得到学生能力的估计，一个指标的状态需要与其他指标的状态互不影响。要求指标随机独立，也避免了当某个行为依赖于另一事件的时候，如何对该指示性行为的缺失进行评分的麻烦。例如，如果指标 002 依赖于指标 001，并且两者都是二值计分的，那么指标 002 = 0 的评估将根据指标 001 = 0 还是 1 而有所不同。

二值计分的指标

在 ATC21S 任务中，绝大多数行为指标只看是否存在，如果存在，则将该行为指标记为 1，如果不存在，则记为 0。通过将绝大多数指标强制化为二值计分，指标解释比分部得分的编码和计分所需要的解释更简单。例如在搞笑小丑任务中，玩家需要为他的搭档留下最少数量的小球，以使任务成功完成。如果过程数据显示该条件被满足了，那么可以将该指标得分计为 1，若不满足，则计为 0。

频率指标——分部得分计分

在有些情况下，需要关注的是特定指标行为发生的频率。此时记录频次是一种有用的做法（如表 6.3 所示），尤其是行为解释是质性的，变化的区分边界不清楚的时候。例如，任务所花费的总时间和一个玩家回应他搭档的询问所花费的时间，可以从几秒钟到几分钟不等。在这种情况下，二值计分的分数无法捕捉到这种细微的差异。在前文所列举的搞笑小丑任务中，指标的临界值是明确的，因为如果学生留下的小球数量低于最少小球数，任务是不可能成功的。然而，在其他任务中，可能无法以这种明确数值的形式记录下来。尽管有一个直观的解释，即更多的错误意味着较差的问题解决能力，但是这未必能让人清楚能够用于评分的临界点在哪里。在这些情况中，目标行为发生的次数被记录下来，并用来构建一个频数分布，以便后续评分。

基于频率的指标需要通过设置阈值或临界值来转换为多值计分。分布通常采用类似一个指数递减函数或正偏态单峰函数的形式，递减函数的例子如图 6.6

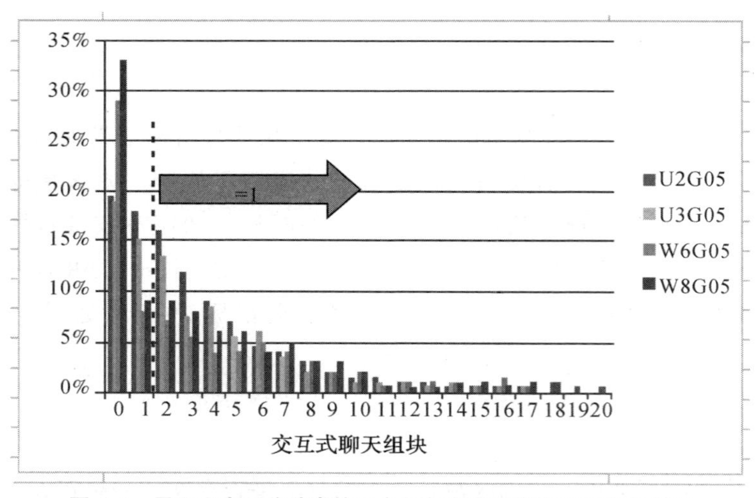

图 6.6　用于设定二分种类的四个任务中交互式聊天组块的频率

所示，它反映了四个任务中推断出的交互式聊天组组块（聊天 A—聊天 B—聊天 A）的频率分布。它显示了组数下降的相似模式，尽管不同任务之间的下降速率在程度上有所不同。这种分布类型的评分是通过决定在哪里放上一个分界点（高-低表现水平）来把指标值进行二分的。如果临界值被设置为 2，那么具有 0—1 个交互式聊天组的学生的得分就为 0，而具有更多聊天组块（n≥2）的学生的得分就为 1，然后就可以对二值评分做出类似于“是否存在”类指标的解释，其中聊天组块≥2 为互动的证据（相反，少于 2 个聊天组块将被视为互动的证据不足）。

图 6.7 是第二个例子，它显示了热巧克力任务中在一个问题上的反应时分布情况。在这个例子中，反应时的众数是 12 秒左右，绝大多数落在 6 秒到 20 秒之间。在这个例子里想要确定哪个范围里的数值表现更好，就比第一个例子里的指标难。第一个例子的分数是二值计分，而在这里，单峰分布可以将分部得分分配给两个以上的不同数值范围。可以使用从相关文献中获得的经验分布和信息，决定不同的分值范围及其等价的转化分。例如，聊天和之后一个动作之间的时长可以视为“等待时间”，虽然在协作环境中有关等待时间的概念在目的和意义上不同于文献中的“等待时间”，但它可以作为一种指导。课堂环境中“等待时间”的最初概念是指从教师发起提问到学生回应之间的时间（Rowe 1972）。在该研究领域中，托宾（Tobin 1987）和斯德尔

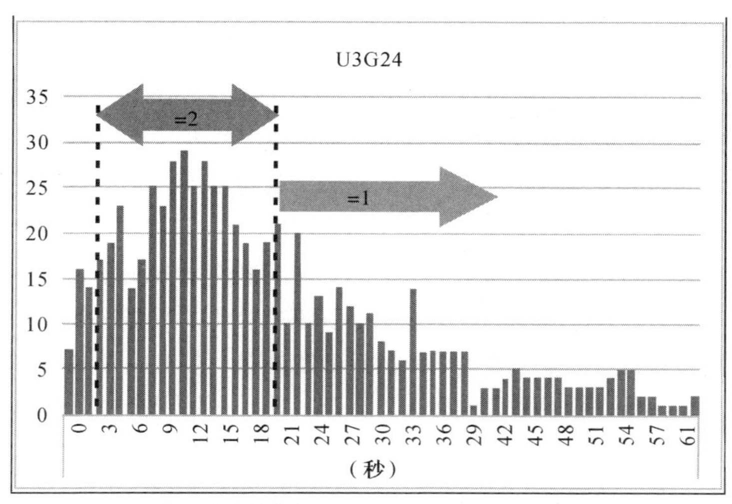

图 6.7　多项分类的指标 U3G24 中反应时指标的直方图示例

（Stahl 1990）提出等待至少 3 秒以上方可得到积极的学生结果，比如回答正确的概率提高和得到更高认知水平的回答。他们“等待时间”的环境不同于在线环境，而且他们的测量方法也不同于 ATC21S 中协作任务的测量方法，但是他们的概念为合理的分数区间提供了一个尽可能低的阈值（例如，0—3 秒 = 0，3—20 秒 = 2，>20 秒 = 1）。

由于 ATC21S 评分方法的独特性，现有文献很少可以用来作为大多数过程流数据临界值设置的参考。由于本项目首次采集了该变量的实证数据，因此设定临界值和分配分部得分的评分必然是探索性的，并且在标定和解释之后还要进行反复调整。设置初始临界值是标定的前提，这些值被认为是（定性）水平的初步描述，然后再在标定和尺度化的过程中对模型拟合及其意义进行检查。

○　指标中协作的证据

任务中协作的证据主要是基于玩家之间的交流，但又不只是简单的交流。学生之间的交流未必就一定是协作的，甚至也不是合作的。那么这样一个解释往好里说是过于简单化，往坏里说是不正确。ATC21S（Hesse et al. 2015；第 2 章）与 PISA（OECD 2013）对协作式问题解决的定义显然比这个更细致。使用这种简单化的定义并不能够帮助教师培养学生的技能。协作涉及共享、观点采择、联合规划、决策和共同目标，无法只通过一个单一的指标——“学生的交流”来概括。对于这一指标而言，它还包括直接交流和间接交流。

间接交流可以通过观察协作搭档的行动来进行推断。考虑到这一点，我们采用了一种捕捉聊天的特殊方法。在问题解决的背景下，我们使用一系列可识别的关键词来记录信息的某些部分。对协作而言，我们只记录了聊天的存在，而不考虑聊天的内容。聊天与动作关联——聊天事件之前或之后——可用来推断协作行为。这种方法的优点是直接从过程流中简化了数据的收集，同时也能识别出协作行为本身的复杂性。聊天的存在或缺失，与响应时间和动作序列数据（例如关于其他动作或事件的聊天）一起，使一种用来推断协作行为的过程成为可能。这一过程由一个单独的小组进行交叉检查，该小组由约 20 名研究生组成，他们会直接解释聊天和动作的模式。这一过程清楚地表明，简单化 APP 的方法不太可行，这些 APP 只能确定是否交流过，而不能准确地对协作行为做出推断。

有几种聊天和动作的组合可以被解释为协作的证据。交流行为是通过聊天的模式或一个聊天和动作的组合推断出来的。例如在小丑任务中，若在最后一个小球被用掉之后，任务问题最终被回答之前，学生之间存在聊天的话，那么我们就可以推断该聊天是学生在讨论可能的答案。对聊天内容的分析也支持了这一推断。

捕捉玩家-搭档（A-B）的互动模式也很重要。对每一个聊天-动作模式的可能性，玩家-搭档的组合也要捕捉。玩家-搭档互动的长度（即组合的数量）是无限制的（如 A、B，A、B、B 等）。因此，我们采纳三个序列作为限制，有了这个合适的限制后，就只可能出现以下三种玩家-搭档的组合：（1）A，B，A；（2）A，B，B；（3）A，A，B。这些组合仅适用于发起会话的学生 A 的行动。每个学生的数据在数据文件中是被分开编码的，所以当在给另一个学生（B）打分时，打分的视角就发生了变化。对每个学生而言，只有由该学生发起的互动才会为该学生打分（例如我们在由 A 发起的玩家-搭档组合中只对 A 进行打分，反之亦然）。可以捕捉的互动组合的例子总结在表 6.4 中，在这个表中，互动的类型（第 1 列）是指在一个三事件组块中聊天和动作的所有可能组合；视角（第 4、5 列）是指从被打分的玩家角度来看这些组块中玩家互动（第 3 列）的顺序（因此，互动始终是从被打分的玩家开始）。

表 6.4 推断的交互式聊天-动作组合示例

类型	测量	组合	学生 A 视角	学生 B 视角
交互式聊天-行动-聊天组块	计数	玩家+玩家+搭档	AAB	BBA
	计数	玩家+搭档+搭档	ABB	BAA
	计数	玩家+搭档+玩家	ABA	BAB
	计数	玩家+玩家+玩家	AAA	BBB
交互式聊天-行动-行动组块	计数	玩家+玩家+搭档	AAB	BBA
	计数	玩家+搭档+玩家	ABA	BAB
交互式聊天-聊天-行动组块	计数	玩家+搭档+搭档	ABB	BAA
	计数	玩家+搭档+玩家	ABA	BAB
交互式行动-行动-聊天组块 AAC	计数	玩家+搭档+搭档	ABB	BAA
	计数	玩家+搭档+玩家	ABA	BAB

○ 定义技能进阶

在基于规则的指标行为被确定、编码和评分之后，需要检查实证数据以确定是否与概念框架中的相关技能相一致（Hesse et al）。我们做了初步的实证分析，以检查每个指标的相对难度是否与概念框架中的技能水平相一致（Hesse et al）。例如，如果一个指标被解释或匹配为任务“参与”的简单水平（比较容易观测到），要比彻底“参与”的指标（比较难观测到）更容易。另外，指标也应经过小组的审查，以检查每个指标是否与要测量的技能匹配。该审查过程还改进了每个指标的定义，以使得算法和测量建构之间存在明确的联系。例如，在算法上定义为“（对游戏）重置的次数”的指标，可以通过扩展，定义为“探索活动和对问题空间的初步了解”来进行改进和详细说明。改进的概念描述是针对所有指标来完成的，独立于建构连续体上项目相对位置量化（例如，在它们被放置于一个基于拉希模型下的尺度项目难度 δ 的层级顺序前）。根据指标难度 δ 的经验参数估计值对项目进行排序后，我们对描述水平的层级再一次做了评估，以在更宽泛的协作式问题解决框架中验证它们的意义。这一审查过程进行了几次，以确保概念性描述得到基于实证数据的项目位置的支持，这反过来又给建构连续体提供了信息。在这同一过程中，审查阐明了哪些项目有着与理论模型不拟合的难度（δ），因而，它们在建构的整体结构中不能提供有用信息或实质意义。

在确定了技能的进阶之后，我们对进阶水平进行了识别，以帮助教师更有效地对学生做出分类，并辅助教师开展 CPS 技能的教学。根据之前的匹配关系，这些指标分成两个维度——社会性的或认知的。对认知和社会性维度的评估各自单独进行，分别定义连续体及水平。每个维度中的技能用来表征的是从新手到专家的发展进阶。

目前，我们剔除了那些对结果解释几乎没有价值或影响的指标。指标的删除基于大量的项目审查、心理测量学特征以及与理论连续体的匹配关系。指标的修改是由于某些指标与其在理论进阶上的位置和期望不符。同时还要修改的指标是一些在大量审查后编码问题仍无法解决的指标。

多重标定（multiple calibrations）使项目参数的比较与分析成为可能。即使指标数量大幅度减少，这些参数也仍然具有稳定性。改进的结果是指标数量已经从 450 多个减少到不到 200 个。删除“拟合”较差的指标降低了项目参数的标准误差，同时确保了整个测试的可靠性。

○ 挑战与未来方向

即使是最成功的项目，也有可以从中吸取的经验教训。本节描述的是，在开发和部署协作式问题解决任务的设计和施测过程中的一些经验教训。以下是我们的建议，作为能够改善此类评估任务和数据结构的设计与实施的良好做法。

会话日志的设计是至关重要的。许多研究者都强调了复杂的、互动式的评估任务重要的不仅在于实施评估传送，还在于自动评分功能的建立（Mills et al. 2002；Williamson et al. 2006）。我们所捕捉的数据点格式确保了对用户反应的有效解释，以便建立可靠的评分规则，利用日志中的互动模式的证据。为了验证评分规则的有效性，日志文件的结构应当允许人类对其做出解释而不模糊他们的理解。例如，每个用户的动作或反应应当被记录为人类可读格式中的独立属性，并作为个例，具有相应的用户身份标识、任务和当前的状态、时间戳、记录索引以及任务所需的其他数据。此外，有必要为分析和处理自动评分过程的数据而确保最优的细节捕捉水平。从一个 ATC21S 开发人员的日志传送来看，显而易见的是，捕捉的反应内容应该被记录在一个结构良好的数据库中的几个属性下，以优化为复杂数据评分的处理时间，并确保系统的交通负载不间断。我们发现，时间戳对记录来自评估任务的反应数据是必不可少的。带有时间的数据和数据库索引一起，在对用户与任务环境互动进行排序时非常有用。在当前的情况下，数据库的设计只允许在相应的秒数内捕捉用户反应。从累计的数据中可以观察到，区分几乎同时发生的动作序列通常需要更精确的用户反应时间（例如毫秒）。若以秒为单位，则多个动作会被记录为同时发生，但这些动作实际上是先后发生的。这一点应该更准确地反映在它们的捕捉方式和数据库的安排方式上。

应该用统一的方法来定义在不同的任务中描述的事件类型。事件定义的一致性非常重要，有助于将来开发人员设计类似任务，理解所表征的事件。本项目中的评估任务最初是由不同的开发人员设计的。结果导致用于定义相同事件（例如“聊天”）的语言和格式完全不同，并且在各种任务中具有不同的命名规则（例如“发送消息”“输入消息”“输入文本”等）。

即使是在传统的、定义良好的教育领域中，交互式任务的开发和对反应的自动评分能力都是一项耗费资源的工作（Masters 2010）。在设计具有这样性质的复杂评估时，应适当考虑未来的分析需要。应该强调对数据预期用途的认识，以支持各种推断通过解释和分析，获得丰富的诊断。这是很重要的，因为在定义不那么简明的教育领域（如交互式问题解决）中，推广到更复杂的数据累积时，可能会挑战传统的教育评估数据尺度化的方法，还可能会处理得不够充分（Rupp 2002）。

虽然动作的内容可以被评估，但是对聊天内容的评估超出了本项目目前的极限。有一些强大的自动化文本分析程序可以分析大容量的文本，例如散文、正式的开放式题目和报告。其中的一个应用是 Coh-Metrix（Graesser et al. 2004），是一种计算语言学工具，可以分析文本的衔接、语言/对话，以及可读性。然而，使用这种工具对 ATC21S 提出的挑战太大了。首先，由于本项目是国际性的，所以涉及几种不同的语言，这可能会导致自动化文本分析程序中的翻译问题。自动文本分析软件大费周章才能将文本组块分类为预定义的活动类型，如聊天/动作/聊天。更困难的是在任务聊天窗口中可能出现的文本的数量和质量。学生可能会提供单字答案或少量文本，而现有的软件类型是为大量文本而设计的。聊天文本可能出现的质量问题包括语法错误、非标准句法、缩写词、同义词或“火星文”——所有这些都涉及非标准拼写，这些都不能被目前用更正式的语言设计的软件识别。未来部署需考虑的一个关键因素是，确定如何在文本数据被记录下来之前，以一种可理解的编码形式来捕捉这些文本数据，或将其翻译成统一的语言（如英语）。

参考文献

Arroyo, I., & Woolf, B. P. (2005). *Inferring learning and attitudes from a Bayesian Network of log file data*. Conference paper presented at the Artificial Intelligence in Education: Supporting learning through intelligent and socially informed technology. Amsterdam, The Netherlands.

Bennett, R. E., Jenkins, F., Persky, H., & Weiss, A. (2003). Assessing complex problem-solving performances. *Assessment in Education*, 10(3), 347-359.

Care, E., Griffin, P., Scoular, C., Awwal, N., & Zoanetti, N. (2015). Collaborative problem solving tasks. In P. Griffin & E. Care (Eds.), *Assessment and teaching of 21st century skills: Methods and approach* (pp. 85-104). Dordrecht: Springer.

Chung, G. K., de Vries, L. F., Cheak, A. M., Stevens, R. H., & Bewley, W. L. (2002). Cognitive process validation of an online problem solving assessment. *Computers in Human Behaviour*, 18, 669-684.

Fu, W. T. (2001). ACT-PRO action protocol analyzer: A tool for analyzing discrete action proto- cols. *Behavior Research Methods, Instruments, and Computers*, 33(2), 149-158.

Graesser, A. C., McNamara, D. S., Louwerse, M. M., & Cai, Z. (2004). Coh-metrix: Analysis of text on cohesion and language. *Behavior Research Methods, Instruments, and Computers*, 36(2), 193-202.

Greiff, S., Wüstenberg, S., & Funke, J. (2012). Dynamic problem solving: A new assessment perspective. *Applied Psychological Measurement*, 36(3), 189-213.

Hesse, F., Care, E., Buder, J., Sassenberg, K., & Griffin, P. (2015). A framework for teachable collaborative problem solving skills. In P. Griffin & E. Care (Eds.), *Assessment and teaching of 21st century skills: Methods and approach* (pp. 37-56). Dordrecht: Springer.

Masters, J. (2010). Automated scoring of an interactive geometry item: A proof-of-concept. *Journal of Technology, Learning, and Assessment*, 8(7). Retrieved April 12, 2013, from http://escholarship.bc.edu/jtla/, http://www.jtla.org

Mills, C. N., Potenza, M. T., Fremer, J. J., & Ward, W. C. (2002). *Computer-based testing: Building the foundation for future assessments*. Mahwah: Lawrence Erlbaum Associates.

OECD. (2013). *PISA 2015: Draft collaborative problem solving framework*. http://

www. oecd. org/pisa/pisaproducts/Draft%20PISA%202015%20Collaborative%20Problem%20Solving%20 Framework%20. pdf. Accessed 7 July 2014

Pelligrino, J., Chudowsky, N., & Glaser, R. (2001). *Knowing what students know: The science and design of educational assessment*. Washington, DC: National Academy Press.

Polya, G. (1945). *How to solve it* (1st ed.). Princeton: Princeton University Press.

Polya, G. (1957). *How to solve it* (2nd ed.). Princeton: Princeton University Press.

Rowe, M. (1972). *Wait time and rewards as instructional variables, their influence in language, logic, and fate control*. Paper presented at the National Association for Research in Science Teaching, Chicago, IL.

Rupp, A. (2002). Feature selection for choosing and assembling measurement models: A building-block-based organisation. *International Journal of Testing*, 2(3/4), 311-360.

Schoenfeld, A. H. (1985). *Mathematical problem solving*. New York: Academic.

Stahl, R. (1990). *Using "think-time" behaviors to promote students' information processing, learning, and on-task participation. An instructional module*. Tempe: Arizona State University.

Tobin, K. (1987). The role of wait time in higher cognitive level learning. *Review of Education Research*, 57(1), 69-95.

Williamson, D. M., Mislevy, R. J., & Bejar, I. I. (2006). *Automated scoring of complex tasks in computer-based testing*. Mahwah: Lawrence Erlbaum Associates.

Zoanetti, N. P. (2010). Interactive computer based assessment tasks: How problem-solving process data can inform instruction. *Australasian Journal of Educational Technology*, 26(5), 585-606.

任务的特征与标定

帕特里克·格里芬，埃斯特·凯尔，苏珊–玛丽·哈丁

【摘要】

本章概述了ATC21S项目中协作式问题解决任务的标定和特征的建立过程，阐述了CPS任务的内容及其测试方法，讨论了任务的测试数据，解释了CPS建构以及学生CPS技能水平的计算方法。基于项目反应理论，我们尝试对单个任务的特征进行单独标定，以及对多个任务的特征进行联合标定。数据探索和维度验证采用了单参数或双参数项目反应模型。根据CPS建构的理论结构，我们分别对数据进行了单维度、两维度和五维度的分析。对其中的三组任务进行特征标定，我们发现三组任务指标的难度在不同国家的样本上没有显著差异。另外，通过学生角色A和学生角色B的平均潜在能力的差异分析，我们发现学生是什么角色，与对其能力的评估没有关系。任务标定被用来确定指标难度和学生的能力水平。我们为协作式问题解决技能的单维度、两维度和五维度分别创建了进阶，作为对协作式问题解决这一连续体的解释。本章描述了从新手到专家这一进阶的发展途径，为教师提供了一个用于解释学生在CPS任务上的行为表现的框架。

○ 引言

ATC21S项目包含11个协作式问题解决（CPS）任务，关于任务的详细介绍可见凯尔、格里芬、斯库拉、阿瓦尔和佐内提所撰写的本书第4章。这些任务可划分为两大类。第一类参考了墨尔本大学所开发的问题解决任务（详见Griffin et al. 2013），第二类任务源于英国的“世界数学测试”。第一类任务不受先前知识的影响，依赖假设-演绎法来解决。这在海塞、凯尔、布德尔、萨森贝格和格里芬所撰写的书中已有描述（2015；第2章）。第二类任务与课程相关，尽管在没有背景知识的情况下，这些任务可以通过协作解决，但具备任何课程知识都将有助于问题的解决，尽管协作中未必需要这些知识。

假设-演绎：

1. 热巧克力——利用配方和市场信息，使各地区的销售额和利润最大化。

2. 橄榄油——这是一个老问题，利用5升和3升的瓶子（由不同的人分别控制）来获得正好4升的油。

3. 向日葵——混合两种植物养料使植物长得最高。

4. 小丑——确定一个小丑机器如何工作，并与另一个小丑机器进行比较。

课程-科学：

1. 植物生长——控制温度或光线，确定如何使植物长得最高。

2. 平衡——使用砝码来平衡一根木条。

3. 共享花园——这是一个对称任务，如何让共享花园里的枯萎植物重新充满活力。

课程-数学：

1. 20分游戏——游戏目的是和计算机比赛，看谁先算出能达到20的理想数字。

2. 仓库——在仓库内布下摄像机，以便能够全方位地监视仓库里的箱子，从而达到保护它们的目的。

3. 六边形——当数字模式为六边形时，能够识别出该数学规则。

4. 小金字塔——推算出预测各个小金字塔顶端数字的数学规则。

○ 概念和建构匹配

对于任务的开发，首先需要进行概念界定和建构匹配，以确定那些重要的、有可能影响课程改革过程的协作式问题解决的要素。由于新技术的交互特性，21世纪的新课程或新兴课程需要成为改变传统教学方法的载体，以鼓励学生更加主动的学习，摆脱机械学习。此外，还需要在新课程内引入更开放的、基于内容无关问题解决的课程。ATC21S项目认为课程应强调两大技能：社会性技能和认知技能。社会性技能包括观点采择、参与和社会性调节，认知技能包括任务调节和知识建构。这五个因素将贯穿基础教育、中等教育及之后的整个教育过程。

细则和蓝图

要决定任务的测量内容，首先应分析任务的内容和建构的定义（概述见 Hesse et al. 2015）。我们设计了一张细则表（或蓝图），先决定学习目标，反过来再选择任务和原始材料。

表 7.1 列出了协作行为中社会性和认知维度的构成要素及行为指标。社会性技能包括参与、观点采择和社会性调节，认知技能包括任务调节和知识建构。每个指标都有一系列三个水平的评估准则，即“低”“中”“高”三种。这些评估准则被用来为可以编入任务的指标识别提供信息。

表 7.1　协作式问题解决行为的维度

社会性要素	
参与	**指标行为**
行动	环境中的活动
互动	与他人的贡献进行互动、鼓励和回应
任务完成	独立承担并完成一项任务或一部分任务
观点采择	
适应性回应	忽视、接受或调整他人的贡献
受众意识	意识到如何调整行为以提高对他人的适应性
社会性调节	
协商	达成一个解决方案或达成和解
自我评估	认识自身的优势与不足
交互记忆	认识他人的优势与不足
主动担责	为确保小组能够完成任务而承担责任
认知要素	
任务调节	
资源管理	对资源和人员进行管理、分配，以完成任务
收集信息的要素	探索和理解任务的要素
系统性	实施可能的问题解决方案并监控进展

续表

任务调节	
忍受模糊／紧张	接受模糊的情境
组织（问题分析）	用熟悉的语言分析和描述问题
设定目标	设定一个清晰的任务目标
知识建构	
知识获取	遵循路径以获取知识
关系（表征和构造）	确定与问题相关的知识要素之间的模式和关系
“如果……那么”规则	运用对因果关系的理解来制订计划
“如果……会怎样”假设（对解决方案的反思）	问题解决时调整推理或做法

○ 试验样本

我们通过各国试验收集了国际试验和标定样本的数据，并对其进行了分析。各国参与各个任务的次数如表 7.2 所示。从表 7.2 可知，不同的国家并不使用同一组任务：如荷兰就不用“平衡”或“向日葵”任务，美国则不用“六边形”任务。

表 7.2　按国家分组的任务完成数量

国家	任务										
	平衡	20 分游戏	热巧克力	搞笑小丑	植物生长	小金字塔	橄榄油	共享花园	向日葵	仓库	六边形	总计
澳大利亚	340	256	582	586	316	190	592	202	460	440	166	4,130
哥斯达黎加	22	182	266	276	146	104	466	112	266	248	106	2,194
芬兰	6	162	190	190	138	148	402	94	308	238	88	1,964
荷兰	0	98	226	226	288	102	224	80	0	244	58	1,546
新加坡	258	340	420	396	342	336	344	400	696	530	450	4,512
美国	214	210	226	348	134	166	224	152	534	478	0	2,686
总计	840	1,248	2,000	2,022	1,364	1,046	2,028	1,040	2,264	2,178	868	16,898

○ 任务标定

每个协作式问题解决任务的日志流数据文件都会产生一系列数据点。对这些数据点进行编码和评分，可作为学生表现的指标，正如在本书第6章中所描述的那样。对指标的评分混合了二值计分和分部得分，其中，大部分指标是二值计分的。学生指标行为表现的分数之和，作为每个学生的总得分。

对每个任务的初步分析，确定了那些有助于对潜在建构做出实质性解释的指标。这些指标是在学生能力估计（总分数为可能的最大值的比例）与表现出的个体指标概率之间存在一致性的指标。也就是说，我们假设存在这样一个潜在的建构，希望通过数据探索，确定出支持这一假设的指标。为了做到这一点，我们使用单参数简单逻辑斯蒂项目反应模型（Rasch 1960/1980）来分析数据。拉希模型基于任务难度和学生能力之间的差异来估计成功的概率，在二值计分的情况下，任务难度可用指标出现频率近似表示。鉴于并不是所有学生都有所有的指标数据，因此，学生的能力估计用最大可能取值的比例分数来表示。使用拉希模型的另一个原因是，将反应概率设定为0.5，我们就可以知道学生能力与指标难度相等的点在哪里。当这种情形可以用来描述一组学生和一组指标（反映出表7.1中的要素）时，我们就可以对这一能力段做出实质性的解释。反过来，教师也可以根据维果茨基（Vygotsky）的最近发展区理论，从中获得相关的教学启示。

在对任务进行标定时，必须确保所有分组的“成绩”或“能力”测量的有效性。无论是在国家或国际层面上，这对成绩做出有意义的解释是非常重要的。变量的验证依赖于学生与任务样本之内和之间的标定程序，可以通过拉希简单逻辑斯蒂模型（Rasch simple logistic model,SLM）来实现。SLM可以精确地预测出任务指标与个体的行为。与SLM相比，应用其他更复杂的项目反应模型总是会面临更多的理论和实践上的困难。如果最终目的是为了解释潜在的建构，那么学生能力与建构表现之间的关系应保持相对恒定。而如果最终目的是为了说明项目之间和学生之间的变异程度，那么模型参数就越多越好。因此，为说明变异就需要用一个多参数模型，而为确定建构则用拉希SLM就可以了，该模型背后有着更严格的假设。

解释个体在一个发展性连续体或建构上的表现应该用单参数模型。举个例子，如果在模型中再加入猜测度和区分度两个参数，那么测验的评分就需要冗长的计算，而且估计的得分与原始分数一一对应的关系也将消失；但是这些参数也确实有助于揭示指标行为在各国和地区之内与之间的差异。然而，对于ATC21S的主研究而言，主要关注如何解释学生成绩的差异，以及测量指标能否显示学生能力的成长。因此，重点是单参数模型的标定和解释的目的。但是拉希模型假设，任务背后有一个主导变量，可以用学生行为进行操作化定义，通过活动指标加以解释。我们假定，即便任务是由成对的学生完成，并且学生之间的依赖可能已经存在，情况仍然是这样。也就是说，任务是为了解释该建构而特意开发的。项目开发人员使用的细则说明了支撑开发的主要建构。我们向开发人员提供了需要在每个协作任务中构建的蓝图细则与问题解决行为的层次。

为了探索数据，我们把一个指标看成一道测验题目。这样，这些任务就包含了复杂的、相互关联的步骤，使问题通过协作的方式来解决。指标的评分为二值计分（把“存在/缺失”看成“正确/错误”）或分部得分，以便可以运用拉希模型，探索学生能力和每一个指标或题目表现之间的关系。鉴于指标存在缺失的问题，我们需要根据缺失数据确定具体的指标。若指标与特定任务无关，这就相当于是一个没有被施测的任务或题目。因此，我们视每个任务为一个简短的测验，这样使用一组任务对学生进行测试，就能够确保获得足够的数据，为指标难度和学生能力提供可靠的参数估计。

根据SLM，某（测验）项目既定反应的概率并不取决于是哪些人尝试该项目，而是取决于既定反应的模式。该模型不依赖于任务是由哪些指标构成的，不依赖那些指标出现的顺序，也不依赖个体对前一个指标的反应。SLM 假设由个体能力表现出的指标行为只由其能力决定，而不受其动机、猜测倾向或其他个体特征的影响。该模型假定只有一个题目参数（难度相当于发生频率，频率越低，表示题目越难）和一个个体参数（能力）。难度和能力参数的估计被匹配到同一个单维的等距尺度上，它们有相同的测量单位，名为 logits。这个单维尺度可以将人与指标同时置于用以定义潜在变量的同一个连续体上，因此需要学生提供一个可观测的指标反应来解释技能。

模型拟合

测验程序准确性通过两种方法检验。第一种方法是测量题目难度估计和学生能力估计的误差。第二种方法是测量数据和拉希模型要求的一致性程度。相应的统计量是每个得分点的难度估计值（或模型预测值）和实际观察值之间的均方差，经所赋分数方差加权，称为 Infit MNSQ（Information Weighted Mean Squared residual goodness of fit statistic）。其理想值为 1.0，可接受范围为 0.77~1.30（Adams and Khoo 1993）。当所有题目的这一值都处于可接受范围时，就可以作为学生测验表现背后的变量是单维的证据。

模型拟合度的检验有助于探究模型在多大程度上可以预测学生的表现。能力和学生实际表现之间的关系应该是：能力越高的学生在每个任务上表现出 CPS 指标行为的概率也越高。当能力（或难度）和学生表现之间的关系并非如此时，拟合统计量能够反映出该关系失衡的程度。在 ATC21S 的指标中，所有拟合统计量都非常好，下文将具体呈现。

信度估计

传统的信度估计方法基于的是经典测量理论模型。该理论假设原始分数由两部分构成：真分数和误差。克隆巴赫（Cronbach）的方法是计算真分数的方差与总方差的比值，这一比值通常被称为信度或克隆巴赫 α。克隆巴赫和拉希的区分度指数都是真分数的测量方差与观察分数的测量方差的比值的估计。拉希的信度估计要用到两种测量指标：第一种是去除测量误差后的学生方差，第二种是学生测量的平均精度。调整后的标准差（去除误差）与平均精度（测量标准误的均值）的比值被称为区分度指数。在拉希信度中，怀特和马斯特思（1982）已经讨论过对区分度指数的解释，他们认为题目区分度指数（item separation index）可以作为建构效度的指标，而被试区分度指数（person separation index）可以作为效标效度的指标。

使用拉希模型检验效度

怀特和马斯特思（1982）认为将题目分开，并确定每道题背后的技能，有助于为测验背后的变量下定义。聚类在一起的题目无法为解释变量提供充分的信息，但如果可以确定一系列的聚类，而且每一类都有一个紧密联系的、可解释的意义，那么变量就可以被清楚地定义了。当观察者专注于单个题目或指标及其在建构或变量地图上的位置时，他们往往会忽略题目聚类的重要性。解释题目聚类的重要性再怎么强调也不过分。一旦基于变量标定了题目聚类，即可根据任务开发人员的意图对它们做出解释。为了做到这一点，每个指标必须经过技能审核。然而，即便是开发人员的意图，有时也会产生误导。对此，经常采用对目标学生人群进行预研究的方法，来确定学生在正确作答过程中的认知技能。检查指标得分的阈值可以提供该指标和一组指标所欲测量的建构之间是否关联的相关信息。除了提供一张学生理解增长“图（map）”之外，模型拟合检验还可以提供信息，确定用所选的特定指标组合来解释和测量潜在建构，在多大程度上是合理的（Wilson and Adams 1995）。良好的模型拟合表示学生在这些题目（指标）上的表现测量的是同一个单维建构，也就是说，这一测验具有建构效度。

任务标定和数据解释

协作式问题解决任务由学生 A 和学生 B 共同完成，我们预期他们通过协作的方式来解决问题。为了评估每个学生的协作能力，我们使用了一些具体到每个学生的指标，也使用了两个学生共有的一些指标（共同指标），还有一些指标是适用于所有任务的（全局指标）。在下文中，我们将以四个任务为例，呈现任务的标定统计量和心理测量学特征。再次声明，学生能力不只是用这些任务来计算的，而是需要一组任务。每个任务在单独标定时获得的信息，可以用来确定哪些任务应捆绑为一组来用。任务的整体难度，以及概念框架中指标和要素的分布情况，都是决定哪些任务应该组合在一起的重要因素。尽管每个任务的统计量单独来看都是相当稳健的，但是当每个学生都完成了多个任务时，我们就能从每个学生身上获得更多的数据，就会大大改善测量学特征。

橄榄油

橄榄油任务指标的标定估计值如表 7.3 所示。对每一道题，提供了如下的统计量：题目的难度（logit）、每个难度的测量误差（SE）、加权拟合（infit）和未加权拟合（outfit）估计值、这些估计值的置信区间，以及相应的 t 值。加权拟合值，infit 统计量，对我们最有价值，因为它对匹配被试能力的题目反应模式比较敏感。而未加权拟合值对题目难度和被试能力差别很大时（异常值）的异常反应较为敏感。该任务（16 个题目）的平均加权拟合值（INFIT）为 1.01，方差为 0.022，表示数据与模型拟合良好。最终指标组合内的所有题目的 infit 值均在 0.7～1.3 之间，说明所测变量存在一个主要的潜在维度。这也意味着该测验成功地区分了学生的能力（说明它有着可接受的效标效度），也具备建构效度。然而就后一点而言，我们还没有关于建构标准性质的外部证据。

表 7.3　橄榄油任务的参数估计和拟合

变量				未加权拟合				加权拟合			
题目①		估计	误差	MNSQ	置信区间		T	MNSQ	置信区间		T
1	1	0. 032	0. 047	0. 71	0. 91	1. 09	−7. 3	0. 81	0. 93	1. 07	−5. 9
2	2	−0. 349	0. 052	1. 07	0. 86	1. 14	1	1. 04	0. 92	1. 08	1
3	3	3. 058	0. 057	1. 27	0. 85	1. 15	3. 3	1. 14	0. 69	1. 31	0. 9
4	4	−1. 687	0. 047	0. 99	0. 91	1. 09	−0. 1	1. 03	0. 93	1. 07	0. 8
5	5	−0. 154	0. 05	1. 28	0. 89	1. 11	4. 7	1. 24	0. 93	1. 07	5. 9
6	6	−0. 692	0. 049	1. 13	0. 89	1. 11	2. 3	1. 08	0. 93	1. 07	2. 4
7	7	0. 403	0. 048	0. 73	0. 91	1. 09	−6. 7	0. 82	0. 92	1. 08	−4. 8
8	8	−0. 922	0. 055	1. 21	0. 83	1. 17	2. 4	1. 15	0. 85	1. 15	2
9	9	0. 66	0. 049	0. 55	0. 91	1. 09	−12. 2	0. 72	0. 91	1. 09	−7
10	10	2. 801	0. 057	1. 38	0. 82	1. 18	3. 7	1. 09	0. 72	1. 28	0. 7
11	11	1. 202	0. 056	1. 24	0. 82	1. 18	2. 5	1. 09	0. 82	1. 18	1
12	12	0. 717	0. 049	0. 68	0. 91	1. 09	−8. 1	0. 8	0. 91	1. 09	−4. 7
13	13	0. 696	0. 048	1. 05	0. 91	1. 09	1. 1	1. 04	0. 92	1. 08	0. 9
14	14	1. 428	0. 047	1. 7	0. 93	1. 07	16. 2	1. 23	0. 91	1. 09	4. 6
15	15	−4. 731	0. 055	1. 09	0. 93	1. 07	2. 5	1	0. 77	1. 23	0. 1
16	16	−2. 463	0. 198	1. 04	0. 94	1. 06	1. 2	1	0. 94	1. 06	0. 1

共有 2028 名学生完成了橄榄油任务。该任务对这些学生而言略难，因为学生能力的平均值为−0. 865 logits，低于题目难度的平均值，即 0 logits。

被试区分信度（separation reliability）指数为 0. 562，这是可以接受的，因为任何一个任务上的数据量很少，很难获得比这更高的被试区分信度。此外，任务的很多特征可以从变量图中直接观察到，如图 7. 1 所示。该图由几个部分组成。从左往右看，图的第一个特征是一个范围为−5. 0 到+4. 0 的尺度，这就是 logit 尺度，是拉希分析的度量标准，能够将学生能力和题目难度在同一尺度上呈现。接着是学生能力的分布，每个“X”大约代表了 3. 1 名学生。

① 原书此处就分两列。

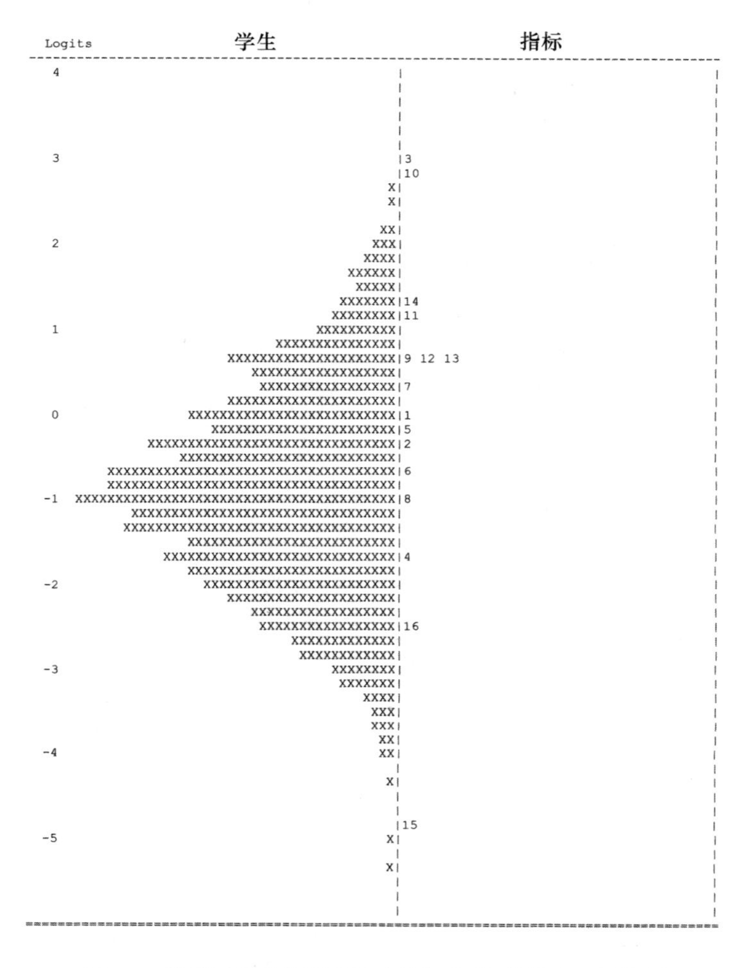

图 7.1　橄榄油任务的变量图（每个“X”代表 3.1 个样本）

搞笑小丑

小丑任务指标的标定估计如表 7.4 所示。和橄榄油任务一样，我们描述了小丑任务的概要统计量。该任务的加权拟合均值为 1，方差为 0.0004，表示数据与模型拟合得非常好。最终指标组合内的所有 infit 值都在 0.7～1.3 之间；同样表明该测验能够成功地区分学生的能力。学生能力的平均值为 0.105 logits，方差为 0.669，略高于题目难度的平均值 0，所以说小丑任务对于学生而言相对容易。

题目难度的方差为 1.58（大于学生能力的方差），说明指标难度的分布范围广于学生能力的分布。在这种情况下，题目的区分信度达到0.999就属于异常高的了。据怀特和马斯特思（1982）的说法，该指数可作为建构效度的证据——指标能在多大程度上解释背后的建构。共有2022名学生完成了小丑任务。

表7.4 小丑任务的参数估计和拟合

变量				未加权拟合				加权拟合			
题目[①]		估计	误差	MNSQ	置信区间		T	MNSQ	置信区间		T
1	1	3.106	0.046	1.13	0.91	1.09	2.8	1.02	0.75	1.25	0.2
2	2	−0.686	0.04	0.97	0.91	1.09	−0.5	0.98	0.95	1.05	−0.7
3	3	1.01	0.04	1	0.91	1.09	−0.1	1	0.94	1.06	0
4	4	0.454	0.039	1	0.91	1.09	−0.1	1	0.97	1.03	−0.2
5	5	−0.435	0.039	1	0.91	1.09	0	1	0.96	1.04	−0.1
6	6	−1.409	0.042	0.98	0.91	1.09	−0.5	0.99	0.9	1.1	−0.2
7	7	−0.218	0.039	1.01	0.91	1.09	0.3	1.01	0.97	1.03	0.9
8	8	0.895	0.039	0.98	0.91	1.09	−0.4	0.99	0.95	1.05	−0.5
9	9	0.267	0.039	1.06	0.91	1.09	1.3	1.06	0.98	1.02	4.5
10	10	−0.657	0.04	1	0.91	1.09	0	1	0.95	1.05	0
11	11	1.094	0.04	0.98	0.91	1.09	−0.5	0.99	0.94	1.06	−0.5
12	12	0.424	0.039	1.05	0.91	1.09	1	1.04	0.97	1.03	2.8
13	13	−0.523	0.039	0.98	0.91	1.09	−0.5	0.98	0.96	1.04	−0.9
14	14	−1.416	0.042	0.97	0.91	1.09	−0.7	0.98	0.9	1.1	−0.3
15	15	−0.011	0.039	0.99	0.91	1.09	−0.2	0.99	0.98	1.02	−1
16	16	1.464	0.039	1.04	0.92	1.08	1	1.02	0.93	1.07	0.5
17	17	−2.714	0.045	0.94	0.92	1.08	−1.6	0.99	0.8	1.2	−0.1
18	18	−0.646	0.166	0.98	0.94	1.06	−0.7	0.98	0.97	1.03	−0.9

被试区分信度指数只有0.197，表明这个任务不能单独估计学生能力参数。怀特和马斯特思（1982）使用被试区分指数作为效标效度的一个测量方法。小丑任务的变量图如图7.2所示。

---

① 原书此处就分两列。

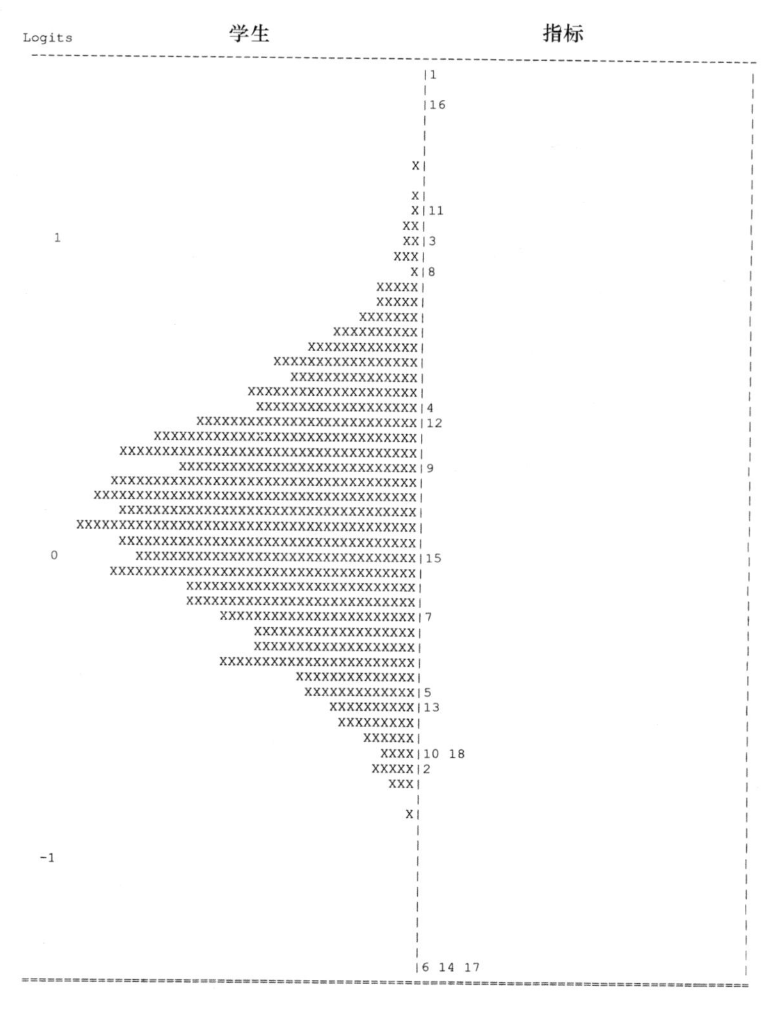

图 7.2　小丑任务的变量图（每个“X”代表 2.9 个样本）

平衡

平衡任务指标的难度估计如表 7.5 所示。和其他任务一样，我们呈现了该任务的概要统计结果。平衡任务的加权拟合（INFIT）均值为 1.00，方差为 0.023，数据与模型拟合良好。学生能力估计的平均值为-0.156，方差为 3.05。总共有 840 名学生完成了该任务。

表 7.5　平衡任务的参数估计和拟合

变量				未加权拟合				加权拟合			
题目①		估计	误差	MNSQ	置信区间		T	MNSQ	置信区间		T
1	1	−1.796	0.076	0.57	0.86	1.14	−7.3	0.74	0.85	1.15	−3.7
2	2	2.174	0.088	1.16	0.7	1.3	1.1	1.07	0.7	1.3	0.5
3	3	−1.412	0.075	0.68	0.86	1.14	−5.2	0.77	0.87	1.13	−3.6
4	4	−1.357	0.074	0.9	0.86	1.14	−1.5	0.97	0.87	1.13	−0.5
5	5	−1.045	0.076	1.07	0.85	1.15	1	1.04	0.87	1.13	0.6
6	6	3.341	0.085	0.96	0.86	1.14	−0.6	1.05	0.67	1.33	0.3
7	7	−0.029	0.091	1.26	0.16	1.84	0.7	1.25	0.47	1.53	0.8
8	8	−2.441	0.082	0.45	0.85	1.15	−9.1	0.73	0.76	1.24	−2.4
9	9	2.758	0.082	0.83	0.86	1.14	−2.5	1.01	0.76	1.24	0.1
10	10	2.692	0.082	1.25	0.86	1.14	3.4	1.03	0.77	1.23	0.3
11	11	−1.296	0.078	0.84	0.85	1.15	−2.2	0.91	0.85	1.15	−1.2
12	12	2.241	0.08	0.92	0.85	1.15	−1	0.99	0.81	1.19	−0.1
13	13	1.941	0.072	1.9	0.89	1.11	12.3	1.22	0.88	1.12	3.4
14	14	−4.266	0.087	1.27	0.89	1.11	4.4	1.15	0.56	1.44	0.7
15	15	−1.506	0.302	1.16	0.9	1.1	3	1.09	0.9	1.1	1.8

被试区分信度指数为 0.606，说明平衡任务能够区分学生能力。该任务的变量图如图 7.3 所示。

20 分游戏

20 分游戏任务指标的难度估计如表 7.6 所示。该任务的加权拟合（INFIT）均值为 0.992，方差为 0.002，说明数据与模型拟合良好，能够有效区分学生能力。然而，20 分游戏任务对学生而言相对较难，因为学生能力的平均值为 −1.613 logits，方差为 1.58，而题目难度的平均值为 0。被试区分信度指数为 0.552。指标难度估计的方差为 3.8，题目的区分信度指数为 0.999。共有 1248 名学生完成了该任务。20 分游戏需与其他任务一起来测量学生的能力，以获得可靠的学生能力估计（详见图 7.4）。

① 原书此处就分两列。

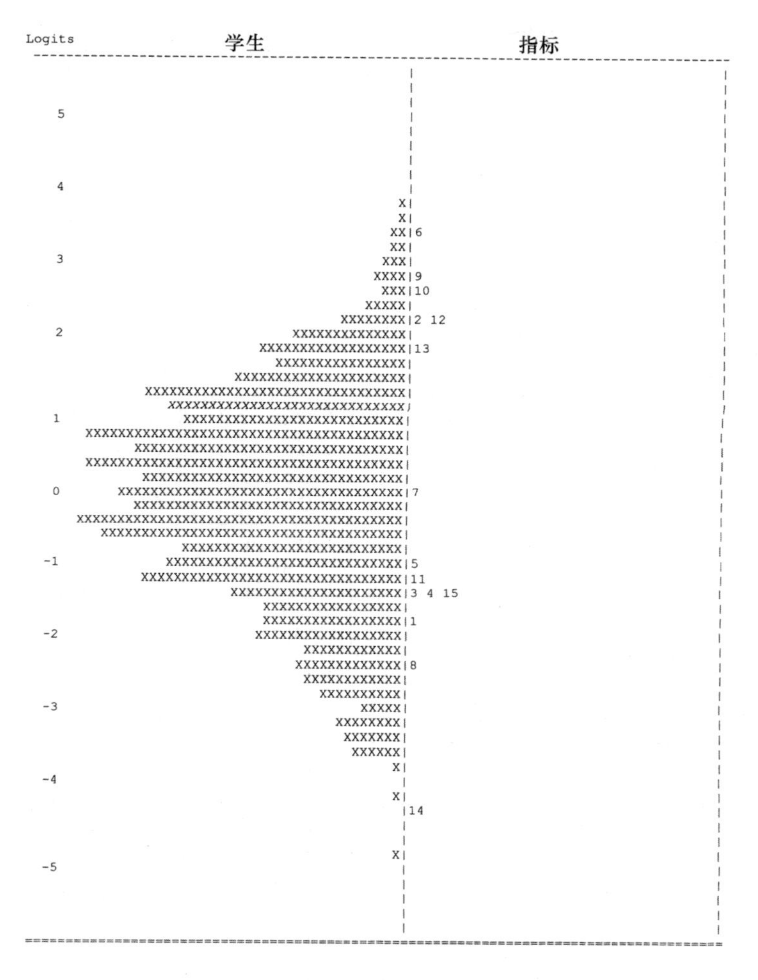

图 7.3 平衡任务的变量图（每个“X”代表 1.2 个样本）

表 7.6 20 分游戏任务的参数估计和拟合

变量				未加权拟合				加权拟合			
题目[①]		估计	误差	MNSQ	置信区间		T	MNSQ	置信区间		T
1	1	−2.268	0.056	0.96	0.89	1.11	−0.6	0.97	0.93	1.07	−0.9
2	2	−2.282	0.056	1.01	0.89	1.11	0.3	1	0.93	1.07	0
3	3	−0.773	0.056	0.89	0.89	1.11	−2.1	0.95	0.93	1.07	−1.4

① 原书此处就分两列。

续表

变量				未加权拟合				加权拟合			
题目		估计	误差	MNSQ	置信区间		T	MNSQ	置信区间		T
4	4	−0. 788	0. 056	0. 88	0. 89	1. 11	−2. 1	0. 94	0. 93	1. 07	−1. 5
5	5	−1. 787	0. 055	1. 04	0. 89	1. 11	0. 7	1. 03	0. 94	1. 06	1
6	6	−1. 802	0. 055	1. 05	0. 89	1. 11	0. 8	1. 02	0. 94	1. 06	0. 6
7	7	1. 684	0. 067	0. 94	0. 88	1. 12	−1	0. 99	0. 66	1. 34	0
8	8	1. 511	0. 066	0. 93	0. 88	1. 12	−1. 2	0. 97	0. 69	1. 31	−0. 2
9	9	2. 942	0. 069	0. 63	0. 88	1. 12	−6. 8	0. 99	0. 33	1. 67	0. 1
10	10	0. 808	0. 064	0. 84	0. 88	1. 12	−2. 7	0. 93	0. 79	1. 21	−0. 7
11	11	0. 521	0. 063	0. 8	0. 88	1. 12	−3. 4	0. 92	0. 83	1. 17	−0. 9
12	12	0. 764	0. 064	0. 73	0. 88	1. 12	−4. 8	0. 9	0. 8	1. 2	−1
13	13	−0. 786	0. 058	1. 02	0. 88	1. 12	0. 3	1	0. 92	1. 08	−0. 1
14	14	−0. 556	0. 059	1. 03	0. 88	1. 12	0. 5	1	0. 91	1. 09	0. 1
15	15	1. 411	0. 066	0. 99	0. 87	1. 13	−0. 2	0. 98	0. 7	1. 3	−0. 1
16	16	1. 194	0. 066	0. 83	0. 87	1. 13	−2. 8	0. 96	0. 73	1. 27	−0. 2
17	17	3. 184	0. 07	0. 39	0. 87	1. 13	−12. 3	0. 99	0. 21	1. 79	0. 1
18	18	3. 16	0. 07	0. 41	0. 87	1. 13	−11. 5	0. 98	0. 22	1. 78	0. 1
19	19	1. 176	0. 066	0. 72	0. 87	1. 13	−4. 7	0. 93	0. 74	1. 26	−0. 5
20	20	1. 36	0. 066	0. 8	0. 87	1. 13	−3. 3	0. 93	0. 71	1. 29	−0. 4
21	21	−0. 575	0. 059	1. 01	0. 87	1. 13	0. 1	0. 99	0. 91	1. 09	−0. 1
22	22	−0. 396	0. 06	1. 08	0. 87	1. 13	1. 2	1. 01	0. 9	1. 1	0. 3
23	23	−2. 451	0. 06	1. 1	0. 86	1. 14	1. 4	1. 05	0. 9	1. 1	1
24	24	−0. 942	0. 059	1. 07	0. 86	1. 14	1	1. 04	0. 92	1. 08	1
25	25	1. 652	0. 067	1. 12	0. 86	1. 14	1. 6	1. 04	0. 64	1. 36	0. 3
26	26	0. 658	0. 064	1. 27	0. 86	1. 14	3. 5	1. 06	0. 8	1. 2	0. 6
27	27	2. 283	0. 069	1. 19	0. 86	1. 14	2. 5	1. 03	0. 47	1. 53	0. 2
28	28	−0. 511	0. 061	1. 08	0. 86	1. 14	1. 1	1. 02	0. 89	1. 11	0. 5
29	29	0. 228	0. 056	1. 29	0. 91	1. 09	5. 7	1. 11	0. 9	1. 1	2. 1
30	30	−5. 661	0. 067	0. 82	0. 91	1. 09	−4. 3	0. 98	0. 6	1. 4	−0. 1
31	31	−2. 957	0. 342	1. 11	0. 92	1. 08	2. 6	1. 04	0. 93	1. 07	1. 1

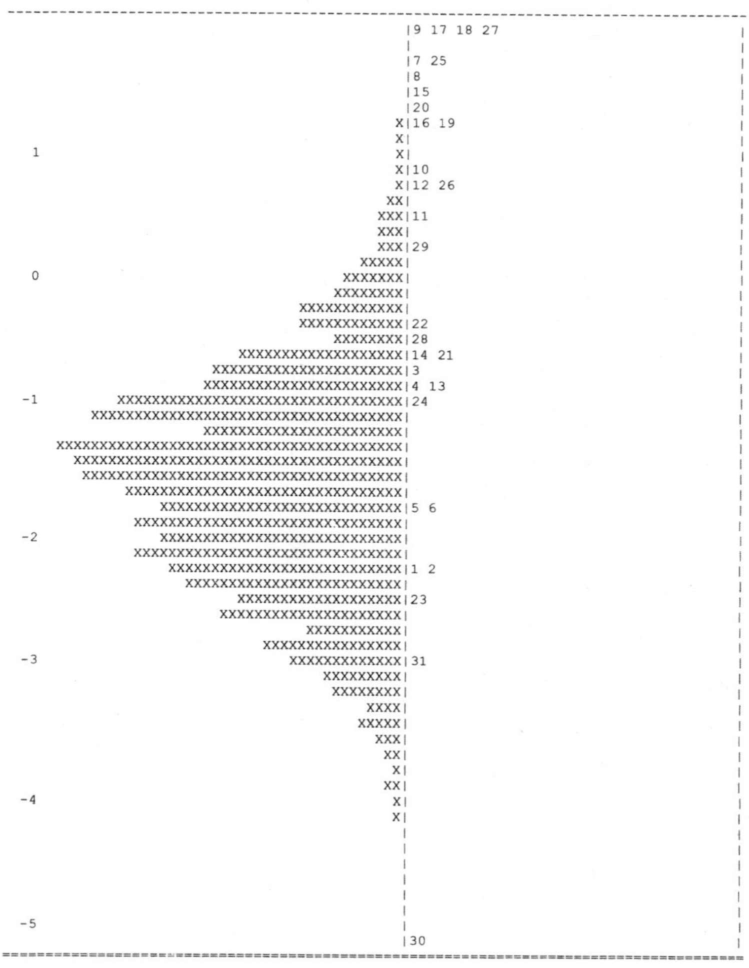

图 7.4　20 分游戏任务的变量图（每个“X”代表 1.9 个样本）

从以上对四个任务的单独讨论可知，每个任务的数据似乎都能提供与模型一致的能力和难度估计，因此单个任务与模型拟合较好。但问题的重点是，正如亚当森和达林-哈蒙德（第 15 章）所讨论的，没有一个任务可以单独提供发现高效教学干预点所要求的足够精确的学生能力估计，更不用说发展政策了。这也提醒了其他环境或联盟中的开发人员和使用者，必须为每个任务重新验证评分过程。想提供精确的开发证据，仅凭几个数据点作为协作或其他特征的指标似乎不太可能。从以上讨论可知，为了能够提供精确的学生能力估计，这些任务需要捆绑为一组测试，同时任务数据点的效率也需要认真考虑。下文将说明当对多组任务进行联合标定时，其结果的精确度、效度及效率。

○ 联合标定

能力和难度估计

对学生能力和指标难度的估计是以一系列编码、评分和分析方法为基础的，亚当斯等人（2015）对此已有论述。这一过程聚焦一系列评分标准，这些评分标准是根据 ATC21S 项目所使用的协作式问题解决的理论建构或概念框架而开发的。除了活动日志文件里的指标，学生还提供了一系列关于同伴评估和自我评估问题的反馈。有些情况下，这些题目可以确保与蓝图的匹配（Hesse et al. 2015）。

我们用了一个单参数项目反应模型来探索数据，确定数据的维度。我们假设了两个维度——社会性和认知维度。就像任务标定中使用的单参数模型所描述的那样，模型对数据的拟合非常好。图 7.5 展示的项目特征曲线给出了模型拟合的一个例子（这个具体指标是 U2L009——双方回答的一致性）。出于解释的目的，单参数更好些；双参数模型则用来提高模型与数据的拟合度。既然数据与单参数模型拟合良好，我们就用这一模型在不同的理论维度上标定数据。

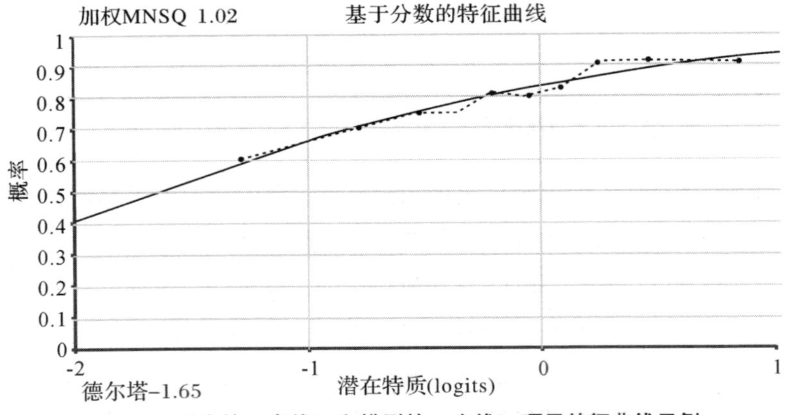

图 7.5 观察的（虚线）和模型的（实线）项目特征曲线示例

单维——单参数

联合标定结合了参与试验的所有国家的所有学生和所有任务的所有数据。它的执行基于一个单维框架的假设，即所有指标测量的是一个单一的建构。单维单参数分析结果显示，题目的区分信度为0.999，被试区分信度为0.814，远高于单任务标定结果。加权拟合均方（Infit MNSQ）的平均值为1.001，方差为0.002。学生能力的平均值为-0.182 logits（题目难度的平均值为0)，说明当所有任务组合在一起来评估时，学生能力略低于题目难度，反映出这是相对较难的评估。如图7.6所示，题目难度的分布较为理想，而且在学生能力的中等水平范围内存在足够多的题目，以区分不同协作式问题解决能力的学生。

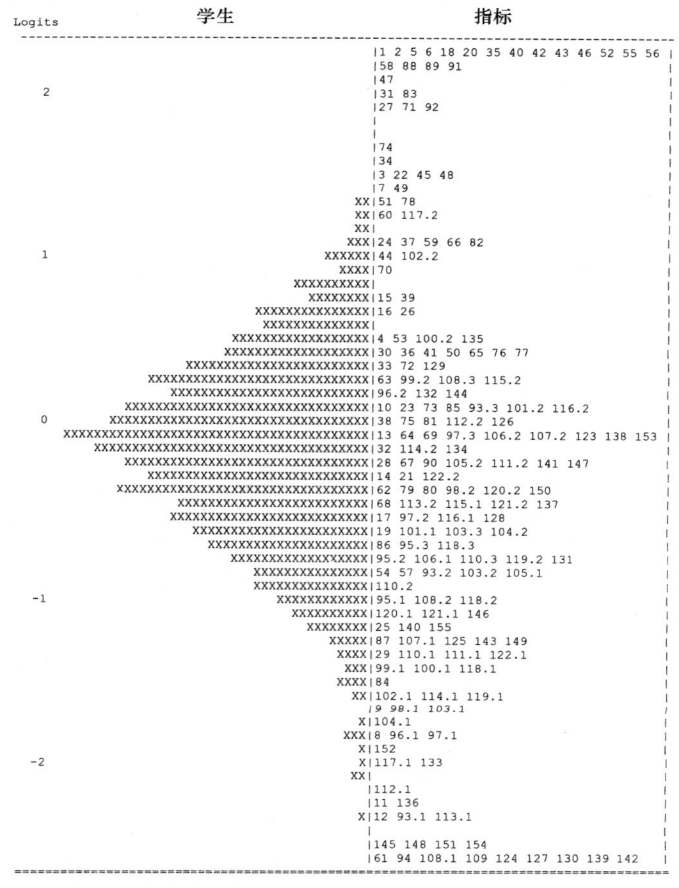

图7.6 单维单参数变量图（每个“X”代表6.6个样本）

两维——单参数

每个任务的问题解决（认知）方面和协作（社会性）方面可以被概念化为该建构的两个分离的维度。因此，我们对这两个维度分开进行尺度标定，以检验这两个维度是互不相同的还是高度相关的，从而来看单维假设是否站得住脚。两维分析的变量图如图 7.7（见下页）所示。

两维单参数分析结果显示，题目的区分信度为 0.998；被试区分信度在社会性维度上为 0.754，认知维度上为 0.770；Infit MNSQ 的平均值为 1.004，方差 0.003。

在社会性维度和认知维度上，学生能力的平均值分别为 0.560 logits 和 -0.824 logits，说明与认知维度相比，学生在社会性维度上的表现更好。两维的尺度标定结果显示，社会性维度和认知维度高度相关（$r = 0.788$），两个维度之间共同的学生方差达 62%，这表明在协作式问题解决中，社会性方面表现好的学生很倾向于在认知方面也表现得好。

五维度——单参数

我们也将介绍五个维度[①]的模型。这五个维度（St）是社会性维度（St1-参与，St2-观点采择，St3-社会性调节）和认知维度（St4-任务调节，St5-知识建构）下的理论要素。五维度模型变量图如图 7.8 所示。关于这些维度的原理解释，详见海塞等人的文章（2015）。

和前面一样，题目的区分信度为 0.999。被试区分信度，按维度报告如下：社会性维度，St1-参与 = 0.671，St2-观点采择 = 0.510，St3-社会性调节 = 0.728；认知维度，St4-任务调节 = 0.735，St5-知识建构 = 0.653。当试图将这五个理论要素视为单独的维度时，这些信度分数都是可接受的。其中，“观点采择”的信度最低为 0.510，一部分原因可能是很难测量学生“忽视、接受或调整他人贡献”（适应性回应）以及“意识到如何调整自身行为以更加适应他人”（受众意识-相互建模）的能力。

① 译者注：原文将“strands”视为“dimensions”，这里统一译为“维度”，后文简写的“St”亦是“维度”之意。

```
      社会性          认知              指标
------------------------------------------------------------
                 |        |1 2 5 46 52 88                  |
                 |        |                                |
                 |        |71 83                           |
                 |        |6 20                            |
                 |        |55                              |
                 |        |18 35 40 58 74                  |
                 |        |89                              |
                 |        |42 91                           |
 2               |        |                                |
                X|        |                                |
                X|        |43                              |
                X|        |56                              |
               XX|        |                                |
              XXX|        |47                              |
              XXX|        |31                              |
            XXXXX|        |27 92 135                       |
          XXXXXXX|        |77                              |
 1        XXXXXXX|        |34 63 129                       |
         XXXXXXXX|        |22 48 85 132 144                |
        XXXXXXXXX|       X|3 7 45 49 73 126                |
       XXXXXXXXXX|       X|51 60 78 81 123 138 153         |
         XXXXXXXX|       X|90 102 141 147                  |
         XXXXXXXX|       X|21 24 37 44 59 66 67 82 101     |
        XXXXXXXXX|      XX|62 79 80 106 150                |
          XXXXXXX|      XX|68 70 100 105                   |
         XXXXXXXX|     XXX|15 39 99 107                    |
 0          XXXXX|    XXXX|16 19 26 86                     |
            XXXXX|   XXXXX|4 54 57 96 97 111               |
             XXXX|   XXXXX|30 36 41 50 53 65 76 95         |
              XXX|XXXXXXXX|33 72 93 98 110                 |
               XX| XXXXXXX|25 103 104 108                  |
                X| XXXXXXX|10 23 87                        |
               XX|XXXXXXXX|29 38 75                        |
                X| XXXXXXX|13 32 64 69 84 115              |
                X| XXXXXXX|28 116 134                      |
-1              X|XXXXXXXX|14                              |
                X|XXXXXXXX|117 137                         |
                 |  XXXXXX|8 17 128                        |
                 |   XXXXX|133                             |
                 |   XXXXX|120 121                         |
                 |   XXXXX|11 114 122 131 136              |
                 |    XXXX|                                |
                 |     XXX|112 154                         |
                 |      XX|118 119 140 146 155             |
-2               |      XX|125 143 149                     |
                 |       X|113                             |
                 |       X|61 142 145                      |
                 |       X|9 127 130                       |
                 |       X|                                |
                 |        |139                             |
                 |        |151 152                         |
                 |        |                                |
                 |       X|94 124 148                      |
-3               |        |                                |
                 |        |12                              |
                 |        |                                |
                 |        |                                |
                 |        |109                             |
                 |        |                                |
                 |        |                                |
============================================================
```

图 7.7　两维单参数变量图（每个“X”代表 33.1 个样本）

```
Logits   维度1        维度2        维度3        维度4        维度5       指标
------------------------------------------------------------------------------------------
                  |            |            |            |            |
  4               |            |            |            |            |46
                  |            |            |            |            |
                  |            |            |            |            |52
                  |            |            |            |            |2
                  |            |            |            |            |
                  |            |            |            |            |88
                  |            |            |            |            |
  3               |           X|            |            |            |1 5 20
                  |           X|            |            |            |6 55
                  |           X|            |            |            |18 58
                  |           X|            |            |            |89
                  |          XX|            |            |            |
                  |         XXX|            |            |            |
                  |        XXXX|            |            |            |56 71 91
  2               |        XXXX|            |            |            |42 43 74 83 135
                  |      XXXXXX|            |            |            |40 129
                 X|      XXXXXX|            |            |            |35 92 132 144
                 X|    XXXXXXXX|           X|            |            |126 153
                XX|     XXXXXXX|           X|            |            |15 34 47 123 138
               XXX|     XXXXXXX|           X|            |            |141 147
  1          XXXXX|       XXXXX|         XXX|           X|            |31 51 68 80 150
            XXXXXX|     XXXXXXX|        XXXX|           X|            |27 63
          XXXXXXXX|      XXXXXX|       XXXXX|          XX|           X|48 77 85
        XXXXXXXXXX|        XXXX|     XXXXXXX|         XXX|           X|3 22 45 49 60 73 78
         XXXXXXXXX|         XXX|     XXXXXXX|         XXX|           X|7 16 39 44 59 66 82
          XXXXXXXX|         XXX|    XXXXXXXX|       XXXXX|          XX|21 67 70 90
          XXXXXXXX|          XX|    XXXXXXXX|       XXXXX|         XXX|4 24 50 53 79
  0       XXXXXXXX|           X|    XXXXXXXX|      XXXXXX|         XXX|19 37 101 102
           XXXXXXX|          XX|    XXXXXXXX|      XXXXXX|         XXX|57 62 86 106
              XXXX|           X|      XXXXXX|     XXXXXXX|         XXX|26 54 65 76 99 100 105 134
               XXX|           X|       XXXXX|  XXXXXXXXXX|        XXXX|72 107 110 111 115 116 133
                XX|            |        XXXX|     XXXXXXX|       XXXXX|25 30 33 36 41 95 96 97 108
                XX|            |         XXX|      XXXXXX|       XXXXX|29 64 75 81 87 93 98 117
                 X|            |          XX|       XXXXX|      XXXXXX|10 17 23 69 84 103 104 128
 -1               |            |           X|       XXXXX|      XXXXXX|13 38 136
                  |            |           X|        XXXX|      XXXXXX|28 32 114 121 122 131 154
                  |            |           X|        XXXX|      XXXXXX|14 112
                  |            |           X|          XX|       XXXXX|118 119 140 146 155
                  |            |            |          XX|       XXXXX|8 125 142 143 145 149
                  |            |            |           X|       XXXXX|113 120 127 130
 -2               |            |            |           X|        XXXX|11 139
                  |            |            |           X|         XXX|61 151
                  |            |            |           X|          XX|124 148
                  |            |            |            |          XX|152
                  |            |            |            |          XX|
                  |            |            |            |          XX|9
                  |            |            |            |           X|
 -3               |            |            |            |           X|
                  |            |            |            |            |
                  |            |            |            |            |94
                  |            |            |            |            |12
                  |            |            |            |            |109
                  |            |            |            |            |
 -4               |            |            |            |            |
                  |            |            |            |            |
==========================================================================================
```

图 7.8　五维单参数变量图（每个“X”代表 45.8 个样本）

学生在五个维度上的能力估计均值分别为：社会性维度，St1-参与＝0.368，St2-观点采择＝1.247，St3-社会性调节＝0.090；认知维度，St4-任务调节＝-0.500，St5-知识建构＝-1.159。这些维度之间的相关关系如表 7.7 所示。可见，学生在“观点采择”上的得分最高，尽管这可以说是最难测量的了。

表 7.7　五个维度的相关系数矩阵

	维度				
维度	1	2	3	4	5
维度 1					
维度 2	0.565				

续表

	维度				
维度 3	0.850	0.332			
维度 4	0.781	0.549	0.748		
维度 5	0.703	0.683	0.482	0.693	

注：对角线下方的值为相关系数。

从表 7.7 中可以看出，社会性维度中，“参与”和“社会性调节”的相关系数最高（0.850），变量之间的共享方差达 72%。“观点采择”和“社会性调节”的相关系数最低。本系列的第三卷将深入分析学生的平均能力差异对不同理论维度的影响。

○ 对任务组合的分析

如前文所述，这些任务不是为单独使用而设计的。当单独考虑时，有些任务能提供的数据点不足以达到解释的目的。协作式问题解决技能本身非常复杂，而且学生会使用不同的技能来解决问题，因此，为了能够更准确地描述学生的能力，我们建议将多种类型的任务组合成一套测试来作为评估工具。

每套测试至少要包含三个任务，学生大概需要 40~45 分钟完成。60 分钟的测试至少能够产生 40 个数据点，才能与一份包含 40 道多项选择题[①]的测验效率相当。学生的角色不影响对其能力的估计，这应是 CPS 任务设计的普遍要求。学生可以在任务之间从角色 A 切换到角色 B 而不影响对他个人能力的评估（反之亦然）。下文将以一组任务（一个测试）为例进行分析。我们用表格罗列了指标难度估计、估计误差、加权与未加权拟合指标以及置信区间。这些表格中也包括了测试中的问卷题目的估计。

在决定将哪些任务组合为一套测试时，当遵循以下原则：

1. 所需时间——完成一套测试所需要的时间应不超过 45 分钟，以便在一节课内完成，也应保证至少产生 40 个数据点；

2. 指标的数量与覆盖率——每套测试所涵盖的指标应能覆盖概念框架里的

---

① 译者注：“多项选择题”的英文是“multiple choice”，是指在多个选项中只有一个正确选项的选择题，等同于我们传统测验中的“单选题”，而非有多个正确答案的“多选题”。

所有要素以及学生能力范围内的难度水平；

3. 任务难度——考虑每个任务的整体难度，将指标难度估计的分布与预期的学生能力估计的分布相匹配，这样做是为了确保每一套测试的整体难度相近；

4. 指标区分度——考虑每个任务中指标的区分度，确保每套测试包含了足够的指标组合，以便区分拥有不同 CPS 能力的学生。

下面的分析描述了一套测试（包含橄榄油、搞笑小丑和仓库任务）的特征。选择这一任务组合作为示范，主要是因为前文已经呈现过橄榄油和搞笑小丑任务的单独数据。而选择仓库任务是因为它是基于数学课程情境的多页面任务。

当把这三个任务作为一套测试进行分析时，注意其 infit、outfit、误差和区分信度是如何大幅提升的（比较表 7.8 与表 7.3、7.4、7.5 和 7.6 中的数值）。

第 4 套测试的题目区分信度为 1.000，学生能力的平均值为 0.221 logits，被试区分信度为 0.694。加权 Infit 平均值为 1.00，方差 0.00，意味着该套测试能够成功地区分不同能力的学生，同时显示出了建构效度。指标难度和学生能力分布如图 7.9 所示。

表 7.8　第 4 套测试的参数估计和拟合

变量				未加权拟合				加权拟合			
题目①		估计	误差	MNSQ	置信区间		T	MNSQ	置信区间		T
1	1	0.259	0.041	0.98	0.91	1.09	-0.4	0.98	0.97	1.03	-1.1
2	2	0.471	0.046	0.98	0.87	1.13	-0.3	0.98	0.95	1.05	-0.8
3	3	1.035	0.047	1.07	0.85	1.15	0.9	1.05	0.93	1.07	1.4
4	4	-3.563	0.05	0.89	0.91	1.09	-2.6	1	0.64	1.36	0.1
5	5	0.282	0.041	1.06	0.91	1.09	1.3	1.05	0.97	1.03	2.9
6	6	1.284	0.042	0.92	0.91	1.09	-1.8	0.94	0.93	1.07	-1.8
7	7	-0.576	0.049	1	0.83	1.17	0	1	0.86	1.14	0.1
8	8	0.98	0.041	0.95	0.91	1.09	-1.2	0.95	0.95	1.05	-1.9
9	9	0.049	0.041	1.07	0.91	1.09	1.4	1.06	0.97	1.03	3.1
10	10	1.571	0.048	1.04	0.85	1.15	0.5	1.03	0.87	1.13	0.4
11	11	1.511	0.037	0.93	0.94	1.06	-2.4	0.96	0.94	1.06	-1.5
12	12	1.219	0.036	1.15	0.94	1.06	4.5	1.08	0.96	1.04	3.4
13	13	0.579	0.035	1.11	0.94	1.06	3.5	1.09	0.97	1.03	6.5

① 原书此处就分两列。

续表

变量				未加权拟合				加权拟合			
题目		估计	误差	MNSQ	置信区间		T	MNSQ	置信区间		T
14	14	−0. 381	0. 035	1. 03	0. 94	1. 06	0. 8	1. 01	0. 97	1. 03	0. 7
15	15	−1. 349	0. 039	1. 01	0. 94	1. 06	0. 5	1. 01	0. 93	1. 07	0. 4
16	16	−0. 005	0. 035	1. 11	0. 94	1. 06	3. 5	1. 1	0. 97	1. 03	7. 6
17	17	1. 021	0. 036	1. 06	0. 94	1. 06	1. 9	1. 04	0. 96	1. 04	2. 1
18	18	1. 49	0. 042	1. 14	0. 92	1. 08	3. 2	1. 07	0. 93	1. 07	1. 8
19	19	1. 766	0. 044	1. 12	0. 91	1. 09	2. 6	1. 03	0. 9	1. 1	0. 7
20	20	−0. 739	0. 045	1. 11	0. 89	1. 11	1. 9	1. 07	0. 92	1. 08	1. 7
21	21	−0. 548	0. 045	1. 04	0. 88	1. 12	0. 6	1. 03	0. 93	1. 07	0. 8
22	22	1. 261	0. 044	1	0. 9	1. 1	−0. 1	1. 01	0. 93	1. 07	0. 1
23	23	3. 95	0. 05	0. 75	0. 9	1. 1	−5. 5	0. 97	0. 61	1. 39	−0. 1
24	24	2. 409	0. 046	0. 94	0. 92	1. 08	−1. 4	0. 99	0. 86	1. 14	−0. 2
25	25	1. 623	0. 044	0. 92	0. 91	1. 09	−1. 8	0. 96	0. 91	1. 09	−0. 9
26	26	1. 388	0. 043	0. 94	0. 91	1. 09	−1. 2	0. 96	0. 92	1. 08	−1
27	27	1. 596	0. 043	1. 12	0. 91	1. 09	2. 5	1. 05	0. 92	1. 08	1. 1
28	28	1. 359	0. 044	1. 01	0. 9	1. 1	0. 2	1	0. 92	1. 08	0
29	29	4. 071	0. 05	0. 71	0. 9	1. 1	−6. 5	0. 98	0. 58	1. 42	0
30	30	−0. 506	0. 017	1. 35	0. 95	1. 05	12. 7	1. 19	0. 94	1. 06	6. 3
31	31	−0. 454	0. 025	1. 1	0. 95	1. 05	3. 8	1. 1	0. 96	1. 04	4. 7
32	32	−0. 699	0. 024	0. 92	0. 95	1. 05	−3. 1	0. 93	0. 96	1. 04	−3
33	33	−0. 736	0. 019	0. 92	0. 95	1. 05	−3. 2	0. 94	0. 95	1. 05	−2. 3
34	34	−0. 796	0. 024	0. 89	0. 95	1. 05	−4. 4	0. 92	0. 95	1. 05	−3. 4
35	35	−0. 161	0. 021	1. 01	0. 95	1. 05	0. 5	1. 01	0. 96	1. 04	0. 5
36	36	−0. 79	0. 022	1. 12	0. 95	1. 05	4. 6	1. 1	0. 96	1. 04	4. 3
37	37	−3. 814	0. 048	0. 77	0. 95	1. 05	−9. 7	0. 98	0. 76	1. 24	−0. 2
38	38	−0. 705	0. 019	1. 06	0. 95	1. 05	2. 3	1. 06	0. 94	1. 06	1. 9
39	39	−0. 419	0. 023	1	0. 95	1. 05	0. 1	1	0. 96	1. 04	0
40	40	−1. 028	0. 027	0. 87	0. 95	1. 05	−5. 3	0. 9	0. 95	1. 05	−4. 3
41	41	−0. 492	0. 024	0. 94	0. 95	1. 05	−2. 3	0. 95	0. 96	1. 04	−2. 6
42	42	0. 14	0. 021	1. 07	0. 95	1. 05	2. 7	1. 06	0. 97	1. 03	3. 5
43	43	0. 004	0. 028	0. 95	0. 95	1. 05	−2. 1	0. 95	0. 95	1. 05	−2
44	44	−0. 722	0. 02	0. 79	0. 95	1. 05	−8. 9	0. 86	0. 94	1. 06	−4. 8
45	45	−0. 805	0. 025	0. 82	0. 95	1. 05	−7. 5	0. 88	0. 95	1. 05	−4. 8

续表

变量				未加权拟合				加权拟合			
题目		估计	误差	MNSQ	置信区间		T	MNSQ	置信区间		T
46	46	−0. 338	0. 022	0. 93	0. 95	1. 05	−2. 7	0. 95	0. 96	1. 04	−2. 5
47	47	−3. 175	0. 048	1. 1	0. 93	1. 07	2. 8	1. 01	0. 76	1. 24	0. 1
48	48	−1. 176	0. 038	0. 98	0. 94	1. 06	−0. 7	0. 99	0. 94	1. 06	−0. 2
49	49	−2. 65	0. 047	1. 02	0. 93	1. 07	0. 5	1	0. 8	1. 2	0. 1
50	50	−0. 578	0. 036	1. 01	0. 94	1. 06	0. 3	1. 01	0. 96	1. 04	0. 3
51	51	−3. 099	0. 048	1	0. 93	1. 07	−0. 1	1. 01	0. 77	1. 23	0. 1
52	52	−1. 012	0. 272	1. 05	0. 94	1. 06	1. 7	1. 03	0. 95	1. 05	1

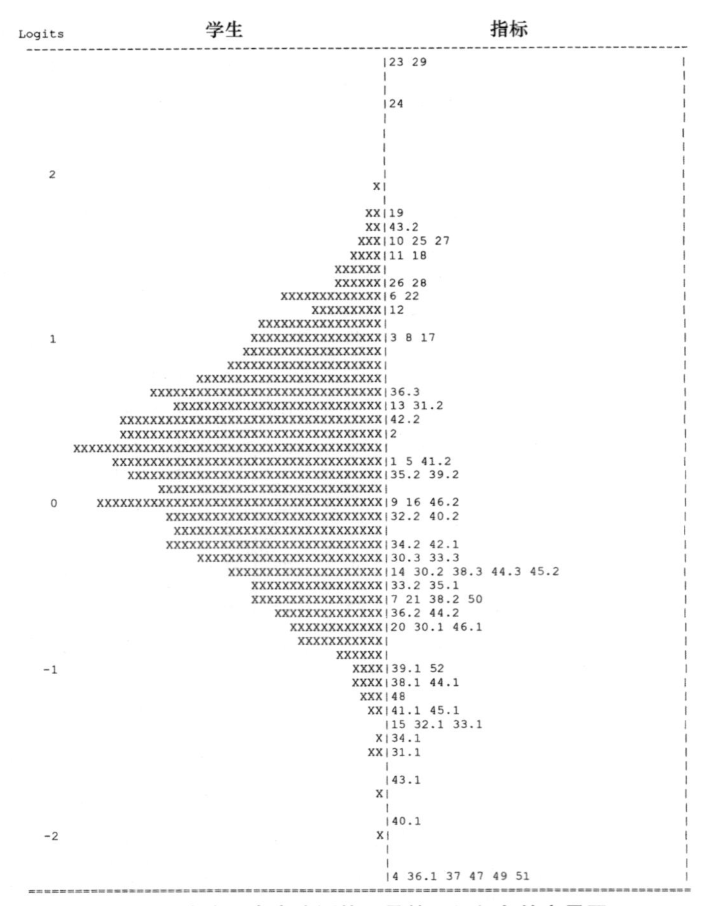

图 7.9　作为一个内洽评估工具的一组任务的变量图

○ 检查评估偏差

搭档的独立性

关于测量协作式问题解决的最佳方式是使用人机（Human-to-Agent，H2A）互动还是使用基于互联网的人人（Human-to-Human，H2H）互动，学界一直在关注和讨论。无论是用其中的一种方式还是两种都用，都是有原因的。在ATC21S项目中，我们不考虑人机互动，尽管有一个任务是让计算机与参与的学生进行对抗的游戏。

ATC21S项目一直秉承的观点是人人互动更有利于对协作进行有效的测量，因为可能很难让一些利益相关者相信人机互动是真正意义上的协作。因为使用人机互动可能会产生表面效度的问题。但有一点是清楚的，就是不管用哪种互动方式，一个建构都可以作为一个可测量的整体被很好地定义和勾画。无论利用人机互动与利用人人互动分析得到的建构是否一致，人机互动的效度都仍待确定。目前已有大量研究在协作式学习中使用了人机互动，似乎假定了这一做法正在被应用到协作式问题解决中。

ATC21S项目的数据表明，一些关于人人互动分析效能的关切可能有待进一步论证。一个主要的担忧在于不同协作能力水平的学生之间的协作，以及学生根据搭档或搭档们的能力进行自我调整的能力。这一担忧的核心问题是，如果一个组内的学生能力不对称，那么是否会影响到对学生个体的评分，以及是否会反映在对总体参数的估计上。

ATC21S项目的任务只有两两协作，没有扩展到更多数量的协作者。然而，最主要的一个问题还是协作者们能力之间的差异是否会影响到个体和整体的得分。

项目功能偏差

ATC21S项目到目前为止都尚未阐明两名学生协作能力的差异是否会影响个体评估的问题。这一问题对教学有着重要的启示，所以我们还需要在个体层面和班级层面对该问题进行探究。

虽然该项目已经提出了这一问题，但就其整体数据而言，似乎与PISA的研究目的更为一致。为了避免项目功能偏差，任何对学生A和学生B不对称的指标，都会被分开评分，以使项目反应理论能够将任何差异都考虑在内。

需要铆题，即学生 A 和学生 B 同时评分的题目，来建立他们各自独立或独有的指标，以计算学生的整体能力。起初，一些指标只是在概念上被指定或假设为是学生 A 和学生 B 所共有的。一旦获得足够的试验数据，我们就可以分析学生 A 和学生 B 的这些指标的频次，从而确定它们在学生 A 和学生 B 的角色上是否有着同样的表现方式。只有这样，我们才能把这些指标作为学生之间的共同题目。

该项目将学生 A 和学生 B 看作子群体来进行项目功能偏差分析。只有当学生 A 和 B 在同一个指标上都得了分时，这种分析才能实现，这一点在搞笑小丑或共享花园这样对称的、学生得分的概念基础相同的任务中更为明显。在所有的任务中，确实有一些例子是两名学生在同一个指标上都有得分的。

表 7.9 呈现了 1040 名学生（A 和 B）在共享花园任务上平均能力的差异。如所期望的那样，学生 A 和学生 B 没有显著差异。学生 A 的均值为 0.018 logits，高于学生 B，但测量误差为 0.028 logits，因此推论无显著差异。

表 7.9　学生 A 和学生 B 在共享花园任务上的平均潜在能力的差异

变量				未加权拟合				加权拟合			
题目		估计	误差	MNSQ	置信区间		T	MNSQ	置信区间		T
1	A	0.018	0.028	0.99	0.88	1.12	−0.1	0.99	0.88	1.12	−0.2
2	B	−0.018	0.028	0.99	0.88	1.12	−0.2	1	0.88	1.12	0

我们的分析结果表明，在整体层面上，对于学生 A 和学生 B 的角色来说，同组两个学生的能力是否对称是一个无关紧要的问题。整体数据显示，学生 A 和学生 B 的角色几乎没有差异。从这方面来讲，无所谓谁当学生 A，谁当学生 B。

项目基于学生 A 和学生 B 共同完成的指标数据来进行项目功能偏差分析。图 7.10 展示了项目功能偏差分析的一个案例。这是共享花园任务的 U4L006 指标——解决方案（把植物放在共享花园的正确位置）。正如所预期的，当在整体层面上比较学生 A 和学生 B 时，这些类型的题目功能没有差异。

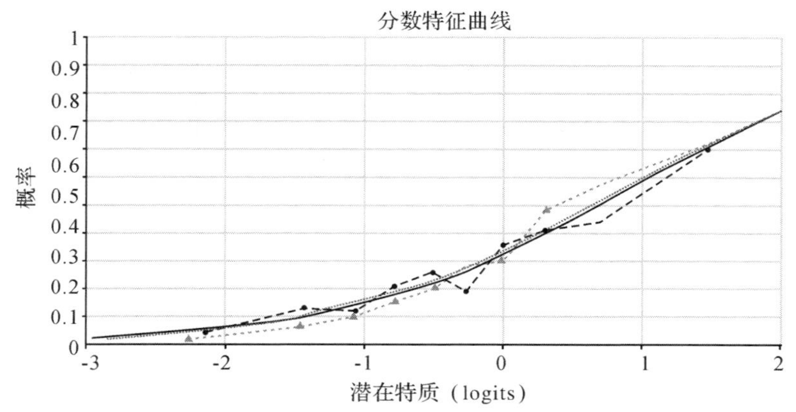

图 7.10　学生 A 和学生 B 项目功能偏差-典型情况

注：黑点为学生 A 的观察概率，三角为学生 B 的观察概率，光滑实线为模型曲线。

○　各国的任务组合

任务被组合为评估学生协作式问题解决能力的工具。这些任务组合是为了在各国使用而设计的，因此，确保个体指标难度对各国没有实质性的差异非常重要。对四种不同的任务组合在六个参与国试验的数据分析结果表明，不同国家之间，指标难度没有显示出太大差异。重要的是，尽管数据没有表明所有国家的学生有相等的能力水平，但对所有参与试验的六个国家的测量而言，指标本身是足够稳健的。

图 7.11 显示出了指标难度在各国之间的稳定性。这些散点图比较了由橄榄油、仓库和小丑任务组成的测试指标的心理测量学特征。澳大利亚的数据被用来作为与其他参与国比较的基线。所有参与国和任务组合用的都是相同的程序，并有着相同的结果。以 95%的置信带（confidence bands）来识别其他国家与澳大利亚的数据存在显著差异的指标。从图 7.11 可以看出，难度估计显著不同的指标是比较罕见的。因此我们可以说，这些指标及其相对难度可以用来对每个参与国背后的建构做出一致的解释。换言之，对这六个国家而言，这组任务及其相关指标测量的是同一个建构，不受各国课程、语言或文化差异的影响。

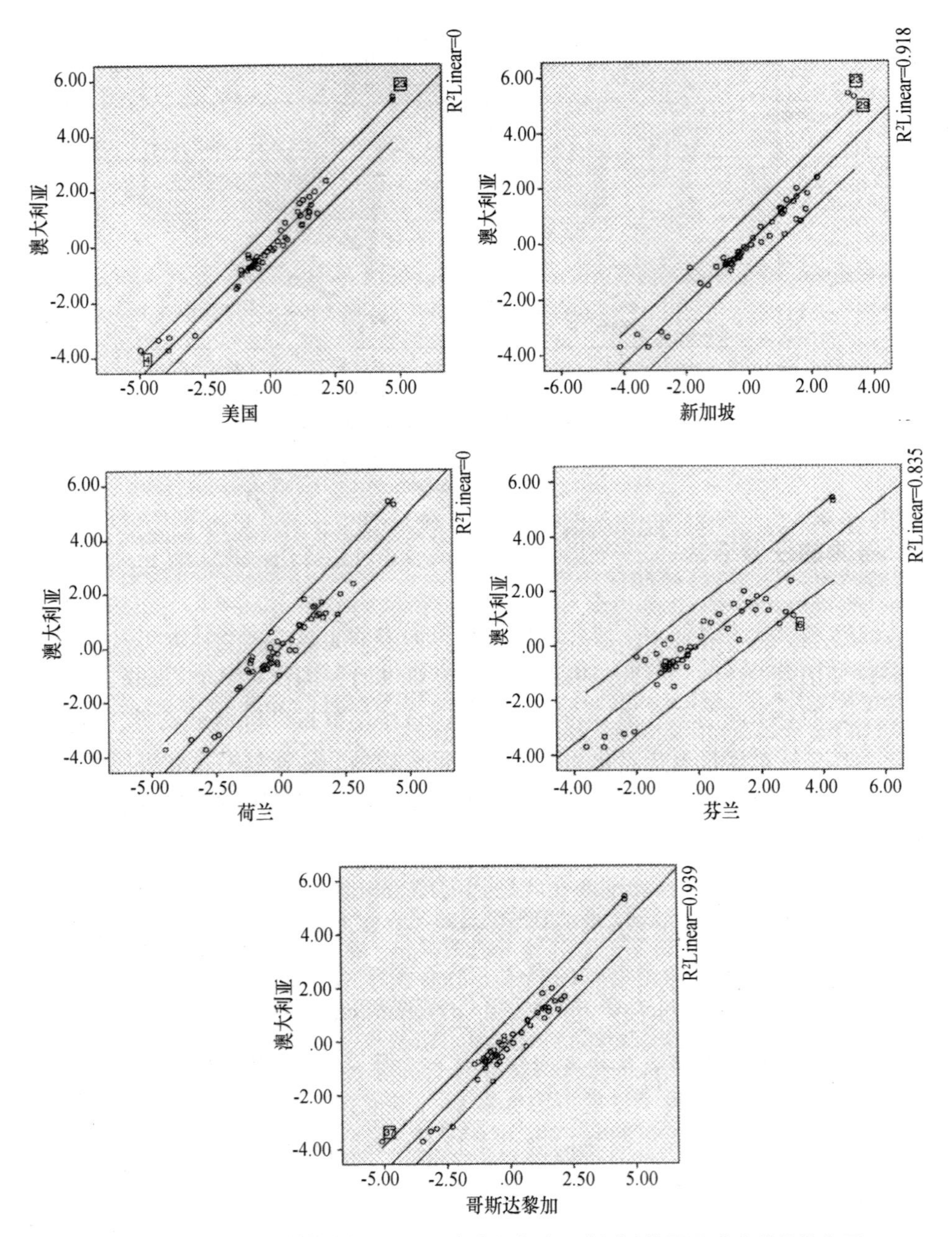

图 7.11　各国之间以橄榄油、小丑和仓库任务为一套测试的题目难度差异散点图

与澳大利亚估计值相比的所有任务指标难度

散点图表明这组任务在各国都很稳健。我们也分析了所有指标的联合数据。图 7.12（见下页）显示了澳大利亚与其他五个国家在指标难度参数估计上的比较。这些散点图表明，当以国家为单位分析指标时，所有指标的难度估计值之间存在很强的相关性（相关系数都大于 0.8）。这些数据表明了这样的观点：任务不仅单独使用时是稳健的，而且总体任务可以用来解释六个国家测试的学生潜在能力。散点图中 95% 的置信带有助于确定在统计上显著的离群点（outliers）。有些指标只有少数学生得到了报告。在一些案例中，做到某个指标的学生在一个国家里不到 5 名，这样的数据量不足以获得这一指标难度在这一国家的准确估计。所以这些可能不是真正的离群点。关于国家之间的差异，将会在本系列的第三卷中继续讨论。

○ 学生结果的解读和报告

由于在任务测试之前，未让学生做过相关任务，因此无法确定学生能力水平的基准线。ATC21S 项目背后的政策要求是，向师生呈现结果时，不论学生的年龄或教育水平如何，都不应呈现分数，而是描述学生的技能、知识和能力现状，以给学生进步的机会。ATC21S 项目报告的核心内容是学生在社会性和认知技能发展上的不同方面，以及学生已达到的学习准备水平。有关该报告的进一步解释可见伍兹、芒廷和格里芬的文章（第 14 章）。这些水平的课程启示，以及普遍的学习准备水平，将成为 21 世纪学校教与学的重要方面。

开发一个技能进阶

我们根据难度参数估计对指标进行排序。指标的层级描述被重新评估，直到它们可以在更宽泛的 CPS 框架内以一种紧密联系的方式做出解释。这样一个迭代过程能够确保概念描述是由指标位置支持的，反过来，可以使用指标行为的描述为建构连续体的解释提供信息。同时，这一审核过程也澄清了哪些指标的参数估计（或在变量上的位置）与理论模型不符。考虑到这些指标对建构的整体结构没有什么信息价值或意义，所以我们把它们删除。

排序后，剩下的指标被分成两个维度——社会性和认知。接下来，我们对

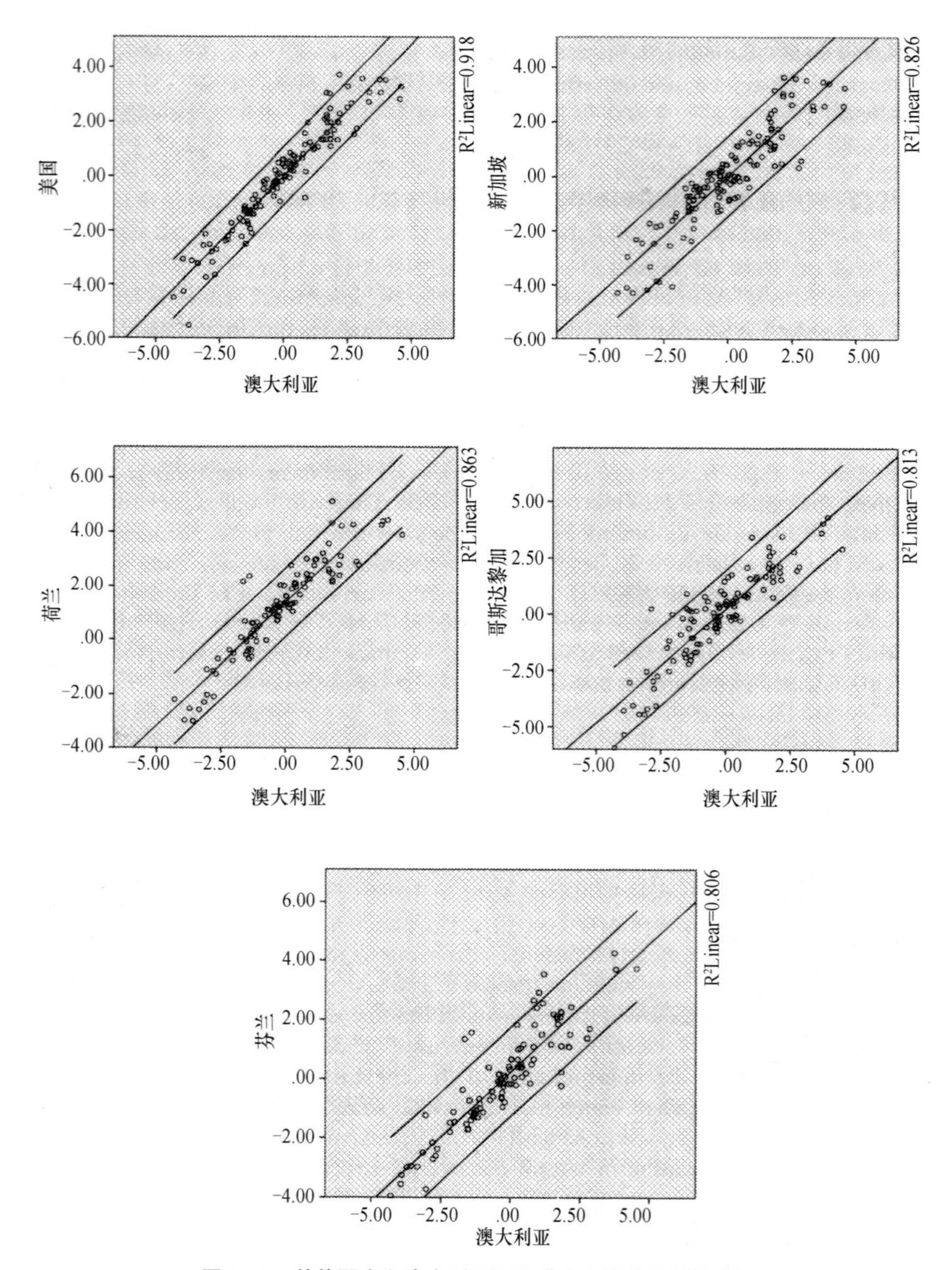

图 7.12 其他国家和澳大利亚题目难度之间的差异散点图

建构（或发展进阶）的水平做出了解释，以帮助教师识别能力相当的学生组，为大致处于同一能力水平的学生进行有针对性的教学做好准备。在这两个维度中，可以确定出五个水平来代表从“新手到专家”的这一进程。对解释几乎没有价值或影响的指标则一并删除。项目组的目标是在发展进阶的每个水平上确定 20 个左右的描述或表现指标。

数据以单一维度解释，确定了技能进阶的五个水平或能力增长的五个阶段。

据艾斯纳的文章（Eisner 1993），标准的使用涉及判断的执行，能够给出判断的理由，以及具有对标准与所评估领域相关性的专业理解。教师必须能够判断一个学生能力水平的高低，能够解释这个决定，并具有产生这些差异的专业领域知识。相似地，当定义潜在变量（建构或发展进阶）的水平时，教师需要有能够定义这些水平的实质性的专业知识，以及明确这些水平之间的界限的能力。换言之，教师需要发展协作式问题解决的专业知识，以便有效利用所提供的信息。

这一要求也对测验任务开发人员提出了更多挑战，而不仅是描述展示的指标，或者按照预先确定的及格线、期望分数或标准的百分数来刻画能力而已。如果要用数据来描述协作式问题解决的能力水平，那么这些数据必须能够让教师定义不同水平的范围，确定在素养增长连续体或阶段上区分不同水平的标准或阈限。除此之外，很重要的一点是，要根据学生能够做什么来确定学生处于何种水平，而不是根据学生回答正确的指标数量。这对任务开发人员的测量专业知识提出了较高的要求，尤其是在没有要求所有学生完成同一套测验的情况下。因此，必须有一套发展理论，要有对表示进程的不同任务的理解以及对学生在这些指标上的表现进行观察的能力。这些观察也必须发生在能够使能力的推断超出 CPS 指标样本的情况下。推断是效度的基础（Messick 1994）。开发人员或联盟组织如果忽视这些要求且使用过分简单的编码系统，可能会向用户和教育系统提供错误的信息。

虽然对测验开发人员来说这些要求比较高，但这是合理的。这些要求可以由一系列假设来支持，这些假设可以将标准参照（criterion referencing）和项目反应建模（item response modelling）结合起来，以有助于定义变量或建构，以及能力增长的水平或阶段。

假设

- 可以构建一组连续体来描述特定学习领域的发展或生长。这一连续体定义了可测量的，并具有方向和数量单位的建构。

- 连续体本身并不存在，而是通过实证研究构建而成，以帮助解释学习行为的观察结果。

- 每个连续体可以由一组紧密联系的、表示学习领域不同表现程度的指标行为来定义。这些行为可以通过学生在代表性任务上的表现来验证，被视为直接或间接的表现水平指标。

- 并非所有行为都可以被直接观察。可以利用相关的间接行为，结合可直接观察的行为来描述素养或能力。

- 指标（行为或任务描述）可沿着连续体，根据成功完成任务所需要的熟练程度或能力进行排序。

- 可依据个体展示的行为表现或能够完成的任务对不同个体在连续体上排序。这些行为表现进而为熟练程度或能力水平提供实质性的解释。

- 连续体的构建不需要确定或观察所有的行为或指标。可通过任何代表性的、连贯一致的、能够覆盖这一连续体的水平范围的指标样本来界定。

- 没有任何一组指标、任务、题目或行为能够完全界定某一连续体或领域，尽管可能会存在一组被普遍认为在构建连续体中很重要的指标。

- 尽管用于构建连续体的指标之间是相关的，但并非因果关系。低阶指标的观察并非是高阶指标观察的必要或强制条件。高阶指标的存在意味着已具备低阶指标行为表现。高阶指标与低阶指标之间的关系并不是因果关系，而是概率性的。

标准和基准

“素养增长进程的阶段”（Glaser 1963，1981）这个词在评估设计和标定中很重要。标准参照的解释提供了将个体或变量指标的位置与某个学生或学生群体能做什么联系起来的机会，而不是关注相对于某个百分比或群体的得分或表现。这能对能力增长的水平做出实质性的解释。

在不提及标准的前提下，有关素养增长阶段的发展或进程的讨论是不完整的。今天的标准在10年后是不可接受的。在21世纪技能的背景下，随着这些技能越来越频繁地应用于教育和工作场所，预期的能力水平会发生迅速变化。今天，我们用来区分“合格”和“不合格”，或“掌握”和“没掌握”之间的界限，是基于一个团队的经验和对合理预期的理解来确定的。这基本上是一个基于对任务的理解和对学生群体发展速度预期的规范化的过程。这些标准的设置在于帮助树立这样一个观念——个体、工作场所和教育系统有一个可以接受的最低水平的表现。一个标准就是一个连续体的门槛，用于代表一些具有特定意义的成就水平。用以区分“合格”和“不合格”，或“能胜任”和“不能胜任”的界限有时是根据专家组的经验和对合理预期的理解来确定的。因此，在标准参照框架中，一个标准就是一个阈值，用以在特定时刻帮助决策。但是在 21 世纪技能的背景下，这或许是不可能的，因为技术对教育和工作技能的影响的变化速度太快了。

因此，当需要更好更高的结果时，标准就需要调整。事实上，结果的改进是受到认可并得到期许的，这本身就意味着对潜在连续体的存在的默认，这就使得标准和能力水平可以“移动”。当我们更清楚人们对 21 世纪技能水平的期望是如何变化的时候，就可以通过开发更好的教与学的方案以及更好的标准制定方法，以轻松应对这些变化。

认知和社会性素养水平

在表 7.10 中，协作式问题解决技能进阶被描绘为是单维的。呈现的第二个模型分别考察了社会性和认知维度（表 7.11）。最后描述了一个五维的技能进阶（表 7.12）。这些实质性的解释产生于 CPS 任务的认知和社会性技能，以及观点采择、参与、社会性与任务调节、知识建构等子维度。参照表现描述的具体水平使发展性连续体上的素养增长阶段能够被定义、解释和为教学干预所使用。

ATC21S 项目数据分析的主要目的是确定由学生在认知和社会性发展连续体上的技能水平（或素养水平）。专家小组确定并解释了每一个素养水平。个体达到的水平表示个体在完成 CPS 任务时通常表现出的素养水平。ATC21S 采用的这种方法也为教师指出了教学干预的重点。当分布在各水平上的学生样本合理时，在学校和国家课程层面上，这些信息与数据将有助于教学干预和课程规划。如在学校层面，教师应根据学生的素养水平设计教学重点，巩固学生已有知识，并制定达到更高素养水平的目标。这就是维果茨基所说的支架教学（scaffolding）。在国家层面，新的资源（教学/学习材料）需要开发，教师培训需要更新，以使教师能够恰当地应对不同素养水平的学生。对此，ATC21S 系统开发了一系列的专业发展模块，详见伍兹等人的文章（2015）。

表 7.10　协作式问题解决的单维解释

水平	名称	描述
6	通过协作过程解决问题的策略性方法	在问题解决的过程中，学生相互协作，为成功完成复杂的任务而承担小组责任。学生只使用相关的资源，高效、系统地解决问题。他们调整交流，考虑搭档的反馈，化解冲突。
5	高效的搭档关系	学生的行动是有计划性和目的性的，他们确定因果关系，基于先备知识制定目标。学生促进互动，回应搭档的贡献，但可能不会化解冲突。学生调整原先假设，使用合适的策略获取更复杂任务的正确解决方案。
4	合作规划	学生坚持通过多种策略成功完成子任务和简单任务。他们已经有了认识自身和搭档能力水平的意识。他们努力达成共识，通过与搭档制定策略和修正目标来增进合作。学生采用一系列有顺序的手段，并能识别多个信息片段之间的关系和模式。
3	对搭档的关注	学生在问题解决过程中，认识到搭档的重要性，并努力解决问题。学生意识到自身缺乏必要的资源，然后开始与搭档分享资源与信息，但不考虑资源之间的关系。学生汇报自己的工作，为搭档的理解做出自己的贡献。
2	探究问题	学生试图通过有限的分析以更好地理解问题。学生评估利用自己的资源，开始检验假设，生成宽泛的目标。与搭档的互动仅限于重要事件。
1	独自的低效探索	学生独自探索问题空间，丝毫没有协作的迹象。学生的方法缺乏系统性，只关注孤立的信息碎片。与搭档的互动仅限于简单的确认。

表 7.11　协作式问题解决的两维解释——社会性和认知

水平	名称	社会性	名称	认知
6	合作与共享目标	在问题解决的过程中，学生保持协作，承担小组责任。采纳并利用搭档的反馈来确定解决方案或修正错误方案。学生能够评价自己和搭档的表现并理解任务。学生能够和搭档有效地调整交流和管理冲突，在推进任务之前消除差异。	完善策略性的应用和问题解决	学生有序与系统的探究使得他们在较少的尝试后就取得成功，并在最短时间内完成任务。学生和搭档一起，只识别和使用相关的有用的资源。学生对问题有很好的理解，能够重构或重组问题以试图寻找其他可替代的解决路径。

续表

水平	名称	社会性	名称	认知
5	赞赏并重视搭档关系	学生在提供支架和不提供支架的环境中都积极参与。学生发起并推进与搭档的互动，承认并回应搭档的贡献。 尽管做出了努力，但在理解上的差异可能还无法完全解决。 学生能够在任务中评论搭档的表现。	高效的工作	学生的行动看起来是经过深思熟虑的，具有计划性和目的性，看出了子任务的必要顺序。 学生能识别因果关系，基于先备知识设置目标，在简单和复杂任务上采用合适的策略获取正确的解决方法。学生能够根据新的信息，修改原来的假设，检验备择假设，并调整另外的或其他替代的思考。
4	相互的贡献	学生通过反复尝试或多种策略，坚持完成任务。他们与搭档共享资源与信息，并在必要时协调沟通，以提高相互和共同的理解。学生意识到搭档在任务上的表现，并能评论自己的表现。	策略性的规划和执行	学生能够识别多条信息之间的关系和模式。学生与搭档共同进行策略的规划，以简化问题、聚焦目标、加强合作。学生采取策略性的有顺序的试验和更为系统的探索。学生能够成功地完成子任务和更简单的任务。
3	合作意识	学生努力解决问题。他们开始意识到搭档在协作式问题解决过程中的作用和与搭档合作的必要性。他们与搭档讨论任务，并帮助搭档理解。学生向搭档汇报自己在任务上的活动。	共享和联结信息	学生认识到需要更多的信息，意识到自己可能不具备所有的必要资源，并给搭档分配自己的资源。学生试图收集尽可能多的信息，并将其联系起来。
2	支持性的工作	当有支架的时候，学生积极参与任务，但大部分是独立完成。搭档之间的交流更为频繁，但仅限于开展任务所需的重要事件和信息。	创建信息	学生识别出行动可能的因果关系，对任务概念有初步理解，并开始检验假设和规则。学生仅使用自己拥有的资源和信息分析问题。学生制定的目标仍很宽泛。

续表

水平	名称	社会性	名称	认知
1	独立的工作	学生独立完成任务，仅有的互动来自搭档，还是根据任务指示来的。他们可能认识到来自搭档的交流提示，但尚未开始协作。大部分交流发生在指示清晰的任务开始阶段。	探索	学生仅在有任务指示时，采用单一的方法探索问题空间，且聚焦于零碎信息。试错是随机的，几乎没有证据表明学生能够理解行动的后果，从而导致任务没有进展。

从五个维度描述中可以看出，在“参与”的发展进程中，没有最高水平的行为描述。参与技能进程的第五水平即表现出明显的天花板效应。回顾一下，当用五维单参数项目反应模型来对指标进行标定时，“参与”维度上的被试区分信度比其他维度的要低。当一个维度的最高水平上没有指标，尤其是当学生在这一维度上得分最高时，这一结果是可以预期的。在任务设计的背景下，对此最好的解释是，学生参与完成任务的强烈动机来自任务的形式，但是这些指标未能充分阐明“参与”的最高表现是怎样的，比如学生在任务极其困难的情况下仍坚持不懈。这是该测验设计的一个局限之处，尽管在任务设计的其他约束下，这可能是一个必要的限制。

在“观点采择”和“社会性调节”的较低水平处，没有相应的数据或指标行为，我们因而无法鉴别或界定这些技能进阶的低端水平。这意味着，“观点采择”和“社交调节”可能需要学生有更高的整体协作式问题解决的能力，才能观察到这两个维度的行为表现。换言之，协作式问题解决框架中的某些子技能或要素可能会推动其他子技能的发展。

“观点采择”的水平 2 被描述为“学生对搭档未做出明确回应，往往很长时间后回应或者直接不回应，忽视搭档的贡献”。处于水平 2 以下的学生可能会完全忽视搭档的存在，然而无论他是故意忽视还是不知道有搭档存在这回事，我们都认为他的“观点采择”能力处于最低水平。这些任务的交互性质限制了对如此低的“观点采择”能力的测量。在任务开始之前，教师会告诉学生他们会有一个搭档，而且任务的设计也是基于学生会考虑搭档这一假设。因此，就“观点采择”来说，几乎是自动的，学生必须从水平 2 开始。

表 7.12　协作式问题解决的五维度解释

水平	社交			认知	
	参与	观点采择	社会性调节	任务调节	知识建构
6		学生在任务开始时，能够意识到搭档的理解并据此调整交流。 学生在建议新的问题解决路径或修改错误路径时，纳入搭档的贡献。在问题解决过程中，学生使用搭档提出的方法，并加强协作。	为了成功完成任务，学生须承担小组责任。他们在任务推进前，能有效地处理与搭档的冲突。学生能够评价自己在任务中的整体表现，也能够根据搭档在任务中的表现对其优势或劣势做出评价。	学生的方法具有系统性。即使任务难度增加，也能继续进行后续的系统性探究。学生不需要太多尝试，所以能在最短时间内完成任务。学生了解哪种资源最有用，和搭档一起找出相关资源，舍弃在前期试验中被证明是无用的资源。	学生能很好地理解问题，能够重构或重组问题，以试图找出新的解决路径。
5	学生能够在有支架和没支架的环境中积极参与。他们常常在输入自己的答案前，发起和推动与搭档的互动。	学生承认并回应搭档的贡献，但不会改变原来的行动方案。	学生试图解决和搭档在理解上的差异，但未果。学生能够对搭档在任务中的表现做出评价。	学生能够确定为完成任务的子任务的必要顺序。其行动经过深思熟虑，具备计划性和目的性。学生根据从先前目标的结果和子任务的完成情况获得的知识与经验来计划目标。学生会记下那些在后面（子）任务或替代解决路径中有用的信息。	学生能够识别因果关系，使用合适的策略获取简单或复杂任务的正确解决方案。 学生能够根据新的信息，修改原来的假设，检验备择假设，并改变思考过程。

续表

水平	社交			认知	
	参与	观点采择	社会性调节	任务调节	知识建构
4	学生通过反复尝试或使用多种策略，坚持完成任务。	学生修改与搭档的沟通，以增进相互理解，共享资源和信息。	学生向搭档汇报自己在任务中的活动。	学生采取策略性的有顺序的试验和更为系统的探索。学生目标设置更具体，在任务推进前专注于子任务的完成。学生简化问题，与搭档一起分阶段分析问题并规划策略。	学生能够识别多条信息之间的关系和模式。学生能够成功完成子任务和简单任务。
3	学生努力解决问题。学生通过对交流提示和请求做出回应来与搭档讨论任务。	学生对搭档的理解做出贡献。	学生根据自身表现对搭档做出评论或分享信息。学生关注到搭档在任务中的表现。学生与搭档能够对任务达成共同的理解。	学生意识到需要更多的任务信息，并开始收集尽可能多的信息。学生意识到自己可能不具备所有的必要资源，并给搭档分配自己的资源。	学生开始把信息碎片联结在一起。
2	学生意识到搭档的作用，并在有支架的情况下积极参与任务。搭档之间的交流更为频繁，但仅限于开展任务所需的重要事件和信息。	学生对搭档未做出明确回应，往往很长时间后回应或者直接不回应，忽视搭档的贡献。	学生还是基本独立地为自己在任务中的行动负责。学生知道自己的任务表现。	学生仅使用自身拥有的资源和信息，根据系统指示分析问题。学生充分利用自己的资源。学生制定宽泛的目标，如完成任务。	学生基于已有信息检验假设。能够识别出行动可能的因果关系，并反复尝试以获取有关行动结果的更多信息。

续表

水平	社交			认知	
	参与	观点采择	社会性调节	任务调节	知识建构
1	学生主要根据系统指示独立开展任务。与搭档互动较少。学生可能意识到搭档的交流提示，但还未开始协作（如分享信息或资源）。学生与搭档的交流多数发生在任务的开始阶段和指示清晰的任务中。			学生随意点击各种资源来探索问题空间。然而，如果学生难以理解任务，那么他们几乎不再探索问题空间。他们使用单一的方法进行试错，以试图建构问题空间的知识。他们试图使用明显非系统的猜测方法来解决问题，倾向于重复犯错或重复无效行动，在几次尝试后，任务无明显进展。	学生不理解产生该结果的原因，不断使用同一方法去解决问题。学生关注个别的信息，只能按照系统提供的指示来解决问题。

在“社会性调节”上，水平1测量不了也不足为奇。如果我们非要测量“社会性调节”的最低水平，它也最有可能是学生根本不知道还有一个搭档要去调节和回应。同样，这也可以视为任务设计的一个局限，但是考虑到要测量的维度，以及我们是要测量协作式问题解决能力的这一背景，这一局限可能是必然的。

这些技能进阶在概念上已经开发得很好了，并且相应的描述也得到了实证题目（指标）参数估计位置的支持。虽然还存在如上文所描述的局限，但这些均可归因为任务的预期设计。这些进阶为教师解释观察到的学生行为提供了一个有用的框架。

参考文献

Adams, R. J., & Khoo, S. T. (1993). *Quest: The interactive test analysis system*. Melbourne: Australian Council for Educational Research.

Adams, R., Vista, A., Scoular, C., Awwal, N., Griffin, P., & Care, E. (2015). Automatic coding procedures for collaborative problem solving. In P. Griffin & E. Care (Eds.), *Assessment and teaching of 21st century skills: Methods and approach* (pp. 115-132). Dordrecht: Springer.

Adamson, F., & Darling-Hammond, L. (2015). Policy pathways for twenty-first century skills. In P. Griffin & E. Care (Eds.), *Assessment and teaching of 21st century skills: Methods and approach* (pp. 293-310). Dordrecht: Springer.

Care, E., Griffin, P., Scoular, C., Awwal, N., & Zoanetti, N. (2015). Collaborative problem solving tasks. In P. Griffin & E. Care (Eds.), *Assessment and teaching of 21st century skills: Methods and approach* (pp. 85-104). Dordrecht: Springer.

Eisner, E. (1993). Why standards may not improve schools. *Educational Leadership*, 50(5), 22-23. Glaser, R. (1963). Instructional technology and the measurement of learning outcomes: Some questions. *American Psychologist*, 18, 519-521.

Glaser, R. (1981). The future of testing: A research agenda for cognitive psychology and psychometrics. *American Psychologist*, 36, 923-936.

Griffin, P., Care, E., Bui, M., & Zoanetti, N. (2013). Development of the assessment design and delivery of collaborative problem solving in the Assessment and Teaching of 21st Century Skills Project. In E. McKay (Ed.), *ePedagogy in online learning: New developments in web mediated human computer interaction*. Hershey: IGI Global.

Hesse, F., Care, E., Buder, J., Sassenberg, K., & Griffin, P. (2015). A framework for teachable collaborative problem solving skills. In P. Griffin & E. Care (Eds.), *Assessment and teaching of 21st century skills: Methods and approach* (pp. 37-56). Dordrecht:

Springer.

Messick, S. (1994). The interplay of evidence and consequences in the validation of performance assessments. *Educational Researcher*, 23(2), 13-23.

Rasch, G. (1960/1980). *Probabilistic models for some intelligence and attainment tests* (Copenhagen: Danish Institute for Educational Research), expanded edition (1980) with fore- word and afterword by B. D. Wright. Chicago: The University of Chicago Press.

Wilson, M., & Adams, R. J. (1995). Rasch models for item bundles. *Psychometrika*, 60(2), 181-198.

Woods, K., Mountain, R., & Griffin, P. (2015). Linking developmental progressions to teaching. In P. Griffin & E. Care (Eds.), *Assessment and teaching of 21st century skills: Methods and approach* (pp. 267-292). Dordrecht: Springer.

Wright, B. D., & Masters, G. N. (1982). *Rating scale analysis* (p. 1982). Chicago: Mesa Press.

Part 4
田野研究中的参与国

第四部分的六章分别呈现了六个参与国如何在其教育系统内实施研究和发展阶段的信息。这六章都遵循相似的结构，不同章节之间的一些不同则反映了各参与国特定的关注点和活动。对每个国家的教育背景进行了概述，特别关注该国家有关21世纪技能方面的课程或系统变化动态。接下来的内容讲的是ATC21S的实施是如何移交给政府部门或研究机构的。每个国家在不同程度上都涉及了任务概念核查、认知实验室、预研究和试验这四个过程，然后是讨论每个国家所面临的挑战，最后是一些总结。

在澳大利亚的项目中，凯尔等人（第8章）较为详细地描述了这四个过程，重点关注用于获得关于方法和任务反馈的指导性问题与数据收集材料。这些过程的描述补充了格里芬和凯尔（第1章）所提供的信息，并拓展了所有国家在这四个阶段中使用的方法。凯尔等人关注ATC21S在澳大利亚所面临的挑战，具体包括联邦和各州的教育职责、各州和学校在信息与通信技术（ICT）基础设施上的差异，教师ICT素养上的差异，以及教师在教授学生21世纪技能之前要熟悉这些技能的需求等。

潘丘亮等人（第9章）概述了新加坡参与ATC21S的方式，将该项目作为数据来源，以便更好地理解教育背景下教师和学生是如何理解21世纪技能的。他们提供了参与此项目的学校、教师和学生数量的详细情况，并选用一些评论来阐明教师和学生的经历和观点。在方法部分，他们对ATC21S任务的反应涉及六大主题：21世纪技能与教育的关系、任务参与度、内容丰富与内容无关任务的启示、协作能力、评估中模糊问题的启示，以及工具和技术问题。这一章最后讨论了未来开发像ATC21S这样的新型测评的需求。

阿霍宁和坎康兰塔（第10章）撰写芬兰部分，描述了芬兰参与ATC21S项目所需的本土化和翻译过程。他们也关注教师和学生在研究和开发实施的四个阶段中的反馈，提供了芬兰教师和学生的见解。他们反映，参与学校需要有强大的研究力量，需要高强度的数据收集工作和参与者大量的时间投入。芬兰的经验反映了学校及其工作人员在整个过程中持续参与的好处，以及这种参与是如何不仅有助于参与人员的投入，还对研究结果有所启迪的。

肯福（第11章）在美国其他的21世纪倡议（如21世纪技能合作组织，Partnerships 21）框架内将ATC21S语境化。然后她提供了研究和发展阶段的细节，特别关注了教师和学生对网络化学习评估任务的反应。她的概论描述了数据收集的工具，以此举例说明了参与者对任务的典型反应。肯福最后提出了一系列建议，从21世纪技能测评到教学，如何系统描述这一过程。

布简达和坎波斯（第12章）阐述了哥斯达黎加的项目实施方法，该国是拉丁美洲21世纪技能项目的领跑者。他们在项目参与中进行创新，重新设计评估LDN-ICT的任务情境。哥斯达黎加团队的努力，加上该国教育部的支持，奥马尔·邓戈基金会（Omar Dengo foundation）以及学科专家的协同证明了这种评估方法能够适应不同的语言和文化环境。

舍瑙（第13章）提供了有关荷兰ATC21S的经验，聚焦于协作式问题解决评估任务的试验。舍瑙指出，交互性和非对称性任务翻译的一些有趣的方面，强调信达而非直译的需要。这些翻译问题涉及实际的任务浏览和任务本身的内容。在提供更多的反馈方面，舍瑙就如何在学校实施研究试验方面提供了许多建议。

这一部分的每一章都反映了这个全球项目共同要求的国家的具体经验。各国关切的要素不同，具体经验也相应变化，例如芬兰、哥斯达黎加和荷兰主要是翻译问题，澳大利亚和美国，则是州和联邦的协调问题，以及对测评（如新加坡）或教学（如美国）的建议。教师和学生在发展过程中任务经验具有很大的相似性。从全球化的核心要求到选择性的附加培训与报告，这些活动的实施提供了一个分析机会，分析这些活动在多大程度上丰富了各国经验，提升了项目对它们的后续价值。

Care, E., Scoular, C., & Bui, M. (2015). Australia in the context of the ATC21S project. In P. Griffin & E. Care (Eds.), *Assessment and teaching of 21st century skills: Methods and approach* (pp. 183-197). Dordrecht: Springer.

Poon, C. L., Tan, S., Cheah, H. M., Lim, P. Y., & Ng, H. L. (2015). Student and teacher responses to collaborative problem solving and learning through digital net-works in Singapore. In P. Griffin & E. Care (Eds.), *Assessment and teaching of 21st century skills: Methods and approach* (pp. 199-212). Dordrecht: Springer.

Ahonen, A. K., & Kankaanranta, M. (2015). Introducing assessment tools for 21st century skills in Finland. In P. Griffin & E. Care (Eds.), *Assessment and teaching of 21st century skills: Methods and approach* (pp. 213-225). Dordrecht: Springer.

Comfort, K. (2015). Case study on the implementation of ATC21S in the United

States. In P. Griffin & E. Care (Eds.), *Assessment and teaching of 21st century skills: Methods and approach* (pp. 227–244). Dordrecht: Springer.

Bujanda, M. E., & Campos, E. (2015). The adaptation and contextualization of ATC21STM by Costa Rica. In P. Griffin & E. Care (Eds.), *Assessment and teaching of 21st century skills: Methods and approach* (pp. 245–256). Dordrecht: Springer.

Schönau, D. (2015). ATC21S trials of collaborative problem solving tasks in the Netherlands. In P. Griffin & E. Care (Eds.), *Assessment and teaching of 21st century skills: Methods and approach* (pp. 257–263). Dordrecht: Springer.

澳大利亚的 ATC21S 项目

埃斯特·凯尔，克莱尔·斯库拉，麦凡·布维

21 世纪，澳大利亚为公民提供高质量生活的能力将取决于
在知识和创新方面澳大利亚在全球经济中的竞争力。
（教育、就业、培训和青年事务部长理事会
[*MCEETYA*] 2008，*p*. 4）

【摘要】

澳大利亚的学校教育包括一年的预备学校教育和 12 年的中小学教育，学生 15 岁之前为义务教育（Australian Government, Department of Education, Employment and Workplace Relations. http://www.deewr.gov.au. Accessed 8 Nov 2012, 2012）。政府或非政府组织（私立或教会性质）都可以办学。澳大利亚宪法规定由各州和各区政府负责学校教育（Australian Government, Review of funding for schooling. Emerging issues paper. Commonwealth of Australia, Canberra. http://www.deewr.gov.au, 2010b）。澳大利亚政府代表国家来领导教育改革（Review of funding for schooling. Emerging issues paper. Commonwealth of Australia, Canberra. http://www.deewr.gov.au, 2010b），并投入大量资金推进改革。例如澳大利亚政府领导国家课程的开发，由各州和各区负责具体实施。大约每 10 年所有州和地区的教育部长以及联邦的教育部长召开一次部长理事会，决定澳大利亚教育系统的未来战略。每次理事会后，这些战略将作为“宣言”发表。2008 年的《澳大利亚青年教育目标的墨尔本宣言》（*Melbourne Declaration on Educational Goals for Young Australians*）(MCEETYA, Melbourne declaration on educational goals for young Australians. MCEETYA, Melbourne. Retrieved from http://www.mceecdya.edu.au/verve/_resources/ National_Declaration_on_the_Educational_Goals_for_Young_Australians. pdf,2008）开启了课程的再设计，目的是培养成功的学习者，期望他们能够获得一些必要的技能，“成为富有创造力和富有成效的技术使用者，尤其是信息与通信技术（ICT），作为在所有学习领域获得成功的基础”（MCEETYA，Melbourne declaration on educational goals for young Australians. MCEETYA，Melbourne. Retrieved from http:// www. mceecdya. edu. au/ verve/_ resources/ National_Declaration_on_the_Educational_Goals_for_Young_Australians. pdf, 2008,p. 8）。根据国家课程标准，需要传授的一般性的跨学科能力包括跨越不同文化和学科的 ICT 素养与团队协作能力。

○ 背景

2009—2012 年，澳大利亚政府为教育投资了 650 亿美元（2012）。政府用这笔资金支持了一系列的改革举措，其中就包括数字教育改革（DER；Australian Government 2012）。

数字教育改革（DER）是联邦政府自 2008 年起实施的一项 5 年选举承诺计划，该计划旨在为在校学生提供信息技术上的支持（Australian Government 2008）。DER 政策明确承诺，政府会通过拨款为学校提供计算机设备，并支持国家基础性设施的升级（Australian Government 2008）。2010—2012 年，澳大利亚政府（2010a）计划在 2011 年年底前完成每个学生拥有一台计算机的目标，并支持教师和学校领导在课堂教学中实施和整合 ICT。DER 的实施需要教育管理部门之间的合作，以确保有效的资源、工具及专业知识的共享（Australian Government 2008）。DER 覆盖了四个领域的改变：领导力、基础设施、学习资源和教师能力。

成功实现 DER 计划的重要保障之一是提供全国性的高速宽带网络。国家宽带网络（NBN）旨在满足这一要求，提供高速宽带连接，支持教育数字技术所需的各种 ICT 工具（Australian Government 2011）。政府为此在 2008—2010 年间进行了调查，确定学校网络连接需求。每次调查都收集了学校使用的技术类型（如光纤、铜缆、卫星、无线网络等）、可用宽带和服务器供应商（Australian Government 2011）。2010 年的调查结果表明，每年调查的三个方面都有所改善或增长（Australian Government 2011）。此外，达成 DER 教师能力目标和领导力目标的计划也得以实施。

PLANE（学习之路，随时随地——教育者网络）是澳大利亚政府资助的项目之一，目的是帮助教育者，发展开展 ICT 教学和鼓励学生使用 ICT 方面的相关技能、知识和经验。PLANE 提供了一个在线的专业学习环境，旨在帮助教师增强在课堂内使用技术的信心，从而促进数字素养和 21 世纪技能的发展。教师在线工具包是其中的一个组成部分，用以辅助澳大利亚国家课程的实施的同时“提高在职教师将各种技术有效纳入课堂的能力”。（Education Services Australia n. d. , p. 1）。职前教师的工具则由“培养未来教师”倡议提供，该倡议强调提高澳大利亚研究生教师的 ICT 能力（Australian Government n. d. ）。

澳大利亚的国家课程为我们提供了一个可以进行 21 世纪技能评估和教学的正式框架。从 2012 年起逐步开始的国家课程，除了数学、历史和科学等传统的学科或关键学习领域之外，还包括了七个“一般能力”。这些能力非常接近我们 ATC21S 项目、21 世纪技能合作组织（P21）、联合国教科文组织德洛尔（Delors）报告（1996）中所一致提倡的 21 世纪技能或素养。澳大利亚的研究团队将这些能力和 ATC21S KSAVE 框架对应起来，表明国家的倡议与 ATC21S 全球项目之间的高度一致性。

○ 澳大利亚 ATC21S 项目的发展

ATC21S 项目是澳大利亚政府发起的倡议之一，由教育部的前身——就业与劳动关系部管理，具体推进工作由学校表现和改进司负责。学校表现与改进司发起了两项行动来倡导 ATC21S 项目。首先，为了动员大家来参与该项目，他们联系了教育、早期儿童发展和青年事务高级官员委员会（AEEYSOC）。该委员会主要向部长理事会中的教育、幼儿发展和青年事务提供支持，其职责范围包括：中小学教育；与学校教育相关的青年事务和青年政策；跨部门事务，包括职务调动和职业发展；早期儿童发展，包括幼儿教育和保健；国际学校教育。最初的项目参与者就是通过该委员会招募的。其次，成立一个国家研究协调员组织（NRC）来执行总项目在澳大利亚的工作。该协调员组织的基地设立于同样负责协调全球总项目的墨尔本大学。在整个项目中，NRC 由 DEEWR 支持并向其汇报，他们积极主动地推动州和区里的项目，并确保该项目与主流澳大利亚国家课程改革协调一致。

○ 方法

ATC21S项目关注数字网络化学习-信息与通信技术（LDN-ICT），协作式问题解决能力（CPS）的评估与教授，不仅为在校学生提供了发展21世纪技能的机会，也让教师和学校领导意识到了信息与通信技术（ICT）和协作式问题解决能力的重要性。ATC21S的评估任务系统由墨尔本大学评估研究中心内部在2010/2011年研发。我们在研究该如何向澳大利亚的学生呈现这些评估任务时，用的就是该原型系统。维多利亚、西澳、昆士兰和新南威尔士的学生参与了这项研究。这项研究的主要目标是在澳大利亚的学校中，对评估任务所使用的材料的有效性进行测试和验证，具体实施过程包括以下四个阶段：

1. 任务概念核查；
2. 认知实验室；
3. 试点研究；
4. 田野试验。

国家研究协调员组织（NRC）的任务是组织联系学校的工作，管理学校的数据收集工作（保证合适的、高质量的数据），以及联络国际研究协调员组织（IRC），向其递交研究结果。NRC也同样会将项目进展报告给澳大利亚的国家项目管理员组织（NPM；DEEWR）。

我们委任每个州教育局的联络人为项目招募学校。联络人积极宣传ATC21S项目，并为意向学校与NRC牵线搭桥。一旦NRC和某个学校建立了联系，NRC团队便会和该学校领导及个别教师商量，安排教师工作坊和学生评估活动的事宜。

任务概念核查

概念核查阶段是为了确定学校教师是否认同LDN-ICT素养和协作式问题解决评估任务的理念。为此，我们邀请了16位来自维多利亚州的教师，他们教11~15岁学生，负责指出每一个任务概念是否如预期的那样，能够：

- 激励学生参与；
- 适合学生的先备知识；
- 适合学生的社会文化背景；

- 学生解答时间相似或不同；
- 能够区分学生。

我们要求教师不要专注于任务是否真的能完成（或是任务完成的细节），而是要充分了解任务本身，确定其概念特征，以及可能会影响学生协作行为的互动方式。教师在回答访谈者的问题时，核查了题目初稿。在随后的小组讨论中，表 8. 1 中的题目被用来激发教师们对任务概念的反思。

表 8. 1　任务概念核查——引导教师关注的问题

1. 你认为这些任务指向学生的哪些技能或能力?
参与
环境中的活动
互动、促进和回应他人的贡献
独自理解和完成任务或其中的一部分
观点采择
忽视、接受或适应他人的贡献
认识到如何调整行为去增加与他人的适宜性
认识到如何在情境中理解他人的贡献
认识到如何调整自己的贡献以适应他人的才智
社会性调节
得出解决方案或达成妥协
认识到自身的优缺点
认识到他人的优缺点
承担确保小组能完成任务的责任
通过与他人协商来化解（意见、观点、概念的）分歧
问题解决
为任务设定一个明确的目标
管理人员或资源以完成任务
制定解决问题或任务的行动步骤
实施可能的问题解决方案并监控进程
用熟悉的语言来分析和确定问题
确定对进一步信息的需要
发展论证的思路，并向他人解释自己的想法
随着信息或情境的改变而改变推理或行动步骤

续表

接受模糊的情境，并在其中探索可能的选择
知识建构
建立知识要素之间的联系
遵循一条路径来获取知识
2. 就你学生的能力而言，这里有没有什么问题或活动，看起来远远超出了（或低于）他们能力的一般范围？
3. 关于这一任务，你还有什么其他想法？

认知实验室

认知实验室的目的是检查第一版评估任务，确保任务能够获得这两组技能的学生数据，并且能够将其匹配到两组技能的理论框架上去。

按照全球研究的要求，每个国家都要保证，这两组技能的每个评估任务，在 11 岁、13 岁、15 岁的每个年龄段上都至少要有三组配对的学生参与。为此，澳大利亚在最初的认知实验室中招募了 62 名来自维多利亚、昆士兰和新南威尔士的 11~15 岁的学生。在 NRC 团队的支持下，每个学生至少尝试解答一个评估任务，学生通过配对协作的方式来完成这些任务。我们总共组织了 16 次认知实验室活动。数据收集的方式主要有三种：NRC 团队观察，并在专门设计的观察表上做记录；屏幕录制软件捕捉整个屏幕上的活动和声音；在线施测任务后和学生的焦点小组座谈，每次座谈时长约一个半小时，包括项目的简单介绍和任务后访谈。

为了从学生那里获得尽可能丰富的数据和资料，观察者在测验管理的过程中将以下几点作为指导原则：

- 坐在学生的附近，但要保持适当的距离。
- 如果学生有较长时间的沉默，用“接着说呀”或“怎么了”来提醒他们。
- 确保学生真的在输入回答，或者在进行操作，而不只是在说话。如遇这种情况，用“请输入你的回答”来提醒他们；如果学生不能做到说话的时候同时打字，则让学生先说完，然后再输入她/他的回答。
- 如果有学生因为不理解某一问题而来问你，告诉她/他：“请问你的同伴或做任何你认为有意义的事”，而不应该帮助他们解决问题。
- 回应学生时注意自己的身体语言（如点头）和偶尔的非评价性评论。

• 不告诉学生她/他的做法是对还是错。

• 不告诉学生她/他在活动中的表现是好还是坏。

• 不对某个任务、题目或题目的形式表现出偏见（如不说任何类似于“这不是一个很好的问题”或“这些问题测不出多少技能”的话）。

依据所要观察的技能组——协作式问题解决或网络化学习素养，我们向观察者提供了不同的行为检查清单。例如，对于协作式问题解决，观察者要根据表 8.2 中所列的行为来记录要点，填写一张学生活动情况表。对于网络化学习素养的任务，学生特殊和一般的行为都会受到监测。表 8.3 中的行为是一些我们感兴趣的行为例子。观察者需要确定不同的学生发生了哪些行为。此处标识为 Aus1trek15 等。在项目/测验开发阶段，重要的是确定不同能力的学生与任务互动的程度。此外，这种监测为日志文件中的行为记录提供了另一种核检方式，即和我们所观察到的学生表现进行印证。

表 8.2　观察学生参与协作式问题解决任务的认知实验室检查清单

学生是否：
表现出积极参与任务
无须观察者的提醒，与同伴互动
在观察者的提醒下，与同伴互动
同意同伴提出的解决问题的办法
完成此页面上的任务
多数情况下独立完成此页面上的任务
多数情况下和同伴一起完成此页面上的任务
主导此页面任务引领
服从同伴的引领或建议
无视同伴的引领或建议
向自己或同伴提出一个解决问题的建议
向自己或同伴提出不止一个解决问题的建议
因任务产生挫败感
对同伴感到沮丧
在任务中表现出享受的状态
向同伴或自己积极评价同伴的行为

续表

向同伴或自己消极评价同伴的行为
向同伴或自己积极评价自我
向同伴或自己消极评价自我
用一个系统的方法解决问题
向自己给出行动理由
向同伴给出行动理由
有什么使用方面的问题吗（具体说明）？

表 8.3　认知实验室观察程序表的局部，用于北极旅行（LDN-ICT 素养）任务的一个页面（认知实验室版）

任务编号：69	**线索 3 概述**	**□用滑块表示北极熊的数量**		
		□在第一个文本框里发布个人回答		
		□将团队记事本上的回答剪切粘贴至第二个文本框		
	学生登录编号			
采取的行动	Aus1trek15	Aus2trek15	Aus3trek15	Aus4trek15
点击相关链接	是□　否□	是□　否□	是□　否□	是□　否□
识别颜色并计数	是□　否□	是□　否□	是□　否□	是□　否□
用滑块选择一个数字	是□　否□	是□　否□	是□　否□	是□　否□
使用谷歌文档记事本	是□　否□	是□　否□	是□　否□	是□　否□
在上面的文本框中输入文本	是□　否□	是□　否□	是□　否□	是□　否□
在团队记事本中发布回答	是□　否□	是□　否□	是□　否□	是□　否□
在文本框中复制/粘贴文本	是□　否□	是□　否□	是□　否□	是□　否□
若可用，点击“获取提示”	是□　否□	是□　否□	是□　否□	是□　否□
教学辅助	是□　否□	是□　否□	是□　否□	是□　否□
使用方面的问题	是□　否□	是□　否□	是□　否□	是□　否□
评语				
登录编号：　Aus1trek15				
登录编号：　Aus2trek15				
登录编号：　Aus3trek15				
登录编号：　Aus4trek15				

评估完成之后，研究者与学生们进行了简短的焦点小组座谈，了解学生对任务的认识，包括学生是否认为任务能够“公平”地评估他们的技能、任务测试了哪些技能、任务是否有趣、哪些任务对他们的成长进步有帮助，以及他们从这次经历中学到了些什么。此外，基于观察者的判断，观察者与学生一起回顾了他们在任务中存有疑问和困惑的地方。重新回到原来的任务情境中，讨论观察者不理解学生做法的地方和在屏幕上学生看起来纠结的地方。这一过程中的提示语包括“你认为这个问题是要让你做什么”和“我们如何才能使任务的措辞表达得更清楚些”。学生还会被问到以前是否做过类似的线上测试，以及他们在操作技术或设备技术上有没有遇到什么困难或挑战。

任务概念核查和认知实验室的反馈结果

我们总结了收集到的反馈，并把它们与其他国家的反馈进行整合。最后的综合意见汇报给了任务开发机构，以期为互动式评估任务的设计提供参考。

在这些过程中，我们发现了两个主要问题。第一个问题有关任务的清晰度。学生通常习惯于去做那些描述得非常清楚的任务，这样他们才知道别人期望自己去做什么。但现在所开发的任务并不满足这一期望，学生因此而感到茫然无措。他们从一开始就不知道如何着手解决这些任务，没有意识到要弄清问题空间，探索是必不可少的一步，却认定得到一个正确的答案才是最重要的事。就协作式问题解决中的问题空间理解而言，学生从一开始就没有意识到每对同伴之间看到的图像是不同的。类似的他们也不都能解释，彼此协助不仅是可接受的，还是所期待的。教师们认为，任务信息不充分，会使学生对自己所做之事产生困惑，由此让学生无法聚精会神或动机缺失。其实从问题解决的角度看，一定程度的模糊性对培养学生的问题解决能力是有帮助的，但教师们却认为，学生需要更多的引导以便清楚活动的目的和目标，在活动开展过程中，要用奖赏或反馈的方式确保活动顺利进行。教师们普遍误以为，要对学生的表现进行“打分”，因此学生应该利用一切机会表现出色。事实上，我们设计这样一个系统，旨在测量在问题信息不精确和不完整的情况下，学生通过协作的方式来寻求问题解决方法的能力。因此，我们在改进这些线上任务时，就不考虑如何使任务说明更加清楚或为学生提供更多引导等方面的问题了。不过我们专门为教师编写了一本指导手册，帮助他们理解这些任务的性质。手册还向教师提供了一些关于如何帮助学生着手解决任务的建议，以使学生适应任务性质，而不必提供过多的教学支架。

第二个问题有关技术操作和网络连接。有一部分技术操作上的问题源于上文所讨论的任务清晰度——因为学生期望有人能明确告诉他们要做什么，所以他们没有去探索问题空间，也不理解任务所要求的灵活行动。这会影响学生如何从任务的一部分转到另一部分，或从一个页面转到另一个页面时的操作。任务的早期版本在网络连接方面还存在一些漏洞和延迟的问题，这也加剧了一些学生的挫败感。

有些教师反映某些任务可能包含了太多数学和科学的内容，不教这些科目的教师担心自己无法胜任这些任务的教学工作。他们建议，学生在完成涉及数字运算的任务中有可能应用一种数学的方法，这会影响他们对这些任务的态度。他们注意到，学生在解决含有数学内容的任务时，通常会假定任务必有一个正确或错误的答案。在把反馈意见纳入系统设计的时候，老师的意见被采纳，以更宽泛地理解任务的目的。随后我们又改进了任务，使得基于内容的任务不需要基于知识的方法就能解决，即使了解基本内容可能会有利于问题的解决。这些发现不但对任务开发非常有用，而且还表明所测的技能性质决定了任务不能给学生提供充分的支架，会破坏任务功能和测评结果的效度。

试点研究

试点研究阶段使研究人员能够记录教师在课堂内实施线上评估的自如程度，检验全班学生的数据收集情况。试点研究持续了几个月，同时，开发评估任务的工作也没有停下。澳大利亚七所学校的108名学生参与了试点研究。年级的选择随学校的偏好、特征和时间而定。因为参与试点研究的学校不是经过专门筛选的，参与的所有班级也没有经过分流，所以参加试点研究的学生能力水平应分布较广。设计这一过程主要是想起到两个作用：

1. 试点安排：确定任务可以在一般的课堂环境中顺利运行，并且教师能够施测这些任务；

2. 试点数据：收集数据，从而开发学习进程草案，指导评分规则的设计。

试点开始之前，在学校举行30~45分钟的非正式筹备环节，研究人员向教师概括任务施测过程。教师也会收到一份施测手册，介绍了两组技能和评估任务；关于硬件、软件和互联网接入方面的技术要求；学生登录和注册的分配过程；实际的课堂施测程序，包括任务的顺序和时间表。

研究人员对试点情况进行观察，记录教师对这一过程的适应程度，并收集学生体验和反应的数据资料。需要回答的问题见表 8.4。

表 8.4　试点研究中信息技术和课堂管理检查清单

1. 在试点开始之前，信息技术（IT）支持人员需要解决哪些技术问题才能开始?
2. 在硬件、软件或互联网接入方面，有哪些事情或问题是需要 IT 支持人员在测验中进行干预的? 如果有，具体是什么问题?
他们是如何解决的?
花了多长时间?
对课堂管理有什么影响?
对学生有什么影响?
3. 从学生坐到座位上算起，全部学生登上任务网站需要多长时间?
学生真正能用在评估问题上的时间有多少?
4. 有没有个别学生对在线环境感到困难? 如果有，是什么困难?
这些困难与学生自身的特征有关吗? 如身体缺陷或认知功能障碍?
这些困难与技术问题有关吗? 如网速慢，屏幕大小不合适，错误信息?
5. 教师在向学生说明要求时有没有遇到困难?
6. 教师在测验中的课堂管理上有没有遇到困难?
7. 学生在不同时间完成任务的情况在多大程度上反映出课堂内存在的问题?
8. 在多大程度上需要对学生进行分组才能有效地管理任务?
用了哪些策略来促进任务/学生的分配?
9. 运行这样的测验，在教室里只安排一名工作人员是否可行?
10. 教师对试点的实施有什么建议、意见?
11. 在未来的课堂任务施测中，为了提高课堂运行的流畅性，你会采取的最重要的策略是什么?
12. 完成所附的工作表，包括班级学生人数的构成、结构、时间、完成的任务。

试验

第四阶段的田野试验分两部分进行。第一部分于 2011 年实施，对协作式问题解决任务的动画（Flash）版本进行了试验。这一部分的目的是报告任务评分的过程和编码系统的效用。我们要建立一个基于实证的测量尺度，是和所测技能有关的一个发展性连续体，可以将学生的能力定位其上。为了保证效度，我们需要大量的学生被试。因此，这部分试验我们召集了 20 所学校，660 名年龄在 11～15 岁的学生：60 名 11 岁的学生，13 岁和 15 岁的学生各 300 名。这些学生的能力水平分布均匀。这种方法与全球研究工作的目标是一致的，即收集不同能力的学生的数据，为评分确定编码标准。任务施测用了两个课时（50～60 分钟/课时）。表 8.5 给出了完成每个任务的被试数量，包括 2012 年第二部分试验的数据（下文讨论）。注意，每个学生至少完成了一个任务。

第二部分是重新配置系统，解决在动画格式中遇到的几个问题（详见 Awwal et al. 第 5 章）。为实现这一点，我们将评价任务用 HTML5 重新进行编程，放置在一个能够分层管理的注册系统里——包括国际、国内教育管理部门及部门所辖学校等。2012 年为了试验，只能对这一系统的评估任务部分进行编程。由于系统准备工作的延迟，第二部分试验到 2012 年 9 月底才开始启动，这就使学校招募受到了限制，因为时间临近期末。尽管如此，还是有维多利亚和西澳的 13 所学校参与了这部分的试验，表 8.5 提供了按学生年龄细分的任务完成数量的详细信息。

表 8.5 2011 年和 2012 年试验中澳大利亚学生任务完成情况（每个学生至少完成一个任务）

	澳大利亚							
	11 岁		13 岁		15 岁		总计	
任务名称	2011	2012	2011	2012	2011	2012	2011	2012
橄榄油	311	0	105	154	76	56	492	210
搞笑小丑	310	0	125	338	63	96	498	434
热巧克力	280	0	105	108	66	36	451	144
共享花园	17	0	69	182	30	78	116	260
小金字塔	34	0	81	182	52	50	167	232
向日葵	257	0	85	178	67	60	409	238
平衡木	129	0	92	118	53	48	274	166
植物生长	195	0	87	186	79	54	361	240
仓库	179	0	107	88	79	48	365	136
六边形	12	0	89	152	55	50	156	202
20 分游戏	33	0	118	136	64	24	215	160
练习任务	307	0	233	0	144	0	660	0

在参与第二部分试验的学生中，7 年级学生占 38%，8 年级的占 37%，9 年

级的占17%，10年级的占7%。招募的程序与2011年的相同，只不过这一次的教师培训通过电话进行，教师的任务是在课堂内运行试验。为了方便教师操作，我们制作了一个施测步骤指南，为教师在课堂内运行系统试验时，提供了一个可以遵循的简易流程图。在每次试验开始之前，教师都会事先拿到配对学生的登录和任务包。在试验完成之后，教师要反馈意见。

试点和试验的反馈结果

试点和试验结果显示，教师反馈最多的是他们把握不了这些任务所要测量的建构和技能。关于所测的建构和技能，我们给教师的介绍比较简单，导致不少教师报告说，他们没有足够的能力来评判自己能否对这些技能进行观察。于是我们认识到，教师专业发展将会是在课堂上运行试验的一个先决条件。同时，我们也认识到在学生完成任务后，向学生询问完成情况的重要性。因此，以文件的形式设计了教师专业发展模块。模块内容包括项目的背景信息、LDN-ICT素养和CPS的建构与技能、发展性学习、测验的施测、报告解读，以及在线下课堂采用这一信息的策略。

影响评估工作顺利开展的一个主要问题是，学校使用的互联网防火墙会阻止计算机访问评估任务。由于澳大利亚各州实施互联网防火墙的标准和程序都不一样，这个问题就变得更加复杂了。重新编程过的任务版本与最新的浏览器版本兼容度最高，我们建议在进一步试验之前将其更新。学校网速慢或服务器超载使技术同步发生问题，于是原本配对的学生也变成不配对的了。为了克服这些技术障碍，我们编制了一份技术规范文件，概述了使用评估系统的要求。为了回应教师的反馈和这些反复出现的问题，我们制作了一份故障排除说明书，这样教师有一本技术指南在手，就不怕在实施过程中遇到的任何技术问题了。

○ 挑战

澳大利亚的教育系统对ATC21S这样的系统开发和测试提出了独特的挑战。尽管澳大利亚的教育系统遵循国家课程，但具体课程内容的传达、设置、教学和评估是各州和各区政府所管辖的。这就导致了同一学段在各州和各区所教的内容是不一样的，并且学校的基础设施配置和管理模式在各州和各区也是不一样的。

我们在试验阶段遇到了各种各样的问题。较大的挑战不仅在于要和各所IT能力不同的学校合作，还在于校长和教师对IT系统有着各种各样的理解。由于ATC21S系统对互联网浏览有特定规定，所以下载和安装软件（虽然是免费的）对有些学校来说会是一个难以逾越的障碍，但对其他学校可能一点问题也没有。确保学校在试验开始之前就将技术规范实施到位则是另一个挑战。有时，NRC团队指定的学校联系人的IT素养可能不高，于是技术规范就会被当作是无关紧要的事而忽略，要一直到调试或第一次试验那天，他们才会发现需要提前阅读和实施技术规范。这种情况常常发生，不管NRC团队用什么样的方式提醒多少次都会这样。这也突显了为了让教师和学校领导更好地理解LDN-ICT而进行培训的重要性。基础设施方面遇到的问题是网速慢，容易中断。这种情况最常发生在西澳，那里的教师注意到，那段时间内整个区域的互联网连接都不稳定。

通过这项研发活动，我们得到了一些教师教学的启示。首先，教师和学校领导需要认识到LDN-ICT和协作式问题解决技能的重要性。那些定期在课堂内采用LDN-ICT和协作教学的教师在实施评估任务时似乎更具优势。教师的课堂管理技能也会大大影响评估的有效性，尤其是在要求学生使用聊天窗口而不是直接对话时。一些教师认为将课堂控制到这种程度很容易，另一些教师则不这么认为。

其次，为了教学，教师需要对21世纪的建构和技能有充分的认识。我们在维多利亚州的两所学校，利用纸质的专业发展模块文件，开展了面对面的教师工作坊。从工作坊中我们就可以看出，教师的思路正不正确并不重要，重要的是我们提供给教师的信息的质量。评估任务中的许多技能都是教师在课堂内已经观察到的。不过，教师可能对在线评估的建构、术语或呈现方式还不太熟悉。通过将技能情境化，无论是在线上还是线下，教师们对这些技能的特点都有了更深刻的认识，也更乐意通过不同的媒介去观察这些技能。师生在评估后的交流似乎是非常有用的，这样做使得师生对自己所教授或使用的技能都有了更清楚的认识。评估任务完成后，教师会问学生一些开放性的问题，了解完成情况，如“你和搭档是如何高效合作的”“你解决这一问题的过程是怎样的”等。通过这样的交流，教师和学生都能从中找到自己所熟悉和乐意使用的技能。

最后，如果我们希望教师能在课堂内展开21世纪技能的教学，我们就需要找到和制定一种符合现实的策略，满足教师课时有限的实际情况。有限的课时对试验提出了各种挑战，包括教师能否专注于试验，以及试验能否按照标准化的方式进行等。对教师而言，一个合理的起点可以是，使线上的任务适应线下的课堂活动，毕竟他们可以从中观察到相同的技能。但我们比较担心的是，教师需要额外的时间去规划课时安排和改进教案，以将21世纪技能融入课堂教学。工作坊的一个关键部分是找到能让教师将这些新技能融入现有课程的方法，嵌入现有的教学内容，减少所需要的准备时间。如果想要看到在这一方向上的重大转变，我们就需要对教师进行培训，使他们熟悉课堂里的21世纪技能的教学。我们需要为21世纪技能的教学制定进一步的策略，至关重要的是要让教育者之间交流这些策略。在教育机构的支持下，这方面的问题可以在职前教师层面取得相当大的进展。

○ 结论

澳大利亚国家研究协调员组织的主要目标是测试和验证评估材料在澳大利亚学校使用的有效性，目前这一点已经成功做到了。团队运作该项目的经验提供了有用的反馈，发现促进和阻碍将LDN-ICT学习整合进澳大利亚课堂的各种因素。在这一项目中，我们发现促进因素包括澳大利亚政府通过DER实施的改革，特别是为发展国家宽带网络和向澳大利亚各地的学校提供ICT设备的专项资金支持。这些改革使澳大利亚的学校能够将LDN-ICT作为一种有价值的课堂工具，并成为学生要在学校里掌握的一项重要技能。ATC21S项目的经验还凸显了对校长和教师在LDN-ICT技能使用与教学方面进行培训的必要性。实际上，该项目的经验表明，学校领导和教师对LDN-ICT的理解存在着很大的偏差，严重阻碍了数字教育改革的成功。另一个主要的促进因素是那些热衷于将21世纪技能融入教学的教师们的热情与奉献，以及用创新的方法来进行实验的意愿。这些教师和他们的学校领导绝大多数支持澳大利亚参加ATC21S项目。

参考文献

Australian Government. (2008). *Success through partnership. Achieving a national vision for ICT in schools. A strategy plan to guide the implementation of the Digital Education Revolution initiative and related initiatives*. Canberra: Commonwealth of Australia.

Retrieved from http: //www. deewr. gov. au

Australian Government. (2010a). *ICT Innovation Fund Guidelines*, 2010 – 2012. Canberra: Commonwealth of Australia. Retrieved from http: //www. dewr. gov. au

Australian Government. (2010b). *Review of funding for schooling. Emerging issues paper*. Canberra: Commonwealth of Australia. Retrieved from http: //www. deewr. gov. au

Australian Government. (2011). *School broadband connectivity survey* 2010. Canberra: Commonwealth of Australia. Retrieved from http: //www. deewr. gov. au

Australian Government. (2012). Department of Education, Employment and Workplace Relations. Retrieved 08 Nov 2012, from http: //www. deewr. gov. au

Australian Government. (n. d.). *Teaching teachers for the future – Building the ICTE capacity of pre-service teachers in Australian institutions*. Canberra: Commonwealth of Australia. http: //www. deewr. gov. au

Awwal, N., Griffin, P., & Scalise, S. (2015). Platforms for delivery of collaborative tasks. In P. Griffin & E. Care (Eds.), *Assessment and teaching of 21st century skills: Methods and approach* (pp. 105–113). Dordrecht: Springer.

Delors, J. (1996). Learning: The treasure within. Report to UNESCO of the International Commission on Education for the twenty-first century. Paris: UNESCO Publishing. http: // www. unesco. org/new/en/unesco/resources/online – materials/publications/unesdoc-database/

Education Services Australia. (n. d.). *ICT in everyday learning: Teacher online toolkit*. Canberra: Commonwealth of Australia. http: //www. deewr. gov. au

Ministerial Council on Education Employment Training and Youth Affairs [MCEETYA]. (2008). *Melbourne declaration on educational goals for young Australians*. Melbourne: MCEETYA Retrieved from http: //www. mceecdya. edu. au/verve/_resources/National_Declaration_on_the_Educational_Goals_for_Young_Australians. pdf

第9章

新加坡师生对协作式问题解决和数字网络化学习的反应

潘丘亮，谭新，谢洪文，林丕延，额惠亮

【摘要】

作为ATC21S项目的创始国之一，新加坡在ATC21S任务原型的开发过程中，对任务概念核查、认知实验室、试点研究和田野试验做出了积极贡献。从2010年到2012年，总共有87名教师、教育官员和来自小学4年级和中学8年级的大约2000名11岁、13岁和15岁学生参与此项目。新加坡研究人员除了收集学生任务表现的数据外，还访谈了教师和学生，以便更好地了解他们对协作式问题解决和网络化学习评估的态度，以及在其中所面临的挑战。我们发现教师不得不在新的教学和评估范式中处理“令人烦恼”的概念，包括在评估任务中引入模糊性、跟踪协作环境中的动态行为以及21世纪评估是否应该与课程相关的讨论。新加坡学生在网络工具和技能学习方面的问题很少，在协商、小组决策、有效沟通以管理团队动态和处理模糊性、应对低结构测评环境等方面的问题较多。当我们学校想改进21世纪技能的教学和评估时，从该项目中获得的这些经验或教训为新加坡指明了方向。

○ 背景

新加坡是东南亚的一个小国家，大约500万人居住在总共710平方公里的土地上。新加坡是一个包括中国人、马来人、印度人和其他种族的多民族与多语言的国家。教育是新加坡社会经济建设的重要支柱，2014年教育预算超过110亿新加坡元（约合90亿美元），占政府总支出的20%（Ministry of Finance，Singapore 2014)，仅次于最高的国防支出，反映了这个国家对教育的重视。

新加坡的正规教育从6岁的小学1开始（相当于1年级）。全国有近50万的学生，几乎都分布在357所公立小学、中学和大学预科院校学习。新加坡有国家课程，包括英语、母语语言（如普通话、马来语和泰米尔语）、数学、科学、体育、人文和艺术，学生可以平等地获得广泛而全面的教育，生活技能和社交技能的课外活动和社区服务项目对这些科目进行了补充。所有公立学校都将国家课程和课程大纲纳入他们的教学计划中，并定期对课程大纲进行审查，以确保对未来仍旧有用。

在2009年，新加坡制定了21世纪素养（21CC）框架，指导国家课程的开发。该框架（图9.1所示）阐述了使学生成长为有自信力和关爱心的公民所应具备的素养，具体包括终生学习、团队合作、积极主动、冒险精神和追求卓越的必要特性和技能（Ministry of Education, Singapore［MOE］2010）。该框架确定了三组官方认可的21世纪技能：

1. 公民素养、全球意识和跨文化技能；
2. 批判性和创造性思维；
3. 交流、协作和信息化技能。

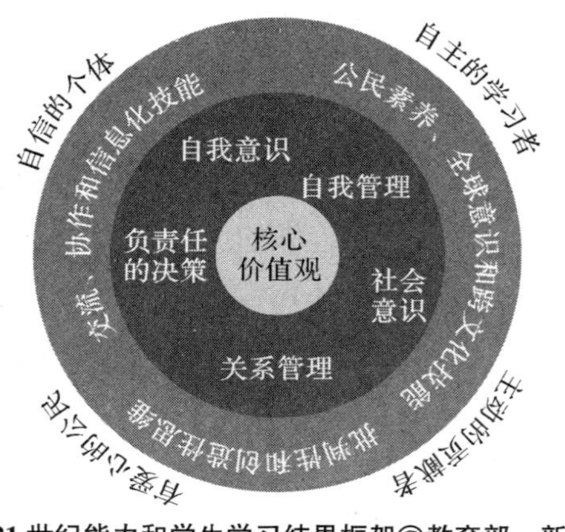

六大核心价值观：

- 尊重
- 责任
- 正直
- 关爱
- 坚韧
- 和谐

图9.1　21世纪能力和学生学习结果框架©教育部，新加坡（经新加坡教育部许可转载）

21世纪素养框架是1997年开始的“思维的学校，学习的国家”教育改革运动的延伸，以培养更爱思考与探索的新加坡学生为目标（Ng 2004；Sharpe and Gopinathan 2002）。随着该框架的实施，为了扩大学生发展这些能力的机会，国家做了很多的努力。例如，小学提高了艺术和音乐的教学方法，更好地发展学生的创造力与个性、文化和社会认同（MOE 2011）。

○ ATC21S 在新加坡的发展

正是在对 21 世纪素养的教学、学习和评估高度关注的这段时期，新加坡加入了澳大利亚、芬兰、美国、墨尔本大学以及三家国际公司——思科、英特尔和微软，一道成立了 21 世纪技能的评估和教学项目（ATC21S）。简要来讲，ATC21S 项目寻求以下重要问题的答案（Griffin et al. 2012）：

- 21 世纪的能力有哪些？
- 教师如何传授？学生如何习得？
- 用什么测量方法可以测量学生的这些技能？

新加坡的 ATC21S 项目由教育部牵头并资助，同时南洋理工大学国立教育学院的人员也参与其中，12 所学校也被聘为该项目的合作伙伴。ATC21S 项目能够使新加坡与国际研究界合作建立 21CC 评估实践，更重要的是寻找自动化操作的方式。这些有助于补充和加强我们在 21CC 的教学、学习和评估上的工作。随着项目在后续几个月里的快速发展，新加坡深入参与了两组 21 世纪能力任务原型开发的工作，包括概念核查、认知实验室、试点研究和田野试验这四个关键阶段。这两组 21 世纪能力分别是数字网络化学习-信息和通信技术（LDN-ICT）与协作式问题解决（CPS）。

在 ATC21S 项目实际数据收集之前，我们假设参与研究的教师和学生对项目正在开发的评估任务类型的认识是有限的。因此，除了收集针对 ATC21S 研究问题的数据之外，新加坡团队还向参与的教师和学生进行提问，扩大了获取任务经验的途径，这些问题包括：教师认为这些任务是否能评估 21 世纪能力？鉴于新加坡课堂的社会文化背景，教师认为评估和任务的哪些方面会吸引学生？当用这些任务进行教学学习和评价时什么会困扰或鼓励他们？同样地，学生觉得评估和任务的哪些方面有趣？学生认为哪些方面具有挑战性？

本章中，在 ATC21S 任务使用迭代过程的背景下，我们分享了调查这些问题的主要发现和反思，以进一步完善任务和评估实践。希望通过在任务开发过程中分享教师和学生的心声，国际社会可以从中获得有用的建议。

○ 方法

本研究共有 87 名教师和教育官员以及大约 2000 名来自 4 所小学和 8 所中学的 11 岁、13 岁和 15 岁的新加坡学生样本参与到任务概念核查、认知实验室、试点研究和田野试验四个阶段（参见表 9.1），具体详见格里芬和凯尔（第 1 章）描述的四个阶段所涉及的过程。

接受邀请参与这个项目的 12 所学校确保所有参与的教师和学生都已知晓以下原则：他们可以依据自己的意愿，在任何时候退出。表 9.2 呈现了本章的数据来源。

表 9.1　新加坡参与 ATC21S 的人数

任务开发阶段	学校数量	学生参与人数	教师/教育官员参与人数
任务概念核查	2 所小学、 2 所中学	–	32
认知实验室	2 所小学、 2 所中学	11 岁：34	–
		13 岁：25	
		15 岁：13	
试点研究	2 所小学、 3 所中学	11 岁：70	10
		13 岁：66	
		15 岁：98	
试验	4 所小学、 8 所中学	11 岁：232	64
		13 岁：799	
		15 岁：749	

表 9.2　本章数据来源

数据收集阶段	数据收集方式	学生/教师受访者人数
任务概念核查	焦点小组讨论和反馈表	教师：32
认知实验室	通过学生出声思维的文字记录，以了解他们的思维过程，以及他们在任务中以特定方式回应的方式和原因，任务后与学生一对一访谈以引出他们对任务的看法。	学生：59
		11 岁：25
		13 岁：25
		15 岁：9

续表

数据收集阶段	数据收集方式	学生/教师受访者人数
试点研究	任务后学生调查以及与所选学生进行一对一访谈，以了解他们对21世纪能力学习和评估的态度以及所面临的挑战。	学生：234
		11岁：70
		13岁：66
		15岁：98
试验	任务后的学生调查以及与所选学生和教师进行一对一访谈，以了解他们对21世纪能力学习和评估的态度以及所面临的挑战。	学生：1688
		11岁：228
		13岁：738
		15岁：722
		教师：3

○ 对ATC21S任务的反应

对教师和学生的访谈主要询问他们使用ATC21S任务进行21世纪能力教学、学习和评估的看法。我们还要求他们告诉我们任务的哪些方面吸引、鼓励或挑战着他们。在本章中，我们按照六个方面的问题组织教师和学生对ATC21S做出反应：

1. 和新加坡21世纪素养的教学、学习和评价的关联性；
2. 参与任务；
3. 在课程相关和无关的任务中寻找意义；
4. 协作；
5. 在任务中引入模糊性；
6. 工具和技术问题。

与新加坡21世纪素养的教学、学习和评估的相关性

教师看见了使用ATC21S任务进行21世纪技能教学的潜力，与定制化的教学相比，ATC21S更适应当地教育。在核查数字网络化学习任务时，教师感到这些任务在与作为知识消费者和生产者，以及发展和维持社交与智力资本的目标建构原则上是一致的。一位小学教师描述了这些任务如何帮助学生建立“存有不同观点时如何交流、达成共识”的技能，这些技能是“重要的、必不可少的

技能”，它们可以支持学校开展21世纪能力在“创造性”这一维度上的课程。协作式问题解决（CPS）任务提供了良好范例，让学生发展“共同合作，真正看到他人优势”的需要。

在概念核查阶段预览任务时，我们的教师预料到任务可能会吸引学生，因为他们认为学生是“擅长IT”的。实际上，由于我们的学生多受到纸笔测试的影响，对这些新颖的任务一般都很感兴趣。然而，21世纪素养并不仅仅是信息与通信技术的使用。实际上，合理使用信息技术有促进测评关键方面的潜在可能，对21世纪技能尤其如此。像元认知，创造性和协作式问题解决等（Binkley et al. 2012），通过纸笔测验都很难测量。ATC21S任务做了良好的示范，使用信息与通信技术和社交网络工具进行在线协作具有优势。但是，一位教师注意到ATC21S任务没有充分利用信息与通信技术平台，为学生提供及时的反馈：

> 我没有看到任务给到学生任何形式的反馈，学生不知道他们的回答是否正确，那么，他们要如何根据解决问题中所犯的错误进行改进?

一位学生也重申了这一观察：

> 我没有收到任何反馈。

教师和学生的这一期望没有错。撰写ATC21S白皮书的专家指出，通过先进的Web2.0技术进行评估创新，即使在学生忙于任务时，也可以为学生量身定制评估和反馈（详见Wilson et al. 2012），这也确实是ATC21S团队正在开展的一个工作领域。事实上，在试验期间所收集的数据，为开发这两组素养的学情分析提供了丰富的信息，为设计一个可以提供及时的探测，测量学习进度并提供反馈的自动化系统做准备。正如一位教师所说，如果学生在学习时“没有意识到他们正在被教”，将是非常好的。这一系统也可以解决教师在教授21世纪素养中，对不同熟练程度的学生的需要进行差异化教学的担忧。

参与任务

任务的动态性和交互性可以吸引学生，例如，在ATC21S的一个任务中，学生可以相互“传递”重量来平衡木条。一个学生说：“我喜欢这种互动性的任务。”其他学生描述任务是“有趣的、有吸引力的、有意思的”。事实上，学生参与任务的整体水平很高，很多人表示愿意在学校做类似的任务。我们对在试点和试验期间进行的任务调查后发现，10名学生中将近有9名学生认同ATC21S

任务是有趣的，超过8名学生享受和同伴一起完成任务的过程，超过7名学生喜欢这种评估模式而不喜欢传统的纸笔测验，这些发现在所有年龄组都是一致的。

尽管学生将许多任务形容为“有趣的”，但是这并不意味着他们认为这些任务是没有挑战的。事实上，大部分学生认为这些任务并不简单。一位学生这样总结：

> 任务发人深省——使思考和分析技能得以使用。

任务中适当水平的智力挑战在吸引学生方面起着重要作用——研究表明，当任务没有足够的挑战时，学生的注意力可能会脱离任务（Hayes 2008）。此外，任务设计者还需要防止太具挑战性任务的出现（Brophy 1987）。因此，给学生设定适当难度的任务是让学生参与学习的重要考虑因素，相信这一原则同样适用于21世纪素养的学习。事实上，施测任务的ICT平台也可以用来为不同的学生提供不同难度的任务。

在课程（内容）相关和无关的任务中寻找意义

如何更好地学习和评估21世纪能力呢？它们应该嵌入在课程内容丰富的任务中，还是需要很少学科知识的任务中呢？这是ATC21S团队想要找到答案的问题之一，因此团队委托专家开发了两种任务：从基于特定科学或数学概念（例如20分游戏任务）的内容丰富的任务到要求学生从现实生活情境（例如热巧克力）中识别一般模式或规则的相对“无内容”的任务，利用不同程度的知识内容来开发不同原型，作为测量协作式问题解决的情境。

一方面，内容丰富的任务适合于绝大多数有系统学科的课程框架，这样可以更容易地识别出在学科内容中教授21世纪技能的教师。另一方面，也有人会担心任务中的内容可能会改变在21CC建构上的熟练度估计（Wilson et al. 2012）。

完全基于定性反馈，我们发现，当教师和学生遇到无内容的任务时，他们都很难找到任务的“目的和意义”。有一位学生在认知实验室中边想边说：“我不知道到底应该做什么，要求呈现一条直线，但是这线是做什么用的？目的是什么？”在另一个保存/打印任务中，一个学生说道：“不明白这是做什么的……因为它是一个指南，所以不用动脑筋，只要跟着做就行了。”教师同样在寻找各种活动的联系和意义，正如几位教师在诗歌任务（网络启发）中所说的：

> 你在创作什么电影？目标是什么？反馈是什么？练习的要点是什么？

它测试 ICT 技能，而不是诗。他们可以不用学习任何东西就拥有技能。

学生只知道做，但不知道为什么这么做。

意义建构是重要的。

文学要素和任务之间没有联系。这不是真正关于这首诗的，它要体现的是什么呢？

虽然我们可以认为这些话例证了以学科为中心的教师的文化心态，或者对于倾向于关注内容知识评估的教师和学生而言，这些是不熟悉的经历，这也为理解教学内容提供了可能，具有教育性的教学内容能够帮助我们正确地建立这一任务所要测量的能力。正如参与的教师说道：

……通过情境中可获取的资源，学生有足够的机会能够建立对文学要素和设备的知识，并通过与同伴交换意见来形成对文学作品理解的新的见解。例如，虽然新加坡学生可能不了解使用“吉姆·克劳（Jim Crow）”的意义和美国旋转木马的历史因素，但与其他学生交换真实的意见能够帮助他们建立这种社会性理解和资本。

与此相关的问题是，思维品质是否是 21 世纪教育不可或缺的一部分。除了展示使用 ICT 和网络工具的能力外，就学生所写和所创造的，以及他们在任务中如何推断和证明他们答案方面而言，这些结果的质量是 21 世纪教学、学习和评估不可或缺的吗？在建立智力资本方面，教师认为从任务中产生的想法和知识的质量与正在测量的 21 世纪技能是同等重要的。

也许问题的关键不在于这个任务是内容丰富的还是内容缺乏的。无论它是否扎根于学科，更重要的一个问题是学生在进行任务时是否能够找到其意义和真实性。这些任务可以用支架来建立有意义的目标，因为意义建构是学习的一个重要方面（Perkins 2009）。一位 15 岁的学生说：“我从一开始就对活动的目标感到困惑。”因此在设计任务时，要留有给教师和学生来考虑意义建构的空间。

协作

在 ATC21S 团队内有相当多的考虑是要将任务设计和准确评估协作联系起来。关键的争论围绕促进有意义的协作的对称和不对称信息提供的平衡上。每种方法似乎都有可能寻求协作技能的不同方面，并为这些不同维度的发展提供途径。

网络化学习任务的开发者认为，在协作的环境中，每个玩家都应该获得相同的信息，而协作式问题解决任务的开发者通过让不同的协作者获取不同的信息来确保协作。我们认为理想的情境是两者在一系列的任务中取得一个良好的平衡。我们就学生基于当前的任务如何协作进行了观察，学生以几种方式回应"协作"任务——（ⅰ）一名学生制定解决方案，搭档被动地同意此解决方案；（ⅱ）一名学生制定解决方案，搭档核实答案；（ⅲ）两名学生讨论此问题，并共同协商制定解决方案。当任务给学生和搭档呈现的是相同信息时，我们的学生倾向于不协作。在他们看来，协作并不是完成任务的关键，因为学生可以在不与搭档合作的情况下尝试回答这些问题。换句话说，学生将解决问题视为更大的目标，并且在他们认为可以独立地解决问题时，会放弃协作。

在认知实验室后的访谈中，学生们解释说，协作伙伴完成每个任务的速度会影响协作的质量（在网络化学习任务的认知实验室中每组有3~4名协作者）。一名学生在北极旅行任务中比她的同伴更早地完成了协作任务，于是她开始发起聊天，但后来她决定跳过聊天，并在协作伙伴没有回复之后就继续进行了下一个任务，最后他们当中没有人完成这部分任务，她说："当我的协作伙伴不回答我时，我感到很沮丧。"

学生喜欢协作式任务的一个方面是因为任务给了协作成员之间协商和决策的机会，我们的学生喜欢有机会去"倾听冲突的观点""给出我自己的意见"和"在网络启发（诗歌任务）中了解朋友的想法"。学生在他们日常的课堂上不经常有这种机会，正如一位学生评论道："这种在线协商、讨论和决策在学校学习中并不常见。"确实，学会如何在一个团队中进行协商和决策是要培养的重要能力。

我们从ATC21S数据中发现一件令人好奇的事，就是学生能力对协作结果的影响。例如，我们观察到，当一位学术能力很强的学生与一位学术能力较弱的学生配对在一起时，整个任务似乎是由更有能力和口才更好的学生来领导完成的。我们不能确定这一观察是个例外，还是学生的先前能力确实可能会对协作的水平和质量产生影响。进一步分析收集到的ATC21S真实数据将有助于回答这个重要的问题。

在其中一个访谈中，有一位学生告诉我们："我很难通过在线协作来回答问题以及与他人合作。"这使得我们想知道协作的测量是否也取决于协作的形式（如在线聊天VS音频聊天）和平台（如线下VS线上）。这将是一个有趣的后续研究，可以帮助改进 21CC 协作式任务的设计。

在任务中引入模糊性

我们的学生和教师都观察到 ATC21S 任务不如传统测验中的任务结构清晰。学生一般来说，不得不弄清楚他们必须解决的问题以及解决问题所需要的方法。例如，在仓库任务中，目标是通过正确地安置监控摄像头来保护仓库，呈现给两名协作者的是不同的信息——一个人可以看见并放置摄像头，而另一个人则能看到黄色光线（显示所放置的摄像头的覆盖范围），但看不到摄像头。学生需要意识到，在这种情况下他们控制着问题的不同部分，以及要弄清楚黄色光线代表什么。在认知实验室里，我们经常听到学生说：

> 问题是什么？
> 我应该在这里做什么？
> 我该怎么做？
> 指导语不清楚。

有位学生说："在如何使用相关网站来回答问题的任务中没有足够的信息。"年纪更小的小学生将任务说明书描述为"混乱"。学生正在寻找"明确清晰的指导说明"，正如另一位学生所说的那样——在测试中他们更习惯于以往在课堂上经常会遇到的问题。学生说他们必须"自己解决""花费大量的时间理解所要求的内容"以及"当我明白了问题要求，我应该采取哪些行动，然后使其变得更清楚，最后使任务变得更加容易理解"。

有一位教师对这些任务进行了敏锐的观察："将模糊引入任务，为学生创造了思考、探究和协作的空间。"事实上，许多 ATC21S 任务都是故意设计得比传统评估缺乏结构，更加模糊，并为协作者提供问题的不同"视点"。这为学生创造了一个空间，可以思考问题是什么，以及进行协作并制定出解决问题的不同方案。这是一个更好地反映出 21 世纪现实环境的尝试。21 世纪的现实环境中，问题是不明确的，信息和专业知识有不同来源，解决方案既不明确也不直接（NRC 2011）。

虽然我们支持在 21CC 任务中引入模糊性问题，但建议任务设计者更加关注如何精心制定任务目标和指导语，在不是有意模糊的地方提供清晰的阐述，以便减少困惑，不阻碍学生继续甚至是开始任务。例如，一名 15 岁的学生在认知实验室中评论道：“反思这首诗，他们在这个问题上问什么？是诗歌的评价还是诗歌的有用性？”引入模糊性问题的程度也应该考虑学生的年龄和学习水平。年纪小的学生或从低水平开始学习的学生可能需要更多的支架或反馈信息来帮助他们继续任务，而不要让他们因为太“困惑”甚至气馁而放弃（详见 Kirschner et al. 2006 中的例子）。关于在设计中嵌入支架的问题，已经有了一些 ATC21S 任务的良好范例。例如，在基于数字游戏的任务中，学生首先凭借自己的能力与计算机比赛，了解游戏是如何运行的，然后才能进一步和他们的搭档一起与计算机比赛。在另一个任务中，学生可以查看前一页的结果来了解如何解决困惑，并在下一页（基于上一个困惑的基础上建立的）将其学到的知识应用于该问题上。换句话说，随着学生通过做任务不断地进步，设计的问题就会越来越不明确。这些都是要考虑的重要的任务设计熟练因素，尤其是在与不同的学习者一起合作的时候。

工具和技术问题

在 21CC 中，选择在线工具和技术支持在任务设计中是很重要的，可以最大限度地减少测量学生熟练水平的混淆因素。对学生在任务中需要使用的工具，设计应该直观，使用方便，不应因工具的复杂影响学生完成任务。在诗歌任务中，所有年龄组的学生都在思维导图工具的使用中遇到困难——许多学生认为它混乱而且最具挑战性。一位跳过页面的学生在任务后的访谈中表示，他知道思维导图是什么，也知道如何绘制，但是他不知道如何使用工具来完成任务。另一位学生自言自语道：“似乎什么都不能做……这个页面很混乱，如何使用它？不知道该做什么。”这位学生后来解释说，这个任务没有给出如何使用这些工具的具体说明，而且这些工具也不直观，例如，没有在视觉上告诉用户，铅笔图标可以用于创建标签和链接。

因此，工具界面的设计和交互性可以与普通软件上的一致，以避免混乱。例如，学生通常在任务中能熟练地、舒适地使用与脸书（Facebook）聊天相似的功能。不过，学生觉得他们不应该只限于使用聊天功能进行沟通，而是更倾向于使用更常见和真实的社交网络工具，如脸书、微软即时通讯软件（MSN），甚至手机。

在试验期间出现了一些技术问题，例如服务器故障，任务页面加载时间过长，系统悬挂以及评估软件中存在技术漏洞，这可能会影响评估的传送以及学生的动机和活动参与。虽然有些问题无法避免，但所获得的教训是，在实施任何基于计算机的评估之前，预防基础设施出现问题和在操作平台上实施全面的兼容性测试是至关重要的。

○ 挑战

评估实践有助于推动学习行为并激发教学反馈。对（新加坡）这样一个中央集权式的教育系统，其学生学业成就已经在国际上获得广泛认可。（在这种情况下），想要彻底改变当前被评估的内容，需要付出极大的努力。需要改变的不局限于专业领域，而且很可能会涉及社会和经济的转变。这体现了在系统层面上，介绍 21 世纪技能评估所面临的关键挑战。

在实践层面上，基于 ATC21S 开发的工具在项目的初级阶段状态最佳。虽然他们正在试图开发合理的方式以使这些评估自动化，但未来还会有实质性的发展。对我们而言，可能需要改进对学生尝试任务时的行为的解释，需要考虑到文化差异和其他方面的因素。除此之外，分析获取到的学生话语会很有用。这一层面的互动将增加对学生 21 世纪技能评估的丰富性。如果没有这些互动，我们的评估活动将不完整。随着我们对 21 世纪技能的理解和评估的增加，课程和教学的调整需要跟上步伐，以使我们的努力有意义、有效果。

在技术层面上，关键的挑战就是计算系统获取和准确地解释话语（包括言语和非言语）的能力。鉴于自然言语处理仍然是相当不理想的，而且解释诸如面部表情和身体语言等人为因素仅仅处于开发阶段，因此，完全自动化评估 21 世纪技能的系统不容易实现。至少在技术赶上之前，一种混合的方法以及有效的教师支持系统可以承担大部分的评估工作。这可能是支持 ATC21S 和类似工作较为合理的临时做法。

○ 结论

包括新加坡在内的大多数国家都已经或多或少地制定了关于建立学生 21 世纪素养的课程框架或政策。虽然在 21 世纪素养的构成方面已有一定程度的共识（详见 Voogt and Roblin 2012 中的例子），但在如何去教授和测量这些素养方面缺乏清晰的思路和共识。因为可采取的方法和做法不能够轻易地从目前的知识和教育心理测量学中延伸出来。我们需要在任务和教学的发展中，重新制定框架及新的技能和知识，然后再测量素养。在这个意义上，ATC21S 全球项目在可能的原型设计上已经取得了一些进展。我们非常感谢新加坡的师生在整个项目中给予我们的真诚而有建设性的反馈意见。他们的反馈意见我们都会认真对待，因为他们是21 世纪素养教学和学习的关键角色。我们认识到还有很多工作要做，并期待与合作伙伴共同为这一重要工作领域做出贡献。

参考文献

Binkley,M. ,Erstad,O. ,Herman,J. ,Raizen,S. ,Ripley,M. ,Miller-Eicci,M. ,& Rumble,M. (2012). Defining twenty-first century skills. In P. Griffin,B. McGaw,& E. Care(Eds.),*Assessment and teaching of 21st century skills* (pp. 17-66). Dordrecht: Springer.

Brophy,J. (1987). Synthesis of research on strategies for motivating students to learn. *Educational Leadership*,45(2),40-48.

Griffin,P. ,Care,E. ,& McGaw,B. (2012). The changing role of education and schools. In P. Griffin,B. McGaw,& E. Care(Eds.),*Assessment and teaching of 21st century skills* (pp. 1-15). Dordrecht: Springer.

Hayes,D. (2008). *Foundations of primary teaching* (4th ed.). London: Routledge.

Kirschner,P. A. ,Sweller,J. ,& Clark,R. E. (2006). Why minimal guidance during instruction does not work: An analysis of the failure of constructivist,discovery,problem-based, experiential, and inquiry-based teaching. *Educational Psychologist*, 41, 75-86.

Ministry of Education,Singapore. (2010). *Nurturing our young for the future: Competencies for the 21st century*. Singapore: Ministry of Education. Retrieved 21 Jan 2013, from http://www. moe. gov. sg/committee-of-supply-debate/files/nurturing-our-young. pdf

Ministry of Education,Singapore. (2011). *Education in Singapore: Findings from international benchmarking studies*. Singapore: Ministry of Education.

Ministry of Finance,Singapore. (2014). *Singapore Budget 2014- revenue and expenditure esti- mates: Government expenditure*. Singapore: Ministry of Finance. Retrieved 28 May 2014,from http://www. singaporebudget. gov. sg/data/budget_2014/download/5%20Government%20 Expenditure. pdf

National Research Council. (2011). Assessing 21st century skills: Summary of a workshop. In J. A. Koenig & Rapporteur. Committee on the Assessment of 21st Century Skills(Eds.),*Board on testing and assessment,division of behavioral and social sciences and education*. Washington,DC: The National Academies Press.

Ng, P. T. (2004). Students' perception of change in the Singapore education system. *Educational Research for Policy and Practice*, 3, 77–92.

Perkins, D. (2009). *Making learning whole*. San Francisco: Jossey–Bass.

Sharpe, L., & Gopinathan, S. (2002). After effectiveness: New directions in the Singapore school system? *Journal of Education Policy*, 17, 151–166.

Voogt, J., & Roblin, N. P. (2012). A comparative analysis of international frameworks for 21st century competencies: Implications for national curriculum policies. *Journal of Curriculum Studies*, 44, 299–321.

Wilson, M., Bejar, I., Scalise, K., Templin, J., Wiliam, D., & Irribarra, T. (2012). Perspectives on methodological issues. In P. Griffin, B. McGaw, & E. Care (Eds.), *Assessment and teaching of 21st century skills* (pp. 67–141). Dordrecht: Springer.

芬兰的21世纪技能评估工具介绍

阿托·K·阿霍宁，玛丽亚·坎康兰塔

【摘要】

芬兰对于21世纪技能展现出了极大的兴趣，因为这些技能与芬兰想要开发教学方法与评估工具的需求不谋而合。本章中，我们将从芬兰的视角，呈现并分析ATC21S项目在线评估工具的开发过程。该过程根据全球项目的指导实施，主要经过概念核查、认知实验室、试点研究、试验研究四个阶段，并从学生和教师的两个视角进行分析。本章将呈现芬兰的综合学校在引进和开发21世纪技能评估任务的过程中，不同阶段的经验、发展前景以及遇到的挑战。该过程的一个关键要素是需要根据芬兰的文化和语言，将评估任务翻译并本土化。本章也探讨了如何进一步开发此类任务，以实现更加协作式的研究设计。

○ 背景

最近几年，21世纪技能在教学中发挥的作用，在芬兰教育系统的各个层面引起了极大的关注。芬兰国家专家小组表示，芬兰的学校领导和政策制定者一致同意提升21世纪技能在学校的地位（Salo et al. 2011）。在政策层面，新制定的针对2020年的《基础教育法》中所定义的21世纪技能，与国际21世纪技能评估与教学研究（Ministry of Education 2012；Binkley et al. 2012）中所制定的21世纪技能框架是一致的。人们似乎普遍认为，学校系统的发展需要更好地融入21世纪的学习及新的评估工具与方法的设计，以便提升公民参与“知识型社会”的能力（Krokfors et al. 2010；Norrena et al. 2012）。

同时，也存在一些争论，表明芬兰的学校正处在抉择的十字路口，他们必须决定是跟上社会和生活其他领域的发展，还是走自己的路（e. g. Pohjola 2011；Vähähyyppä and Mikama 2010；Välijärvi 2011）。此外，有关评估芬兰学校课程实施的研究也表明，虽然21世纪技能在课程中得到了很好的认可和参考，但是在学校的日常教学中没有被运用起来，是被忽略的（Holappa 2007；Kankaanranta and Puhakka 2008；Kartovaara 2009；Siekkinen and Saastamoinen 2010）。大多数的21世纪的技能与素养是嵌入在芬兰国家学校课程的跨课程主题中的，虽然这些跨课程主题处于课程层面的中心地位，但是，要将这些主题付诸实践并非易事。卡特法拉（2009）指出，芬兰综合学校的领导认为这些主题在教学过程中尚未成熟，很难进行教学。而且，不同学校的教学计划在采用21世纪技能的程度上有差异。芬兰全国教育委员会的最新研究指出，虽然学生具备了跨课程主题的良好知识，但是他们对于跨课程主题的态度还有待改善（Lipponen 2012）。教师们认为，跨课程主题在学校课程中没有一个清晰的角色定位，因此，这些主题往往远离实际教学（Niemi 2012）。

ATC21S在芬兰的发展

芬兰对加强21世纪学习的兴趣，引起了开发用于教学和评估这些技能的工具、方法的需求和兴趣。因此，芬兰在2009年加入了ATC21S项目，成为创始国之一。芬兰的教育与科学部长以如下的方式宣布芬兰的加入（Ministry of Education 2009）：

> 从芬兰的视角看，这个项目能够提供发展教学方法与教学环境，提升孩子的创造性、社交技能、创新精神和问题解决能力的机会。

这个项目在芬兰的合作者是芬兰的教育和文化部（执行委员会成员为萨卡里·卡佳来宁博士），并由杰夫斯基兰大学（University of Jyväskylä）的芬兰教育研究所组织实施（国家项目管理员为玛丽亚·坎康兰塔教授和研究员阿托K·阿霍宁博士）。

方法

参与国的主要目标是通过概念核查、认知实验室、试点研究和试验四个阶段，获取有关这些任务对学龄儿童的适用性与质量方面的信息，从而对学校的 ATC21S 评估材料进行测试和验证。不同研究阶段的实施安排取决于概念和任务开发的进展。芬兰在将评估情境和其他相关材料进行翻译和本土化的过程中还面临着额外的挑战。表 10.1 列出了芬兰的 ATC21S 研究设计。对两个任务组的评价——协作式问题解决（CPS）和数字网络化学习-信息与通信技术（LDN-ICT），以独立的时间进程推进，由概念和情境的获得决定。

表 10.1　芬兰的 ATC21S 研究设计

项目阶段	CPS 任务			LDN-ICT 任务		
	方法/数据	参与者	时间表	方法/数据	参与者	时间表
概念核查	简短的教师问卷	1 所学校：4 名教师	2011 年 5 月	简短的教师问卷	2 所学校：13 名教师	2010 年 12 月
认知实验室	有指导的观察，出声思维会话，研究日记	2 所学校：24 名学生	2011 年 5 月和 10 月	研究日记	1 所学校：12 名学生	2011 年 10 月
试点研究	参与式观察	1 所学校/72 名学生：5年级学生 24 名，7年级的 16 名，9年级的 32 名			没有实施	
试验研究	学生访谈，研究日记	6 所学校/520 名学生	2011 年 11 月，2012 年 5 月		没有实施	

2010 年 12 月初，两所学校的 13 名教师进行了有关 LDN-ICT 素养任务的概念核查。在第一所学校中，有 8 名教师参加了 3 小时的会话。在另一所学校里，有 7 名教师进行了三次单独的 2 小时会话。参与教师是 5—6 年级的班主任与 7—9 年级的学科教师。所有的老师评估了三种可行的情境，在查看任务后回答了三个问题。协作式问题解决（CPS）任务的概念核查由一所学校的 4 名教师在

2011 年 5 月进行。由于芬兰版的任务还无法获得，这次概念核查用的是英文版的任务。

在认知实验室阶段，这些任务被翻译成了芬兰语。CPS 任务的认知实验室在两个学校进行，分为两个阶段，共有 28 名学生参与。2011 年 5 月，进行首批任务，2011 年 10 月进行第二批。LDN-ICT 任务的认知实验室于 2011 年 10 月在一所学校进行，共有 12 名学生参与，分为 11 岁、13 岁和 15 岁三个年龄组，每个年龄组 4 人。由于 LDN-ICT 任务的服务器有问题，只对 CPS 任务进行了试点研究和试验研究。有关参与者的详细信息见表 10. 1。

试点研究在六所学校进行，共有 520 名学生参加。基于自愿的原则，我们对 14 名学生分组进行了访谈。访谈涉及学生对任务的意见（如一般观点，难度水平，喜欢水平）、对这些任务的熟悉度，以及进一步完善这些任务的建议。此外，我们对 CPS 任务进行了两次专家评估。

本土化和翻译

将 ATC21S 评估任务翻译、本土化，贯穿了整个研究日程，因此产生了几个新版本，不同阶段出现了不同问题。概念核查是用任务的英文版本进行的。因此，实际的任务翻译是从第二阶段“认知实验室”开始的。翻译过程受到两个因素的强烈制约：一是三个任务开发人员的计划安排，二是他们提供的将芬兰文本嵌入到任务中的各种解决方案。这个过程需要与开发人员密切合作。翻译评估任务的主要步骤如下：由专业翻译公司或研究人员进行基础翻译；将翻译的文本转化成电子版本；将任务进一步本土化。不同的任务对翻译程序的要求存在差异，以使它们更适合芬兰的学校环境。

CPS 任务的翻译和本土化过程相对比较简单。他们将 Word 形式的翻译文档发送到墨尔本大学，放置在服务器中，并开发了芬兰玩家入口。对于 ICT 任务，该任务的开发组织——加州大学（伯克利）的 BEAR 中心提供了一个在线翻译平台，可以直接在任务场景中翻译。ICT 任务的翻译很复杂，特别是在使用与这些任务有关的外部网站方面。考虑到研究阶段的目的，我们决定将与任务挂钩的外部网站和服务保留为英文，同时向学生提供了有芬兰语字幕的帮助播客（help podcasts）。至于外部内容是否需要翻译，以及如何翻译的问题仍有待解答。

认知实验室需要进一步本土化，因为任务的链接页面具有大量语言的内容。

尽管芬兰学生能够熟练地在互联网上使用英语作为操作语言，但我们不能认为他们一定可以用英语完成这些任务。当评估入口连接到外部网站时，提供与另一种语言和文化内容相匹配的替代品是具有挑战性的，毕竟机器翻译尚不能很好地提供与英文版本匹配的内容。但是，针对外部内容使用的具体解决方案，可以根据任务的不同目的进行调整，例如，有的是为大规模的比较，也有的是为以学生为中心的学习。

在芬兰，这些任务最初由研究人员翻译，并由专业翻译人员进行核查，但没有进行回译（back-translation）。尽管有这个缺点，但芬兰学生回应任务、参与任务的方式，似乎与以英语为母语的学生方式类似，在某种程度上，我们可以认为翻译材料具有表面效度。

教师和学生对ATC21S任务的反应

概念核查

概念核查环节提出了若干问题，涉及概念核查总体程序，需要核查的任务内容，学校ICT任务的接入以及英文版本任务的使用。我们假设芬兰的教师能够使用英语，但这提高了概念核查的要求，而且不知道这会对评估结果产生怎样的影响。例如，当任务是另一种语言时，教师如何能准确地评估与学生能力有关的问题或活动。基于技术的任务概念核查，也需要学校满足特定的接入要求，在线协作需要高速和强大的网络连接。尽管存在这些困难，教师们对这些概念仍表现出积极的态度，一些教师甚至在会后继续工作。

在概念核查开始之前，研究人员会访问学校，并将ATC21S项目和21世纪技能的框架简单介绍给参与的教师。对于LDN-ICT任务，教师需要回答关于任务情境的三个问题。首先，概念核查提供了各种情境针对的技能和素养的信息，信息是基于教师视角的。这一过程可以告诉我们，情境是如何与目标对应的(而这些情境正是基于这些目标开发的)。对于LDN-ICT任务，概念核查的一个问题是任务情境是否与LDN-ICT素养技能相关。教师只指出了LDN-ICT素养中相当有限的一部分，如基本的ICT技能，理解力和使用多种工具的能力，在网上搜索信息的能力，登录网络服务的能力以及上传和恢复数字信息的能力。在教师的回答中没有涉及更复杂的LDN-ICT素养。芬兰的数据表明，概念核查提供了有趣的视角，有助于理解教师通常如何概念化和理解21世纪技能。数据还提供了特定情境的信息，即教师认为能够通过特定情境进行学习和评估的技能范围。

其次，概念核查提供了教师评定结果，对任务、情境和活动在不同学段学校进行适用性打分，同时也提供了关于任务难度和年龄建议的信息。总的来说，芬兰教师认为这些任务情境对于11岁的学生来说太难了。当然，不同的活动和问题之间存在差异。通常，上传和恢复信息任务、遵循指示、涂鸦墙任务和电影任务等活动对11岁的学生来说有困难。其他任务，如聊天和使用评级系统对学生来说较为简单。聊天是学生可以用英语做的事情。

> 电影任务对于11岁的学生来说有困难，但也可能是他们喜欢的任务。制作电影时，对于拍摄什么，他们需要有一些方向，而不仅是为了拍摄一些东西，还可以有比如阅读诗歌并且制作成电影的活动。(5年级的老师)

用英语核查概念的话，会给一些教师带来问题：如果概念核查的语言不是最后任务使用的语言，那么，这将会很难评估任务的难度水平。

再次，概念核查提供了在学校背景下使用任务的教师视角和学生视角。例如，什么样的任务或活动教师认为学生会喜欢。举例来说，一位教师提到，学生对在线聊天特别熟悉，但对许多教师来说，这是一种新颖的沟通方式。教师因此受到启发，提出有关情境想法的问题——情境的开发，情境与学生工作和动机的联系以及更加实际的问题。对于进一步设计教师的问题，我们建议增加一个具体的问题，请教师思考这些情境在学校背景下的适用性。

认知实验室

认知实验室为我们提供了在学校使用这些任务的首次体验，面对在真实的环境中真实的学生。通过这个阶段，我们可以监测任务的适用性和功能性，并为更大规模的试点和试验做准备。认知实验室正是通过这种方式，为教师、学生和研究团队提供实践任务的机会。

在CPS任务的认知实验室中，我们向四名学生组成的小组介绍了评估任务，并要求他们完成这些任务。参与学校的教师们在这一阶段积极参与，并与研究人员一起收集观察数据。在所有会话期间，我们都有一名教师或助理来观察每名学生，所以我们在完成任务时，收到了有关任务过程和学生行动的非常准确的信息。

当学生在进行任务时，我们提示学生“出声思维”。虽然麦克风和语音记录程序一直在运行，但我们很快发现，学生们根本没有大声说话，录音设备没有提供任何有用的数据。也许是因为当有人坐在旁边时，大声说话或自言自语并不是一件很自然的事情；但也有可能是由于任务的认知负荷与要求占据了学生所有的注意力。一开始，学生们就感到焦虑甚至沮丧，因为他们对这种经历太陌生了。与搭档一起在线完成任务、通过聊天窗口形成协作，以及在策略方向不清楚的情况下处理困难的任务，这些可能只是他们面临的一部分挑战。此外，我们建议学生在尝试任务时，除了他们的搭档，最好不要向其他任何人寻求帮助。

认知实验室数据的主要组成部分是教师在学生完成任务的过程中填写的观察表（共260页）。学生的操作也可以通过屏幕录制软件进行记录，然后他们在计算机上的操作就可以和讨论一起被核查和分析。观察表由参与、任务调节、社会性调节、观点采择和知识建构等20个要素组成。每个任务页面都有一张表，观察员同时填写这几张表。从观察数据可以看出，学生在执行任务时，通常是通过任务的通讯工具展示其参与及与搭档的交流，但是我们很少观察到推理等高阶技能。

认知实验室阶段包括访谈选定学生。我们的目标是从学生的角度，加深对任务及其适用性的理解。学生访谈从学生角度为任务的进一步开发提供了颇有意思的意见。大多数学生都觉得任务有挑战性或者困难，这符合概念核查阶段教师对任务的评估结果。学生反映，遇到的主要困难在于理解任务方向、与搭档协作。许多学生对任务改进的直接建议是，希望开发更简单、方向更明确的任务。

> 任务真的很有挑战性，你需要考虑好一会儿，但是，也有一些题目真的非常简单。(7年级女生)
>
> 我认为任务不是很难，但是，我搞不清楚我应该做什么。任务的方向不清晰。(5年级女生)
>
> 假设你和你的搭档有不同的观点，并且你的搭档有其他的材料，如果你的搭档不是很积极的话，无论如何你都无法完成这些任务。(5年级女生)

这些评论表明，任务有一定的难度，需要使用或发展新的技能才能完成。学生提出希望有更多的动作，类似游戏的动作，这更加体现了学生对任务的不熟悉。还有人要求改进聊天窗口。受访的学生也告诉我们，他们以前没有过这类任务的经验。

这些任务可以有更多的动作，而不仅仅是移动鼠标。(5年级女生)

可以增加类似游戏的动作，以及一些背景音乐。(5年级女生)

试点研究和试验研究

在芬兰，我们只对CPS任务进行了试点研究和试验研究。这是第一次在班级层面测试评估工具。试点研究的工作重点是解决任务完成过程中的实际问题，主要关注管理程序和登录程序。本次研究揭示了几个小问题，大多数是技术上的问题，如登录、网络连接、任务完成和学生配对。这些技术问题会消耗很多注意力，但并没有减少师生坚持完成任务的努力。

我们想让教师实施学校的试验研究，但是，大多数学校明显需要有研究人员的协助，因为所有学校都是第一次使用在线任务的整个程序，在线任务的管理对他们来说也十分复杂。因此，学校进行试验研究时，研究人员也要在场。只有一所学校，他们的校长从一开始就参与了这个过程，并和研究人员一起进行了前几次试验，才能在没有研究人员的情况下完成试验研究。在大多数试验中，都要有一名教师全程陪同，这是非常重要的，因为学生时常会问问题和寻求帮助，而老师对学生而言就是最方便的求助对象。

根据试验的观察结果，我们可以大概确定学生群体行为的共同模式。学生在任务开始时会感到困惑，倾向于相互讨论并提问，但最终都能够以一定程度的积极性来认真完成任务。以下内容摘自研究日记，准确地描述了这一过程：

9年级学生的任务试验是整个年级在两个独立的计算机实验室里同时进行的。任务开始时比较混乱，但是很快转向积极，你们甚至可以感受到课堂上的投入气氛。一些任务真的很有挑战性，需要学生认真思考。所有的学生都投入热情，尽力而为。(9年级试验，2011年11月3日)

在练习任务中，学生有很多疑问和困惑，但是当他们完成第一个任务后，一切似乎进展得越来越好。在任务完成过程中，学生仍然会有一些走动和交流。配对环节似乎产生了最大的困扰：和谁配对？为什么要配对？在试验快结束的时候，学生们安静了下来，工作得以继续。(9年级试验，2011年11月11日)

气氛相当不安，因为自始至终，都会有学生跳出任务界面，或者需要其他的技术帮助。只有当90分钟的试验接近尾声时，才有了平静而良好的气氛。两个班的50名学生同时进行试验似乎太多了些，即使有两名教师的协助，也有些忙不过来。刚开始的时候，感觉有点不清楚，我不太确定任务是否在正常运行，学生们是否真正理解了这些任务在讲什么。(5年级试验，2011年11月21日)

在练习任务的过程中，学生可以讨论并提出问题。通常在练习任务结束后，试验会暂时中断，教师将告知学生不能再讨论和提问，并把他们的交流限制在任务的聊天功能中。再过一会儿，你便能感受到学生在完成任务时的热情，每个学生安静而专注地完成任务。学生所用的时间各不相同，但通常会持续至少半小时。学生们似乎在试验过程中提高了操作水平，而且在同伴评估和自我评估中，通常表现出对他们操作水平的良好认识。

○ 挑战

把学习或评估任务翻译成另外一种语言的要求很高，需要几个阶段来验证任务是否对应原始版本。这些任务还需要符合当地的语言习惯和文化传统。例如，PISA 2009 的翻译工作经历了翻译与核对任务两个独立的过程，以符合当地背景（Arffman 2012)。不过，根据阿夫曼（2012）的观点，在翻译国际研究成果时，需要考虑几个程序和做法：这些任务的开发应尽可能地能够被翻译；翻译人员应对任务内容有足够的了解；翻译过程应有明确的目标和指导原则，应有足够的时间进行修改和验证；验证者需要对被译语言、主题有足够了解，并对测试足够熟悉（Arffman 2012)。不过，即使严格遵守这些翻译程序，并且每一步都认真实施，可能也做不到原版本和翻译版本之间完全相同（详见 Chesterman 1997；Grisay et al. 2009)。

对任务情境的概念核查相当耗时。要想在一次会话中就把所有情境都仔细评估一遍，教师需要高强度的工作。有些教师评论说这项工作令人厌倦。在进一步分析学生任务所产生的工作量时，考虑这些任务所需的强度水平是有用的。参与的教师反映，他们以前没有与这些要核查的概念有关的经验，而且对于大多数教师来说，概念核查程序本身就是一种新的体验。不过他们很快就熟悉了这项工作，并开始评估任务的适用性和可用性。LDN-ICT 任务的在线协作也给教师带来一些挑战。其中有些人很适应在线聊天，发现在线聊天很有用，而其他人则像是遇到了麻烦。教师们似乎需要多次会话才能清楚任务到底是关于什么的。许多教师后来自己登录了网页并发表了更多评论。

同样，认知实验室也是耗时费力的，因为我们需要观察大量的任务或程序。然而，认知实验室可以帮助我们更好地理解数据需求及其在国家教育目的上的可用性，同时还能更好地为学校和国家研究人员提供反馈。这一阶段还可以包括其他方法，以获得师生对任务完成和在学校使用的评价。

在试验研究中，我们发现学校领导是决定学校是否参与试验的关键角色。学校越大，组织试验研究就越困难。在规模小的学校实施试验研究会简单得多，因为每个年级只有一两个组参加，预约计算机实验室、确定每周的时间表都很容易。但在每个年级有六个组参加的大型学校，就很难统一时间和场地，这不利于试验研究的完成。有一所学校在了解到几个组完成这个研究需要很多时间时，便中途退出了研究。

我们意识到教师从概念核查阶段就参与进来，对于教师参与整个研究过程非常重要。通过参与概念核查，教师能够把技能和任务的意义内化，并为后续阶段做好准备。芬兰的教师对与21世纪技能评估有关的新概念感兴趣——甚至到了热情的程度。他们认识到教学需要这样的任务，这些任务有望成为学习和评估21世纪技能的工具。值得思考的一个问题是，只参与了后面阶段研究的教师是否与从概念核查阶段就参与研究的教师一样对此研究充满热情，并全身心投入。我们的经验表明，当同样的教师和学校自始至终地参与整个任务开发过程时，项目会做得更好。

在学校实施概念核查的结果表明，为了鼓励学校和教师积极参与，该程序应该有一个清晰的时间表，包括参与者可获得的额外价值。同时，也需要仔细考虑概念核查的途径问题，以确保该途径适合概念核查。我们的经验表明，向教师介绍整个任务开发过程和21世纪技能，也需要清楚的指南。概念核查作为研究的第一阶段，如果完成得好，那么在后面阶段鼓励学校和教师积极参与也会容易得多。概念核查是对接下来将出现的活动，以及学习和评估21世纪技能的原则的深入介绍。教师接收到的信息越多，那么他们的参与度也会越高。这将带给我们下一个重要的问题，即教师参与概念核查的额外价值是什么？

认知实验室阶段的工作量大，具有挑战性，但也有很多收获。在这个阶段，我们收集了大量有价值的信息，关于学生问题解决能力，以及完成任务时的行为。教师作为研究者也对进一步的研究产生影响。从教师身上，我们可以获得关于实施研究的有价值的信息。现在我们拥有一个大数据库，这个数据库是教师和研究人员观察学生完成任务过程中获取的数据。芬兰数据库涵盖了一些有趣的研究主题，如在任务完成或沟通策略中可能出现的文化差异或相似之处，以及其他可供研究的有趣话题。

在逻辑上，试点研究是较小规模的试验研究，即参与者数量较少，但两者采用了相似的数据收集方法。在研究员认识的学校实施试点研究有明显优势：可以避免意外、提供熟悉的计算机实验室和熟悉的教师协作（这些教师从概念核查阶段就参与其中）。有了这样的经验，我们就有信心在现有的基础设施上，更好地为全新的班级介绍任务，使教师和研究人员在复杂的试点研究任务设定中获得便利。

在试验研究过程中，大多数学校对这项研究的要求了解不足。尽管他们收到了一封信函，其中概述了任务的特点和必要的程序，但他们普遍以为这项研究就是学生填写在线问卷。为了避免今后出现类似问题，最好事先制定更详细的在学校进行试验的准则，包括向教师和学生解释关于完成任务所需时间的要求。这也有助于学校能够提前获得时间表，以便提前安排好时间。

长期以来，芬兰的学校和教师一直热衷于参与研究活动。芬兰的师范教育模式非常重视基于研究的理解。然而近年来，由于研究项目的数量大大增加，许多学校感到与研究人员的接触过于频繁，这使得学校对参与这项研究就没有很大的兴趣。但是，如果研究活动的协作性强，学校和教师也就会更加愿意参与进来。芬兰的学校和教师参与协作式研究项目的最重要的额外价值在于，该项目为教育工作的发展提供了深刻的见解与工具。ATC21S 任务开发的各个阶段都可以提供这样的好处，尽管我们仍需进一步的思考与开发，以确保研究结束后，参与的影响可以持续留在学校。

○ 结论

21 世纪技能评估工具的引进过程是一个有趣和有益的历程。研究的所有阶段都是必要的，如果没有参与开发任务的过程，直接尝试实施这样一个整体的评估体系是非常困难的。从概念核查，认知实验室到试点研究、试验研究，整个过程都令人着迷。虽然我们面临许多困难，但我们也得到了很多信息：有关任务的信息以及学校将评估工具适应其系统的能力的信息。这一过程也把我们介绍给了世界各地的同仁。不同国家的国际协作已经证明了流畅地使用各种协作工具的重要性，同时也揭示了使用可靠的老式工具的必要性，如电子邮件。

ATC21S 项目为我们详细介绍了 21 世纪技能的评估、教学和学习的理论背景，为这些技能在芬兰的教学和学习提供了进一步利用与发展的良好基础。来自学生的反馈很不错，但也显示了他们尚未做好在网络上进行协作和学习的准备。正如威尔斯和克拉克斯顿（2002）指出，学习的社会文化因素不再仅仅涉及技能或知识的转变，还包括对心灵和身份建构的理解的发展。学习课程最重要的结果是学生通过学习到的技能真正能够做什么（Silva 2009）。开发评估工具可以看作使上述所说成为我们日常学校教育重要特征的重要一步。在把对 21 世纪技能的学习和评估的认识带到我们学校系统的不同层面（从政策制定到教师培训，最后到课堂实践）之前，还有一项艰巨的任务。如果可以向芬兰的教师证实这些评估材料在教学和学习 21 世纪技能方面的可用性，那么我们就已经迈出了一大步了。

参考文献

Arffman, I. (2012). Translating international achievement tests: Translators' view. Finnish Institute for Educational Research, Reports 44. Jyväskylä: Finnish Institute for Educational Research. Available at: http://ktl.jyu.fi/img/portal/22708/g044.pdf

Binkley, M., Erstad, O., Herman, J., Raizen, S., Ripley, M., Miller-Ricci, M., & Rumble, M. (2012). Defining twenty-first century skills. In P. Griffin, B. McGaw, & E. Care (Eds.), *Assessment and teaching of 21st century skills* (pp. 17-66). New York: Springer.

Chesterman, A. (1997). *Memes of translation*. Amsterdam: Benjamins.

Grisay, A., Gonzalez, E., & Monseur, C. (2009). Equivalence of item difficulties across national versions in PIRLS and PISA reading assessments. In: *IERI monograph series: Issues and methodologies in large-scale assessments* (Vol. 2, 63-84). Princeton: IERIETS Research Institute. Retrieved from: http://www.ierinstitute.org/fileadmin/Documents/IERI_Monograph/IERI_Monograph_Volume_02.pdf. Read 15 Feb 2014.

Holappa, A.-S. (2007). *Perusopetuksen opetussuunnitelma 2000-luvulla - uudistus paikallisina prosesseina kahdessa kaupungissa.* [The curriculum change as local processes in two cities.] Oulun yliopisto. Acta Universitatis Ouluensis E94.

Kankaanranta, M., & Puhakka, E. (2008). *Kohti innovatiivista tietotekniikan opetuskäyttöä. Kansainvälisen SITES 2006-tutkimuksen tuloksia.* [Results from the international SITES 2006 – study]. Jyväskylä: Jyväskylän yliopisto. Koulutuksen tutkimuslaitos.

Kartovaara, E. (2009). *Opetuksen järjestäjien ja rehtoreiden näkemyksiä ja kokemuksia Perusopetuksen vuoden* 2004 *opetussuunnitelmauudistuksesta*. [Feedback from the year 2004 curriculum change]. Helsinki: Opetushallitus.

Krokfors, L., Kangas, M., Vitikka, E., & Mylläri, J. (2010). Näkäkulmia tulevaisuuden koulupedagogiikkaan. [Insights towards the school pedagogics of the future]. In R. Smeds, L. Krokfors, H. Ruokamo, & A. Staffans (Eds.), *InnoSchool – välittävä koulu. Oppimisen verkostot, ympäristöt ja pedagogiikka* (pp. 51 – 85). Espoo: Aalto yliopisto.

Lipponen, L. (2012). Ihmisenä kasvaminen [Human growth]. In E. K. Niemi (Ed.), *Aihekokonaisuuksien tavoitteiden toteutumisen seuranta – arviointi* 2010 [Evaluation of the fulfillment of cross curricular themes in 2010] (Koulutuksen seurantaraportit no. 1, pp. 43–58). Helsinki: Opetushallitus.

Ministry of Education. (2009). *Composite news bulletin.* June 2009. Retrieved from: http://www.minedu.fi/OPM/Tiedotteet/composite_news_bulletins/2009/June_2009.html? lang=fi&g inFinalndextra_locale=en. Read 25 Sept 2012.

Ministry of Education. (2012). *Tulevaisuuden perusopetus–valtakunnalliset tavoitteet ja tuntijako.* [Finnish Ministry of Education. The basic education in the future. Objectives and curricular basis]. Opetus – ja kulttuuriministeriön työryhmämuistioita ja selvityksiä 2012. p. 6.

Niemi, E. K. (2012). Opettajakysely [Teacher survey]. In E. K. Niemi (Ed.), *Aihekokonaisuuksien tavoitteiden toteutumisen seuranta – arviointi* 2010 [Evaluation of the fulfillment of cross–curricular themes in 2010] (Koulutuksen seurantaraportit no. 1, pp. 19–39). Helsinki: Opetushallitus.

Norrena, J., Kankaanranta, M., & Ahonen, A. (2012). *Innovative teaching in Finland.* Paper presented at the 2012 American Educational Research Association conference, Vancouver.

Pohjola, K. (2011). *Uusi koulu. Oppiminen mediakulttuurin aikakaudella.* [New School. Learning the media cultural era]. Jyväskylä: Jyväskylän yliopisto, Koulutuksen tutkimuslaitos.

Salo, M., Kankaanranta, M., Vähähyyppä, K., & Viik–Kajander, M. (2011). Tulevaisuuden taidot ja osaaminen. Asiantuntijoiden näkemyksiä vuonna 2020 tarvittavasta osaamisesta. [Experts anticipating the skills needed in 2020]. In M. Kankaanranta & S. Vahtivuori – Hänninen (toim.), *Opetusteknologia koulun arjessa II* (pp. 19 – 40). Jyväskylä: Jyväskylän yliopisto, Koulutuksen tutkimuslaitos.

Siekkinen, T., & Saastamoinen, M. (2010). Esi– ja perusopetussuunnitelmien perusteiden 2000 ja 2004 toimivuus. [The functionality of the national core curriculum in preschool and basic education]. In E. Korkeakoski & T. Siekkinen (Eds.), *Esi- ja perusopetusjärjestelmän toimivuus.* Puheenvuoroja sekä arviointi- ja tutkimustuloksia (pp. 47-70). Jyväskylä: Koulutuksen arviointineuvosto.

Silva, E. (2009). Measuring skills for 21st-century learning. *Phi Delta Kappan*, 90 (9), 630-634.

Vähähyyppä, K., & Mikama, A. (2010). *Koulu* 3.0. [School 3.0]. Helsinki: Opetushallitus.

Välijärvi, J. (2011). Tulevaisuuden koulu vai kouluton tulevaisuus? [School of the future or future without school?]. In K. Pohjola (Ed.), *Uusi koulu: Oppiminen mediakulttuurin aikakaudella* (pp. 19-31). Jyväskylä: Jyväskylän yliopisto, Koulutuksen tutkimuslaitos.

Wells, G., & Claxton, G. (2002). Education for the learning age: A sociocultural approach to learning to learn. In G. Wells & G. Claxton (Eds.), *Learning for life in the 21st century: Sociocultural perspectives on the future of education* (pp. 1-17). Oxford, UK: Blackwell.

在美国实施 ATC21S 的案例研究

凯思琳・肯福

【摘要】

在过去的10年里，围绕21世纪技能的对话在美国达到了巅峰，主要体现在国家竞争力、劳动力发展方面，尤其是K-12教育圈［博物馆、图书馆以及21世纪技能（IMLS-2009-NAI-01）。Washington，DC，2009］。美国教育的主要目标是确保所有高中毕业生都具备在21世纪全球经济背景下生活、学习和工作所必需的知识和技能（NRC, Education for life and work: developing transferable knowledge and skills in the 21st century. The National Academies Press, Washington, DC, 2012a）。为了实现这一目标，几项改革正在全国范围内推进，给21世纪技能的教学和评估提供工具和资源，改变从幼儿园到高中教育的标准。

○ 背景

21世纪技能合作组织（P21）联合各州和商业伙伴，设计了21世纪学习的工具、资源和理论框架，并在18个州实施（P21 2009a）。全国州长协会（NGA）和州立学校首席官员委员会（CCSSO）在英语语言文学（NGA 2010a）和数学学科（NGA 2010b）上制定了州立共同核心标准（Common Core State Standards），该标准已被44个州、哥伦比亚特区、四个地区和国防部教育活动机构采用。这个州立共同核心标准与P21的共同核心指南（Common Core Toolkit）中的21世纪技能是一致的。

与此同步，美国教育部的“力争上游”（Race to the Top）倡议通过两项大型测验项目——智能平衡评估联盟（SMAC）以及升学与就业准备评价联盟

（PARCC）为各州的联盟提供支持，目的是为了评估州立共同核心标准所倡导的技能。这些新的评估超越标准化的多项选择题测试，包括了更多体现创新和技术的任务，这些任务要求学生研究和分析信息、考虑证据，并解决现实世界中的问题。

在科学教育中，国家研究委员会（2012b）开发了 K-12 科学教育框架。它是最新发布的“下一代科学标准（NGSS）”（Achieve 2013）的基础。NGSS 与共同核心标准在 21 世纪技能上是一致的。国家层面的努力还包括国家教育进步评估（NAEP）以及技术与工程素养评估（TEL）。TEL 评估把技术和工程素养作为 21 世纪生活的重要部分（NAGP 2014）。

国家级的专业教育组织，例如国家科学教师协会（NSTA）和国家数学教师委员会（NCTM）已经与 P21 合作，目的是创作出能够图解 21 世纪技能的科学和数学内容的整合地图，以对课程与教学产生影响（P21 2009b）。博物馆与图书馆服务研究所（IMLS）正在和全国的博物馆、公共图书馆一起努力，规划图书馆和博物馆系统在当地社区中的角色，为成为 21 世纪学习的机构提供支持，提高政策制定者和其他利益相关者的理解，充分认识博物馆和图书馆在创造参与的公民社会和有竞争力的劳动力队伍中的整合作用。

国家的这些努力力图确保高中毕业生拥有为大学和职业生涯做好准备的技能，确保他们在 21 世纪技能方面取得进步。

○ ATC21S 在美国的发展

美国的非营利组织西部教育（WestEd）在美国实施了 ATC21S 项目的所有活动。西部教育组织是一个著名的教育研究、发展和服务组织，在全国有 600 个员工，16 个办公室，已经成为一个以研究推动实践的领导者。西部教育组织所采用的方法有：实施研究和发展的计划、项目和评价；提供培训和技术帮助；与决策者一起在国家、州和当地层面实施大规模的学校改进和创新变革。该机构的使命是促进卓越，获得公平，改善儿童、青少年和成年人的学习。为了开发和应用能达到这些目标的最佳可利用资源，西部教育组织已经和所有层面的教育与社区组织建立了稳固的工作关系，在激发其他机构的努力，创设改进事业方面发挥着重要作用。

西部教育组织在标准和评估方面全国领先。西部教育组织与学校、地区、决策者紧密联系，保证所有学生——包括数量增长最快的英语语言学习者这一学生群体——达到新的州立共同核心标准和下一代科学标准建立的高学习期望。西部教育组织也是跨州智能平衡联盟的项目管理合作伙伴。

西部教育组织的STEM计划涵盖了学前到16年级的各种项目组合，以提高所有STEM学科的教与学。STEM计划里的项目涉及最前沿的研究、评价、课程发展、评估发展和专业发展。STEM的员工在全国和世界范围内工作，提高（公众）对技术素养、使用模拟技术提高学生的学习和评估，及科学和数学学习等议题的理解。

STEM成员从成立之初就参加了ATC21S项目。由于在21世纪技能和评估中所表现出的专业技能，STEM成员在全国和全世界范围内得到认可。他们为两份ATC21S白皮书做出了贡献。STEM成员也担任美国的国家项目管理员，在国际会议上代表美国；与其他国家的研究者合作开发产品；实施所有阶段的项目。

在很大程度上，ATC21S的工作促进了STEM在定义和发展21世纪技能评估上的工作。西部教育组织的STEM成员与来自斯蒂文斯理工学院的研究者就两个美国国家科学基金会的项目一起工作了3年，目的是在初高中阶段发展和评估基于纸笔的21世纪技能。例如，高中学生参与了解决真实世界问题的协作式问题解决任务。该任务需要从陆地和海水中提取和存贮碳化物。这个任务包含一个名为“拼图”的活动。四个学生在一个团队里合作，每一个学生得到一个描述整体问题的共同信息，还有一个对解决问题很重要的独有信息。学生在一起讨论问题，分享他们的观点和各自独有的信息。我们从两个方面对学生进行评估：学生对其他成员提供的信息展开交流的能力，以及团队最终问题解决方案背后的推理技能。这提供了一种测量学生在团队问题解决中的协作和信息交流能力的方法（Sneider et al. 2012）。

ATC21S理论框架的详尽阐述，帮助STEM的研究者确定斯蒂文斯评估测量的建构。虽然ATC21S的任务是在线的，斯蒂文斯的任务是纸笔的，但是ATC21S定义的编码过程和协作能力，为斯蒂文斯任务的评分提供了参考。ATC21S也为费城青年网（PYN）提供了开发21世纪技能评估的资料。PYN 21世纪技能组关注认知（例如：交流、协作、团队合作和批判性思维）和非认知技能（例如：主动性和自我指导、生产力和责任心、灵活性和适应性）。ATC21S理论框架中对每个技能的知识、技能、态度、价值观、伦理的详细阐述对定义 PYN 21 世纪技能组和精炼 PYN 测量的建构有极大的帮助。PYN 的目的是测量参与费城工作准备项目的青年在 21 世纪技能上的提升情况。费城的其他组织，例如费城科学院，也在努力让所有的费城人能通过数字舷梯（Digital On-Ramps）计划，在 21 世纪的经济环境中做好工作和竞争的准备。

○ 方法

任务概念审核

任务开发的第一个阶段主要回答任务概念的表面效度。任务包括三个网络化学习-通讯和信息技术（LDN-ICT）素养任务和八个协作式问题解决（CPS）任务，这些任务最初是为 11 岁（6 年级）、13 岁（8 年级）、15 岁（10 年级）学生设计的。LDN-ICT 任务包括网络启发（诗歌）、北极旅行、第二语言聊天。这些任务都是基于典型内容领域（英语语言文学、科学、数学和语言）的情境，以及 LDN-ICT 素养领域的技能（使用计算机界面和搜索引擎、发布问题和人工产品、团队协作、制作标签、执行基础的信息技术任务）设计的。CPS 任务包括平衡、植物生长、20 分游戏、仓库、六边形、小金字塔、灯箱、向日葵。这些任务同样是在典型的学科内容下设计的，例如数学和科学，同时还需要学生通过网络聊天窗口来进行交流。CPS 任务测量的建构主要体现在两个方面：社会性技能，包括参与、观点采择和社会性调节；认知技能，包括任务调节和知识建构。

在实施的第一阶段，西部教育组织招募了 18 名旧金山湾地区的教师，其中 6 年级、8 年级和 10 年级教师各 6 名。这些教师预览了最初的评估原型，并提供了对任务概念的反馈。9 名教师被指定去审核 LDN-ICT 任务，其他 9 名教师则去审查 CPS 任务。西部教育组织的成员与 ATC21S 国际研究协调员一起开发培训材料和收集教师反馈。2010 年 10 月，西部教育组织主持了 6 场教师培训，包括分配到 LDN-ICT 任务的三个年级各一场，以及分配到 CPS 任务的三个年级各一场。每一次培训都会向教师介绍 ATC21S 项目的概况及任务概念，并安排一个搭档与教师一起参与并审核现场网站上测试的任务。

LDN-ICT 的教师培训课程由西部教育组织与加州大学（伯克利）的 LDN-ICT 任务开发人员协作完成。任务核查的主要目的是：（1）确认教师是否认为学生可以理解任务；（2）了解教师是否认为任务有表面效度。任务核查的次要目的是：（1）获得教师对于修正、删除、增加任务内容的建议，以使学生更加容易理解；（2）了解教师对这些任务是如何测量LDN-ICT建构的看法。

在预览这些任务之前，为了更好地理解测量任务中的建构，美国国家项目管理员（NPM）提供了关于LDN-ICT任务建构的深层综述。由于ATC21S对使能技能（enabling skills）基础上的学会学习所做出的贡献，ATC21S在LDN-ICT素养领域里的关注点是社交网络。LDN-ICT的建构主要考虑四个主要功能领域：（1）作为消费者的功能——从共享的数字资源和专家那获得、管理、使用信息/知识；（2）作为生产者的功能——创造、开发、组织信息/知识，以为共享数字资源做出贡献；（3）开发和维持社交资本——使用、开发、调节、引领和促成社交小组内部与彼此间的联结；（4）开发和保持智力资本——理解工具、媒介和社交网络是如何运行的，以及如何使用这些工具来凝聚集体智慧。

接下来，美国国家项目管理员将提供三个任务的概览，让教师登录LDN-ICT任务网站。他们将介绍每一个任务，并描述学生将要使用的内置于任务的工具。在了解了每一个任务之后，教师要与一个搭档一起回答一组针对当前任务的问题。在网络启发任务上，教师要回答：（1）你认为情境中的任务针对的是哪些技能或能力？（2）考虑你学生的能力，情境中的哪些问题和活动需要淘汰？

在北极旅行任务上，我们要求教师：（1）确定并写下任务中要保留和要删除的提示线索各三个；（2）讨论保留或者删除这些提示线索的理由。

在第二语言聊天任务上，教师要回答：（1）你认为什么年纪的母语使用者能够学习和使用一个评级系统？（2）什么年纪的母语使用者能够促成主题讨论？（3）推荐一个聊天主题，使这个主题能够吸引给定年龄的语言学习者。

在审核阶段的最后，美国国家项目管理员让教师回答了五个问题。教师对这五个问题的回答摘要如表11.1所示。

CPS任务的教师培训与LDN-ICT任务的培训类似。美国国家项目管理员向教师们提供了ATC21S项目和CPS任务及其建构的概览，并介绍了协作式问题解决的框架。该框架描述了五个建构的方面、贡献和行为，这五个建构分别是参与、观点采择、社会性调节、任务调节和知识建构。

表 11.1　为验证 LDN-ICT 任务概念的拟定问题和教师回答摘要

拟定问题任务是否	教师回答摘要
吸引学生?	吸引水平良好，但是 6 年级和 8 年级的学生需要一些练习材料来熟悉这些任务，他们可能需要更长的时间来完成任务。学生会喜欢这些任务的。
就学生的先前知识而言是合适的?	不是所有的学生都有计算机方面的先前知识。学生需要在开始任务前接受辅导——甚至一些教师对操作工具都不熟悉。概念图要到 9 年级才在数学课上介绍。任务的语境与学生的生活是相关的。
就学生的社会文化背景而言是合适的?	是的，合适。但是，对于不熟悉标准英语的英语语言学习者和学生来说可能有挑战性。
学生完成任务所需时间差不多?	不。时长取决于学生原有的技术知识和与技术的接触程度。英语语言学习者和学业不良的学生需要更长的时间。
能区分学生?	是的。 8 年级的学生具备关于基于网络研究的基础知识， 6 年级的学生对使用聊天工具比较适应。但是，对于家里没有计算机的学生和英语语言学习者来说，他们可能会在切换窗口方面存在困难。

教师们登录 CPS 网站并且与搭档一起审核五个任务。在教师们审核任务时，他们有一组问题要讨论，并且讨论会被记录。教师们也会有一张表格来记录他们对于每一个任务的评论。这张表格里有三个问题，第一个问题涉及评定 CPS 建构（图 11.1）的一系列技能。(注意：实际使用的表格把问题解决中的任务调节和知识建构结合在了一起)。后面的两个问题是："有没有一些问题或者活动的能力要求，与你学生的实际能力相比，过高或者过低"；"你还有其他关于这些任务的评论吗?"

同样的，在审核阶段的最后，美国国家项目管理员让教师回答了五个问题。教师对这五个问题的回答如表 11.2 所示。所有的教师都很珍惜能够预览新的评估工具的机会，并通过培训会议上的小组讨论和对拟定问题的手写回答提供了口头和书面的反馈。这些问题的设计目的就是为引发教师对每个任务相关性和适用性的判断，即是否适合他们所教年级不同能力水平的学生。

姓名：________________

所教年级：________________

题目名称：________________

房间号：________________

1. 你认为这个题目中的任务针对的是哪些技能或能力？

参与	是	否
环境中的活动	□	□
与他人的贡献进行互动、鼓励、回应	□	□
独立承担并完成一项任务或一部分任务	□	□

观点采择	是	否
忽视、接受或者调整他人的贡献	□	□
对怎样调整自身行为以更加适宜他人的意识	□	□

社交调节	是	否
达成一个解决方案或达成和解	□	□
认识自身的优势与不足	□	□
认识他人的优势与不足	□	□
为确保小组能够完成任务的各部分承担责任	□	□

问题解决	是	否
设定一个清晰的任务目标	□	□
对资源和人员进行管理，以完成任务	□	□
制定解决问题或完成任务的行动步骤	□	□
实施可能的问题解决方案并监控进展	□	□
用熟悉的语言分析和定义问题（例如：使问题方便管理和有意义）	□	□
确定对进一步信息的需要	□	□
发展论证的思路，并向他人解释自己的想法	□	□
接受模棱的情境，并在其中探索可能的选择	□	□
随着信息或情境的改变而改变推理或行动步骤	□	□
建立知识要素之间的联系	□	□
遵循路径获取知识	□	□

图 11.1　CPS 评定表和问题

表 11.2　CPS 任务概念校验的拟定问题和教师反应的概要

拟定问题任务是否	教师反馈
吸引学生?	任何计算机游戏都能吸引学生。如果任务以游戏的形式呈现，学生会渴望解决难题、与计算机竞赛或与他人协作。但是他们需要方向和明确的目标，以克服最初的困难。
就学生的先前知识而言是合适的?	一些数学知识在六角形和小金字塔任务中是有用的。对于识别模式的能力是有用的。对于创造力和空间敏锐度有帮助。除此以外，不需要其他学科的相关知识。
就学生的社会文化背景而言是合适的?	是的。大部分学生擅长用英语发短信、即时通信和进行其他形式的网上聊天。
学生完成任务所需时间差不多?	不，6 年级或者 11 岁的学生可能需要更多的时间与更多的指导。一些学生可能由于受挫而放弃太快。
能区分学生?	是的。若有社会或者公民问题的内容将更好，学生可以针对一个社会或者社区问题进行协作。

总的来说，教师报告称 LDN-ICT 任务和 CPS 任务都能够吸引学生，学生不需要依赖先前的内容知识（例如：英语语言文学、数学、科学）去完成任务。几乎所有教师都报告称这些任务在学生的社会与文化背景方面是合适的，但是同时他们也提醒，这对不熟悉标准英语的英语学习者可能会是个挑战。当问及学生的任务时长是否合适时，几乎所有教师都回答更年幼的学生、英语学习者、学业不良的学生需要更多的时间去完成任务。在任务区分学生方面，几乎所有的教师都认为任务能够区分学生，但是这也引起了家庭中是否有计算机的公平问题。教师提醒，家里没有计算机的学生在完成 ATC21S 任务方面可能处于不利地位。

认知实验室

项目的第二阶段侧重于实施认知实验室或学生的出声思维。西部教育组织工作组与伯克利加州大学（UCB）的 BEAR 中心合作，与 21 名分别代表 6 年级、8 年级、10 年级的学生在 2011 年 3 月于旧金山湾区开展了认知实验室工作。参与者的构成包括：17%的亚洲人，22%的非裔美国人，48%的西班牙裔/拉丁裔，10%的白人和 1%的多种族人。

出声思维旨在深入了解学生在进行 LDN-ICT 任务中的想法和感知。为了给认知实验做准备，需要对所有计算机进行检查，以确保达到技术要求，如能够访问外部网站。所有计算机上都装了 Berio 屏幕录制软件，以便在学生进行任务时“录像”。每个学生在桌面上进行的登录、大声说话和屏幕活动——如指向、点击、使用绘图工具、添加想法、拖放可移动的项、访问播客等都会被实时记录下来。

当学生在进行任务时，研究人员会观察学生，确保他们同时参与了答题和讨论。在研究人员观察学生时，他们还完成了用来记录学生屏幕操作的认知实验室模板。图 11.2（见下页）显示了“北极旅行”的一个示例，研究人员用它来监测学生进行每个任务的每个屏幕。在完成出声思维后，研究人员对学生进行了访谈。

由于 LDN-ICT 任务旨在测量数字素养的技能，所以要尽量阻止学生问老师该如何进行任务。LDN-ICT 任务有一个内置功能——“先问三个，然后是我”的规则，我们期望学生在遇到困难时先自己探索三个信息来源，然后再寻求教师帮助。我们期望学生做到这些：（1）在他们的计算机屏幕上核查任务方向和资源；（2）从团队成员中请求和获得帮助；（3）在请求帮助之前访问因特网以获得信息。如果学生想请求教师帮助，她/他必须点击一个教学辅助按钮，之后教师会记录所提供的帮助类型。在认知实验室中，只有少数 6 年级的学生使用了教学辅助按钮请求帮助，8 年级的学生没有使用过。

总的来说，我们从认知实验室获得了有关 LDN-ICT 任务运行状况，以及哪些任务特征可能需要改进的有价值的信息。三个年级的所有学生都完成了网络启发任务。研究人员观察到，大多数学生对登录测试网站几乎不感到困难，只有少数学生遇到了可用性的问题，比如难以上传视频。少数 6 年级学生的困难出现在从网上找一首诗、使用单选按钮、回收站或添加和连接想法。少数 8 年级学生主要在输入文本到文本框中、复制和粘贴诗歌、将问题重新排序时遇到困难。10 年级的学生在操作这些活动时似乎没有遇到困难。三个年级的所有学生都完成了北极旅行任务。只有 6 年级的学生在识别团队成员、发现密码，以及在谷歌文档和任务页面之间切换上存在困难。第二语言聊天任务只在 6 年级实施，只有少数学生在查看帮助播客上存在困难。在这三个任务中，绝大多数的学生都参与到了任务中，并能够在分配的时间内完成绝大多数的操作。

试点研究

该项目的第三阶段侧重于 LDN-ICT 素养任务的试点研究，试点在课堂上实

北极旅行

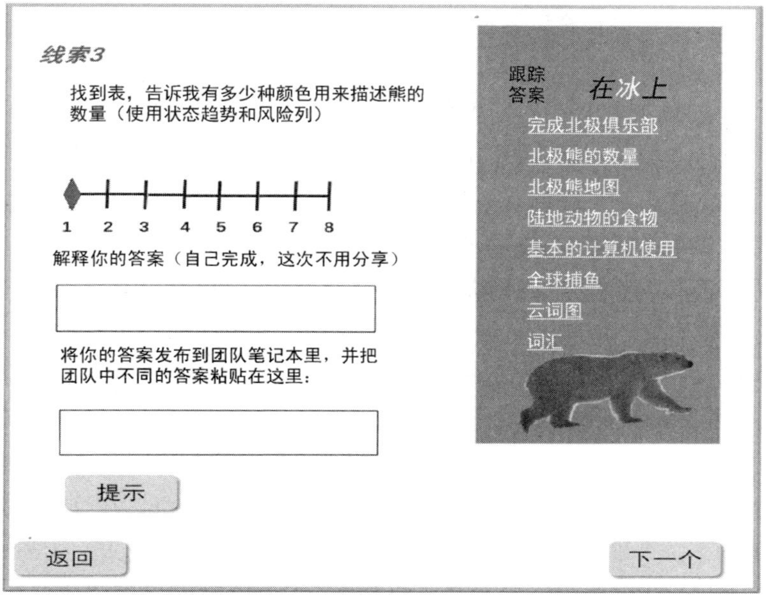

线索3

找到表，告诉我有多少种颜色用来描述熊的数量（使用状态趋势和风险列）

1 2 3 4 5 6 7 8

解释你的答案（自己完成，这次不用分享）

将你的答案发布到团队笔记本里，并把团队中不同的答案粘贴在这里：

提示

返回

下一个

跟踪答案 在冰上

完成北极俱乐部

北极熊的数量

北极熊地图

陆地动物的食物

基本的计算机使用

全球捕鱼

云词图

词汇

任务：

线索 3

☐ 使用滑块表示北极熊的数量。

☐ 在第一个文本框里发布个人回答。

☐ 将团队记事本上的回答剪切、粘贴至第二个文本框。

应用的技能

ICT 消费者	是 ☐	否 ☐	N/A ☐
ICT 生产者	是 ☐	否 ☐	N/A ☐
ICT 社交资本	是 ☐	否 ☐	N/A ☐
ICT 智力资本	是 ☐	否 ☐	N/A ☐

教学辅助： 是 ☐ 否 ☐

可用性问题： 是 ☐ 否 ☐

描述问题：

评论

ATC21S 10

图 11.2 监测学生操作（任务编号 69）

时进行。试点的目的如下：产生用于编码和评分的数据；确定在学校环境中实施网络评估的可行性；测试数据收集和测量方法，理解学生对任务做出的复杂反应。

试点于 2011 年 9 月在三名教师的课堂中进行。三名教师分别任教于北加利福尼亚州三所学校的三个年级（6 年级、8 年级和 10 年级）。这些教师是通过西部教育组织的学校网络在旧金山湾区招募到的。6 年级和 10 年级的教师参加了任务概念核查或认知实验室，并表现出对试点研究的兴趣。8 年级教师与 STEM 工作组合作多年，一直协助科学评估的开发和评分。113 名学生参加了试点研究（24 名 6 年级学生，40 名 8 年级学生，49 名 10 年级学生）。参与者的构成包括：23%的亚洲人，15%的非裔美国人，46%的西班牙裔/拉丁裔，7%的白人，8%的菲律宾人和 1%的多种族人。

这三名教师接受了如何在课堂中管理 LDN-ICT 任务的培训。培训是通过 1 小时的网络研讨会进行的，以便西部教育组织员工可以指导教师实施。培训前，教师们收到了一个培训 PPT 副本和试点研究实施手册，内容包括：ATC21S 项目概览；教师在试点评估中作为促进者的角色；LDN-ICT 任务的管理，包括学生登录名和密码；技术要求，包括学生计算机的可访问性测试。进行可访问性测试是必要的，以确保学生的计算机能够以足够的上传和下载速度访问外部网站。西部教育组织的员工在协助 6 年级教师时，在每台计算机上大约要耗费 10 分钟，于是可访问性测试额外增加了 2~3 个小时的教师准备时间。8 年级和 10 年级教师独立进行可访问性测试。

教师报告说，他们的学生对任务很有热情，非常积极地参与任务。学生们反映，他们喜欢任务的交互性以及与团队成员可进行实时操作和聊天的设计，播客很有帮助，相比纸笔测验，他们更喜欢在线形式的测试。

一位 6 年级的教师报告说，她的学生在登录测试页面时遇到困难，而且 UCB 的服务器响应非常慢。UCB 程序员重置了服务器，以允许更多的错误输入，而不触及安全组块。6 年级遇到的其他技术问题还包括学生不能在网络启发（Webspiration）网站上保存他们的诗歌，不能在北极旅行下载 Kudo 游戏。8 年级的教师也报告说，大多数学生在登录网络启发网站时遇到问题，因此，无法与他们的团队成员进行沟通。他的学生在北极旅行上取得更多成功，并且很喜欢这个任务。10 年级的教师报告，一些学生在登录测试网站时遇到问题，分配的密码/登录名不是一直有效。她还反映了学生在小组合作和寻找他们的队友时出现重大混乱。在少数情况下，一个班级的学生预先分配好与其他班的学生合作，然而这些学生无法协作，因为他们的搭档不在线——他们在不同的班。尽管在找队友时遇到技术故障，但一位10年级的学生报告说："我最成功的协作经历是我们必须回答问题，并将回答公开、分享。这是成功的，因为它可以让我们了解对这个问题的其他看法。"其他学生报告说："我认为这是一个尝试，衡量你在没有口头交流的情况下，如何与他人合作，以及如何作为一个团队成功地完成工作。"

试验

该项目的第四阶段是关注CPS任务在课堂上的实时测试。CPS试验于2012年1月在五个州进行——亚利桑那州、加利福尼亚州、科罗拉多州、新墨西哥州和德克萨斯州。有超过80名教师申请参与试验，其中21名被选中（以最好地代表地理位置和年级水平）。西部教育组织通过给同事发电子邮件来介绍此次试验，这些同事与几个州的大型教师网络均有联系。

17所学校参与了试验，包括21名教师（6年级、8年级和10年级，每个年级7名老师）和812名学生（335名6年级学生，173名8年级学生，304名10年级学生）。试验参与者的构成包括：5%的亚洲人，9%的非裔美国人，38%的西班牙裔/拉丁裔，46%的白人和1%的亚裔美国人。

21名教师通过网络研讨会进行培训，内容是关于如何在课堂内实施CPS任务。一个PPT培训演示和练习任务被保存在了You Tube视频上，以便教师可以随时查看。培训包括：

- ATC21S项目的简要概述；
- 教师在实施CPS评估中的角色；
- CPS任务的施测；
- 学生登录名和密码；
- 学生计算机的技术要求；
- 教师登录名和密码，以便他们在给学生评估之前尝试这些练习任务；
- 成功施测任务的帮助提示。

所有教师都被要求阅读并按照CPS中技术规范文件的说明，在学生参与田野试验之前检查学生的计算机。然后教师通过一系列的步骤检查在墨尔本大学安装的CPS网站的可访问性。

我们对 11 个协作式问题解决评估任务进行了田野测试。其中 4 个任务属于“拼图和实验”类，包括热巧克力、搞笑小丑、橄榄油和共享花园；7 个任务属于“数学和科学”类，包括向日葵、植物生长、仓库、平衡、六边形、20 分游戏和小金字塔。学生们不用完成全部任务，而只需与搭档协作完成两个任务组合。实施一次任务大概需要 50~60 分钟，包括学生登录、完成任务和回答一个简短的在线调查。

学生操作 CPS 任务的流程比 LDN-ICT 任务更精简。一旦教师安排好了实施的日期和时间并告知西部教育组织要测试的学生数量，墨尔本大学就会通过西部教育组织给每一位教师发放学生的唯一登录名和密码。由于学生需要与搭档一起完成任务，因此每次登录都要有一个学生 ID 号（student001）和一个团队代码（exam001）。在登录过程中，一个由两位学生组成的团队被分配为学生 A 和学生 B。练习任务——“灯箱”是为教师和学生提供的例子，具有协作式问题解决评估任务的关键特征。教师和搭档一起登录大学网站并为自己选择学生 A 或 B 的角色。

协作式问题解决任务的关键特征是：

1. 一个用于学生与搭档交流的聊天窗口位于屏幕的右下角。学生在“输入消息”窗口中输入消息，并单击“发送”将消息发送给搭档。对话的记录出现在输入消息窗口上方的矩形框中。

2. 一个包含学生 A 和学生 B 的不同视图的任务环境，并为每个学生提供不同的任务资源。

3. 允许学生移动到下一页或退出任务的按钮（玩家无法返回任务中的上一页）。

虽然对于教师和学生来说，田野试验的实施和学生的登录过程是流线型的，非常容易跟上，但是所有的田野测试站点仍然遇到了技术问题。几乎所有的学校都遇到了防火墙的设置问题。学校网站的工作人员在绕过他们的代理，直接使用来自他们防火墙的 IP 地址方面有所犹豫。一个 IT 主管告诉我们，这样做会使学校的网络设置不符合联邦儿童互联网保护法的规定。尽管遇到了技术困难，但所有教师都反映，学生高度参与任务并享受此过程。教师们这样报告：

- “测试进行得很顺利，在行动中观察此次测试的机会是很珍贵的。我很感激能有此次经历。学生积极参与其中，我认为这个小测试的经历对他们这一学年会有影响。”

- “共同点是他们喜欢测试，并渴望听到可能从数据中接收的任何反馈。

我感到很吃惊，他们对未来教育中可能使用的这类评估很好奇。”

- “一开始让学生理解如何一起解决问题有点麻烦，但当他们通过短信应用程序对话时，他们的忧虑减少了，参与度增加了。”

- “我在评估期间观察到，学生通过实验、试错和与搭档互动沟通等方式，真正地参与了一系列任务。观察到搭档之间的解决问题技能的差异，以及随着学生尝试互相交流下一步对话时渐渐不再沮丧，这些都非常有趣。”

其他发现来自英特尔研究人员在里约热内卢的一所中学教室里的观察。研究人员声称，英特尔 10 年的教学数据显示，在教育环境中有效地整合 LDN-ICT 所遇到的主要障碍是访问和基础设施。并且，迄今为止，这个问题仍然是在美国整合 LDN-ICT 和在线评估中最显著的障碍（Price 2012）。

○ 挑战

根据特里林和法德尔的观点（2012），在当今的数字时代，工作可迁移到全球，并落脚到高技能人才上。为年轻人提供 21 世纪的技能，并确保他们能够应用这些技能来面对现实的挑战，这比以往任何时候都重要（Trilling and Fadel 2012）。最近盖洛普（Gallup）针对 18~35 岁的美国人的研究发现，“21 世纪技能发展水平高的人，他们有高工作质量的概率是那些 21 世纪技能发展水平低的人的两倍（Gallup 2013, p. 4）”。但是，目前的研究表明学生在学校并不学习 21 世纪技能，因为教师不教这些（Saavedra and Opfer 2012）。

世界上大多数地区义务教育的主导方法仍然是传授模式，教师通过教科书和讲授向学生传递事实知识（RAND 2012）。通过传递模式，学生有机会获取信息，但通常没有太多的实践将知识应用于新的环境、以复杂的方式传播知识、使用知识来解决问题，或使用知识作为发展创造力的一个平台（RAND 2012）。专家们认为传授模式不是教授 21 世纪技能的最有效的方法（Boix Mansilla and Jackson 2011; Schwartz and Fischer 2006; Tishman et al. 1993）。学生发展 21 世纪技能的第二个障碍是，如果不明确地教他们，他们不会学习这些技能，而且这些技能通常不在独立课程中教授。大多数教师没有足够的经验教授 21 世纪技能，不能开发出培训他人所需要的深入的专业知识。

州立共同核心标准和下一代科学标准要求在课程、教学和评估方面发生重大的概念转变。这些新标准是有意设计的，旨在通过 21 世纪技能的视角解决大学和职业准备的问题。他们要求学生表现出批判性思考、问题解决以及其他 21 世纪的技能来展示他们对概念的理解，并将这种理解应用于现实世界的场景（CCSS date；NRC 2012）。如果学生要学习在全球经济中蓬勃发展的 21 世纪技能，那么教师就需要有机会学习如何教授 21 世纪技能。学生学习 21 世纪技能需要 21 世纪技能的教学（Adamson and Darling-Hammond 2015）。

为了在新标准中解决主要范式的转变，为教师提供学习如何教授 21 世纪技能的机会，下一代的教师专业发展需要：

- 在不同内容领域示范 21 世纪技能的明确教学；
- 为教师提供机会，让他们在自己的内容区域内与学生实践 21 世纪技能的教学；
- 为教师提供指导，帮助他们学习教授 21 世纪的技能；
- 为教师提供机会，学习如何评估 21 世纪技能，如何审查学生的作业；
- 为教师提供机会，学习如何将 21 世纪技能融入他们的课程和教学，以及如何评估 21 世纪技能的教学资源；
- 帮助教师学习如何与家长和其他利益相关者讨论 21 世纪技能；
- 为教师提供学习者社区——分享经验、策略和资源。

根据贝兰卡的观点（2014），教师的专业发展是当今教育系统中应解决的最重要的领域之一。她认为，虽然教师正受到关于如何实施新的改革任务的一天或两天的讲座的“轰炸”，但是我们无法知道教师们是否实施了他们所学到的，以及他们是否真的学到了什么。她认为教师专业发展需要巨大的改变，以促进学生 21 世纪技能的学习，“创可贴”或快速修复不会起作用。

研究表明，高质量的专业发展如果持续一段时间，专注于核心内容，和能够支持教师实践改进的专业学习共同体的工作相结合，就能够对教师的教学技能和知识，以及学生的学习和成绩产生巨大影响（Gulamhussein 2013；Darling-Hammond et al. 2009）。研究还表明，高质量的专业发展是集约的、持久的、定义良好的、强力实施的（Garet et al. 2001；Guskey 2003）；是一个基于仔细构建和实证验证的教师学习和变化的理论（Ball and Cohen 1999；Richardson and Placier 2001）；是阐明核心内容和教学法（Gulamhussein 2013；Weiss and Pasley 2009）以及根据明确、有效的行动理论，促进有效的课程和教学模式（Cohen et al. 2002；Hiebert and Grouws 2007；Rossi et al. 2004）。有效的专业发展阐明教学和学习中的具体挑战和具体内容，而不是抽象的教育原则或教学方法（Darling-Hammond et al. 2009)。教师更有可能尝试示范给他们的实践方法（Gulamhussein 2013;Penuel et al. 2007;Snow-Renner and Lauer 2005;Desimone et al. 2002），他们认为，当学生亲身实践、建立他们自己的内容知识并获取教学内容的学习策略时，学习机会才更有价值（Gulamhussein 2013）。

○ 结论

在过去 10 年中，美国做出了一些努力，最终把人们的注意力吸引到了教育标准下的 21 世纪技能上，并为 21 世纪技能的教学与评估提供了工具和资源。P21 联合各州和商业伙伴，设计并实施了工具、资源和框架。新的州立共同核心标准和下一代科学标准促进了 21 世纪技能在 K-12 教育的英语语言文学、数学和科学领域的实施。国家评估联盟已经建立了基于计算机的创新题目类型和任务，在新的各州测试项目中，推进了结合阅读、写作和数学内容的批判性思维、沟通和问题解决技能的评估。

虽然师生对参与 ATC21S 的四个阶段有着很大的热情，但我们仍然发现，在美国教育环境下实施有效的 LDN-ICT 整合的主要障碍是访问和基础设施（Price 2012）。作为基于计算机测试准备的第一步，国家联盟已经开发了技术准备工具，以支持所有州和地区的基于计算机的全国性测试。通过着手解决困扰学校和地区过去 10 年的技术问题，美国开始考虑采用 ATC21S 的可能性和途径。根据亚当森和达林-哈蒙德的观点（2015），通过 ATC21S 的评估任务和工具，将课堂实践的研究与开发结合起来发展 21 世纪技能，对于指导 ATC21S 的实施和扩展至关重要。西部教育组织通过给联邦机构提供概念文件和建议，支持研究和课堂实践的整合，以引领 ATC21S 的采用。

参考文献

Achieve. (2013). Next generation science standards. http://www.nextgenscience.org/nextgeneration-science-standards

Adamson, F., & Darling-Hammond, L. (2015). Policy pathways for twenty-fi rst century skills. In P. Griffi n & E. Care (Eds.), *The assessment and teaching of 21st century skills: methods and approach* (pp. 293-310). Dordrecht: Springer.

Ball, D. L., & Cohen, D. K. (1999). Developing practice, developing practitioners: Toward a practice-based theory of professional education. In L. Darling-Hammond & G.

Sykes(Eds.), *Teaching as the profession: Handbook of policy and practice*(pp. 3-32). San Francisco: Jossey-Bass.

Bellanca, K. (2014) Professional learning experiences: there is no quick fix. Http://p2.org/newsevents/ p21blog/1422-professional-learning. 27 May, 1(4), No. 14.

Boix Mansilla, V., & Jackson, A. (2011). *Educating for global competence: Preparing our youth to engage*. New York: CCSSO, Asia Society.

Cohen, D. K., Raudenbush, S., & Ball, D. L. (2002). Resources, instruction, and research. In F. Mosteller & R. Boruch(Eds.), *Evidence matters: Randomized trials in education research*(pp. 80-119). Washington, DC: Brookings Institution Press.

Darling-Hammond, L., Chung Wei, R. A., Richardson, A. N., & Orphanos, S. (2009). *Professional learning in the learning profession: A status report on teacher development in the United States and abroad.* Oxford: National Staff Development Council.

Desimone, L. M., Porter, A. C., Garet, M. S., Yoon, K. S., & Birman, B. F. (2002). Effects of professional development on teachers' instruction: Results from a three-year longitudinal study. *Educational Evaluation and Policy Analysis*, 24, 81-112.

Gallup. (2013). 21st century skills and the workplace; A 2013 Microsoft Partners in Learning and Pearson Foundation Study. http://www.gallup.com/poll/162818/21st-century-skills-linkedwork- success.aspx

Garet, M. A., Porter, A. C., Desimone, L., Birman, B., & Suk Yoon, K. (2001). What makes professional development effective? Results from a national sample of teachers. *American Educational Research Journal*, 38(4), 915-945.

Gulamhussein, A. (2013). *Teaching the teachers: Effective professional development in an era of high stakes accountability*. Alexandria: Center for Public Education.

Guskey, T. R. (2003). What makes professional development effective? *Phi Delta Kappan*, 84(10), 748-750.

Hiebert, J., & Grouws, D. A. (2007). The effects of classroom mathematics teaching on students' learning. In F. K. Lester(Ed.), *The second handbook of research in mathematics education.* Reston: New Age and National Council of Teachers of Mathematics.

Institute of Museum and Library Services. (2009). *Museums, libraries, and 21st century skills (IMLS-2009- NAI-01)*. Washington, DC: Institute of Museum and Library Services.

National Assessment Governing Board(NAGB). (2014). *Technology and engineering literacy framework for the 2014 National Assessment of Educational Progress*. Washington, DC: Author.

National Governors Association Center for Best Practices, & Council of Chief State School Officers. (2010a). *Common Core State Standards for English language arts and literacy in history/social studies, science, and technical subjects*. Washington, DC: Authors.

National Governors Association Center for Best Practices, & Council of Chief State School Officers. (2010b). *Common Core State Standards for mathematics*. Washington, DC: Authors.

National Research Council. (2010). *Exploring the intersection of science education and 21st century skills: A workshop summary*. Washington, DC: The National Academies Press.

National Research Council. (2012a). *Education for life and work: Developing transferable knowledge and skills in the 21st century*. Washington, DC: The National Academies Press.

National Research Council. (2012b). *A framework for K-12 science education: Practices, crosscutting concepts, and core ideas*. Washington, DC: The National Academies Press.

Partnership for 21st Century Skills (P21). (2009a). *Framework for 21st century learning*. Tucson. http://www.p21.org/storage/documents/P21_Framework.pdf

Partnership for 21st Century Skills Maps (P21). (2009b). http://www.p21.org/storage/documents/21stcskillsmap_science.pdf. http://www.p21.org/storage/documents/P21_Math_Map.pdf. http://www.p21.org/storage/documents/21st_century_skills_english_map.pdf. http://www.p21.org/storage/documents/ss_map_11_12_08.pdf

Partnership for 21st Century Skills. (2011). *Common Core Toolkit: A guide to aligning the Common Core Standards with the framework for 21st century skills*. http://www.p21.org/storage/documents/P21CommonCoreToolkit.pdf

Penuel, W., Fishman, B., Yamaguchi, R., & Gallagher, L. (2007). What makes professional development effective? Strategies that foster curriculum implementation. *American Educational Research Journal*, 44(4), 921-958.

Price, J. (2012). Classroom Observation in Rio Rancho, NM.

RAND Corporation. (2012). In A. R. Saavedra & V. Darleen Opfer (Eds.), *Teaching and learning 21st century skills: Lessons from the learning sciences*. Santa Monica: RAND Corporation.

Richardson, V., & Placier, P. (2001). Teacher change. In V. Richardson (Ed.), *Handbook of research on teaching* (4th ed., pp. 905-94). Washington, DC: American Education Research Association.

Rossi, P. H., Lipsey, M. W., & Freeman, H. E. (2004). *Evaluation: A systematic approach* (7th ed.). Thousand Oaks: Sage.

Saavedra, A., & Opfer, D. (2012). Learning 21st—century skills requires 21st—century teaching. *Kappan*, 94(2), 8-13.

Schwartz, M. S., & Fischer, K. W. (2006). Useful metaphors for tackling problems in teaching and learning. *About Campus*, 11, 2-9. doi: 10. 1002/abc. 154. Wiley.

Sneider, C., Brockway, D., & Comfort, K. (2012). *Performance assessment of collaboration and communication skills: a work in progress*. Paper presented at the second 2nd P-12 engineering and design education research summit. Washington, DC, 26-28 Apr 2012.

Snow-Renner, R., & Lauer, P. (2005). *Professional development analysis*. Denver: Mid-continent Research for Education and Learning.

Tishman, S., Jay, E., & Perkins, D. N. (1993). Teaching thinking dispositions: From transmission to enculturation. *Theory into Practice*, 32, 147-153.

Trilling, B., & Fadel, C. (2012). What talents do young people need to thrive in the 21st century? A game of skills. *Royal Society for the Encouragement of Arts, Manufactures and Commerce. Journal*, 22, 10-15.

Weiss, I. R., & Pasley, J. D. (2009). *Mathematics and science for a change: How to design, implement, and sustain high-quality professional development*. Portsmouth: Heinemann.

ATC21S 在哥斯达黎加的修订与本土化

玛丽亚·尤金伲亚·布简达，埃尔希·坎波斯

【摘要】

ATC21S 项目最重要的一个特征是创设了以哥斯达黎加为代表的拉美分部。应美洲开发银行的请求以及英特尔和微软（拉美）的支持，ATC21S 项目组授权专设拉美分部，其中哥斯达黎加是第一个参与合作的国家。该项目在哥斯达黎加被称为 21 世纪技能的评估，由哥斯达黎加公立教育部和奥马尔·邓戈基金会（ODF）实施，当地的哥斯达黎加-美国基金会协作支持。该项目只是一个试点，为的是介绍拉美经验，因此该项目的主要目标是验证由全球项目所开发的 21 世纪技能测量工具的有效性及它们在拉美国家的本土化。

背景

哥斯达黎加是一个重视教育的国家。早在 1847 年，哥斯达黎加就开始了义务教育的普及，比当时的大多数发达国家都要早得多。1987 年，哥斯达黎加决定为所有的小学引进计算机。2011 年，为强制国家在教育上的投入至少为国内生产总值的 8%，哥斯达黎加修改了宪法。

哥斯达黎加的教育系统包括 940000 名学生、73616 名教师及 4523 所学校（MEP，2014），由国家公立教育部管理。教育部实行经由国家教育委员会批准的政策与课程。国家教育委员会是一个高级别的宪法组织，负责制定国家的教育政策，因此属于教育部的上级，尽管教育委员会也是由教育部长主持的。教育部对国家级的课程和项目，以及符合国家教育系统的战略和指导方针有着决定权。

全国共有27个区域办事处来协助教育部组织和监管学校教育服务的分配与教育政策的当地化。在地方上，各学校可以根据自身特殊的优势和需求来制订年度工作计划，作为学校持续改进过程的一部分。

哥斯达黎加教育系统的结构包括三个主要层次：

1. 学前（2年，5~6岁）。

2. 一般基础教育：

- 小学（6年，6~12岁）；
- 初中（3年，13~15岁），由不同专业的教师任教。

3. 多样化教育（2年或3年，取决于学生选择的发展方向；16~18岁）；主流的选择方向是学术（2年）和技术（3年），其他方向还有诸如艺术、科学等。

1987年，教育部和奥马尔·邓戈基金会一起实施了“让数字技术进校园”的国家项目，最初是以计算机实验室的形式开展，如今是以在教室里与移动通信技术相结合的方式进行（有几种模式，有些是一对一模式，有些是移动实验室）。到2014年，国家教育信息项目覆盖了学生总体的71%，计划到2017年能达到100%。

该项目的一个独有特点是，从建构主义的视角来看计算机在教育中的潜力，作为让学生进行思考和创造的工具，提高学生的诸如问题解决、创造、协作等高阶技能的水平。许多以编程学习为基础的项目都受到这种教育技术方法的启发。

教育部颁布了一系列课程改革方案，旨在让学习对学生更具相关性和吸引力，发展他们的社交与个人能力。这些能力并不在传统教育系统的目标之列。因此，除了通过提高信息与通信技术（ICTs）的有效使用以及向拉美国家提供评估和教授21世纪技能的技术外，哥斯达黎加积极参与ATC21S项目的一个特殊目标是，加强近几年国家新课程改革中的评估环节。在此背景下，哥斯达黎加所做的任务适应性研究便提供了一个最先进的模式，可以帮助有需求的（拉美）国家，调整这些复杂的在线任务，进行本土化的应用。下文将介绍这些任务在哥斯达黎加本土化的相关过程。

○ ATC21S在哥斯达黎加的发展

拉美的ATC21S由哥斯达黎加公立教育部和奥马尔·邓戈基金会实施，由美洲开发银行、英特尔和微软（拉美）以及哥斯达黎加-美国基金会共同支持。

美洲开发银行在动员哥斯达黎加参与该项目中发挥了重要作用。该银行论述了在发展中国家里有一个拉美国家可以帮助理解和验证评估工具的价值，这使得 ATC21S 项目组认可了哥斯达黎加参与该项目的重要性。

哥斯达黎加认为这一项目是一个绝好的机会，即通过新的评估方法来了解学生在习得这些关键技能的过程中是如何进步的，以及在此过程中学校是如何向他们提供支持的。再加上奥马尔·邓戈基金会的技术支持，哥斯达黎加教育部很快就接受了加入 ATC21S 项目的邀请。美洲开发银行的建议也得到了其他受邀合作伙伴的热烈响应，包括英特尔（拉美）、微软（拉美）以及哥斯达黎加-美国基金会。

教育部指定了一位国家项目管理员作为哥斯达黎加参与国际项目的官方代表。该代表和美洲开发银行及其他合作伙伴一起主持该项目和执行必要的安排。此外，教育部还负责邀请实验学校来参与项目，以及批准教师参与培训。教育部的一批课程专家还为一些评估任务的本土化提供了帮助。在项目的最新阶段，教育部在数字资源的制作方面发挥了主导作用，所制作的数字资源主要用于帮助师生探索关键技能教与学的新方法。

奥马尔·邓戈基金会负责项目的技术实施与行政财务管理，并指派了一名国家项目协调员。包括国家项目协调员在内的三名研究员组成了一个研究团队，团队完成了将评估系统本土化所需要的过程、田野研究以及向墨尔本大学汇报等工作。最后，奥马尔·邓戈基金会出资制作了宣传材料，包括一个网站、一份数字互动手册及一系列从参与教师中发现的最佳教学实践范例的视频录像。

本土化

作为一个说西班牙语的国家，哥斯达黎加加入 ATC21S 项目时遇到的第一个问题就是需要把评估工具翻译成当地语言。与新加坡甚至芬兰这样英语读写水平较高的国家不同，哥斯达黎加学生的英语水平总体上难以保证用英语编写的测验的有效性[①]。此外，哥斯达黎加作为拉美地区的代表，其任务是要促进开发

---

① 尽管如此，但值得一提的是，该田野研究的第一阶段（第一个认知实验室和试点研究）是在将评估系统完全转译成西班牙语之前实施的，如此能行之有效的原因是当时邀请了一些公立的双语学校来参与项目，他们的学生都具有较高的英语水平。

与实施一套被译成标准西班牙语的评估工具。

在将所有任务都译成标准西班牙语的基础上，测量数字网络化学习（LDN）能力的两个任务的本土化还需要额外的工作。这两个任务是北极旅行和网络启发（诗歌），它们都需要学生去探索任务之外的网络资源。这对团队来说是一个很大的挑战，因为很难找到与在英文版任务中所使用的网络资源足够相似的西班牙语版。于是，该团队重新制作了一套西班牙语版的网络资源，以替代英文版任务中的资源。

本来，学生通过访问西班牙语网站来进行学校的研究也不是什么大问题，因为现在网上高质量的西班牙语资源也越来越多。但是在这个案例里，团队需要所用的资源尽可能与原始任务中所用的资源相当，如此就不必担心出现任务难度不等值的情况了。

北极旅行

北极旅行的适应过程分为三个阶段：

1. 使用西班牙语的在线资源对某一主题的内容进行搜索，这些在线资源与原始任务中所使用的资源相当；
2. 根据新主题的内容，选择合适的网络资源并修改任务中的文本；
3. 创建网上找不到的资源和新的设计元素。

在北极旅行的案例中，主要困难是要找与原始英文版任务中相当的外部网络资源——关于北极的高质量的科学资源。受此限制，所以有必要重新确定一个与拉美背景更相近的主题。一个由研究团队、国家项目管理员和科学顾问组成的专家小组首先考虑了“雨林”主题，因为雨林是当前拉美生态景观中的重要部分。然而，小组最终选择了“南极”主题，南极是另一种拉美的生态景观，而且与原始任务中的“北极”正好对应。

下一步是找到拥有符合下列要求的关于南极信息的在线资源：

- 属于公认的教育科学组织，这些组织被认为是值得信赖的信息来源，最好不要是个人网站或博客；
- 讨论与南极有关的话题；
- 有地图、表格或数字型数据，以供在任务的不同部分中使用，一如在原始的英文版任务中那样；
- 对儿童和青少年来说是有趣且具有吸引力的；

- 表现出适合各个年龄组的复杂程度（包括内容和语言方面）；
- 如果可能的话，没有广告。

到了第三阶段，任务的文本便需要修改，以与新的主题和选择的网络资源相对应——主要是各个年龄组的提示线索会包括在新改编的任务中。同样的，任务中的图表部分也必须重新设计以与新的主题相匹配。以北极熊和北极狼在原始任务中的角色为例，研究小组收集了南极动物种群的信息——尤其是企鹅，小组将用这些信息来创建新的图表。为了设计最后的基于测量的图表，小组请了一位数学专家来决定需要探索的线路的范围。

适应工作的最后阶段包括临时制作的西班牙语网络资源，它代替了在原始任务中作为补充资源的“文字云生成器（Tagxedo）”网站。“文字云生成器”是一种可以通过创建文字云来表达创意的网络资源。它在这项任务中的作用是添加可供学生访问的网站，学生可以在这些网站上获取他们所需要的信息，然后来回答任务中的问题。由于缺乏西班牙语的类似资源，小组便在“文字云生成器”中设计了这样一个网站，访问者可以像艺术家杰克逊·波洛克那样进行创作，网站中也有关于这位著名美国画家及表现主义的相关内容。

适应工作由为整个任务创建一个新的图形设计来收尾。原始的英文版任务是以北极狼为蓝本的图形设计，而在西班牙语版中则以南极企鹅来代替。

网络启发（诗歌）

在该任务案例中，适应过程包括四个主要步骤：

1. 选择三首西班牙语诗来替代英文版任务中的英文诗；
2. 根据新诗修改任务内容；
3. 编译英文版任务中使用的网络资源；
4. 创建在网上找不到的网络资源。

适应工作始于对替代的西班牙语诗歌的选择。为此，研究小组专程请教了西班牙语文学专家。为适应这些学生的年龄特征，专家们就诗歌的主题、语言和人物做了推荐。根据认知实验室里学生的表现，我们发现最初选择的三首诗歌中有一首难度颇高，所以它最后被替换掉了。于是，最终选定的三首诗歌的作者分别是19世纪的古巴诗人何塞·马蒂、20世纪初的墨西哥诗人阿玛多·内尔沃及当代墨西哥诗人劳尔·阿瑟福斯，阿瑟福斯还善意地给出了他诗歌的著作权。选定了诗歌，研究小组便开始根据诗歌内容着手修改任务文本，以体现英文版任务所采用的逻辑规则与对各年龄组所要求的难度水平。

下一阶段的工作是寻找西班牙语版的网络资源。为下列内容找到现有资源或网站是有可能的：

- 诗歌术语；
- 作者；
- 字典；
- 词汇表。

选择的标准是它们的教育内容，以及它们与可靠且严肃的组织机构的关系。例如，像“字典”资源，小组选的是纯正西班牙学术语言（Real Academia de la Lengua Española）在线字典——这是在说西班牙语的国家中负责保护和促进西班牙语标准用法的官方组织。

最后，由于在西班牙语网站中找不到一个类似 FavoritePoem 的网站，所以有必要创建一个临时资源。于是就有了一个名为“我们最喜爱的诗歌”的西班牙语网站（访问 http：//www. atc21s. mep. go. cr/nuestrospoemasfavoritos/），该网站提供了 18 个视频——18 个来自不同背景的人朗诵他们最喜爱的诗歌，讲述这些诗歌对于他们生活的意义①。在制作这一资源时，小组特别注意体现拉美的种族和文化的多样性。比如视频中的参与者来自拉美的不同国家（阿根廷、智利、哥斯达黎加、尼加拉瓜、秘鲁等），而且他们所讨论的诗人也来自不同的国家。此外，一位非裔美国人和一位原住民也参与了视频录制，他们从自己的文化背景谈论了诗歌，且各自朗诵了一首诗。

将这些任务改编成西班牙语需考虑应用的问题，诸如文化多样性、语言、不同地理场景以及在使用现有在线资源上的一些限制问题。在改编的过程中，哥斯达黎加团队的主要目标是使评估工具对拉美地区有效，同时对哥斯达黎加正在进行的课程改革做出回应。

---

① “我们最喜爱的诗歌”网站的作用超出了项目本身，它还促进了阅读，就像那些由教育部在 2012 年图书周（Semana del Libro）所举办的活动。教育部很清楚 21 世纪技能、提升阅读理解与一般阅读爱好这三者之间的关系。

○ 方法

任务概念核查、认知实验室、试点项目与试验

2011 年，团队的主要精力集中在了协作式问题解决（CPS）的田野研究以及给国际研究团队的技术反馈上。在两所高中，研究团队挑选了 11 名来自科学、数学、英语学科的教师进行了概念核查，挑选了 20 名 15 岁的学生做了认知实验室研究。

试点研究在两所小学和两所中学进行，共有四组 11 岁的学生，两组 13 岁的学生和两组 15 岁的学生参与。8 名科学、数学和教育信息①教师参加了一个时长为 4 个小时的培训，目的是熟悉项目的内容、目标、任务及实施准则，然后教师施测这些任务。这些活动的结果都向墨尔本大学的研究团队做了报告，同时报告的还有将在哥斯达黎加使用任务实施程序的建议。

在试验研究中，我们与全国的 16 所小学和中学进行了合作，共有 90 名 11 岁，222 名 13 岁和 188 名 15 岁的学生参与。40 名各科教师，包括数学、科学、西班牙语和教育信息教师（以及其中一些学校的校长）参加了 4 个小时的培训，为任务实施做好准备。

2012 年，CPS 任务进行了新的试验研究，这次共有 11 所中学，593 名 13 岁和 15 岁的学生参与。30 名教师参与了为期两天的工作坊培训。他们不仅学习了项目内容与实施，还学习了 21 世纪技能计划、协作式问题解决技能和 ATC21S 项目背后评估原理的相关内容。试验研究结束时，教师们分享了自己两天来对评估任务的感受和看法，对将如何使用这些任务以及如何设计能够帮助学生发展这些技能的教学干预提出了自己的见解。

2012 年，我们在认知实验室实施了数字网络化学习（LDN）任务，共有一所小学和三所中学的 12 名学生（11 岁、13 岁和 15 岁学生各 4 名）参与。从此项活动中，我们获得了学生对本土化任务反馈的重要信息。

2013 年，另一组试验实施，首次在哥斯达黎加将协作式问题解决（CPS）与数字网络化学习（LDN）任务结合。试验的目的是获得额外的协作式问题解

---

① 计算科学老师。

决（CPS）数据，完成任务心理测量学指标的标定，同时也从技术上对西班牙语版的数字网络化学习（LDN）任务进行检验——任务特有的漏洞以及评估系统与平台方面的问题，包括注册和报告结果的问题。共有九所中学的776名13岁和15岁的学生参与了这次新试验，其中575名学生提供了完整的可评分的数据，数据缺失的部分原因是学校网络的连接问题和任务未完成。

在2013年参加试验的教师中，有24名在2012年也参加了该项目，虽然他们对CPS任务比较熟悉，但2012年那次试验还没有LDN任务，评估系统的新功能也没有，所以额外的培训还是需要的——依旧是任务实施前后各开展为期两天的工作坊。在任务结束后的工作坊里，教师可以检查学生的CPS报告，将这些结果与自己的期望做比较，并反思该如何利用报告中的信息对学生进行教学干预。

在田野研究的各个阶段，学生样本的选择都是遵从机会主义原则。参加调查的学校只有一所是非公立学校，这意味着我们可以假定参与学生的家庭社会经济地位主要是中层或中下层。选择这些学校也是因为他们的技术设施基础（具有良好条件和网络连接的计算机实验室）以及他们校长和教师对项目的积极态度。在这两个条件下，研究团队尽可能确保学校样本在地理位置（农村和城市）和学生表现记录方面有足够的变化。

对ATC21S任务的反应

教师和学生对这些任务的反应总体上是非常积极的。虽然存在一些技术上的困难——主要是学校的网络连接问题，但是学生们还是很喜欢这些任务的，教师们也十分重视这次能够了解和使用这些新工具来评估学生技能水平的机会。不过，虽然教师们认为这些技能是非常重要的，但这些技能还不在他们的显性教学目标之列。

学生们觉得这些任务既吸引人又富有挑战。用纳兰霍双语中学（Naranjo Bilingual High School）的一名学生的话来说："你必须进行思考，这样就产生意义了，而且很有趣。"尽管有时他们会感到无助和受挫，尤其是遇到技术方面的困难时，但他们还是能坚持且有兴趣。教师们经常感叹，如今学生们竟能这样精力高度集中地学习超过两个小时，这实在太令人震惊了。正如帕尔马里斯双语中学（Palmares Bilingual High School）的一名老师所言："这激发了学生们的兴趣，因为这与常规的教学不一样，而学生们喜欢挑战"（Greivin Calderón, personal communication,2011)。

与此同时，研究团队在课堂观察中还发现了一个明显的现象，学生们一般不会读完交给他们的全部内容。对多数学生而言，在学习中自己不被明确告知该做什么，那很糟糕，在有些情况下甚至很困扰。这可能是因为他们习惯了在学习中接受完整且具体的指令。所以说 ATC21S 任务就是对哥斯达黎加的日常教学方式的一个巨大改变。另一个引起研究团队兴趣的课堂现象是，一些学生探索屏幕上显示的元素的程度不够，就好像他们不习惯这样没有约束的学习环境，或者是他们以前没有机会去探索数字化环境。

教师们对学习如何把评估任务纳入自己的学科表现出极大的兴趣。他们不仅肯定了将这些任务作为评估学生技能和反思教学实践工具的价值，同时也把这些任务视作自己的学习资源。曼努埃尔·伯纳多·格斯迈教会小学（Presbítero Manuel Bernardo Gómez Elementary School）的校长表示："我喜欢这种评估方式，因为它允许学生去探索在课堂上很少去尝试的东西，而且不必害怕失败。"（Katerine Ramírez, personal Communication, 2011）

除了有些教师没有严格遵循指导原则外，总体上学校任务实施的培训进行得不错。这些学校给了研究团队开发样板的机会，包括和学生的破冰活动以及如何利用项目和评估的背景材料（如入门介绍）来吸引学生做任务。有些教师发现，当学生遇到困难时，自己总忍不住要去帮助他们。因此，我们鼓励教师可以向学生提供一般性的帮助，可以给学生如下建议：

- 仔细阅读指导语，并发现其中重要的信息；
- 考虑搭档屏幕上显示的内容和资源可能是不同的；
- 尽管可能存在困难，但还是要坚持；
- 相信小组成员之间的协作力量可以解决任务；
- 专注于搭档而不是他旁边的人所做的事情，通过聊天保持与对方的持续交流；
- 不要跟搭档不告而别，在达成一个可接受的解决方案之前最好不要离开任务；
- 保持安静。

根据经验，哥斯达黎加研究团队建议：

- 学校有较好的网络环境（最低 18 个学生有 4Mbps）。为了减轻网络连接的负担，建议让配对的学生按不同的顺序来做任务，这样就可以避免所有人同时使用相同的资源。

• 教师可以用演示来向学生介绍评估任务的目标和所测技能的重要性。演示文稿需要用简洁的语言来写，这样可以使学生容易理解。也可以用一些吸引眼球的图片和励志的短语，以吸引学生参与活动。

• 在用计算机开始做任务之前，让学生围坐成一圈听教师说明任务的重要性，但更多的是激励学生，强调他们应该注意的基本操作事项。

• 分配到“学生 A”角色的学生必须坐在一起，并且如果可能的话，远离分配到“学生 B”的学生，因为即使坐在旁边的不是搭档，学生也会倾向去看邻座的计算机屏幕，所以如果 A、B 组学生不分开坐，他们就会看到搭档屏幕的内容。因此，如有条件，最好让配对的学生分开坐在不同的房间。

• 在开始任务之前，教师需要掌握好施测的程序。

• 确认学生知道如何正确登录和选择自己分配到的角色（“A”或“B”）是很重要的。

• 禁止教师告诉学生应该做什么，禁止教师帮助学生解决任务或回答调查的问题。学生必须自己发现应该做什么，并决定作为一个团队他们想做什么、何时进入下一页或何时完成任务。

• 教师在最后可以举行一个结束的仪式。师生围坐一圈，这样学生可以发表自己对任务的体会和感受。可以问他们最喜欢什么、他们认为这些任务是要评估什么、他们是如何协作的以及他们认为最困难的部分是什么。教师需要强调通过这一过程所获得的学习在于了解良好的沟通技能、知道如何清楚地表达自己的想法以使他人理解、和搭档一起思考问题，以及尝试不同的解决方法和策略等之间的相关性。需要提醒学生的一个主要问题是，这些任务不是用来测量他们的智力的，而是用来衡量他们解决问题时所使用的策略、毅力、协作的意愿和技能。这一点是很重要的，因为很多学生可能会认为这些评估工具或任务是非常难的，只有最聪明的人才能完成。

○ 挑战

良好的网络连接对有效使用 ATC21S 系统至关重要。考虑到进行同一任务的是一组一组的学生（平均 18 个人一组），且参与项目的学校网速大多是 4Mbps，像哥斯达黎加这样没有足够的技术能力来支持大规模实施此类活动的国家就会比较麻烦。

教师认为，学习如何在课堂上有效利用技术手段对他们进行21世纪技能的教学与评估非常重要。然而，把自己看作数字移民的教师们有以下担心：首先，他们在数字工具和数字实践方面的知识落后于学生；其次，他们没有合适的设备和资源来将数字技术纳入课堂。尽管如此，他们还是表示自己愿意学习新的事物，希望有更多的培训和支持。

教师们表示，有必要更好地知道和理解每一项技能所包含的成分和具体行为，以及如何习得这些技能。因为这与如何将这些信息转化为具体的教学干预密切相关。

除了将新的教学策略和数字技术带入课堂，哥斯达黎加的教师还谈到教育系统需要更深刻的变革。他们讨论了范式转变的必要性：要改变当前个人的教育方法，要开始把教育理解为一种集体和社交的行动。他们认为这必须有鼓励学生自主学习和勇于担责的课堂相伴。

这样的改变需要整个学校的努力。这就是为什么教师们建议，在教育系统中推广使用ATC21S工具和方法的计划，除了向每一位感兴趣的教师提供培训机会和支持教师工作的网络资源外，还要有以学校为中心的专业发展战略，增强为儿童和青年发展这些关键技能的集体力量。

为了给这些未来的发展提供一个起点，ATC21S拉美分部为支持评估系统的本土化和适应性，补充了下列宣传和生产工作：

• 为学生提供了一套提高21世纪技能的数字资源，可在教育部门户网站找到（访问http：//www. mep. go. cr/educatico）。

• 一个有ATC21S项目定义的21世纪技能相关信息的网站，一个拥有多种教学辅助工具的资源库，用以支持21世纪技能的教学与评估（访问http：//www. fod. ac. cr/competencias21/）。

• 参与ATC21S项目的哥斯达黎加教师最佳教学实践视频合辑（访问http：//www. fod. ac. cr/competencias21/index. php/areas-de-recursos/videos）。

• 一份数字互动出版物，用以帮助教师在整体和实践层面上把握21世纪技能教学和评估方法的主要特征（访问http：//www. fod. ac. cr/competencias21/index. php/areas-de-recursos/publicacion-digital#. U5NoYXKwaQk）。

此外，ATC21S国际论坛：21世纪技能的评估与教学于2014年4月2日至3日在哥斯达黎加圣何塞举行（访问http：//www. fod. ac. cr/competencias21/index. php/areas-de-recursos/comunidad/forointernacional-atc21s#. U5NkM3KwaQK)。论坛的目标是为分析和反思21世纪技能的教、学、评创造一个空间，并与促进MEP的教育改革建立联系。与会的国际专家有澳大利亚墨尔本大学ATC21S项目首席研究员克莱尔·斯库拉、来自智利的教育技术顾问欧亨尼奥·塞韦林、来自联合国教科文组织（拉美）与加勒比地区教育办事处趋势评估与分析的区域协调员莫里茨·布勒格以及人类与机器认知研究所副所长阿尔贝托·卡尼尔斯。

○ 结论

哥斯达黎加团队除了与其他参与国一起参与了旨在验证评估工具的田野研究外，还完成了严谨的翻译与适应性工作，并在一个案例中创造了这些工具。项目的这些部分有助于理解语言和文化的差异是如何影响21世纪技能的评估的。

哥斯达黎加教育部的战略是，参与ATC21S项目是通过使用技术以及开发更好的教与学的工具、方法来促进教学和评估实践改革项目的一部分。这些努力加入了一项政策，政策的目标是要在课程中充分利用移动技术、学校的教育信息实验室，应用创新的更有意义的参与性学习方法。

由ATC21S项目定义的一组技能与在哥斯达黎加“道德、美学和公民”课程计划（公民教育、美术、生命教育等）内开展的研究项目紧密相关。它们同样重视学科改革中的关键技能，如数学和西班牙语两科。例如，在中学西班牙语研究项目中就引入了逻辑要素，以发展学生在不同情境下识别推理、形成论点和参与辩论的能力，同时也能提高学生的阅读理解能力。在小学教育中，“思考艺术（Think Art/Piensa en Arte）”项目就是在西班牙语课中实施的，这是一种将艺术作为教学资源来加强学生批判性思维和理性思维的一种方法。

基于上述情况，21世纪技能的评估与教学项目巩固和推进了我们教育质量与相关性提升的重要工作。未来要做的工作将使我们的教育系统完成从传统的到更具创新性的系统的转变。在学生的强力推动下，那些具有创新精神和奉献精神的学校教师与领导将协同共进，以更好地应对来自社会最具挑战性的需求和期望。感谢他们，这一转变终会实现。

荷兰的 ATC21S 协作式问题解决任务试验

迪耶德里克·舍瑙

【摘要】

荷兰于 2011 年 4 月加入 ATC21S 项目，当时其他国家已经开始了试点研究。由于加入得比较晚，并且概念的完善和认知实验室也已经在创始国开始实施，因此荷兰决定跳过试点阶段。所以，荷兰项目将主要精力投入在试验中使用的最终产品的翻译上，试验计划于 2011 年 11 月进行。我们决定这次试验仅限于协作式问题解决（CPS）任务，因为 LDN-ICT 任务的翻译会产生超越本地项目资源的复杂问题。

○ 背景

荷兰的基本国民教育制度分为两个阶段：初等教育和中等教育。初等教育从 4 岁到 11 岁，有 8 个等级，约有 7000 所学校。初等教育后，学生在 12 岁时进入中等教育，包括三个主要层次：低等职业教育（有四条途径），需要 4 年；高中阶段，需要 5 年；大学预科教育，需要 6 年。荷兰没有国家课程。唯一的官方指南是初级教育的目标总纲和各级中等教育中所有科目的详细考试方案。在这些指导方针的带领下，学校可自由且有义务制定他们的校本课程。在 20 世纪 80 年代和 90 年代初期，为适应社会的变化，初等教育和中等教育都进行了彻底的改革，调整了教育制度。我们认为所谓的“一般技能”更重要，可以使学生更好地适应更加多样化的社会，更好地掌握学习技能（“学会学习”），以及更好地发展自己的兴趣和技能。尽管我们也考虑到了日益发展的信息技术所带来的影响，但自20世纪90年代中期以来，技术发展得过于迅猛，荷兰学校调整他们的教学和学习策略，以将这些发展融入到他们的日常教学实践中。这导致荷兰的学校会以各种各样的方式组织他们的学科教学，制定时间表和学生学习的方式，包括集体学习或个别学习、教师指导或计算机指导等。

○ ATC21S在荷兰的发展

荷兰参与了ATC21S项目的后期阶段。2010年荷兰教育代表团赴新加坡考察访问，在这次考察访问中，新加坡鼓励荷兰加入ATC21S项目。荷兰教育部希望荷兰的教育测量机构Cito参与这个项目，因为目前用于评估“一般技能”的题目并没有从基于证据的角度来处理。既然ATC21S研究项目已经开始，我们决定荷兰就只参加任务开发的第四阶段——试验。

本土化

为了使荷兰的研究顺利进行，所有的材料都需要被翻译成荷兰语。在与英语版本保持一致后，协作式问题解决任务和其他参与国的试点研究结果在2011年10月翻译完成。翻译工作是由项目经验丰富的Cito主持进行，并且由Cito的专家从内容的角度检查翻译的准确性。特别注意了荷兰公开实行的测验（如期末测验和PISA）中通常所使用的词语，并注意了交互式计算机采用的语言。Cito将PISA任务翻译成荷兰语的这一经验曾广受好评。

我们决定只关注协作式问题解决的评估任务。一般来说，这些任务不具有文化特异性，并且与即将进行的PISA 2015最相关。在PISA 2015中，问题解决不再被评估为是个人的技能，而是协作性的技能。2011年4月，协作式问题解决任务仍在进行之中，所以这项任务使得所有国家同时思考其实用性。

网络化学习（LDN-ICT）任务没有被翻译有很多原因。首先，将英语诗歌作为网络学习任务的起点不适用于荷兰的情况，而使用荷兰语诗歌开发平行的任务又会很复杂，因为需要找到或建立与英文版本中所使用的方法和信息相匹配的相关的荷兰语网站。这也同样适用于北极旅行任务，时间和资金都不支持这样的转换。转换会导致任务在许多方面与英语原版或西班牙语版本中的不一样，这就使得忠实的比较更为困难。

由于协作式问题解决任务涉及两个参与者，他们的计算机屏幕上会呈现不同的信息，任务的措辞变得尤为重要。在教育评估环境中，通过计算机处理交互活动和交流的词汇对测试开发人员与学生而言都是全新的。英语动词的文学翻译具有产生误导性指导的风险，因为一个英语动词有时候可以被翻译成多个不同的荷兰语动词，或者表达的意义会有一点不同。例如，英语中的“需要搭档”可以被理解为“我需要一个搭档”或者“你需要你的搭档”。事实上，后者的意思是所指的意思。指令“重试”“重置”和“再来一次”都可以被翻译成“再试一次”或“再玩一局”。只有正确的翻译，才能使任务中的参与者完全理解指令和实际活动的要求。这个观察可以适用于整个翻译过程。另外一个问题出现在要求学生从三个选项中选择的相关指令和选项的翻译上。由于语法原因，部分荷兰语词语会与英语原版在不同的地方结束，从而导致视觉格式的问题。一个现实的后果是，在英语原版中一个单词需要好几个荷兰语才能正确翻译，使得原来分配的物理空间不够呈现（翻译的内容）。另外，很难找到一个普遍的英语单词所对应的荷兰语单词。“转移”从字面上可以翻译成“转账”。荷兰也会经常使用英语单词，但仅仅是在有关运动的文本中，因此当需要产生更多的描述性的句子时，就会导致布局不合理的问题。如前文所说，Cito 有关 PISA 翻译的经验十分有用，但是从一般的评论可以看出，字面上的翻译会让荷兰语显得机械。像这样的任务，需要使用普遍的、日常的语言，因为学生必须理解他们被要求做什么，并且不能被容易出现歧义的指令迷惑。在对任务进行翻译时，建议先进行不同年龄层和学校类型的小样本测试，询问学生认为指令或选项是否清楚或模棱两可。与大多数学生从电脑游戏中知道的相比，这些任务本身已经过某种人工处理了，所以措辞（也有可能是图像）应旨在弥补这种人工化和学生对游戏指令的其他经验之间的差距。当然，如果荷兰参加了项目的前三个阶段，这些问题早就可以解决了。

○ 方法

由于荷兰的活动仅限于协作式问题解决任务，因此要解决的主要实际问题是招募愿意参加这一研究项目的学校。荷兰的学校没有参与教育研究项目的义务，因此，对学校的选择取决于他们愿意在这项研究中投入的学生的学习时间。许多学校自愿参与研究测试，需要在这个研究项目和其他研究项目之间进行选择。在 2011 年年初的全国学校领导人会议上，Cito 公司要求与会人员表达对 21

世纪技能的感兴趣程度。最终 5 所小学和 21 所中学响应了号召，这使得我们期望他们对于自愿参加试验做出积极的反应成为可能。4 所小学和 8 所中学表示愿意让学生参加 2011 年 11 月份的试验。

试验

试验的目的主要关注在地方层面的三个问题（除了满足全球项目对数据的需求之外，还要为评估任务的心理测量质量提供信息）：

- 是否可以使用荷兰之外的网站进行网上测试？
- 不同年龄层的学生是否能够完成任务？
- 荷兰学生与其他国家的学生相比，表现如何？

试验是按照项目的全球水平的设计进行组织的，需要 60 名 11 岁的学生以及 240 名 13 岁和 15 岁的学生。研究决定在荷兰教育系统中将年龄层与年级层连接起来：11 岁到小学最后一年，13 岁到中学的第二年，15 岁至中学的第四年（没有限制学校类型）。在实践中，这可能意味着任务是由年龄在 10 岁至 17 岁的学生完成的，但是会主要关注所建议的年龄层。

一所小学由于出现了意料之外的问题，在试验前几天退出了。一所中学由于面临信息技术问题，在试验的最后时刻退出了。根据学校资料显示，107 名 11 岁学生，200 名 13 岁学生和 162 名 15 岁学生将参加试验。由于组织问题、技术问题（防火墙和信息技术问题）和其他的人员问题，并非所有的团体和学生都能够参加试验。最终有 56 名 11 岁学生、182 名 13 岁学生和 119 名 15 岁学生参加了荷兰的试验。

人数少与两个关注的问题相关。第一，中学越来越不愿意参加外部测试（因为他们有权不参与），尤其是没有给予学生直接的反馈的时候（“我们获得了什么？”）。第二，在一些情况下，当需要访问外部网站时，学校遇到了技术问题，如防火墙配置和在学校层面上的硬件限制。实际上，至关重要的是联系学校的信息技术专家，告知他们接下来要做的事情。他们还必须有清晰的、详细的指示，有关测验的时间和现已公布在项目网站（ATC21S. org）上的系统规格。参与学校的荷兰信息技术专家十分敬业，即便如此，他们有时也会遇到意料之外的问题。而且，他们所收到的信息通常是不完整的。

带着对这些问题的权衡，小学从一开始就非常渴望参与，这种热情是由于这些学校早就将信息技术作为学习工具引入了学校。他们也是一个自启动项目的参与者，在这个项目中已对学生介绍了教导和教学方法中的信息与通信技术（ICT）以及21世纪技能。这其实是受新加坡ATC21S项目的启发形成的，在2010年9月学校代表团访问新加坡后，就成立了荷兰学校管理人员代表团。

由于时间限制，在试验阶段，我们只能访问一所小学——这所学校很自豪能够成为荷兰第一所参与此研究的学校。访问中学将会非常耗时并且复杂，因为这些学校在最后时刻才决定参与此测试。试验是从11月中旬到12月初学校方便的时间进行的。非常重要的是，参与研究会打破学校日常教学的秩序，时间通常是从学校必须参加的各种考试或测验的时间当中抽取的。第一次试验是在一所小学里进行的，这个班级有26名11岁学生，这些学生被分成两组，并被安排在不同楼层进行测试。经过教师的指导，学生们开始热情地投入练习任务（“灯箱”），从而产生了讨论和兴奋的嗡嗡声，但十几分钟后，学生们就能安静下来，并沉浸在自己所做的事情中。

对试验的反应

第一次试验的观察结果如下：

• 坐在一起的学生，虽然他们之间没有协作的关系，但有时会经不住诱惑而彼此交换信息、建议和想法，因此有一些没有控制的协作超出了研究边界。

• 学生倾向于直接开始动手实验，而不事先与搭档交流建议和想法。这是一种不好的行为方式，可能与学生的问题解决或协作技能无关，而只是出于热情和好奇心。它可能是对当时环境的一种反应或教师教学的一个结果。教师会和平时教学一样，不自觉地口头重复所教内容。学生们知道他们在参加一次试验，这一事实使他们兴奋，并在环境中产生“嗡嗡”的噪音，导致了一些信息的丢失。他们的行为表明，他们会自发地去理解要做什么和如何解决问题，尽管当他们的搭档没有（立刻）回应他们的交流时，他们会有点失落。

• 学生确实很喜欢任务：他们参与性高，对完成任务有兴趣，有时做得非常快以尽可能地做更多（虽然这显然不是任务目标）。

• 如果小组中当前任务没有完成，聊天功能不允许学生开展下一个任务。

一方面，作为一种有自主权的试验，看学校在仅收到通过电子邮件传递的指令下如何组织参与试验，这一点很有意思。结果出乎意外地好。另一方面，许多学校对于没有收到任何关于结果的反馈而表示失望。

我们没能系统地收集参与学生的意见和经验，真是错失良机！因为那不仅能提供更多关于任务需要的信息，而且还可以作为与学校就21世纪技能，包括对未来的期望进行持续讨论的一种手段。一些来自中学的协调员自发地报告了在他们学校都发生了些什么。所有存在的信息技术问题都解决了。只有一所学校的试验在最初的15分钟内有所延迟（原因在学校层面找到了）。至于任务内容方面，观察员描述学生是“有动力和热情的”，尽管有时候任务会被批评为幼稚虚伪，视觉技术简单。

○ 挑战

由于这是协作式问题解决任务在荷兰（或全球）的第一次使用，因此想要从这个试验中获得最佳的信息，很难说需要多少活动以及活动要持续多长时间。对荷兰而言，更有用的做法是投入更多时间评价试验本身，而不是关注由试验所产生的数据。这一事实表明，参与完整的研究过程会比像现在这样只参与一个阶段更加有用。学校对21世纪技能和在线评估的话题表现出了极大的兴趣，他们希望自己不只是实验室里的小白鼠而已。由此看来，荷兰没从一开始就参与这个项目真是可惜。

○ 结论

参加研究项目的荷兰学校都表明，无论是在内容还是信息技术方面，他们都已经做好了接受协作式问题解决任务的准备。遗憾的是，到目前为止，这次研究项目好像只是荷兰教育中的一场意外，参与的学校没有得到实际的结果，也没有后续的政策支持。通过评估使21世纪技能的话题为更多人所知，项目或许也能激励参与研究的学校投入更多的时间，以更为结构化的方式去教授这些技能。然而，目前政府层面更关注的还是提高诸如语言和算术等基础技能的水平。20多年前，荷兰政府将21世纪技能的前身——那时名为“一般技能”，引入教育领域，现在或许到了对这些技能的教、学、评给予更多结构化关注的时候了。然而，这些需求必须在以下两个背景下来看，即评估这些技能的难度以及当下在问责制上的政治观点。“客观”存在的问责制和国际可比性问题限制了教育领域所需的创新的可能性。虽然荷兰一直走在为适应当代社会挑战而进行教育系统改革的最前沿，但这个国家现在可能正在遭受由荷兰史学家扬·罗迈因 1937 年提出的所谓“好的开始障碍定律（Law of the handicap of a head start，荷兰语为 Wet van de remmende voorsprong）”。该定律的意思是，在某领域中的一个好的开始，可能会是以后长期发展中的一个障碍，因为早期的成功可能会让你看不见后来进入该领域的其他人所带来的机会。荷兰教育在 20 多年前就引入了“一般技能”，领先于国际上对 21 世纪技能的讨论。但是荷兰从没有对引入的结果和“一般技能”的实施进行过深入的评估，也没有令人感觉到这些技能需要加强。以 ATC21S 项目的视角来看，荷兰教育政策中一个迫在眉睫的问题是信息技术在学习和评估中的角色问题，因为自“一般技能”引入以来，信息技术的发展已发生了天翻地覆的变化。

Part 5
在课堂和系统层面的实施

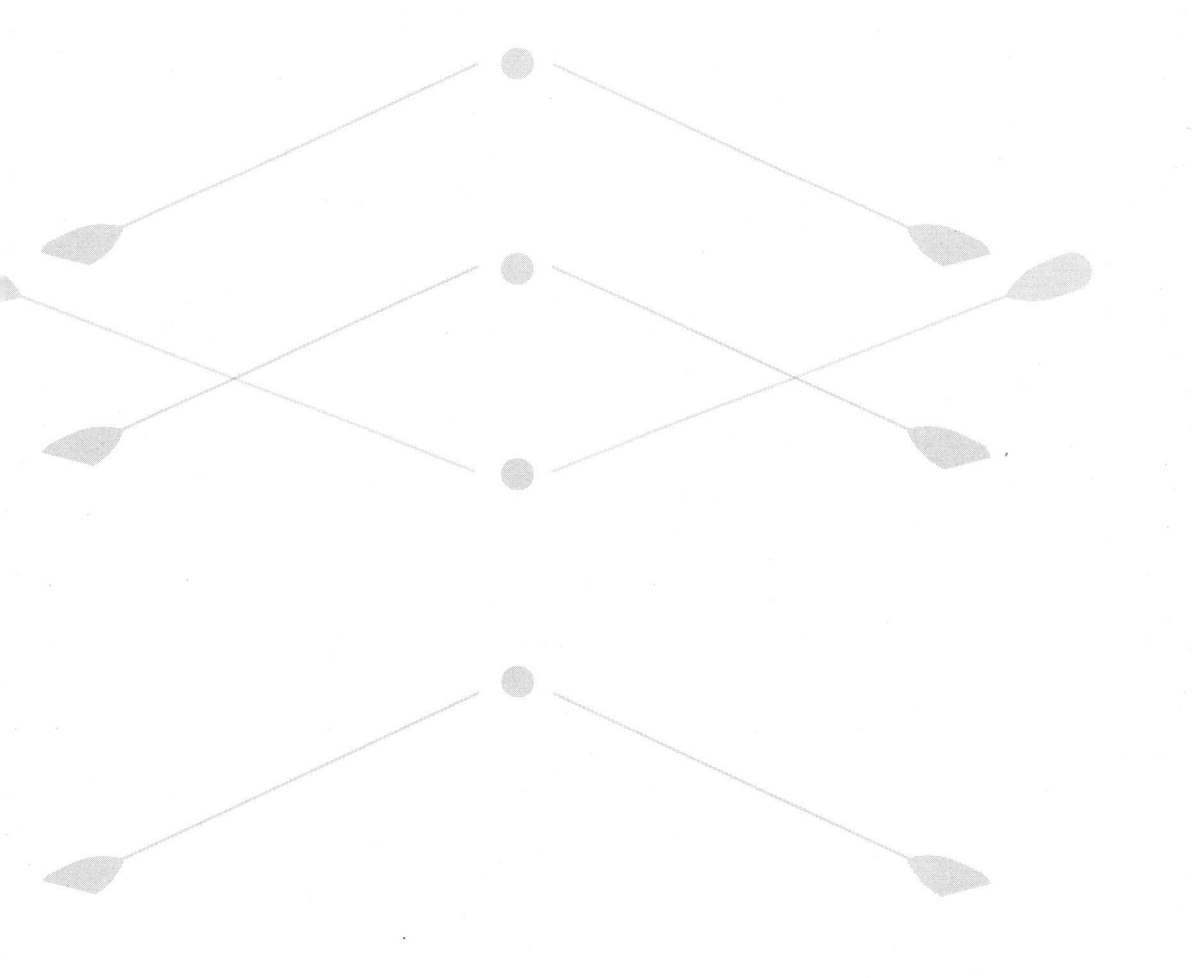

第五部分描述了 ATC21S 系统在课堂层面的实施情况。伍兹、芒廷和格里芬（第 14 章）研究了专业发展模块、给教师的报告以及教师如何解读报告以确定在课堂层面的干预策略。亚当森和达林–哈蒙德（第 15 章）描述了在教育系统中 ATC21S 项目对评估、评分、报告、教学以及专业发展的影响和启示。他们的讨论关注将这一过程扩大并形成规模后对教育系统的意义。第 15 章顺延达林–哈蒙德（2012）在卷一中对 21 世纪教育系统的政策启示。这一章的研究内容包括教育系统实施 21 世纪技能评估的基础设施、技术、政策及意愿。

Woods, K., Mountain, R., & Griffin, P. (2015). Linking developmental progressions to teaching. In P. Griffin & E. Care (Eds.), *Assessment and teaching of 21st century skills: Methods and approach* (pp. 267–292). Dordrecht: Springer.

Adamson, F., & Darling–Hammond, L. (2015). Policy pathways for twenty–first century skills. In P. Griffin & E. Care (Eds.), *Assessment and teaching of 21st century skills: Methods and approach* (pp. 293–310). Dordrecht: Springer.

联结发展进阶和教学

凯瑞·伍兹，罗兹·芒廷，帕特里克·格里芬

【摘要】

以第3章和第4章中所描述的评估任务的结果为基础，本章呈现了21世纪技能教学的一种模式。如果教师们打算在课堂上实施21世纪技能的学习和教学活动，那对他们而言，理解发展进阶中所描述和评估的技能就十分有必要。本章中有关21世纪技能形成性评价的三个报告，将在发展性学习框架的背景下进行阐释。本章概述了一种教学模式，呈现了教学和学习顺序的例子。为适应处于不同进程阶段的学生，这些示例中的活动和任务经过了一定的改编，并给出了如何教授处在不同阶段的学生的建议。

○ 一种评价和学习的发展性模式

本部分概述了使用评估来促进21世纪技能教学的发展性学习模式的基础。该模式的目标是使学生的学习沿着一个逐渐复杂的知识和能力的进阶向前发展，关注的是对学生学习准备的识别以及基于当前学习阶段的发展过程。相反，评估和教学的缺失模式关注的是发现学生做不到的事情，然后通过设计教学来弥补这些缺失。学习的发展模式假设存在一条典型路径，这一路径通过不断增长的知识、技能和理解的阶段来描述与匹配学生的发展进程。在ATC21S项目的评估材料中，发展性评估和学习基于的是三位学者的理论及应用，这三位学者分别是列夫·维果茨基、罗伯特·格拉泽和格奥尔格·拉希（Griffin 2007）。

列夫·维果茨基（1978）提出了最近发展区（ZPD）的概念，被看作是人们最有效学习的理想空间。人们能够在自身的最近发展区中进行有效的学习，是因为他们的先前知识足够用来支撑他们学习更复杂的技能，但也没有多到觉得正在学习的概念或材料太简单而不愿意投入。维果茨基还有一个著名的理论，社会互动在儿童认知发展中发挥着关键作用。

最近发展区被定义为两个水平之间的区域，一个是学生实际所处的发展水平，另一个是超出了学生现有的独立工作能力的水平，但更有能力或知识的人来支持他时就可以达到（Vygotsky 1978）。在这两个水平之间，学生可以通过成人或更有能力的同伴的帮助，在学习任务或活动中取得成功。维果茨基解释说，学生在实际发展阶段以及最近发展区阶段都是有差异的：在实际发展阶段，学生独立呈现的技能不同；在最近发展区，学生实际水平和潜在的发展水平的差距不同。用他的话来说：

> 最近发展区定义了尚未成熟但处于成熟过程中的功能。这些功能可以被称为发展的“芽”或“花”，而不是发展的“果实”。实际发展水平刻画了已有的心智发展，而最近发展区则刻画了潜在的心智发展。
>
> Vygotsky 1978, p. 86

应用维果茨基观点的一种方法是，承认教学和学习应该了解学生正在出现的技能，并寻求对这些技能的加强或扩展，而不是聚焦于已经建立的技能和能力。

罗伯特·格拉泽是一名研究人员，研究人类能力倾向、教育测验、教育技术的使用以及如何针对个体进行教学。他提出了“标准参照的解释”一词来帮助我们依据学生所展现的技能理解评估数据（Glaser 1963）。评估数据的标准参照解释将个体的表现描述成一种或一组技能，而不仅仅是一个数字、百分比，或是与完成同一评估的其他学生的比较。学生的能力被匹配到技能或行为标准（或一组标准）上，赋予学生能够展现的一组能力以意义（Griffin 2007）。

丹麦数学家格奥尔格·拉希对心理测量学做出的重要贡献已被应用于知识、能力和态度测量上。使用潜在特质理论，如开发无法直接观察到的变量的测量指标和数学建模的方法，拉希（1960/1980）能够把学生的能力和测验题目的难度，在同一个单维尺度上测量出来。在简单拉希模型中，学生在二值计分的测验题上正确作答的概率，是学生在这一尺度上的位置的函数。学生在尺度上的位置是相对于题目难度而言的。运用专门的计算机程序，测验题目的难度和学生的能力都可以从评估数据中得到估计。如果学生能力和测验题目难度的估计值一样大，那么这名学生答对这道题的概率为 50%。沿着发展进阶增长的素养水平，就可以运用该模型来获得对它的解释和实证验证的支持（Griffin 2007）。

为了更详细地解释这一点，拉希模型分析的结果可以变量图的形式呈现出来，其示例如图 14.1 所示。

尺度	学生	测验题目	进阶水平
6	高能力 x	困难题目	
5	x		
	x		水平 6
4	x		
	x	11 14 17	
3	xxx	15	
	xxx		水平 5
2	xxxx	5 8	
	xxxxx	2 23 10	
1	xxxx	1 24	
	xxxxxx	13 26	水平 4
0	xxxxxxxx	9 12	
	xxxxxxxx	21	
−1	xxxxxxx	3	
	xxxxxx	7 15 16	水平 3
−2	xxxxxx	19	
	xxxx	2 4 27 28 30	水平 2
−3	xxxx		
	xxx	6 22	水平 1
−4	xx		
	xx	20	
−5	x		
−6	低能力 x	18 简单题目	

图 14.1 任务难度、学生能力以及由难度相当的题目组所推断出的熟练水平的分布图

尺度左侧的 X 表示学生在从低到高的能力连续体上的位置。尺度右侧的数字表示测验题目在从低到高的难度连续体上的位置。

结合维果茨基（1978），格拉泽（1963）和拉希（1960/1980）的见解，学生的评估分数可以由属于同一素养水平的表现标准来解释（Griffin 2007）。这些信息可以用于确定一个干预点，在这个干预点上可以为一个或者一组学生的学习提供支架。教育工作者面临的挑战是确定学生在最近发展区中新出现的技能，并在正确的时间提供适当的支持（Griffin）。这一点对教学和学习实践的意义是，考试成绩不再仅仅是一个终点——一条来自过去的总结性信息描述的是学生已有技能或知识——也不是将学生相互比较的手段。相反，测验成绩可以被解释为学生正要发展的技能，从而为教学规划提供起点（Griffin）。因此，如图 14.1 的例子所示，具有相似难度水平的一组技能可以被分到沿着同一进阶的不同水平中去，并根据它们的共同点做出解释。换句话说，我们可以问自己："聚集在这个难度层次的技能有什么共同点？"或者"处于发展进阶中的这个层次的技能与那些更困难（或更简单）的技能有何不同？"当我们在特定的学习领域中谈论技能的发展时，这些问题可以帮助我们理解和解释其中的含义。

○ 使用发展框架来描述和理解学习

许多发展框架通常在本质上是一样的，可以应用于多种情况。许多教师熟悉的一个例子是布鲁姆分类学（Bloom's Taxonomy）（Anderson et al. 2001），它提供了一个逐渐提高的六个阶段的素养分类框架，如表 14.1 所示。

表 14.1　安德森和克莱斯万修订版的布鲁姆分类学中的认知维度摘要（Anderson et al. 2001）

1 记忆	从长时记忆中提取相关知识。
2 理解	从口头、书面、图像等交流形式的教学信息中确定意义。
3 应用	在给定的情境中执行或使用程序。
4 分析	将材料分解，查明各部分之间以及各部分与总体结构或总目的之间是如何相关的。
5 评价	基于准则和标准做出判断。
6 创造	将要素组成新的、内在一致的整体，或制作出一个新颖的产品。

表 14.2　应用布鲁姆分类学的例子

阶段	在社交媒体或其他在线环境中展现出标记知识的行为（示例）。
3 应用	创建并使用标签来订阅或发布特定主题的评论。
4 分析	能够基于一定目的组织标签。
5 评价	评论标签的有用性，根据目标优化其有效性。

举一个将布鲁姆分类法应用于实际技能的例子：在社交媒体、推特（Twitter）或其他在线环境中已经学习了贴标签的学生，可能表现出的不断增长的素养水平的增长，如表 14.2 所示。

处在最低阶段的学生会创建和使用标签以评论主题并发表自己的评论（第 3 阶段），他们已经具备了学习有效地组织标签基础（第 4 阶段），并且需要任务来帮助他们理解和练习组织标签以满足各种目的。能够有效组织标签的学生（第 4 阶段）可以开始学习如何根据他们的目的评价标签，并提出改进和调整的建议（第 5 阶段）。这可能涉及探讨不同的观点，查看信息的组织和传递方式，并同时对一系列可能的观点展开交流。

分类法通常来源于理论，与此相反，实证的进阶是通过分析大量学生的评估数据得出的。如图 14.1 所示，基于学生样本，统计学方法可以用来确定学生习得的技能、知识或态度的等级。实证的进阶代表了学生发展的典型路径，因此它可以为教师提供有用的参考，帮助教师为学生设定目标和规划任务。

ATC21S 项目同时使用实证数据和理论框架为学生提供学习进阶。表 14.3 和表 14.4 是描述学生协作式问题解决技能进阶的简要版（Hesse et al. 2015）。依据威尔逊和斯卡利塞（2015）的成果，表 14.5、14.6、14.7 和 14.8 描述了网络化学习（LDN）有关技能的进阶假设。将这些作为一个与 ICT 技能发展相关的技能，表 14.9 描述了它的总体进阶。在本卷中，这一总技能被称为 LDN-ICT 技能。在每个进阶中，能力阶段被标记为一系列有顺序的字母或数字，或一段概括了各阶段的总体主题的简短描述。

表 14.3　协作式问题解决的认知技能进阶

技能水平	协作式问题解决的认知技能
F	**精细的策略应用：**学生尝试更少的顺序探索和系统行为就可成功，并能在最佳时间内完成。学生与他们的搭档一起来识别和使用相关的、有用的资源。学生对问题有很好的理解，可以重建或重组问题以尝试寻找其他的解决方案。

续表

技能水平	协作式问题解决的认知技能
E	**有效的工作：**学生的行为似乎是经过深思熟虑的，有计划性和目的性，学生能够确定必要的子任务的顺序。不管任务简单还是复杂，他们都能识别因果关系，基于先前知识确定目标，并使用合适的策略获得正确的路线方案。他们可以根据新的信息修改和调整他们的初始假设、检验其他假设并适应附加的或替代性的思考方式。
D	**策略性的规划和执行：**学生可以识别多条信息之间的关系和模式。他们能够简化问题，缩小目标的焦点，并通过与搭档共同规划策略来加强合作。学生采用策略性的顺序尝试，并表现出越来越多的有系统的探索。他们可以成功地完成子任务和比较简单的任务。
C	**共享和连接信息：**学生认识到需要更多的信息，并意识到他们可能不具备所有必需的资源。他们还将自己的资源分享给搭档。他们试图收集尽可能多的信息，并开始将信息的片段联系起来。
B	**建立信息：**学生识别出行动可能的因果关系，表现出对任务观念的初步了解，并着手检验假设和规则。他们仅使用手边的资源和信息，这限制了他们对问题的分析。学生的目标设定都是宽泛的。
A	**探索：**学生探索问题空间，但探索仅限于遵循指示。学生采取单一的方法，并专注于孤立的信息。试错看起来是随机的，很难看出他们对行动的后果有所了解，从而导致任务没有进展。

表 14.4　协作式问题解决的社会性技能进阶

技能水平	协作式问题解决的社会性技能
F	**合作和共享目标：**学生通过协作的方式解决问题，并承担起小组职责以确保任务成功。把从搭档那里得到的反馈用于确定和修正方案路线。学生能够评估自己和搭档的表现，以及对任务的理解。学生可以调整自己的交流方式，成功地处理与搭档的冲突，在继续一个可能的解决路线之前消除分歧。
E	**尊重并重视搭档关系：**无论环境有没有支架，学生都积极参与。学生引发并促进与搭档之间的互动，承认搭档的贡献并做出回应。尽管做出了努力，但可能仍无法完全消除与搭档在理解上的分歧。学生能够对搭档在任务中的表现做出评论。
D	**互相承诺：**通过学生的反复尝试、使用多种策略等能够看出学生坚持解决任务。他们与搭档分享资源和信息，并在必要时改变交流的方式，以增进相互了解，促进共同理解。学生意识到搭档在任务上的表现，并能够评价自己的表现。

续表

技能水平	协作式问题解决的社会性技能
C	**意识到搭档关系**:学生意识到他们的搭档在协作解决问题过程中的作用，并认为有必要与搭档一起参与。他们与搭档讨论任务并帮助搭档理解。他们向搭档报告自己在任务中的活动。
B	**支持的工作**:学生积极参与到有支架支撑的任务，但多半还是独立工作。与搭档之间有交流，但仅限于重大事件和用于开展任务的必要信息。
A	**有限的互动**:学生主要按照指令提示独立开展任务，与搭档之间的互动有限。他们可能接受来自搭档的交流暗示，但还没有开始协作。大多数交流发生在有明确指示的任务的初始阶段。

表 14.5　作为网络消费者的 LDN-ICT 技能假设进阶

技能水平	LDN-ICT 素养：网络中的消费者
高	**有辨别力的消费者**:学生能够通过网络寻求专业的知识，并判断来源/作者的可靠性。他们将信息过滤、组织、管理、评价，并重组成一个综合的知识框架。他们为任务选择最佳工具，并根据自身及受众的情况调整互动。
中	**有意识的消费者**:学生建构针对性的搜索，选择适当的工具和策略，系统地汇集信息，并意识到来源的可信度是一个问题。
低	**刚上路的消费者**:学生在网络环境中执行基本任务，使用常见的搜索引擎搜索信息，具备一些关于社交媒体工具的知识。

表 14.6　作为网络生产者的 LDN-ICT 技能假设进阶

技能水平	LDN-ICT：网络中的生产者
高	**有创造性的生产者**:学生生产出有吸引力的数字产品，能够从多个技术选项和工具中做出选择以更好地达成目的。他们能够通过组合分散的部分，创造性地组装数字产品。他们利用对技能的理解，在团队中充分利用可获得的专业知识。
中	**功能性的生产者**:学生建立网络和社区，并使用适当的工具和方式在这些网络内组织起交流。他们计划和开发有创意和表现力的网站、博客或游戏，意识到安全性、伦理问题和法律问题。他们的工作建立在现有的模式基础之上。
低	**刚上路的生产者**:学生从模板中生成简单的信息展示。他们能够使用计算机界面发布产品并启动新的身份。

表 14.7　在网络环境中开发社会性资本的 LDN-ICT 技能假设

技能水平	LDN-ICT：社会性资本的开发者
很高	**有远见的联络者：**学生在社交中发挥有凝聚力的领导作用。他们反思有关社交资本开发的经验。
高	**精通的联络者：**学生为网络中社交资本的开发创造机会。他们鼓励多种观点，并支持网络的多样性。
中	**功能性的联络者：**学生意识到在线社交网络中的多视角。他们通过网络为建立社交资本做出贡献，并鼓励他人的参与和投入。
低	**刚上路的联络者：**学生知道在线社交网络，作为观察员或被动成员参与到社交中，或积极投入到社交基层工作中去。

表 14.8　在网络环境中开发智力资本的 LDN-ICT 技能假设

技能水平	LDN-ICT：智力资本的开发者
很高	**有远见的建设者：**学生们质疑现有的社交媒体架构，开发新的架构。他们在社交和知识建设架构的界面上参与对话。
高	**精通的建设者：**学生理解并利用社交媒体（标签，投票，建模，角色扮演）中的各种架构来链接专业知识。他们选择最佳工具来定位和访问信息。他们探求数据的意义，并区分有关和无关的信息。学生创造、分享和重塑心理模型来建立集体知识。
中	**功能性的建设者：**学生注意到组织知识的多种视角。他们能够周到地组织标签。理解为了创建共享展示，了解收集和组合数据的机制。他们知道什么时候该利用集体智慧。
低	**刚上路的建设者：**学生能够制作标签或在线发布问题，并具备一些有关调查工具的知识。

表 14.9　LDN-ICT 技能的总体假设

技能水平	总体 LDN-ICT 发展进阶
E	学生能够成功地浏览网页，有效地选择相关的资源和材料，并将其适当地应用于任务中。学生可以反思他们在任务上的整体表现。他们在领导团队成功完成任务方面发挥积极作用。
D	学生能够区分与内容相关和不相关的陈述并进行分类。他们可以根据同伴的反馈，对答案中的变化做出解释。他们也能够反思自己和同伴的表现。他们可以创建自己的资源并将其并入现有的界面。

续表

技能水平	总体 LDN-ICT 发展进阶
C	学生利用可用的工具生成与内容有关的新想法。他们能够正确地上传合适的图像、音频和文字文档。学生可以通过在线和图表中的分析数据，生成准确的饼图。他们可以对网站内容进行概括，产生与内容相关的假设和问题。他们可以建议合适的网址和相关的首选内容。
B	学生能够根据相关性对信息进行排序，并为当前任务选择相关的网络链接。他们可以从网站搜集/收集和分析适当的信息，然后来回答问题。学生能够回答关于任务内容的问题，并能解释以前的答案或行动。他们能够使用工具，简单表达他们的想法。
A	学生能够使用可用的简单工具，如绘图工具和图标来拖放与创建图片/风景画。他们可以从一个位置复制文本并粘贴到另一个位置。他们能够修改页面上的现有内容，并使用可用的工具生成新的基本内容。学生可以访问可用的资源来搜索信息，包括可用的网络链接，尽管这些信息并不总是与当前任务相关。当需要进一步的指导时，他们能够使用可用的“帮助播客”。学生可以按照简单的说明操作，也能在页面上激活内容。

○ 使用发展模型来规划教学

借助发展框架解释的评估数据，可用于了解学生如何从素养的一个水平进步到下一水平（Griffin 2007）。本部分我们将介绍从 ATC21S 任务中得出的评估报告。教师可以使用这些报告来规划教学和组织课程，学生也可以此了解自己在上述各项进程中的进步状况。

报告格式

在完成 ATC21S 评估任务后，可以生成报告，这些报告将学生置于技能和理解进阶的某一水平或阶段上。其中一份报告是学习准备报告。图 14.2 提供了该报告的一个例子。该报告显示了在特定领域中的一系列学习阶段的描述，如对协作式问题解决的认知技能的描述（Hesse et al. 2015）——按照低阶段到高阶段的顺序自下而上地排列。这可以与表 14.3 描述的技能进阶联系起来。

学习准备报告总结了特定学生在给定领域中正在发展的能力以及接下来可能会发展的能力，因此，可用于为学生学习和教学干预确定合适的关注点。该

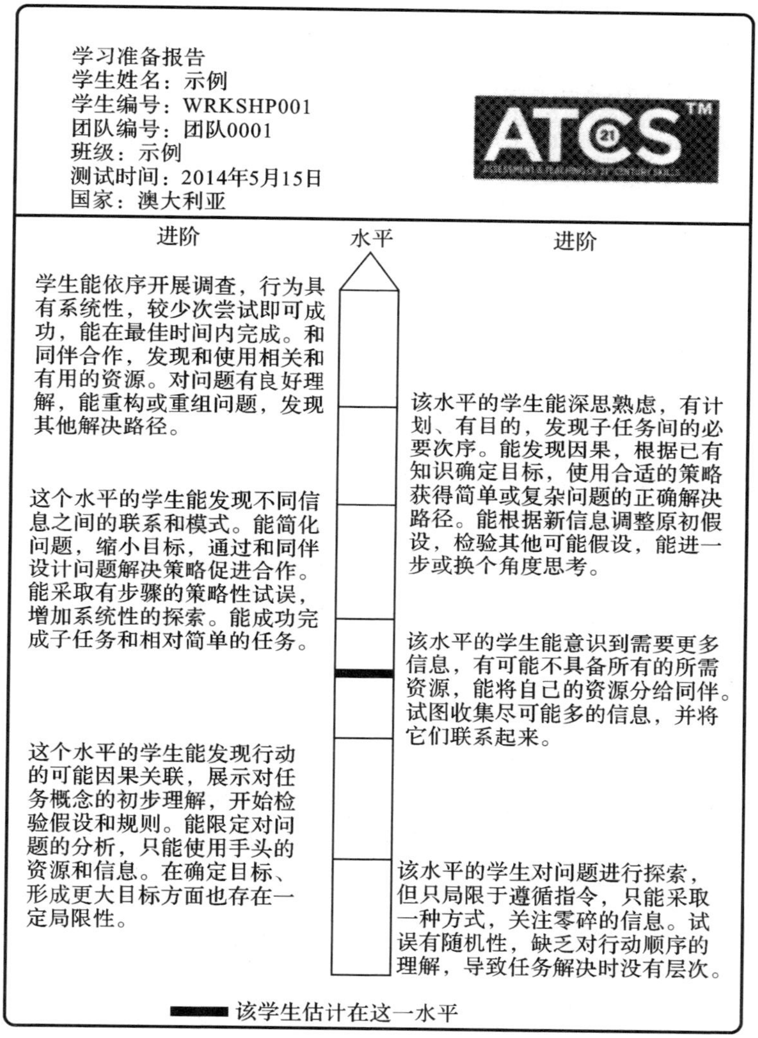

学习准备报告
学生姓名：示例
学生编号：WRKSHP001
团队编号：团队0001
班级：示例
测试时间：2014年5月15日
国家：澳大利亚

ATC21S™

进阶　　水平　　进阶

学生能依序开展调查，行为具有系统性，较少次尝试即可成功，能在最佳时间内完成。和同伴合作，发现和使用相关和有用的资源。对问题有良好理解，能重构或重组问题，发现其他解决路径。

该水平的学生能深思熟虑，有计划、有目的，发现子任务间的必要次序。能发现因果，根据已有知识确定目标，使用合适的策略获得简单或复杂问题的正确解决路径。能根据新信息调整原初假设，检验其他可能假设，能进一步或换个角度思考。

这个水平的学生能发现不同信息之间的联系和模式。能简化问题，缩小目标，通过和同伴设计问题解决策略促进合作。能采取有步骤的策略性试误，增加系统性的探索。能成功完成子任务和相对简单的任务。

该水平的学生能意识到需要更多信息，有可能不具备所有的所需资源，能将自己的资源分给同伴。试图收集尽可能多的信息，并将它们联系起来。

这个水平的学生能发现行动的可能因果关联，展示对任务概念的初步理解，开始检验假设和规则。能限定对问题的分析，只能使用手头的资源和信息。在确定目标、形成更大目标方面也存在一定局限性。

该水平的学生对问题进行探索，但只局限于遵循指令，只能采取一种方式，关注零碎的信息。试误有随机性，缺乏对行动顺序的理解，导致任务解决时没有层次。

▬ 该学生估计在这一水平

图 14.2　学习准备报告的一个例子

报告可以为学生提供反馈，报告学生在该领域当前的技能和理解情况，提供如何改进他们的知识和表现的信息。此报告可支持教师为学生提供未来学习经验的计划。

报告上的黑条显示了学生的学习准备在这一进阶上所处的阶段。对这一阶段的相关描述概述了学生目前能够学习的技能。报告中估计的学生所处阶段并不是学生的成就水平，而是教师可以用来为学生决定最佳的学习计划，为教学和学习设定目标或意向的干预点。

黑条在一个阶段中所处的位置表明学生是刚开始发展该技能，还是正在巩固技能阶段，抑或是掌握了技能并已经做好开始一个新的学习阶段的准备。当学生进入一个阶段的上半部分时，提前查看进阶的下一阶段，反思学生正在努力朝向的技能和能力，是很有帮助的。通过支架或示范的额外支持，教师和学生可以将此信息作为设置更具挑战性的学习目标的一种方式。

ATC21S 任务可以生成的另一种报告是学生档案报告。该报告将单个学生的学习阶段匹配到多个学习领域（即协作式问题解决中的认知技能、社会性技能以及 ICT 素养技能）。该报告旨在支持对学生个性化的优势和能力模式的考虑，图 14.3（见下页）展示了它的一个例子。

学生不太可能在所有学习领域中同时处于同一阶段，也不太可能以相同的进步速度进入不同的阶段。事实上，一个学生在协作式问题解决的认知方面处在较低阶段，但在社会性方面处于较高阶段的情况是很常见的。与此相反，一些学生在问题解决的认知方面可能有特别的优势，但在发展一个熟练的协作式问题解决者所需的社会性方面的技能时却可能很艰难。

审视学生进步

学生和教师可以一起或分开来审视学生的进步状况并制定未来的学习目标。学习准备报告可用于证实对学生的了解，包括学生能够自信地做什么，以及他们在支架、示范或更有能力的他人支持下可以为开始学习什么做的准备。个人资料报告有助于了解学生特定的优势和能力模式。

教师可以利用这些信息，并结合来自工作案例、课堂观察和其他评估的证据来深入了解学生的知识和技能。这使得教师能够制定出一套吸引每个学生且对他们具有挑战性的学习目标。通过了解学生的学习偏好和兴趣，教师可通过调整教学来促进学生进步。

在为处于同样技能和理解阶段的学生确定学习目标时，很重要的一点是，要同时考虑长期和短期的目标和计划。学习目标应该是清晰的、可实现的，这样学生们就能了解，为了获得进步他们需要做什么或展示什么。发展性的学习进阶在这个过程中非常有用，因为它们同时描述了当前阶段和下一阶段的技能和能力。一旦确定了学生的学习目标，下一步就是使用这些信息来规划适当的学习活动。随着时间的推移，教师可以为每个发展阶段的学生建立一套成功的

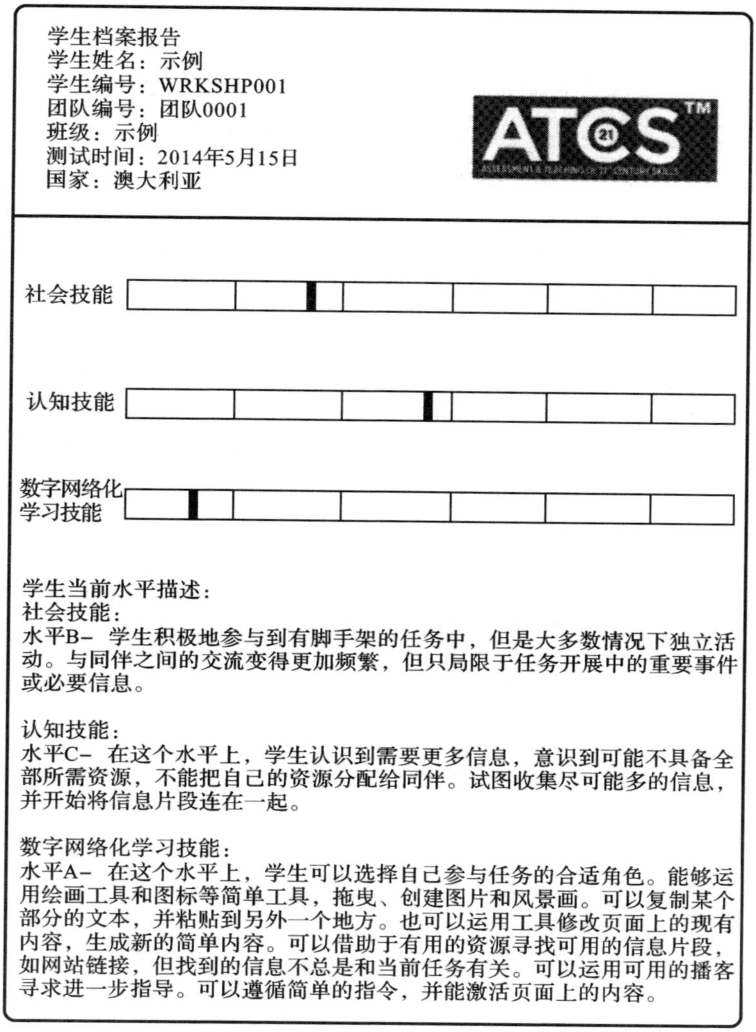

学生档案报告
学生姓名：示例
学生编号：WRKSHP001
团队编号：团队0001
班级：示例
测试时间：2014年5月15日
国家：澳大利亚

社会技能

认知技能

数字网络化学习技能

学生当前水平描述：

社会技能：
水平B－ 学生积极地参与到有脚手架的任务中，但是大多数情况下独立活动。与同伴之间的交流变得更加频繁，但只局限于任务开展中的重要事件或必要信息。

认知技能：
水平C－ 在这个水平上，学生认识到需要更多信息，意识到可能不具备全部所需资源，不能把自己的资源分配给同伴。试图收集尽可能多的信息，并开始将信息片段连在一起。

数字网络化学习技能：
水平A－ 在这个水平上，学生可以选择自己参与任务的合适角色。能够运用绘画工具和图标等简单工具，拖曳、创建图片和风景画。可以复制某个部分的文本，并粘贴到另外一个地方。也可以运用工具修改页面上的现有内容，生成新的简单内容。可以借助于有用的资源寻找可用的信息片段，如网站链接，但找到的信息不总是和当前任务有关。可以运用可用的播客寻求进一步指导。可以遵循简单的指令，并能激活页面上的内容。

图 14.3　学生档案报告的例子

策略和学习经验。下文将呈现教师提出的一些想法和例子。

作为规划和反思的一部分，教师和学生可以记录他们期望观察到的学习证据，这将有助于对设定的目标以及教学策略进行有效检查。通过明确所期望的学生的课堂行为，教师能够确定学生何时进入了新的理解阶段，并准备好了迎接学习中的新挑战。

拓展性干预与差异化教学：班级报告

教师还可以参考一个展示了班里所有学生的当前学习准备的报告，并用它来决定如何组织小组学习经验，或者通过将能力较差的学生与能力较强的学生配对来加强指导。通常，相同或相似的学习目标可以用于总体能力水平相同的学生团体或群体。多数情况下，教师能够预期学生处在学习准备的二、三、四甚至五阶段上。要直观地确定处在同一阶段的学生群体，一种方法就是使用班级报告。图 14.4 提供了该应用的一个例子。

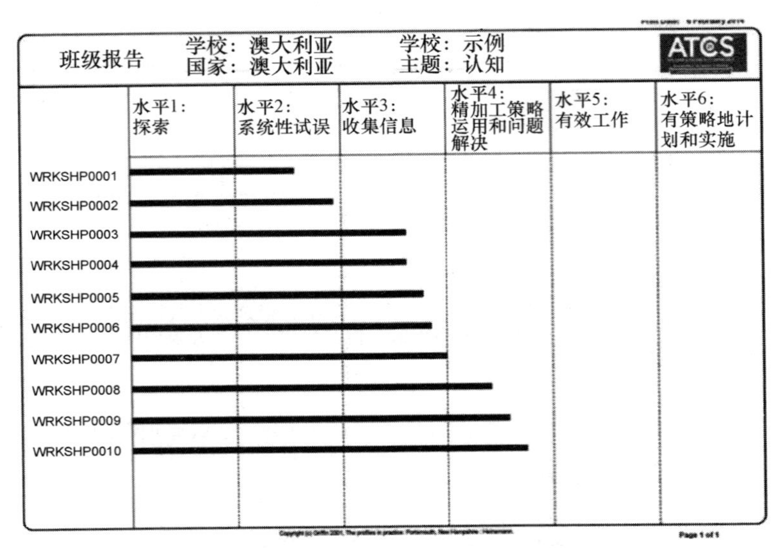

图 14.4　班级报告：展示出学生处在不同的技能和理解阶段

因此，班级报告可用于帮助教师进行差异化教学，以更好地满足处在不同的认知或熟练水平的学生的学习需求。以下将详细介绍实践差异化教学的一些建议。

○ 教授 21 世纪技能

根据定义，21 世纪的学习任务可以是开放式的，包含无限的信息集，也可能包含对任务目标的重新定义。重要的是，学生培养起相应的技能，能根据可用的信息设定和调整目标，能找到相关且有效的任务信息，并持续监控自己的进度。教师的角色是设置带有可实现目标的、具有高度激励性的任务，并在彻底理解学生兴趣和需求的基础上，提供充分的结构和支架。学生们也为自己的学习设定了目标和对象，并在清晰地认识他们正在发展的新技能和新认识的有用性与应用性的同时，不断前进。

与21世纪技能教学相适应的另一种方法是针对性教学和差异化教学。汤姆林森和麦克泰（2006）指出，差异化教学的教师会利用多种教学策略，例如小组教学、呈现不同水平的阅读材料、个性化的指导说明、学习契约、具有共同学习目标的各种产品和任务选项，以及独立研究等。小组教学可能特别有助于目标导向的学习任务，它使学生能够确立自己的学习目标，并寻找和选择与该任务相关的材料和信息。教师的任务是基于相似的能力水平建立更小的学习小组，以此来提供最有效的结构，或为同伴指导提供机会。

混合能力课堂中的教与学

在规划针对性教学和差异化教学的教学顺序时，教师可以使用学生评估的数据作为规划的基础，本部分提供了该方法的一个示例。该方法的一个假设是，这里提供的教学顺序的例子适合多节课的教学，并且课堂内学生的能力水平是高低不同的。换句话说，我们可以设想，同一个课堂里的学生在协作式问题解决的认知或社会性方面的知识上，或者说是智力资本和社会性资本的发展上，可能分布在四个阶段中的任何一个或多个阶段。表14.10代表了一个假设的课堂，其中学生能力水平分别分布在协作式问题解决的认知和社会性每一个方面熟练水平的四个阶段上。

表14.10　学生在CPS的认知和社交方面分布的图示（在一个20人的假想班级中）

学习阶段	认知阶段A	认知阶段B	认知阶段C	认知阶段D
社会性阶段A	XX	X	—	—
社会性阶段B	XX	XX	X	X
社会性阶段C	X	XXX	XX	X
社会性阶段D	X	X	X	X

注：该示例表中的每个学生用一个X表示。

类似地，教师可以针对一群学生的学习经验，来提高他们在协作式问题解决认知方面的能力。不过该组中的一两个人可能会受益于不同的支持或条件，提高与其他人合作完成任务的能力。接下来呈现的教学和学习顺序的例子提出了一些方法。在这些情况下，课堂上的教师可以对处在不同认知技能阶段的学生进行差异化教学，同时也要注意到学生在社会性技能和理解上的不同阶段。换句话说，教师可能需要同时考虑学生在两个技能领域的能力。

○ 应用于教与学的实践

ATC21S 项目产生了与学生所需学习的重要技能有关的一些信息。出于教学和学习的目的，以实践的方式呈现运用这些信息的可行性就变得重要起来。如果技能可以被评估，却不可以教，那么评估的价值就值得怀疑。本章的其余部分描述了使用 ATC21S 评估来提高学生技能发展的可行性的初步探索过程，学生技能的发展沿着源于实证的发展进阶，如同进阶表所呈现的那样（即上文中的表 14.3、14.4、14.5、14.6、14.7、14.8 和 14.9）。

本部分描述了教授 ATC21S 技能的理念和实例，这是教师、ICT 协调员和课程专家在 ATC21S 发展进阶的指导下生成的。给这些教师、协调员和专家的简要介绍，旨在设计教学或学习顺序，供教师实施，最大限度地促进处在学习进阶每个阶段的学生的学习。下面描述的两个例子显示了如何使用共同的主题来设计不同的任务，使其符合发展进阶中不同阶段的需要。

示例：协作式问题解决——认知技能

教与学的意图

这部分展示了一个教学程序，目的是提高学生采取结构化方法进行规划的能力。该程序包括：

- 确定他们需要的但还没有给出的信息；
- 寻找和收集他们需要的信息；
- 将给定的信息与收集的信息组织起来；
- 遵循产生想法、展示想法、讨论想法的过程，最后确定一个想法予以采用；
- 检验这一想法在一系列给定的限制条件下的可行性；
- 提供一个足够详细的计划，由另一个小组实施。

主题：计划一次游览。给学生的任务是，在给定的时间和预算的限制下，小组讨论和商定一个游览计划。学生小组在全班展示他们的计划，之后同学可以投票，如果可行的话，还可以决定实施最受欢迎的游览。班级同学应按照另外的标准来评估这些计划，如可行性、清晰度和创造力等。要是这个任务不适合学校或教室环境，也可以采用其他主题，并用类似的方式开发任务。这方面的例子包括规划学校活动或庆祝活动，以及准备一个特定主题的演讲。

就游览来说，这一计划应包括：

- 出行方式；
- 行程，包括时间表；
- 费用表；
- 父母知情同意书；
- 向校长发送电子邮件请求许可；
- 向任何所要参观的景点/博物馆提交预订申请（如电子邮件形式）。

根据课程或学科领域的特定主题，也可以对活动的目标做出调整。表 14.11 给出了这方面的一些例子。

表 14.11　嵌在学科课程领域中的任务示例

学科领域	游览任务的目标
科学 4 年级	调查给定类型或包含给定元素的生态系统。要求学生创造一个生态系统模型，能显示出所有的相互作用，并就相互作用的证据给出示例。
艺术 7 年级	探索不同风格的绘画。学生可以在给定的一组风格中直接找到两个典型的绘画例子，并说明为什么它们代表给定的风格。学生可以为每幅画写一个描述，包括艺术家的背景信息。可探索的一些风格有：
	立体派
	印象派
	现代主义
	表现主义
历史 8/9 年级	汇编与当地城市或国家相关的特定历史人物的个人资料。传记可以用戏剧、纪录片或书籍的形式呈现。

针对认知技能进阶各阶段的差异化教学

为了对处于不同技能或理解阶段的学生进行差异化教学，教师可以参考他们在表 14.3（Hesse et al. 2015）所述进阶上的一般位置。简要回顾一下，该进阶描述了素养增长的阶段，随着学生从探索或试错的方法（A 阶段）转向以建立信息为基础的方法（B 阶段），到能体现出共享和连接信息的能力的方法（C 阶段），再到策略性地计划和执行的方法（D 阶段），然后是高效工作的方法（E 阶段）和精细化策略应用的方法（F 阶段）。这可以为处在学习连续体的不同位置上的学生建立对下一步学习的预期。

在上述实例中，初级规划技能刚开始发展的学生，将通过小组讨论方式制订各种计划，指导完成任务时的活动。他们将通过讨论或实验来思考和检验想法，但是在采取更直接的方法来理解他们得到的或所能收集到的资源方面，他们还需要一些指导。

随着学生的理解能力和熟练水平的提高，他们会开始选择自己的方法和工具，安排他们的规划过程。他们需要得到支持，以发展对来自不同来源的、有可能不一致的信息进行组织的能力，以及根据额外的或更改的信息来重组信息的能力。

对于规划技能发展完善的学生，这一活动应该整合所有团队成员的贡献，了解团队内不同成员的优势和能力，通过这些来促进学生更深刻地理解创造性观点的产生。应该支持学生发展在线以及面对面的沟通能力，从而能够：

- 搜索信息；
- 鼓励所有团队成员做贡献；
- 挑战团队成员。

以下部分介绍了对待不同熟练水平的学生的详细思路和针对性策略。

处在认知技能进阶 A 阶段的学生通常采用探索性的试错法，对于这些学生：

- 通过指明目的地及可到达的两种交通方式，将此活动呈现为一个封闭的任务。以口头、书面或图示的形式提供指导。通过提供两三个网站、一个地图以及几个相关或不相关的公共交通时刻表，来为学生的搜索和规划提供支架。通过与小组协作来调查他们掌握的资源，此外如果需要的话，可以建立一些初步的规则来确定哪些资源可能有用。

- 在任务的最后留点时间给学生，让他们描述自己所经历的过程，指出自己以及小组的其他成员所做的贡献。

- 为学生提供评价的准则，好让学生能够根据具体的标准来评价班级同学提出的游览计划。这可以在学生有机会投票选出他们最喜欢的游览计划后实施，以对比这两种评价方法。

处在认知技能进程B阶段的学生通常可以识别可能的因果关系，并开始检验假设和规则，对这些学生：

• 植入一个明确的规划阶段让学生识别，列出他们所需的信息。

• 明确地教授互联网搜索技能，以帮助学生搜索交通工具，比如限制搜索的方法，以及评价来自不同来源的信息的有用性的方法。

• 提供一个协商的结构，达成有关游览方案的共识。这可采用一系列引导性问题的形式。每个学生可以呈现一两个想法，再输入到一个单独的文档中。指导学生使用颜色编码系统，来表示观点协商的不同阶段，例如：

绿色用于提出想法；

黄色用于已被讨论的想法；

蓝色用于已经达成共识，等待最终投票的想法。

• 留出时间反思，以确定他们遵循的过程中哪些是有效的，哪些是可以换一种做法的。

• 要求学生反思，并描述他们在完成任务时所学到的技能如何用于其他的学习或生活领域。

• 就如何评估游览计划进行课堂讨论，并就所使用的标准达成一致。根据商定的标准进行评价后，允许学生投票支持他们想要参与的游览。

处在认知技能进程C阶段的学生通常学习共享和连接信息，对于这些学生：

• 列出游览所需满足的一系列条件，其中有两项很难在一次游览中被满足（即彼此相互矛盾的要求）。

• 指定一个规划阶段，让学生自己来决定一种办法，用于生成和选择有关目的地的想法。要求以流程图的形式呈现该计划。

• 要求学生画出他们所探讨的游览方案的路线图，展示他们如何共同选择了这些选项（目的地，交通方式，参观的景点）。

• 当学生花了一些时间来试图满足“矛盾”的要求时，允许他们从列表中排除一个要求，然后继续他们的规划。

• 在任务的最后留出反思的时间，来确定他们所遵循的过程有哪些是有效的，以及哪些是可以换一种做法的。

• 要求学生反思，并描述他们在完成任务时学到的技能如何用于其他的学习或生活领域。

• 在让学生投票选择游览方案之前，让支持一组游览方案的小组与支持其他游览方案的小组进行辩论。

处在认知技能进程 D 阶段的学生通常可以识别多条信息之间的关系并使用系统的探索，对这些学生：

• 为学生设定需要在游览中解决的有挑战性的要求，例如，对某个科学或历史话题需要收集的具体信息做概述。与当前各个课程领域的学习建立连接。

• 在规划游览的过程中，允许学生讨论、协商并确定最终方案。设定一个任务作为该过程的一部分，由学生研究和选择适当的图形组织者、规划和呈现工具，来分析和呈现所提出的方法。

• 在他们提出游览的想法之后，在选择一个想法呈现之前，有必要改变一些参数或目标，以便让他们重新规划活动。引导学生使用相同的规划工具和图形组织者来更新计划以适应变化。

• 留出时间反思，以确定他们遵循的过程中哪些是有效的，哪些是可以换一种做法的。

• 要求学生反思，并描述他们在完成任务时学到的技能如何用于其他学习或生活领域。

针对处于社会性技能进阶不同阶段学生的差异化教学

有些学生在复杂任务的某些方面表现出特别的优势，但在其他方面却并不精通。表 14.10 说明了这一点，例如，处在认知技能进阶第一阶段的学生，在协作式问题解决的社会性方面可能处于四个阶段的任何一个阶段。为学生制定学习经验时，教师可能需要同时考虑这两方面的信息。针对处在社会性技能进阶不同阶段的学生的各种教学策略、干预或经验，有可能包括以下这些内容。

处在社会性进阶 A 阶段的学生通常正在树立参与协作式任务的信心，对于这些学生：

• 采用小组或组对的方法，让学生们熟练掌握协作的基本技能。允许学生选择乐意合作的同伴。例如，可以使用时钟伙伴[①]策略来组对。

---

① 请参考本章最后的术语定义。

• 在学生开始任务之前，确定一种您希望学生展示的听力技能。对听力技能进行描述和示范。当您观察到学生在任务中运用该听力技能时，给予他们积极的反馈。

• 明确任务讨论中的言语提示。必要时，引导学生通过这些直接提示做出适当的回应。

处在社交技能进阶 B 阶段的学生，通常需要支持与支架以积极地参与协作任务，对于这些学生：

• 保持较小的小组规模。为促进参与，先讨论这一任务与日常生活中必要的、有用的技能有什么关系。将该任务的目标或主题与以前的学习相联系。

• 鼓励学生“试一试”。讨论在集体协作的环境下选择风险规避的结果。要求学生注意他们的同伴在参与和贡献想法的过程中的冒险行为，并在他们这样做的时候指出来。

• 确定在讨论中沟通不明确的地方。要求学生重复自己说的话，请另一位学生解释他听到了什么。给学生尝试其他方式表达想法的机会。

• 明确在任务讨论中的非言语提示。以某种方式引导学生根据非言语提示调整自己的回答。

• 在每个任务的最后留出反思时间，要求学生举例说明他们自己及其他小组成员所表现出的积极行为和采用过的方法。

处在社交技能进阶 C 阶段的学生通常能够认识到同伴在协作任务中的角色，对于这些学生：

• 要求学生每个人提出一个想法，然后将想法分享给不同的学生，并努力说服小组采纳这个想法。

• 为个人或分小组提供不同的资源，以激励学生进行协作。例如，一个组有各种形式的地图，另一个组有与交通时刻表、路线图相关的所有信息。应该指导他们通过言语进行交流而不能让其他小组直接看到他们的材料。

• 设定有关积极行为的目标，例如鼓励小组的其他成员。使用 Y 图[①]集思广益，讨论这些行为怎样被认可以及可能产生的影响。

• 确定反思的机会，并使用定格[②]策略，让学生讨论什么起作用，什么不起

---

① 请参考本章最后的术语定义。

② 请参考本章最后的术语定义。

作用，并为推进做出选择。

• 在每个任务的最后留出反思时间，请学生举例说明他们自己和其他小组成员表现出的成功策略与积极行为。

处在社交技能进阶 D 阶段的学生，通常能够共享资源和信息，并能意识到自己及同伴在协作任务中的表现，对于这些学生：

• 可以扩大小组规模，从而为实现积极的动态协作设置更大的挑战。为了激励所有学生参与，可以给小组分配一个额外的任务，让他们按照一致的标准评价所有小组成员的风格和贡献水平。可以要求学生呈现一个他们共同制作的饼图，来表示每个人对这项任务的贡献。

• 仅允许以电子邮件、共享文档和聊天的形式进行在线交流，而不允许面对面的协作，这样可以为学生提供进一步的挑战。

• 设立目标来实践小组的积极行为，例如向小组其他成员提供反馈以加强其贡献行为。使用 Y 图集思广益，讨论这些积极行为如何被认可，以及可能产生的影响。

• 确定任务中的反思机会，并使用定格策略，让学生讨论什么起作用，什么不起作用，并为推进做出选择。

• 在每个任务的最后留出反思时间，并请学生举例说明小组成员表现出的成功策略和积极行为。

示例：网络学习——构建智力资本

教学意向

本部分提出了教与学的程序，目的是培养学生创造和使用社交媒体与网络资源的技能，使学生运用这些技能来产生新知识并使其可被访问。根据威尔逊和斯卡利塞（2015）的成果，要发展的技能包括：

• 了解标签的用途和目的；

• 周密组织信息；

• 探求数据的意义；

• 理解社交媒体在获取知识、共享知识和创造新知识方面的作用；

• 在线环境中寻找和咨询专家；

• 评价在线信息；

- 有效呈现数据和知识；
- 了解受众背景和文化背景；
- 创建符合目的的在线产品。

主题：开发一个知识库。学生的任务是建立一个网站，呈现某个主题的现有知识体系。该主题可以由学生决定，也可以从主题列表中选择。这些可选择的主题是某个课程领域中完整的一部分。作为任务内容之一，学生们需要使用社交媒体来访问信息、借助网络邀请参与、根据目的组织信息以及运用多信息来源和专家来创造新知识。

针对技能进阶各阶段的差异化教学

下面将介绍针对构建智力资本技能进阶的四个不同阶段所采用的不同任务形式。技能发展阶段从刚上路的建设者到功能性建设者，前者懂得通过在线互动来组织信息，后者对知识组织有更开阔的视角，具有比较和表征知识的能力。该进阶的下一阶段描述的是精通的建设者，他们能够利用社交媒体寻求有关信息来构建集体知识。随着学生熟练水平的提高，他们逐渐发展成有远见的建设者，能够在设计社交媒体和塑造结构以构建集体知识方面发挥领导作用。

对于刚上路的建设者：

- 列出三四个主题，供学生在创建知识库时选择。使用与课程内容相关的主题，例如科学、文化研究或历史。
- 在使用不熟悉的技术时，采用小组或同伴配对的方式来促进学生的相互支持。具备特殊技术技能的学生可能会有很多辅导同伴的机会。
- 为了建立初步的标签技能，给学生提供一系列的标签，要求他们根据不同的目的进行分类，如：

提出一个观点；

由一个共同的原因把人们聚集起来；

收集信息；

提高查找信息的容易程度；

引导读者或受众；

引起兴趣。

- 为学生设置不同的背景让他们创建自己的标签，并将其用于上述各种用途，然后让学生将此技能应用于他们正在开发的网站主题上。

• 要求学生就选择的每个主题进行头脑风暴，产生一系列用于标签的短语，然后将信息分组到标签中。在项目期间让它们一直显示在“推特墙”上。让学生添加“推文”并重组墙上的标签。

对于功能性的建设者：

• 为了让学生意识到要以合理的方式为受众呈现信息，让他们对各种社交媒体网站进行讨论，并设置任务让学生识别网站的目标群体。

• 设置一个小组任务，要求学生按照给定的标准，如年龄段、目的或风险等，确定三大社交媒体网站。这涉及让学生寻找评论和对评论做出解释。

• 要求学生识别他们正在建立的知识网站的目标群体，并探讨这会对他们呈现信息的方式有何影响。

• 为学生设置一个子任务，要求他们设计一个调查来了解他们主题的一个方面。提供一个调查工具的例子，并要求学生至少再找到一个调查工具，说明哪一个调查工具对他们的任务来说更好，并提供理由。

对于精通的建设者：

• 演示 Web 2.0 如何用于数据可视化的基本方法，并允许学生使用 Web 2.0 呈现其主题的一个方面。

• 提供具有相互矛盾的观点的网站（例如，有关登月的网站，有关外星生命的信徒/怀疑者），并就如何评价网站的可信度展开讨论。

• 共同制定一套评价标准，给学生用来评价和主题有关的信息来源。

• 要求学生就其主题的某一方面调查一个人群，并在其网站上发布结果。讨论由于被调查人群本身的原因导致的偏见来源。展示调查人群变化时结果也会发生变化的一个例子。

对有远见的建设者：

• 以一个关于创造力和头脑风暴的任务开始，让学生为战略目的选择主题，例如一个可行的商业项目，或是一场与社会或环境事业相关的活动。

• 提供一些限制使用的资源，诸如网站或工具等，使得发明是由提高创造性的必要性驱动的。

针对处于其他技能进阶不同阶段学生的差异化教学

为适应学生协作式问题解决的社会性技能的不同水平，本章前面提出了适应性或差异性的问题，但认知技能仍然是学习目标的主要关注点。同样地，上述建议也可以调整或用于其他任务，来教授ICT素养和其他方面智力资本的建构。一旦教师从个人资料报告中熟悉了学生的优势模式（见图14.3），他们就可以考虑如何囊括多种策略或调节手段，满足学生在多个技能领域的学习需求，在多个进阶上能够同时促进学生学习。

○ 结论

本章概述了如何根据ATC21S项目的评估来指导21世纪技能的教学。评价用于确定（学生）在实证得到的（素养）进阶上的表现水平，包括协作式问题解决的社会性和认知，网络消费者和生产者，ICT素养中建立社会或智力资本等方面。对每一个领域和相应进阶的各水平的了解，可以为教师了解学生的最近发展区（Vygotsky 1978）提供起点。换句话说，就是确定学生技能学习准备情况，并且能从更有能力的他人那里得到发展，有机会练习这些技能。如本章例子所展示的那样，这些知识可以发展成教学计划和课堂策略。要确定本章所述方法的可行性，接下来要做的就是通过长期评估来检查学生的进步，以此来评价通过这种方式开发的教学策略的有效性。

○ 术语定义

定格

在小组讨论中，可能有机会指导学生讨论“定格”，重新反思讨论焦点或处理冲突，以便更深入地分析情况。由于有了思考的时间，其他的回答或行动就有可能被创造出来。可以给学生提供以下提示：

“是什么导致了这一情形？”

“你打算说什么？”

“你认为这会引出什么回答？”

“还有什么其他的可能性？”

“一个不同的问题或行动会如何改变讨论？”

Y图

Y图是用于呈现观点的一种直观方法，帮助理解特定行为或情形的特征。

学生通常会通过头脑风暴来创建自己的Y图（图14.5），此时思考的问题有：这些行为或情况“看着像什么”“感觉像什么”和“听着像什么”。它有助于将学生的注意力集中于可观察的特征上识别这些行为或情形。

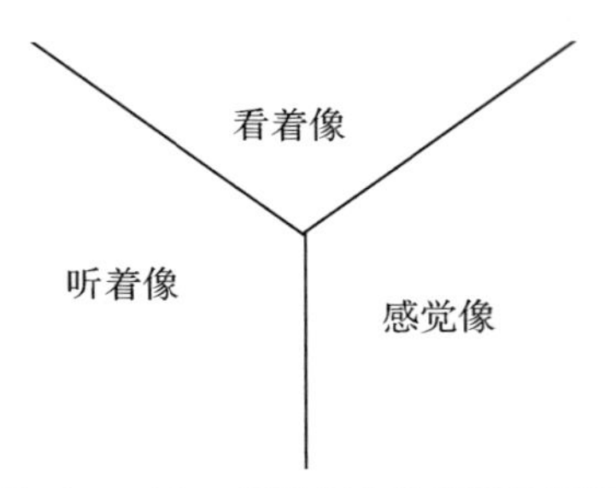

图14.5　用Y图进行头脑风暴的框架

时钟伙伴策略

时钟伙伴（图14.6）提供了一种快速配对学生的方法。每个学生都有一个时钟，这个时钟在每个小时的旁边都留出了写名字的地方。然后，要求学生按照时钟上的每个小时去寻找不同的同伴，并在适当的位置填上姓名，要确保他们的名字在同伴的时钟上都处在同一个位置。接下来，老师就可以指示学生，比如跟7点钟上的朋友一起来做任务。

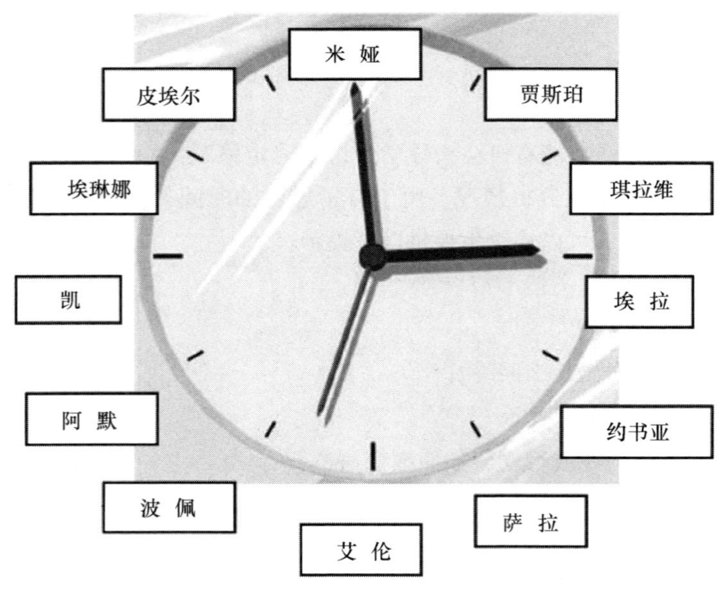

图14.6　时钟伙伴练习的形式

参考文献

Airasian, P. W., Cruikshank, K. A., Mayer, R. E., Pintrich, P. R., Raths, J., & Wittrock, M. C. (2001). L. W. Anderson & D. R. Krathwohl (Eds.), *A taxonomy for learning, teaching, and assessing: A revision of Bloom's taxonomy of educational objectives* (Complete edition). New York: Longman.

Glaser, R. (1963). Instructional technology and the measurement of learning outcomes. *American Psychologist*, 18, 519–521.

Griffin, P. (2007). The comfort of competence and the uncertainty of assessment. *Studies in Educational Evaluation*, 33, 87–99.

Hesse, F., Care, E., Buder, J., Sassenberg, K., & Griffin, P. (2015). A framework for teachable col- laborative problem solving skills. In P. Griffin & E. Care (Eds.), *Assessment and teaching of 21st century skills: Methods and approach* (pp. 37–56). Dordrecht: Springer.

Rasch, G. (1960/1980). *Probabilistic models for some intelligence and attainment tests.* (Copenhagen, Danish Institute for Educational Research), expanded edition (1980), Chicago: The University of Chicago Press.

Tomlinson, C., & McTighe, J. (2006). *Integrating differentiated instruction and understanding by design: Connecting contents and kids.* Alexandria: Association for Supervision and Curriculum Development.

Vygotsky, L. S. (1978). *Mind and society: The development of higher mental processes.* Cambridge, MA: Harvard University Press.

Wilson, M., & Scalise, K. (2015). Assessment of learning in digital networks. In P. Griffin & E. Care (Eds.), *Assessment and teaching of 21st century skills: Methods and approach* (pp. 57–81). Dordrecht: Springer.

第15章

21 世纪技能的政策路径

弗兰克·亚当森，琳达·达林-哈蒙德

【摘要】

本章重点介绍了影响21世纪技能普及的政策环境，特别是ATC21S项目在研究和评估策略方面的成果。我们通过对国家项目管理员、各参与国代表、ATC21S项目的其他参与者、国际测评共同体、国际组织和赞助公司的咨询委员会成员等进行访谈，结合国家和州的教育系统所发布的公开信息，提供了一个政策分析。

分析的组织

这项政策分析首先讨论了成员国在ATC21S项目之外，如何将21世纪技能纳入各自教育系统的既有努力。十几年来，各个国家将问题解决、推理、沟通、技术和生存等技能融入课程、教学和评估，并取得了一定进展。表15.1（见下页）将不同组织或国家的21世纪技能框架进行了对比，发现不同的21世纪技能框架有很多重复，但也有重要的差异。当然，所有国家都面临挑战，即如何在课堂中发展所有的（21世纪）技能。我们将简要描述目前取得的进展和遇到的挑战。

然后，我们会从教育工作者、学校、国家和国际组织等不同的视角，讨论目前ATC21S任务的试点研究工作。最后，针对如何将这类工作纳入国家课程或评估系统，我们提出了一些意见和反馈，讨论一些注意事项和其他问题。每个国家的政策背景既有相同之处又有不同之处。ATC21S项目得到成员国的关注，既作为一种未来发展方向，也作为未来该项目材料使用的可能路径。

表 15.1　21 世纪技能框架的比较

<table>
<tr><th>21 世纪技能的评估与教学（ATC21S）</th><th>欧盟：终身学习的核心素养（2008）</th><th>美国 21 世纪技能合作组织（P21）</th><th>芬兰国家课程 2004：跨学科主题（C）和工作方法（W）</th></tr>
<tr><td colspan="4">思维方式</td></tr>
<tr><td>创造力和创新性</td><td>学会学习</td><td>创造力和创新性</td><td>人的成长（C）</td></tr>
<tr><td>批判性思维，问题解决，决策</td><td rowspan="2"></td><td rowspan="2">批判性思维，问题解决</td><td rowspan="2">思考、学习和问题解决的技能（W）</td></tr>
<tr><td>学会学习，元认知</td></tr>
<tr><td colspan="4">工作方式</td></tr>
<tr><td>交流</td><td>母语交流</td><td>交流</td><td>工作技能（W）</td></tr>
<tr><td rowspan="2">协作（团队合作）</td><td rowspan="2">外语交流</td><td rowspan="2">协作</td><td>社会技能（W）</td></tr>
<tr><td>积极参与（W）</td></tr>
<tr><td colspan="4">工作工具</td></tr>
<tr><td>信息素养</td><td>数学能力，基本的科技能力</td><td>信息素养，媒体素养</td><td>媒体技能和交流（W）</td></tr>
<tr><td rowspan="2">ICT 素养</td><td rowspan="2">数字能力</td><td rowspan="2">ICT 素养</td><td>人类技术（W）</td></tr>
<tr><td>ICT 素养（W）</td></tr>
<tr><td colspan="4">在世生活</td></tr>
<tr><td>全球和当地公民身份</td><td>文化意识和表达</td><td>灵活性和适应性</td><td>文化认同和全球意识（C）</td></tr>
<tr><td>生活和事业</td><td>社交能力和公民能力</td><td>主动和自我导向</td><td>公民参与和企业家精神（C）</td></tr>
<tr><td rowspan="3">个人和社会责任，包括文化意识和能力</td><td rowspan="3">主动意识和企业家精神</td><td>社交和跨文化技能</td><td>环保责任，幸福和可持续的未来（C）</td></tr>
<tr><td>生产力和义务</td><td rowspan="2">安全和交通（C）</td></tr>
<tr><td>领导力和责任</td></tr>
</table>

来源：改编自阿霍宁（Ahonen 2012）

○ 国家背景下的课程

20世纪90年代，许多国家和联邦政府的课程文件都开始渗透21世纪技能。各国普遍认可21世纪技能的重要性，但也发现其中的一些技能比其他技能更容易融入课程和评估中。有关批判性思维和问题解决技能的研究与实践，比创造力和创新性，ICT素养和协作等技能的研究与实践进展更快。在世生活的技能（如公民身份与个人和社会责任）不完全在学校传统上认为的认知范畴内。21世纪技能的不同性质，导致时间上或跨国之间的实践水平的差异。

○ 将21世纪技能纳入课程

许多参与国将21世纪技能纳入其课程的工作已经持续了10多年。新加坡是在这方面起步比较早的国家之一。1997年，新加坡在“思维的学校，学习的国家”的旗帜下进行了改革，开始修订课程、教学和评估，将批判性思维、问题解决、决策、协作与创新技能等纳入其中。新加坡的课程文件强调了这些技能，新教师的培训也开始强调这些技能，一些包括项目式工作或调查，乃至合作的评价甚至被纳入到了考试系统。

2010年，新加坡教育部（MOE）（2010）进一步推出了21世纪素养的新框架。该框架的准备工作包括ATC21S文件中的21世纪技能分类（Binkley et al. 2012）。新加坡的模型也含了六项核心价值观（尊重，责任，正直，关爱，坚韧，和谐）（见图15.1）嵌在其他素养之中。（Singapore MOE 2010）。ATC21S的分类和新加坡的框架都强调了学生的内在的、认知过程和与外部世界互动的素养。新加坡还明确将核心价值观确定为学习者学习的关键，哥斯达黎加和芬兰也是如此。

芬兰在相当长的时间内一直关注某些21世纪技能，特别是某些元认知和“学会学习”能力的发展。芬兰国家核心课程文件很精炼，从以前高度具体描述的几百页的文件缩减到每年只对少数技能和核心概念的描述。这个核心课程指导教师共同开发本地课程和评估，鼓励学生成为积极的学习者，使他们能够在新的情况下，通过发现、分析和使用信息来解决问题。

随着芬兰政府对国家课程的新一轮讨论，芬兰对21世纪技能的关注进一步加深。10年间，芬兰编写了国家课程的基本文件，并制定了相应的法律。既有

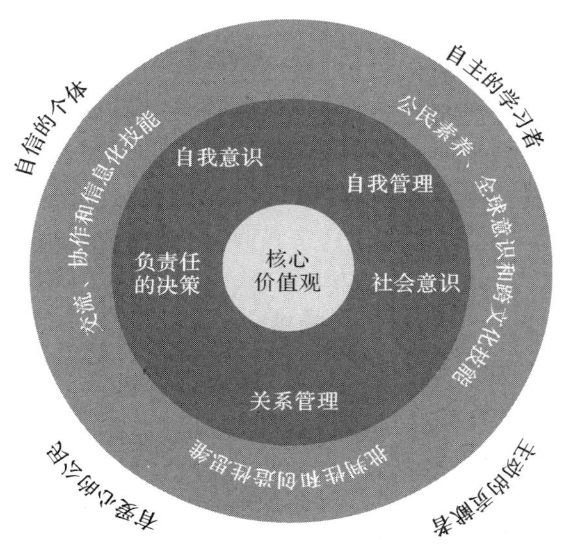

图 15.1　新加坡的 21 世纪能力以及期望的学生学习结果

（Source：http：//www.moe.gov.sg/media/press/2010/03/moe-to-enhance-learning-of-21s.php）

课程仅在教师目标中包括了一些 21 世纪技能，例如同伴互动学习，帮助学生承担学习责任，并帮助他们发展在新情境中运用技能的策略（Finnish National Board of Education 2004）。新课程在此基础上将 21 世纪纳入到课程文件中，例如，这些具体部分要求学生有能力进行协作，教师和学生都要增加 ICT 的学习和使用（Ministry of Education and Culture 2012）。尽管芬兰教育采用的还是分权制度，教师拥有高度自主权，但课程框架确实为教师培训、专业发展和课堂实践提供了方向。

荷兰比芬兰更加分权。荷兰没有官方的国家课程计划。由于历史原因，荷兰平等资助公立和私立学校，并在很久前就将课程自主权下放给了学校和教师。因此，需不需要将 21 世纪技能纳入课程和教学，以及如何将 21 世纪技能纳入课程和教学的决定便由学校层面来做出。有些学校，在如何引进和改进新的学习方式上已经探索了 20 年。目前，许多学校正在致力于落实 21 世纪技能，包括让学生进行小组协作、积极利用互联网，以及在一些情况下通过互联网或实地访问进行国际交流。在支持学校网络化的“魅力技术（Technasia）”项目中，学生通过与当地企业合作，来解决技术问题，发展自己的合作式问题解决能力。

澳大利亚的一些州关注 21 世纪技能也有一段时间了。例如，澳大利亚首都领地（Australian Capital Territory，ACT）。昆士兰和维多利亚州早在20世纪90年代，就已经在课程指导中对问题解决、批判性思维和沟通交流有了更深入的关注，在考试的项目式测评部分也关注这些技能。昆士兰州还创建了“丰富任务”项目，开发协作式工作、决策、问题解决和元认知的评估。这个项目促进了中国香港和新加坡（相关领域）的发展。

最近，澳大利亚一直在开发基于学科的国家课程。新的国家课程还包括一整套的“一般能力”。这些一般能力与ATC21S提出的10个技能表述不同，但也包括ICT能力、批判性思维、创造性思维、个人和社交能力等。一个新的国家组织——澳大利亚教育服务局（ESA），负责开发与国家课程相关的课程资源。他们希望课程资源能够将一般能力整合到数学、英语、科学、历史、地理等学科领域中，使教师能够更轻松地将21世纪素养纳入教学中。

美国和澳大利亚一样，“各州”在教育决策中一直扮演着重要的角色，但是，创建更为集权式（教育模式）的项目正在进行。近20年来，许多州和地方开发了包含21世纪技能要素的课程指南和材料。有些州将这些技能纳入课程文件，有些州将这些技能的教学工作纳入教师发展计划。21世纪技能合作组织（P21）是一个包括州成员的民间组织，建立了一个网站，为教育工作者、政策制定者和共同体成员提供资源。P21的目标是促进从学习者到班级和政策制定者对21世纪技能的理解[①]。由于美国历史沿革下来的分权制，再加上21世纪技能不是以往考试的重点，虽然在国家层面的话语和一些课程文件中给予这些技能一些关注，但尚未系统地转化成课堂实践。

最近，45个州共同制定并通过了有关英语和数学的“州立共同核心标准”，旨在创造“更少、更高、更清晰”的标准来指导课程、教学和评估。该标准试图对标国际标准，更专注于问题解决和批判性思维，信息素养以及以多种形式交流思想和推理的能力。正在开发的新科学标准也希望能够支持多州的行动，将聚焦在科学教育中的探究上。与之相配合，国家研究委员会最近组织实施一个工作坊，讨论21世纪技能在科学教育中的作用，一个形成了包含标准、课程、教师准备和评估的报告（Hilton 2010）。这些举措有可能会在他们所强调的认知技能方面，对各州和当地的教育实践产生广泛影响，遗憾的是，这些举措并不强调创造力和创新性、协作或生活技能。

---

① http：//www. p21. org/ 。

2003年，哥斯达黎加颁布了全民教育行动计划，旨在重新启动教育系统（Ministerio de Educación 2002）。2003年计划的中心，是将教育视为发展社会、情感和认知素养力的广泛努力。这些素养是21世纪技能的基础。该计划下开发的课程的轴心是一组“价值观”，包括实现更高质量的个人、家庭和社会生活的日常实践，理解人权、健康和可持续发展环境等（Ministerio de Educación 2002）。教育部长李奥纳多·卡尼尔博士在一段视频中特别强调了21世纪技能的重要性，将ATC21S中的21世纪技能作为哥斯达黎加教育系统的发展方向。[①]

以数学领域为例，哥斯达黎加教育部发起了以学生为中心的全面课程改革。新的国家课程于2012年通过，降低数学的学科性，将日常生活经验和数学原理结合，激发学生学习动机（Garnier 2012）。该课程重点关注五个领域，以使学生获得严谨和深入的理解：

1. 问题解决作为主要的方法策略；
2. 情境化作为一种特殊的教学元素；
3. 数字技术的智能使用；
4. 促进对数学的积极态度和信念；
5. 数学史。

这份清单包含了ATC21S倡导的一些21世纪技能，如问题解决、信息素养和ICT素养（Garnier 2012）。改革还提出了包括21世纪技能之一的协作在内的五种态度（Garnier 2012）。虽然哥斯达黎加还只是从具体学科出发推出21世纪技能，但哥斯达黎加有着明确的方向，那就是将整个课程沿着21世纪技能的方向推进。

○ 课程挑战

课程的采纳在某些国家是国家层面的，在某些国家是地方性的。然而，课程的实施总是地方性的，取决于教师的课堂投入、知识和技能。一些集权的国家，如新加坡和哥斯达黎加，不但拥有国家课程，而且为教师提供相关的资源和专业发展目标，关注教师在21世纪技能方面的教学能力。澳大利亚也成立了

---

① http://www.atc21s.cr/component/content/article/1/24-mensaje-del-dr-leonardo-garnier。

一个国家课程研究所，负责开发“一般能力”的课程资源。但它必须鼓励各州参与并采纳这些课程，支持教师对21世纪技能的兴趣。

芬兰和荷兰等分权的国家也面临着不同的挑战，他们采纳21世纪技能的途径可能不是自上而下地实施新课程。在芬兰和荷兰，教师和学校主导教育变革。课程实施的战略，将更多地取决于学校发起的项目，以及教师通过教师协会或协作网络的专业参与。在美国，高度分权的途径在历史上占主导地位，然而，人们期望共同核心标准倡议能在全国范围内更集中地开发和采用课程资源。此外，由于高风险的问责制度，评估也大大推动了课堂实践。为了实施共同核心标准，新的州际评估正在开发当中，但在多大程度上融入21世纪技能还有待观察。

○ 国家背景下的教学

集权国家和分权国家之间的差异，有时也体现在国家可以随时给教师提供的支持、专业发展和指导的数量上。给予教师支持的中央集权国家，可以利用各种手段，更为广泛深入地培训教师，提升教师的专业发展水平。课堂实践在所有国家之间存在很大差异。无论如何，不管是集权国家，还是分权国家，都已经找到了创新的方式来支持21世纪技能教学的转型。

帮助教师实施21世纪技能

新加坡也许是最关注教师发展的国家。其国立教育学院（the National Institution of Education，NIE）是职前教师的唯一师范教育组织。NIE与教育部以及支持在职教师专业发展的国家研究院之间有着密切协作。他们通过培训教师使用技术，鼓励批判性思维，促进协作、创新和创造力的方式来发展21世纪技能。他们所采取的创新方法之一来自国立教育学院：向新教师和领导者展示未来的课堂，并将这种协作式、基于技术的教育环境迁移到未来教育者自身的教育中。支持在职教师通过行动研究和课程研究来开展实践，并且研究、创建和实施以技术为支撑、以探究为基础的教育模式实验方案，通过各种渠道和方式，允许教育工作者彼此支持、相互学习，扩大上述做法的规模和影响。

有了课程和评估转型的支持，新加坡所做的一系列努力已经开始改变其课堂实践。在每一个环境中，变革的努力都会受到教师（如学生和教师）的以往经验、学校教育的传统、尚未发展的系统元素的限制。

芬兰的教学环境更加分权。不过，所有的教师都接受过高质量的教学培训。芬兰课程重点关注“学会学习”，鼓励教师通过提出复杂问题以及帮助学生解决这些问题来培养学生学习技能的积极性，帮助培养学生的独立性和主动学习能力，发展元认知技能（Lavonen 2008）。芬兰教师可以自由选择教学方法，自由决定是否以及如何将21世纪技能融入他们的课堂。许多教师也重点关注社会性和协作技能。尽管如此，仍有些研究表明，教师在传统学科的指导上，仍然多于21世纪技能方面的指导。此外，教师认为21世纪技能是课程中最难的一部分。教师需要额外的专业学习机会，以支持他们在芬兰课堂上普遍采纳所有的21世纪技能。

澳大利亚的一些州为教师提供了大量的专业学习机会，其中一个重点是教授21世纪技能。新举措也许在全国范围内产生更广泛的影响。例如，2010年，澳大利亚教学与校务指导协会（AITSL）成立，承担与教师工作相关的三项基本职责：(1) 制定严格的国家专业标准；(2) 促进和推动教师和学校领导的高质量专业发展；(3) 与各司法管辖区、重点专业机构展开协作。这项联邦倡议力求达成利益相关者之间的共识，以制定评估教师专长的国家等级和度量新标准，最终目标是发展出一支更专业、更高级的教师队伍。通过基于一般能力的培训，这支教师队伍将能为学生学习提供更合适的支架，也能够使用评估数据准确地指出学生最需要关注的领域。

教学的挑战

在某些地区，教师发现很难采纳21世纪技能，原因各不相同。第一，由于缺乏示范课程及相应的评估，教师需要投入更多的时间来开发他们自己的资源。第二，某些地区很少提供纳入21世纪技能的专业发展机会，不能满足教师想进一步了解21世纪技能的需要。第三，从评估的角度来看，传统考试形式所带来的压力及对教师和考试所扮演的角色的观点差异，在某些情况下，可能会制约21世纪技能的教学。

○ 21世纪技能的评估

国家或各州评估系统的性质会对21世纪技能能否成为教师合理的关注点产

生实质性影响。影响的类型由评估的性质、评估附带的风险以及评估涉及的范围决定。评估的这几个方面在国家与国家之间差异迥然。一般来说，随着关注点从问责评估到促进学习的评估，教师会有更多的空间去采用新的教学法，培养新的21世纪技能。

国际评估的影响

自从经济合作与发展组织（OECD）和国际教育成就评估协会（IEA）开展国际评估以来，政策制定者就已经注意到了自己国家在语文、数学和科学等核心科目上的成绩和其他国家的比较。学生在TIMSS、PIRLS、PISA等国际评估上的表现影响了国家政策的方向。例如，荷兰教育议程目前侧重于核心科目，试图改善这些领域的成绩。而像新加坡这样的国家在这些评估中表现良好，所以利益相关者可能认为没有必要改变系统。

然而，在2015年，PISA开始测试协作式问题解决能力（CPS），为各国采用包括CPS在内的21世纪技能，提供了一条政治途径。此外，国家教育成就评估协会正在组织一次国际评估，名为国际计算机和信息素养研究（ICILS）。这些国际评估可能会使一些国家去关注他们所测量的技能，同时也会提供评估模型，为国家、州和地方的评估系统提供参考。

国家和州的评估项目

在澳大利亚，新的国际评估的影响特别直接。澳大利亚教育研究委员会（ACER）的朱利安·弗雷伦，既是新的IEA评估项目的国际主管，也是澳大利亚NAP-ICT素养评估主任。国际计算机和信息素养研究（ICILS）实际采用的测量工具和量表是澳大利亚国家评估工作的一部分。将国际评估与国内评估结合起来，将使澳大利亚能够对其（教育）系统的表现进行基准测试。

澳大利亚的国际评估与国内课程和评估齐头并进，国内课程和评估由澳大利亚课程评估和报告管理局（ACARA）开展。它是澳大利亚新成立的国家组织。除语文和数学有国家考试外，澳大利亚还对核心学科领域之外的两项技能进行了评估：信息与通信技术素养（ICT）和公民与公民身份素养。从2005年开始，对ICT素养的评估每3年进行一次，评估对象是6年级和10年级的学生，主要评估“他们适当地获取、管理、整合和评估信息，发展新的理解和与他人交流，以便有效参与社会”（NAP 2011）。

澳大利亚的州立考试和新的国家考试都将在中学阶段进行。国家考试目前的重点是基本素养和计算能力，但随着新的国家课程的出现，澳大利亚计划深化考试方法改革。各州考试各有不同，在关注更为传统的信息的传递和回忆，或是培养深层次问题解决、协作、创造性和创新能力等方面程度不一。一些州和地区，如澳洲首都领地和昆士兰州，就要求学生用独立和协作的方式，设计并开展探究或者调查，鼓励学生明确并解决问题。

新加坡对发展 21 世纪技能的兴趣，体现在考试制度中有一些具有前瞻性的途径。正如在英国和澳大利亚的一些州那样，有些考试包括基于课堂的项目，要求学生设计和管理一个复杂的问题解决任务，并就探究结果进行交流。其中包括项目工作（PW）评估，项目要求以团队协作的形式完成，作为所有大学预科生必修的跨学科课程的一部分。集中设置的任务内容广泛，以便学生能够在满足要求的同时，实施他们感兴趣的项目。学生通过书面报告、口头汇报和小组项目文件来对产品和过程进行评估。在开展 PW 评估任务时，学生提出自己的主题，制定时间表，分配个人工作，与不同能力和个性的队友进行互动，收集、评估小学和中学的研究材料，学生可以获取自我导向的探究技能。这些 PW 的过程反映了学生的生活技能和素养，如知识应用、协作、沟通和独立学习。

在美国，州一级的问责制测验目前是通过选择题来测量基本阅读和数学技能，这些题大部分不涉及 21 世纪技能。由于测验结果影响了对学生、教师和学校的高利害决策，教师通常觉得哪怕牺牲更广泛的学习目标，也必须关注这些基本技能，关注它们被考查的方式。国家教育进步评估（NAEP）这一大规模测验正在对测验的题目类型进行扩展，并在 2014 年开展了技术和工程素养评估。这项评估将重点部分放在了 21 世纪技能中的 ICT 素养上。另一个可能对 21 世纪技能进行大规模评估的组织是新的跨州评估联盟。智能平衡评估联盟（SBAC）已经申请提前发布 ATC21S 任务，尽管将它们在当前讨论的时间内纳入考试的可能性不大。这一联盟和“为升学与就业做准备评价联盟”（PARCC）都计划在测验中增加问题解决技能、批判性思维及至少是书面沟通能力的评估。

地方评估

芬兰的学生在 12 年级可以自愿参加大学入学考试。除此之外，不进行任何学校以外开发的标准化考试。芬兰教育部门通常在 2 年级和 9 年级结束时，定期对学生成绩进行评估，为课程和学校投入提供参考。

芬兰其他的评估都是地方上设计和管理的。地方上的评估，部分由国家课程文件指导，指出教师应该开发和使用的评估类型，以评价指定学科领域课程的特定方面。通常，评估指导意见会指出学生应该设定的学习目标，进行自我评估、同伴评估和教师评估，同时强调积极学习和自我反省。

来自韦斯屈莱（Jyväskylä）大学的 ATC21S 国家项目管理员阿托·阿霍宁表示，构建一个基于非教学内容的评估系统是很有意义的，因为芬兰教师依然关注教授传统课程的学科领域内容，对发展学生的跨领域技能的关注则少得多。他认为，芬兰可以从 21 世纪技能的评估中获益，从而促进芬兰的课堂教学。由于芬兰是分权国家，给芬兰教师提供的评估也应该是给地方层面使用的。

美国的学校内出现了评估 21 世纪技能的各种有趣方法，包括从用口头、书面和技术手段呈现的研究档案袋与探究项目，到将 21 世纪技能融入特定领域的标准化评估。一个标准化评估的例子是美国史蒂文斯理工学院（Stevens Institute of Technology）开发的一系列科学任务，被一群学校用于评价协作式问题解决技能。在这些科学任务中，学生研究小组要处理一个复杂的问题（例如从空气和海洋中分离碳），首先各个小组要获取关于这个现象不同方面的数据，就好像他们是独立的研究小组，致力于解决问题的特定部分，然后聚集在一起组合成他们的数据，最后找出一个解决方案。这一解决方案需要综合各组的数据和分析。由此可见，协作对于问题解决非常重要。之后，学生要回答一系列的问题，以检验是否了解信息并得到了解决方案。决定大多数学校教学的州测试，还没有采用由当地和大学开发的各种有趣的评估方法。但是，随着美国问责制的发展演变，这一做法可能会实现。

○ 采纳 ATC21S 的路径

加强成员国家在 ATC21S 上的延续有多种途径：将任务纳入评估中；将任务作为范例；继续研究学习进阶、任务对学生的影响；沿用和设计类似的任务；为教师提供形成性专业发展。为了继续沿着这些途径发展，国家之间可以进行区域联结，例如，新加坡与澳大利亚，荷兰和芬兰，哥斯达黎加和美洲开发银行赞助的其他拉丁美洲国家。具有相似背景或目标的国家可能会合作开发出更好的任务和材料。

ATC21S 的科学工作在这个领域为国家和研究机构做出了重大贡献，有几个成员国看到了这项工作的价值：该项目不仅开发了样题，还开发了一个量表、一套工具和一系列发展进阶，可以为这个领域其他方面的工作提供信息（详见 Griffin et al. 2012）。

在某些国家有一种可能的选择。比如澳大利亚，它们的国家教育目标和 ATC21S 任务的目标有紧密联系，可以开展试验性的评价，让人们更加意识到 21 世纪技能的重要性，为分众和政策制定者提供在既定的教育目标之外，教育系统是否以及如何满足这一期望信息。

为了实现影响课堂教学实践这一更大的目标，成员国认为可能需要 ATC21S 项目所开发的用于课堂实施的整套材料。该项目已明确地将学生的发展进阶和评估量表进行一一对应。这种对应有助于开发教材，也便于教师帮助学生进步（详见 Woods et al.，第 14 章）。

像澳大利亚这样的国家，一直在投资开发基于技术的教学系统。澳大利亚有能力为在线系统的评估、课程资源提供形成性工具，包括学习进阶的结果。

哥斯达黎加也一直在大量投资技术工具，并且在部委的大力参与下，把这些可能帮助教育实践转型的任务作为教学和评估的范例，并举全国之力，为他们的系统注入 21 世纪技能。

芬兰和荷兰都将 ATC21S 视为一项研究和开发项目，而不仅仅是一个政策的试验。在芬兰，韦斯屈莱大学与另一个微软赞助的关注 21 世纪技能教学的项目"创新教学与学习"（ITL）协作。尽管 ITL 项目与 21 世纪技能存在重叠，但与宾克利（Binkley 2012）等人所确定的 ATC21S 技能的来源不同。

一些国家设想了 ATC21S 未来研究的问题。例如，开发使用不同的现实世界的搭档的 CPS 任务，但不清楚不同的搭档是否会对结果产生影响。其他可能的研究，包括学习进阶的表达，在线测验与纸笔测验的对比，以及不同测量方法对 CPS 技能或数字素养技能的相对有效性等。

这些前瞻性的研究问题，可以成为成员国共同的研究兴趣及创造研究设计的共同起点。

在美国，ATC21S 材料短期内很有可能成为测量协作式解决问题和 LDN-ICT 素养技能的原型。美国的国家项目管理员建议为潜在用户提供一套在线材料，包括项目的背景、21 世纪技能的定义、21 世纪技能如何融入课程和教学，以及如何对 21 世纪技能进行教授和评估。

○ 采纳的挑战

ICT 的接入

ATC21S 任务的在线定位，需要在多个地点有一定程度的 ICT 准备。首先，学校需要能够在先进的设备上持续访问计算机。在所有国家中，学校之间和内部接入 ICT 的渠道不同。新加坡报告了高水平的 ICT 参与，然而，支持高水平使用的带宽却成为一个问题。芬兰和荷兰的大部分学校也能接入 ICT。由于美国和澳大利亚的国家规模较大以及系统相对分散，全国范围内有多种接入 ICT 的方式。哥斯达黎加的 ICT 接入水平较为合理，但农村的学校仍然需要帮助。已经计划好的农村地区一对一计算机项目可能会很快改变这种差异。

其次，任务和服务器必须能够处理在实施任务期间发生的通信量，这是在试点测试期间出现的问题。最后，不同国家对互联网使用有不同的规定。例如，在美国，作为保护儿童的法律措施，各地区必须有防火墙，因此，我们需要更多地考虑如何能够在互联网上不受限制地实施评估。

任务开发

从实际工作的角度来看，如在本卷中已提过的，项目在不同国家的实施，可能既需要对语言进行翻译，也需要对文化背景本土化。芬兰和荷兰都完成了这些任务，芬兰遇到了一些困难，即年龄较小的学生会迷失在英文网站中（详见 Ahonen and Kankaanranta，第 10 章和 Bujanda and Campos，第 12 章）。国际上使用的评估既需要翻译任务，也要翻译学生完成任务所需要访问的网站。

哥斯达黎加对文化的翻译很值得借鉴。哥斯达黎加调整了一个想象性的北极旅行的任务。因为对于拉丁美洲人来说，北极很遥远，大多数的孩子都不熟悉。为了解决这个问题，哥斯达黎加将假想的旅行地点改为南极，将原来的研究对象北极熊改为企鹅。这个例子展示了对于特殊环境的学生，开发学生熟悉工具的重要性。

集权化水平

国家的集权化水平会影响到政府政策支持和课程改革的力度。这些政策和课程改革可能会在地方机构和学校实施。新加坡具有高度集中的国家课程和国家评估系统，并且已经在其系统中确立了21世纪技能。如果新加坡确实可以可靠地测量CPS和ICT，那么，新加坡就有能力开发出ATC21S任务。哥斯达黎加也是一个一定程度上的集权化国家，在政府层面支持21世纪技能的开发和使用，并在诸如数学等某些学科领域取得了突破。哥斯达黎加希望利用ATC21S提供的工具和经验，通过职前和在职教师培训计划来培养教师使用21世纪技能。

澳大利亚新成立了负责课程、教学以及国家评估的国家组织，但各州仍然保留了大量的权利。如前文所讨论过的，新的国家课程希望纳入能体现21世纪技能的一般能力。此外，澳大利亚的国家部门希望将ATC21S的任务作为学生21世纪技能的基准测量样本[①]。

美国与澳大利亚有着类似的联邦制度，各州承担着教育的大部分责任。美国也通过采用联邦政府要求的、各州实施的高风险测试，来实施强有力的国家问责制度。这些评估对教育决策起着重要的作用，教育决策者不会轻易对评估做出改变。然而，新出台的跨越45个州使用的共同核心标准，推动了跨州评估联盟的出现，该联盟寻求扩展这些基于国际基准标准来评估学生的任务类型。如前文所述，智能平衡评估联盟（SBAC）要求开发ATC21S的协作式问题解决任务，以了解ATC21S的路径是否适合美国的环境。

芬兰和荷兰有类似的教育制度：教育部对课堂实践基本没有什么权威。教育部在提供课程框架和指导方针的同时，教师可以自由决定教学的内容和方法。芬兰通过地方一级的评估实施国家课程，而荷兰将课程决定权交给学校，同时它也有一些学校层面的基于国家评估表现的问责测量。过去20年来，这两个国家的课程框架都包含了21世纪技能。芬兰最新版本的课程标准在这一点上比以往更加明晰。总的来说，这两个国家都对ATC21S提供的研究结果很感兴趣，希望可以进一步开发系统，帮助教师学习如何有效地教授21世纪技能。

各国不同的教育和政治管理方式，必定会影响到各国将ATC21S工具纳入其系统的能力。除了直接使用这些国家开发的工具外，ATC21S的国家项目管理员也表现出了对区域或国际合作的兴趣，以继续项目的研究，进一步探索学习进阶及其对教学的影响，从而开发新的任务。

---

① 注意，由于政府在2013年的变革，这一项目不再在澳大利亚的联邦政府层面实施。虽然关于研究经费的计划正在准备，但是澳大利亚政府似乎不太可能会再支持对21世纪技能和国家课程的进一步研究。

ATC21S 项目的一个优点是大学、教育部、研究机构和技术公司之间建立了伙伴关系，能够促进评估材料的开发和未来进一步的研究。想参与该项目的国家，可以使用以前的测试途径或者其他更严谨的方法。

○ 结论

世界各国都在 21 世纪技能注入教育制度方面取得了进展。大多数国家将批判性思维、问题解决、决策、沟通、协作和公民素养等放入课程框架或相关文件中，有些还包括信息素养和 ICT 素养等。培养创造力和创新精神虽没有达到预期，但各国也渐渐开始重视起来了。

将这些课程文件中的期望付诸课堂实践是一项更具挑战性的任务，以下几个策略似乎是支持这个过程的关键：

• 课程内容方案和教案是课程的常见组织形式，因此，需要开发一些资源，演示在何处以及怎样将这些技能整合到上述方案中。

• 在职前教育和（在职）教师持续性的学习机会中融入 21 世纪技能的教学方法。

• 确保与 21 世纪技能相关的课堂工具配备齐全，包括有利于教师组织和学生从事生产性活动所要获取的技术、材料和示范任务。

• 创建可以评估这些技能和为这些技能提供激励的方式，使这些技能成课程的常规部分被广泛教授。

• 理解这些能力在提供了机会、支架和指导的情况下如何发展，以便教师可以设想如何组织复杂领域的学习支持。

参与这个项目的国家已经采取了各种各样的策略，大多数国家在某些领域取得了成功，同时期待在其他领域开展实践。协作式问题解决的国际评估（OECD）和 ICT 素养评估（IEA）的出现，将进一步提升大家的研发兴趣和提供更多的研发机会。

ATC21S 通过提供定义及评估关键技能的示例，如协作式问题解决和 ICT 素养，为相关工作提供了重要支持。这些示例可以为国家/州的教育系统以及地方学校提供课程和评估方面的信息。然而，ATC21S 的内容不止是作为样品的评估任务。该项目提供的一个非常重要的成果是为学生创建了定义清晰的发展进阶，即学生掌握的这些技能的发展进阶，以及与之相匹配的进阶的评估量表。这将使课程的开发与教师使用的教材能够帮助学生更有自信地进入学习进阶的下一阶段（详见 Wood et al.，第 14 章）。

在这个良好开始的基础上，下一步应包括以下几点：

• 投资开发适应不同文化背景的任务，用于评估学生的学习进阶，并支持有关任务设计特征如何影响学生表现的研究。

• 进行更广泛的评估试验，提供有关学生表现的基准信息，以及任务行为、教师和学生的学习和需求的诊断信息。

• 通过使用 ATC21S 评估任务和工具，整合开发 21 世纪技能的特定课堂实践的研究，例如进行创新教学和学习项目。

• 开发教学材料，把任务作为形成性学习机会的作业，并与发展进阶联系。

• 培训教育者开发任务并对其评分，让教师为教材的主要内容做出贡献，使他们深刻理解学习和学业表现的基本理论，从而帮助他们深化教学。

• 创建在线平台，要能够提供一套教育材料，包括：21 世纪技能的明确目标和意义；与相关国家/州级课程标准或框架的联系；对学习进阶、课程和教材的讨论；嵌入有关于量表和评分信息的示范任务。

• 在教师教育课程中提出教授 21 世纪技能的期望，聘请教师、教育工作者创造实践模式（课程，临床经验，材料），用于开发职前和在职准备过程中教授这些技能的教学法。

政策上的努力能够加强上述这些步骤，从而提高技术工具在课堂的可用性，并将诸如协作式问题解决和 ICT 素养等技能纳入正式的评估系统，表明将其坚定地转移到 21 世纪技能的重要性。

参考文献

Ahonen, A. K., & Kankaanranta, M. (2015). Introducing assessment tools for 21st century skills in Finland. In P. Griffin & E. Care (Eds.), *Assessment and teaching of 21st century skills: Methods and approach* (pp. 213–226). Dordrecht: Springer.

Binkley, M., Erstad, O., Herman, J., Raizen, S., Ripley, M., Miller-Ricci, M., & Rumble, M. (2012). Defining twenty-first century skills. In *Assessment and teaching of 21st century skills*. Dordrecht: Springer.

Bujanda, M. E., & Campos, E. (2015). The adaptation and contextualization of ATC21S TM by Costa Rica. In P. Griffin & E. Care (Eds.), *Assessment and teaching of 21st century skills: Methods and approach* (pp. 245–256). Dordrecht: Springer.

Finnish National Board of Education. (2004). *National core curriculum for basic education* 2004.

Garnier, L. (2012). *Nuevos Programas de Matemática: Una Reforma Indispensable*. Ministerio de Educación Pública de Costa Rica. San José: Costa Rica.

Griffin, P., McGaw, B., & Care, E. (Eds.). (2012). *Assessment and teaching of 21st century skills*. Springer: Dordrecht.

Hilton, M. (2010). *Exploring the intersection of science education and 21C skills: A workshop summary*. Washington, DC: National Research Council.

Lavonen, J. (2008). *Reasons behind Finnish students' success in the PISA scientific literacy assessment*. University of Helsinki, Finland. Retrieved on 8 Sept 2008, from http://www.oph.fi/info/finlandinpisastudies/conference2008/science_results_and_reasons.pdf

Ministerio de Educación Pública de Costa Rica. (2002). *Plan de Acción de la Educación para Todos* 2003-2015. Costa Rica: Author. Retrieved from: http://www.oei.es/quipu/costarica/PLANDEACCION2003_2015.pdf

Ministry of Education and Culture. (2012). *Education and research* 2011-2016: *A development plan*. Reports of the Ministry of Education and Culture, Finland.

National Assessment Program (Australia). 2011. *ICT literacy*. Retrieved from: http://www.nap.edu.au/NAP_Sample_Assessments/About_each_domain/ICT_Literacy/index.html.

Singapore Ministry of Education. (2010). *MOE to enhance learning of 21st century competencies and strengthen art, music and physical education*. Press release retrieved from http://www.moe.gov.sg/media/press/2010/03/moe-to-enhance-learning-of-21s.php.

Woods, K., Mountain, R., & Griffin, P. (2015). Linking developmental progressions to teaching. In P. Griffin & E. Care (Eds.), *Assessment and teaching of 21st century skills: Methods and approach* (pp. 267-292). Dordrecht: Springer.

附录 1　专业词汇与专有名词中英文对照表（按中文首字母排序）

协作式任务名称

仓库	Warehouse
搞笑小丑	Laughing Clowns
灯箱（作为练习任务）	Light Box
20 分游戏	Game of 20
橄榄油	Olive Oil
共享花园	Shared Garden
六边形	Hexagons
平衡（木）	Balance Beam
热巧克力	Hot Chocolate
向日葵	Sunflower
小金字塔	Small Pyraimds
植物生长	Plant Growth

A

澳大利亚教育、早期儿童发展和青年事务高级官员委员会	Australian Education, Early Childhood Development and Youth Affairs Senior Officials Committee (AEEYSOC)
澳大利亚教学与校务指导协会	Australian Institute for Teaching and School Leadership
澳大利亚教育研究委员会	Australian Council for Education Research
澳大利亚课程评估和报告管理局	Australian Curriculum Assessment and Reporting Authority
澳大利亚青年教育目标的墨尔本宣言	Melbourne Declaration on Educational Goals for Young Australians

B

白皮书	white papers

包交换格式	Package Interchange Format
编程算法	programming algorithms
变量图	variable map
标定试验	calibration trials
标准参照的解释	criterion-referenced interpretation
表面效度	face validity
博物馆与图书馆服务研究所	Institute of Museum and Library Services（IMLS）

C

测量建构	measurement construct
测量模型	measurement model
成员国	member countries
程序性方法	procedural approach
出声思维（或大声思维）	think aloud
初等教育	primary education
传统测验	conventional test
创造性思维	inventive thinking

D

大规模评估	large-scale assessment
大学入学考试	matriculation examination
大学预科教育	pre-university education
单峰分布	unimodal distribution
导航系统信息	navigational system messages
登录验证	login verification
点击流数据	click-stream data
迭代过程	iterative process
定格策略	freeze-frame strategy
动态问题解决	dynamic problem solving（DPS）
多维模型	multidimensional model
多项标定	multiple calibrations
多页面评估任务	multiple page assessment tasks

多用户游戏体系结构	multi-user gaming architecture
多语言能力内容管理系统	multi-lingual capability content management system
多元视角	multiperspectivity
多值计分	polytomous score value

E

21 世纪技能合作伙伴	Partnership for 21st Century Skills（Partnerships 21， P21）
21 世纪技能的评估与教学	ATC21S
21 世纪技能的教与学	teaching and learning of 21st century skills
二值的成功-失败计分系统	dichotomous success-failure scoring system
二值计分	dichotomous scores

F

发展进阶	developmental progression
发展性框架	developmental frameworks
发展性学习方法	developmental learning approach
发展性学习进阶	developmental learning progressions
反馈机制	feedback mechanism
反应概率	response probability
费城工作准备项目	WorkReady Philadelphia programs
费城青年网	Philadelphia Youth Network（PYN）
费城学院	Philadelphia Academy
分部计分	partial credit
分部计分项目反应模型	Partial Credit Item Response Model
分数线	cut score
芬兰国家核心课程	Finnish national core curriculum
芬兰国家教育委员会	Finnish National Board of Education
芬兰教育研究所	Finnish Institute for Educational Research
父母知情同意书	parent permission forms
复合变量	composite variable

G

概念框架	conceptual framework
工作工具	Tools for Working
公民素养	Civic literacy
功能性的生产者	functional producer
共同核心指南	Common Core Toolkit
共同心理模型	shared mental model
关键技能	key skills
观点采择	perspective taking
官方指南	official guidelines
广度优先搜索	breadth-first search
归纳式思维	inductive thinking
归纳-演绎范式	inductive-deductive paradigm
国际基准	internationally benchmarked
国际计算机和信息素养研究	International Computer and Information Literacy Study（ICILS）
国际教育成就评估协会（IEA）	International Association for the Evaluation of Educational Achievement
国际研究协调员（IRC）	International Research Coordinator（IRC）
国际主管	international director
国家教育进步评估（NAEP）	National Assessment of Educational Progress（NAEP）
国家竞争力	national competitiveness
国家科学基金会项目	National Science Foundation projects
国家科学教师协会	National Science Teachers Association
国家课程	national curriculum
国家课程的基本文件	basic document for the national curriculum
国家课程文件	national curriculum documents
国家课程研究所	national curricular institute
国家宽带网络（NBN）	National Broadband Network（NBN）
国家项目管理员	National Project Manager
国家研究委员会	National Research Council

国家研究协调员（NRC）	National Research Coordinator（NRC）
国家研究院	national Academy
过程导向	process-orientation
过程流数据文件	process stream data file
过程损失	process losses

H

《荒野中的认知》	*Cognition in the Wild*
合作式学习	cooperative learning
河内塔问题	Tower of Hanoi problem
互动数据	transaction data
怀特图	Wright Map
回译	back-translate
回应性贡献	reponsive contributions
会话日志文件	session log file
混合能力	mixed ability

J

基本成分	building block
基础教育法	Basic Education Act
基于技术的任务	technology-based tasks
技能连续体	skills continuum
技能组	skill sets
技术规格文件	Technical Specifications document
技术和工程素养评估	Technology and Engineering Literacy Assessment（TEL）
技术加强的任务	technology-enhanced tasks
技术准备工具	Technology Readiness Tools
技术资源丰富的环境	technology-rich environment
加权拟合均方	infit MNSQ
伯克利评价与评估研究中心	Berkeley Evaluation and Assessment Research（BEAR） Center

家庭社会经济地位	socio-economic background
假设-演绎思维	hypothetico-deductive thinking
假设-演绎推理技能	hypothetico-deductive reasoning skills
兼容性测验	compatibility testing
建构定义模型	construct definition model
建构效度	construct validity
交互式记忆系统	transactive memory systems
交互式聊天组块	interactive chat blocks
教师发展计划	educator development programs
教师培训计划	teacher training programs
教师专业发展	professional development of teachers
教学设计	instructional design
教学支架	instructional scaffolds
教育部	Department of Education
教育部长	Minister of Education
教育系统	educational system
教育与科学部长	Minister of Education and Science
就业与劳动关系部	Employment and Workplace Relations（DEEWR）
局部指标	local indicators
决策模型	decision model

K

K-12 科学教育框架	Framework for K-12 Science Education
KSAVE 模式（知识、技能与态度、价值观与伦理）	KSAVE（Knowledge， Skills and Attitudes， Values and Ethics）
课程大纲	subject syllabuse
课程与教学	curriculum and instruction
克隆巴赫 α	Cronbach alpha
跨课程主题	cross-curricular themes
跨文化技能	cross-cultural skills
跨州评估联盟	multi-state assessment consortia
跨州智能平衡联盟	multi-state Smarter Balanced Consortium

L

拉希模型	Rasch Model
拉希简单逻辑斯蒂模型	Rasch simple logistic model
离散行动过程	discrete action protocols
理性思维	rational thinking
联邦儿童互联网保护法	federal Children' s Internet Protection Act
联合问题空间	joint problem space
聊天窗口工具	chat box tool
聊天消息界面	chat messaging interface
临界点、分界点	cut-off point
临界值	cut-off value
领导力	leadership
流动性问题	fluidity problems

M

美洲开发银行	Inter-American Development Bank
墨尔本大学评估研究中心	Assessment Research Centre (ARCOTS) at the University of Melbourne

N

难度水平	difficulty level
内部结构效度	internal structure validity
素养增长阶段	stages of increasing competence

P

批判性思维	critical thinking
评分算法	scoring algorithms
评估量表	assessment scale
评估原型	assessment prototypes
评级系统	rating system

Q

潜变量	latent variable
潜在特质理论	latent trait theory
情境认知	situated cognition
情绪心理学	psychology of emotion
区分信度	Separation reliability
区分指数	Separation Indices
国家数学教师委员会	National Council of Teachers of Mathematics
全国州长协会	National Governors Association
全局指标	global indicators
全民教育行动计划	Plan of Action on Education for All
缺失路径	deficit approach
确认偏差	confirmation bias

R

人机互动	Human-to-Agent interaction（H2A）
人人互动	Human-to-Human interaction（H2H）
认证协议	authentication protocol
认知冲突	cognitive conflict
认知技能	cognitive skills
认知加工模型	cognitive processing models
认知实验室	cognitive laboratories
任务列表界面	task-list dashboard
任务调节	task regulation
任务原型	task prototypes
日志流数据	log stream data
日志文件	log files

S

社会惰化	socal loafing
社会互动	social interaction
社会文化主义	socio-culturalism

社会性技能	social skills
社会性调节技能	social regulation skills
社会性网络	social networks
深度优先搜索	depth-first search
生命教育	education for life
时间戳	timestamp
时钟伙伴策略	clock buddies strategy
实时反馈	instant feedback
实时同步	real-time synchrony
实验方案	experimental initiatives
实证参数估计	empirical parameter estimates
实证数据	empirical data
使能技能	enabling skills
示范任务	exemplar tasks
世界数学测试	World Class Arena
试错法	trial and error approach
试点研究和试验研究	pilot studies and trials
手段-目的-分析法	means-ends-analysis
受众意识技能	audience awareness skills
数据点	data points
数值	numerical value
数轴	number line
数字教育改革	Digital Education Revolution
数字能力	digital competence
数字素养技能	digital literacy skills
数字网络	Digital Networks
数字移民	digital immigrant
思维导图工具	mind mapping tools
思维的学校，学习的国家	Thinking Schools, Learning Nation
斯蒂文斯理工学院	Stevens Institute of Technology
随机猜测	random guessing

T

田野试验	field trials
数字网络化学习-信息与通信技术	Learning in (through) Digital Networks - Information Communications Technologies (LDN-ICT)
同时等值	concurrent equating
图形组织者	graphic organiser
团队编号	team code
团队共享记事本	Team Notebook

W

为升学与就业做准备评价联盟	Partnership for Assessment of Readiness for College and Careers (PARCC)
网络中的社会资本	Social Capital through Networks (SCN)
网络中的生产者	Producer in Networks (PiN)
网络中的消费者	Consumer in Networks (CiN)
网络中的智力资本	Intellectual Capital through Networks (ICN)
文化特异性	culturally specific
文字云生成器	Tagxedo
问题表征	problem representations
问题和测试交互操作性规范	Question and Test Interoperability (QTI) specification
问题空间	problem space
问题状态	problem states

X

下一代科学标准	Next Generation Science Standards (NGSS)
先前知识	prerequisite knowledge
显性教学	explicit teaching
向后搜索	backward search
向前搜索	forward search
项目反应建模	item response modelling
项目功能偏差	Differential Item Functioning

项目审查	item review
效标效度	criterion validity
协作技能	collaborative skills
协作式评估任务	collaborative assessment tasks
协作式问题解决	Collaborative Problem Solving（CPS）
心理表征	mental representation
心理测量小组	Psychometric Panel
心理测量学特征	psychometric characteristics
心理测量学指标的标定	psychometric calibration
心理理论	theory of mind
心智能力	intellectual capabilities
新加坡教育部	Singapore Ministry of Education
信息素养	information literacy
信息提取	Information Retrieval
信息与通信技术素养技能	Information Communications Technologies（ICT）literacy skills
形成性评估施测系统	Formative Assessment Delivery System（FADS）
虚拟产物	virtual artefacts
学生档案报告	student profile report
学习进阶	learning progressions
学习顺序	learning sequences
学习意向	learning intentions
学习之路，随时随地—教育者网络	Pathways for Learning, Anywhere, anytime - a Network for Educators（PLANE）
学习准备报告	learning readiness report
学习资源	learning resources

Y

演绎式思维	deductive thinking
演绎推理	deductive reasoning
一般技能	general skills
一般能力	general capabilities

一路向北/北极哈士奇	Go North/Polar Husky
移动渐变工具	motion tweening utilities
移动通信技术	mobile technology
以学校为中心的专业发展战略	school-centred professional development strategy
义务教育	compulsory education
英语读写水平	English literacy
匹配过程	mapping process
阈值	threshold value
元记忆	metamemory
元认知数据	metacognitive data
远程主机服务器	remotely hosted server

Z

州立共同核心标准	Common Core State Standards
在线定位	online location
在线聊天	online chatting
在线评估	online assessments
长时记忆	long-time memory
正规教育	Formal schooling
正偏态单峰函数	unimodal function with a positive skew
知识共享署名许可协议	creative commons attribution
知识建构	knowledge building
知识库	knowledge base
知识型社会	knowledge society
执行总监	Executive Director
指数递减函数	exponentially decreasing function
智力资本	intellectual capital
智能平衡评估联盟	Smarter Balance Assessment Consortium (SMAC)
置信区间(带)	confidence interval (band)
中等教育	secondary education
群发信息	crowd-sourced information
州立学校首席官员委员会	Council for Chief State School Officers

主动技能	initiative skills
主要测试平台	key testbeds
耗费资源的工作	resource intensive undertaking
自动编码程序	Automatic Coding Procedures
自动分配登录代码	automating assignment of login codes
自动化文本分析程序	automated text analysis programs
自动评分算法	automated scoring algorithm
自动评分系统	automated scoring system
字符串格式	string format
综合课程改革	comprehensive curriculum reforms
综合学校	comprehensive schools
最佳教学实践范例	examples of best teaching practices
最近发展区	zone of proximal development（ZPD）

附录2　人名英中文对照表（按英文首字母排序）

Alberto Cañas	阿尔贝托·卡尼尔斯
Alvin Vista	阿尔文·维斯塔
Amado Nervo	阿玛多·内尔沃
Anderson	安德森
Andreas Schleicher	安德烈亚斯·施莱歇尔
Anthony Salcito	安东尼·萨尔西托
Arffman	阿夫曼
Arto K. Ahonen	阿托·K·阿霍宁
Barry McGaw	拜瑞·米高
Bellanca	贝兰卡
Beno Csapo	贝诺·卡萨珀
Binkley	宾克利
Brodbeck	布罗德贝克
Chew Leng Poon	潘丘亮
Claire Scoular	克莱尔·斯库拉
Claxton	克拉克斯顿
Cohen	科恩
David Forster	大卫·福斯特
Diederik Schönau	迪耶德里克·舍瑙
Dillenbourg	狄隆伯格
Eckhard Klieme	埃克哈德·克莱米
Eduard Lucas	爱德华·卢卡斯
Eisner	艾斯纳
Elsie Campos	埃尔希·坎波斯
Esther Care	埃斯特·凯尔
Eugenio Eduardo Severin	欧亨尼奥·爱德华多·塞韦林
Eugenio Severin	欧亨尼奥·塞韦林
Fadel	法德尔

Frank Adamson	弗兰克·亚当森
Friedrich Hesses	弗里德里希·海塞
Funke	芬克
Georg Rasch	格奥尔格·拉希
Greiff	格雷夫
Greitemeyer	格雷特米尔
Hattie	哈蒂
Horn Mun Cheah	谢洪文
Hui Leng Ng	额惠亮
Hutchins	哈钦斯
Irina Bokova	伊琳娜·博科娃
Jackson Pollock	杰克逊·波洛克
Jan Romein	扬·罗迈因
Jarkko Hautamaki	亚尔科·哈特马可
Jean-Paul Reeff	珍-保罗·瑞福
John Ainley	约翰·安利
John Bransford	约翰·布兰思福特
José Martí	何塞·马蒂
Juergen Buder	于尔根·布德尔
Julian Fraillon	朱利安·弗雷伦
Kai Sassenberg	凯·萨森贝格
Kartovaara	卡特法拉
Kathleen Comfort	凯思琳·肯福
Kathleen Scalise	凯思琳·斯卡利塞
Kerry Woods	凯瑞·伍兹
Krathwohl	克莱斯万
Kurt Vanlehn	库尔特·凡乐
Leonardo Garnier	李奥纳多·卡尼尔
Lev Vygotsky	列夫·维果茨基
Linda Darling-Hammond	琳达·达林-哈蒙德
Marc Durando	马克·杜朗多
Maria Eugenia Bujanda	玛丽亚·尤金倔亚·布简达

Marja Kankaanranta	玛丽亚·坎康兰塔
Mark Wilson	马克·威尔逊
Marlene Scardamalia	马琳·斯卡达玛丽亚
Masters	马斯特思
Mayer	迈耶
McTighe	麦克泰
Michael Stevenson	迈克尔·史蒂文森
Moritz Bilagher	莫里茨·布勒格
Myvan Bui	麦凡·布维
Nafisa Awwal	纳菲莎·阿瓦尔
Nathan Zoanetti	南森·佐内提
Newell	纽厄尔
Patrick Griffin	帕特里克·格里芬
Peter Pirolli	彼特·皮罗利
Philip Adey	菲利普·阿迪
Piaget	皮亚杰
Pik Yen Lim	林丕延
Polya	波利亚
Poon	潘
RaÚl Aceves	劳尔·阿瑟福斯
Ray Adams	雷·亚当斯
Raymond Adams	雷蒙德·亚当斯
Robert Glaser	罗伯特·格拉泽
Robert Kozma	罗伯特·柯兹玛
Robin Horn	罗宾·霍恩
Roschelle	罗歇尔
Roz Mountain	罗兹·芒廷
Sakari Karjalainen	萨卡里·卡佳来宁
Sam Scalise	山姆·斯卡利塞
Seamus Hegarty	谢莫斯·赫加蒂
Sean Tan	谭新
Senta Raizen	森塔·雷曾

Shelly Esque	谢莉·艾斯莉
Simon	西蒙
Stahl	斯德尔
Stuart Elliott	司徒·艾略特
Susan-Marie Harding	苏珊-玛丽·哈丁
Teasley	提斯利
Terezinha Nunes	特雷吉尼亚·努内斯
Tobin	托宾
Tomlinson	汤姆林森
Trilling	特里林
Wells	威尔斯
Wright	怀特

译后记

2013 年 12 月起，我有幸深度参与了我国新一轮普通高中课程标准的修订工作。在历时几年的课标修订中，我比较广泛地接触了西方有关核心素养或 21 世纪技能的相关情况。自国际经济和合作组织发起“核心素养的界定和选择”（简称“DeSeCo”）项目以来，世界各国基础教育都在围绕“核心素养”开展课程、教学和评价等领域的改革。相比之下，国内相关领域的研究非常薄弱，甚或缺失。无论是对核心素养的理解，还是围绕核心素养如何开展课程设计、教学转型或考试评价，都是进一步推进我国当前课程改革的关键问题。出于这种考虑，才有了面前这本《协作问题解决能力的测评》的翻译出版。

核心素养的合理测评至关重要。然而，核心素养测评是国际性难题。与学科知识点和孤立技能不同，核心素养指向的是高阶的、抽象的复杂建构，对测评理论和技术都提出了艰巨的挑战与要求。选择本书进行翻译，是因为其所依托的 ATC21S 项目在思科、微软和英特尔三大信息技术公司的支持下，聚集了高水平的国际研究团队，提出了面向 21 世纪个人生活和工作的核心素养模型。该项目在此基础上凝练了协作式问题解决（CPS）和数字网络化学习（LDN-ICT）两个整合性测评建构，提供了核心素养测评的崭新思路。项目组在所测建构的内涵和外延、水平表现及特征、任务类型、技术支持下的测评形式、证据鉴别与推断、结果解释与反馈等方面均有创新性的突破和深入细致的研究，相关的思想方法、研究路径及技术细节在本书中得到了集中、详尽的阐述。因此，本书无论在主题、内容还是研究方法上，都对我国后继的相关研究和实践有着重要的指导与借鉴价值。

值得指出的是，正如本书第 14 章所述，整个研究并没有局限在传统的缺失性测评范式（deficit approach to assessment）下，而是采用了一种促进学生 21 世纪技能学习的发展性测评模式（developmental approach to assessment）。无论是 21 世纪技能的选择，测评任务的设计，施测方式和技术的运用，还是测量尺度的构建，标准参照的结果解释和报告等，都充分考虑到了学校教育和课堂教学情况下的导向性与现实性。如此，以素养为纲的学生发展、对核心素养的合理测评，标准参照的结果推断和解释，最近发展区的甄别和诊断，以及针对性的拓展指导和个性化教学等方面，得到有机整合，贯穿在以 21 世纪技能的学习和发展为主旨的理论框架下。这对我们思考当下我国基础教育课程改革的研究和实践大有裨益。

本书的翻译是本人研究团队集体合作的结晶，前后经历了多次修改和完善。由于本书专业性比较强，为了统一书中的专业术语，保障译稿质量，先对附录中的专业词汇进行了翻译，并在讨论基础上进行了统一处理。初稿翻译分工如下：前言、第 3 章和第 8 章（刘笛月），第 1 章和第 13 章（吴媛媛），第 2 章和第 14 章（张洁），第 4 章、第 6 章和第 9 章（陶阳），第 5 章和第 12 章（徐佳祺），第 7 章（吕莉莉），第 10 章、第 11 章和第 15 章（高振雅）。译稿在不同译者之间交叉审校之后，由徐佳祺和刘笛月对全书各章节进行了统稿和修改。陈依婷、吴方文和李作滨参与了部分书稿的审读。全书由杨向东进行了最终审校和定稿。

本书的翻译工作得到了国家社会科学基金重大项目“提升基础教育质量的脑科学机制研究”（项目号 17ZDA323）的支持，在此向相关机构表示感谢。由于翻译人员较多，且本书专业性较强，翻译初稿各章节风格变化不一，给审校和统稿带来很大困难。再加上本人近几年杂务缠身，头绪较多，只能利用节假日对书稿进行审读和修改，很大程度上延缓了翻译工作的进程。特别感谢华东师范大学出版社的编辑，对她们在编校工作中表现出的强烈责任心和专业精神深表钦佩。

由于水平有限，书中挂一漏万或牵强附会之处恐不胜枚举，在此衷心恳请各位专家和读者批评指正。

杨向东

图书在版编目（CIP）数据

协作问题解决能力的测评 /（澳）帕特里克·格里芬，（澳）埃斯特·凯尔主编；杨向东译. —上海：华东师范大学出版社，2020
（“核心素养与21世纪技能”译丛）
ISBN 978-7-5760-0705-3

Ⅰ.①协... Ⅱ.①帕...②埃...③杨... Ⅲ.①分析问题和解决问题能力—能力培养 Ⅳ.①G442

中国版本图书馆CIP数据核字（2020）第141843号

大夏书系·“核心素养与21世纪技能”译丛
协作问题解决能力的测评

丛书主编 杨向东
本书主编 ［澳］帕特里克·格里芬、埃斯特·凯尔
主　　译 杨向东
策划编辑 龚海燕　李永梅
责任编辑 万丽丽
责任校对 殷艳红　杨坤
装帧设计 奇文云海·设计顾问

出版发行 华东师范大学出版社
社　　址 上海市中山北路3663号　邮编　200062
网　　址 www.ecnupress.com.cn
电　　话 021-60821666　行政传真　021-62572105
客服电话 021-62865537
邮购电话 021-62869887　地址　上海市中山北路3663号华东师范大学校内先锋路口
网　　店 http://hdsdcbs.tmall.com

印 刷 者 北京季蜂印刷有限公司
开　　本 700×1000　16开
插　　页 1
印　　张 22
字　　数 361千字
版　　次 2020年9月第一版
印　　次 2020年9月第一次
印　　数 4 000
书　　号 ISBN 978-7-5760-0705-3
定　　价 55.00元

出 版 人 王　焰